点石成金

东北财经大学
考研红宝书 第二版

孙盛琳 ◎ 主编

东北财经大学出版社
Dongbei University of Finance & Economics Press
大连

图书在版编目（CIP）数据

点石成金：东北财经大学考研红宝书／孙盛琳主编 —2版.—大连：
东北财经大学出版社，2017.2
ISBN 978-7-5654-2578-3

Ⅰ．点… Ⅱ．孙… Ⅲ．研究生-入学考试-自学参考资料 Ⅳ．G643

中国版本图书馆CIP数据核字（2016）第285842号

东北财经大学出版社出版

（大连市黑石礁尖山街217号 邮政编码 116025）

网 址：http：//www.dufep.cn

读者信箱：dufep@dufe.edu.cn

大连美跃彩色印刷有限公司印刷 东北财经大学出版社发行

幅面尺寸：185mm×260mm 字数：493千字 印张：24.5

2017年2月第2版 2017年2月第2次印刷

责任编辑：孙 平 责任校对：包利华 吴 茜 孟 鑫

封面设计：张智波 版式设计：钟福建

定价：49.80元

教学支持 售后服务 联系电话：（0411）84710309

版权所有 侵权必究 举报电话：（0411）84710523

如有印装质量问题，请联系营销部：（0411）84710711

第二版前言

你不知道的事

亲爱的朋友，听说你正打算报考东财的硕士研究生？那么首先要恭喜你迈出了正确的第一步。

作为享誉全国的财经类名校，东北财经大学在国内外的知名度越来越高，影响力越来越大，每年的毕业生们（特别是硕士毕业生们）大多都进入到了国民经济的核心部门并发挥着重要作用，各大银行、会计师事务所、证券公司、国资委直属央企、世界五百强等纷纷来东北财经大学预订毕业生。其原因不难理解：东北财经大学一向致力于全面贯彻国家教育方针，遵循高等教育规律，秉承"博学济世"校训，深化改革，开放创新，为建设国内一流、国际知名、特色突出的高水平财经大学而不懈奋斗，并且为社会源源不断地输送着具有人文素养、科学精神、国际视野，富有社会责任感、创新和实践能力的卓越财经人才。

于是，东北财经大学一直都是莘莘学子的报考热门：高考时，在辽宁所有高校中，近年来东财的文科分数线始终蝉联第一，理科分数线也稳居前三（例如，2015年文科590分全省第一，理科588分全省第三）；考研时，东财越来越受到大江南北的考生热捧，报考人数总是居高不下，"东财热"甚至成为全国范围内的一道靓丽风景线，而且每年东财都能吸引到不少来自哈尔滨工业大学、吉林大学、四川大学、北京航空航天大学、大连理工大学、中南大学、中国海洋大学等名校的优秀学子报考。

让人担忧的是，每年都有众多报考东财的考研学子直到上考场的时候，对东财考研的诸如以下这些问题还是不甚了解，导致走了很多弯路，最终无奈落榜：

报考东财硕士研究生，各专业考试科目与参考书目是什么？历年复试分数线是多少？如何选择专业？学硕和专硕到底有什么区别？三跨考东财难不难？考研全程中有哪

些重要的时间节点需要留意？如何为自己的备考做规划？学长学姐们在考研中有哪些宝贵的经验教训？如何在备考过程中调整好自己的心态？要不要报辅导班？数学怎么样才能拿高分？英语应该买什么书？政治应该怎么复习？经济学专业课有哪些命题规律可循？会计学专业课哪些知识是重点？行政管理专业课都考什么题型？金融硕士专业课复习中应该注意哪些问题？会计硕士专业课在复试中怎么考？来东财复试时找宾馆、面试等的注意事项有哪些？如何获得推免的资格？在考研过程中有哪些调剂的机会？如何选择并联系导师……

亲爱的同学们，当你们捧起手中这本书的时候，一定也对东财考研还有着上述各种各样的困惑，迫切希望能得到专业、权威的解答吧！你们发现，考研，多的是你不知道的事！而这正是促成这本书面市的原因。

还记得2012年10月的一天，当时读研二的我和同窗好友周帅聊起了考东财研究生的话题。彼时我们都担任着数个知名考研网站和QQ群的管理员，从事东财考研辅导也已经一年有余，每天都义务为众多的考生解答类似上文列举的纷繁冗杂的东财考研问题。但是在这一过程中，我们发现大多数的问题都存在着共性，而且其复杂程度也不是三言两语就能够说清楚的。再加上向我们请教的同学实在太多，每个同学咨询的问题也实在太多，我们无法一一给出详尽的解答。还有不少考生临近考试了却对考研的报录信息、备战计划、复习方法、专业选择、注意事项等方方面面一无所知，我们也为他们感到非常焦急。在此之前我们尝试了很多办法，比如举办讲座，但一次讲座也只能容纳200多名听众，外地的考生也无法来到现场。凡此种种，让我们常感"有心杀敌，无力回天"。为了给广大报考东财的学弟学妹们提供更权威、更高效、更系统的考研指导，我把自己的想法告诉了周帅："不如我们出一本东财考研的书吧！这样一切问题都迎刃而解了！"他也马上对此表示赞同。于是在接下来的大半年中，我们全力投入到了该书的编写工作当中。

功夫不负有心人，2013年7月，在众多东财的老师和在读研究生同学的关怀和帮助下，我和周帅主编的《梦想成真：东北财经大学考研直通车》（下称《直通车》）终于由东北财经大学出版社出版。在短短十几个月的时间里，几千册书就被抢购一空，当当、亚马逊、淘宝上也是好评如潮。因为行情看好，甚至有人在市面上叫卖未经授权的《直通车》影印版。更可贵的是，每年都有成百上千的考生在《直通车》的指导下顺利圆梦东财，并在被录取后第一时间给我打电话或者留言，表达对这本书的认可与喜爱，与我分享成功的喜悦。考虑到每年报考东财的人数的量级，《直通车》可以说是大获成功。而且该书是全国范围内第一本专为某一所特定的院校量身打造的考研辅导用书，对宣传东财起到了颇为积极的作用，我们通过自己的努力也为母校做了一点实事。这些都让我们倍受鼓舞，深感欣慰。

转眼到了2015年11月，此时《直通车》早已全部售罄，东财考研有些方面的情况也发生了或多或少的变化，新一届立志圆梦东财的考生又开始迫切盼望能有新的"神

器"来为自己指点迷津。我也走上了工作岗位，每天忙得不可开交，事业起步期内时常有种无暇他顾之感。但是我深知，即使再忙，引领大家走好考研之路这项光荣的任务也要一直延续下去，不能中断。因此，我在充分听取《直通车》广大读者反馈的意见和建议的基础上，又主编了《金榜题名：东北财经大学考研黄宝书》（下称《黄宝书》）这本全新的东财考研辅导用书。《黄宝书》甫一问世，就备受认可，读者一致认为其在各个方面较《直通车》都有了进一步的提升，几千册书更是在不到十个月的时间里销售一空。

于是，再版自然又提到了日程上来。本着精益求精、与时俱进的原则，经过全面的修订，我又为广大读者倾心打造了这本《点石成金：东北财经大学考研红宝书》（第二版）。

本书既有我近六年的东财考研辅导经验的倾囊相授，又有一大批东财各个专业的高分考生（包括会计学硕与专硕、金融学硕与专硕在内的很多专业，甚至是状元考生）的倾力加盟，相信看了本书，你一定会对东财考研的方方面面了如指掌，满怀信心地面对即将迎来的挑战。

本书编者中，有很多位在备战东财时都读过《直通车》或者《黄宝书》，比如李鹏燕、任佳乐、张文军、刘帅、牛壮、王俊杰、戴岩、赵赟飞、何弋、刘洋、梁爽、王璧雪、郜雨菲、连明月等。考上研究生以后，她们又积极参与到本书的编写当中，为后来的学弟学妹们指点迷津，让我非常感动。正是因为这种薪火相传的精神的存在，才让东财赢得了社会各界这么多的赞誉和青睐。

本书除了有署名的各章节外，第二章第二节由王继峰编写，第六章由于一飞编写，其他章节由我来编写，全部书稿的统稿、修订和润色，以及部分章节的标题拟定等工作也由我来负责完成。王庆燕、王亚群等同学也为本书的编写和校对做了有益的工作；我的爸爸为本书精心拍摄了除编有序号外的所有照片。另外，本书在编写与出版过程中，得到了东北财经大学出版社的大力支持，以及研究生院各位领导、老师和同学的热情帮助，很多老师、同学提出了具有建设性的意见，让我深受启发。

在此，谨向本书的全体编者和为本书提供过帮助的所有人表示最衷心的感谢！

亲爱的东财未来的学弟学妹们，为了迎接考研胜利的曙光，为了中国经济的"量质齐飞"，为了中华民族伟大复兴的中国梦的实现，加油吧，奔跑吧！相信有了这本书的陪伴，在考研的漫漫长路上你一定不再孤单。它会给你平添许多智慧与力量，一路上为你保驾护航，指引方向，直到金榜题名的那一刻。

我们在东财等你！

孙盛琳

2017年1月于东北财经大学

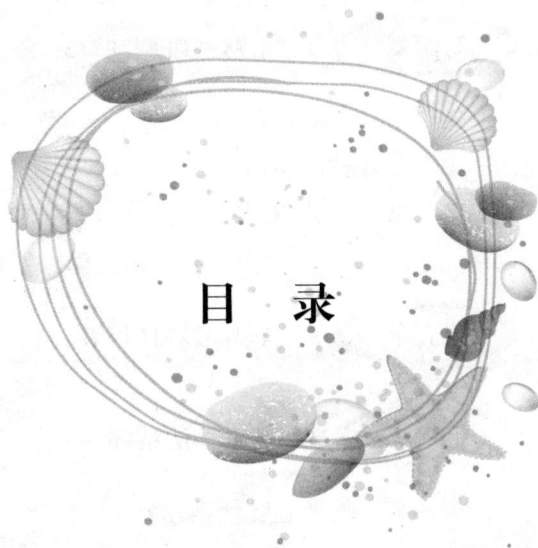

目　录

序 幕

决胜考研小时代

看到这个题目，也许你不好意思地笑了：这么山寨的题目，是想跟我剧透考研是一部狗血大片呢，还是想向我传达考研如戏，全靠演技咧？各位看官请暂且打住，待我慢慢道来。

其实，要想在东财考研中金榜题名，最好先想明白几个问题。

你为什么要考研？

也许，你是为了钻研学术的梦想；也许，你是为了以后获得更好的职业发展；也许，你是为了弥补高考失利无缘名校的不甘；也许，你是为了借此机会换一个自己喜欢的专业；也许，你是为了晚几年进入社会拥有更多校园时光；也许，你是为了逃避找工作的现实压力；也许……大家的答案会有千万种，正如，一千个读者心中，就有一千个哈姆雷特。不过那都不要紧，五花八门的答案背后，本质的原因只有一个。

"欲穷千里目，更上一层楼。"

现实点说，随着社会经济的高速发展，专业人才的日益增多，走到十字路口的大学生们可谓机遇与挑战并存。选择考研，可以给自己一个更高的平台与更好的机会。相信大多数人都梦想毕业时可以入职世界500强企业、国有银行、著名的投资银行等高大上的地方，来实现自己的人生价值与远大抱负。东财研究生学历这一"硬通货"，很有可能在投递简历和面试的过程中为你增加一份重重的筹码，或许你正是因此才找到了职业生涯的最佳落脚点，并最终在人生这个大舞台上成功上演"大团圆"结局。

这是一个鼓励追梦的大时代，"中国梦"正响彻大江南北；这是一个抓住青春尾巴的大时代，考研也许是你学生时代通过重大考试改变自身命运的最后一次机会。此时不考研，更待何时！王之涣的情怀，你值得领略！

你的胜算有多大？

东北财经大学，作为全国范围内享有盛誉的财经院校，在很多人尤其是财经学子眼中倍受青睐，每年都吸引了大量的考生争相报考。大家也许早有耳闻，从2015年开始，东财开始在硕士招生中大幅度增加推免生的比例，部分专业的推免生比例甚至达到了50%，此举也就意味着统考生之间的竞争已经趋于白热化。于是总有人问我："学长，你看我能考上东财吗？我真怕自己考不上！"

"会当凌绝顶，一览众山小。"

行文至此，忍不住想套用狄更斯在《双城记》中的经典论述：这是最好的时代，这是最坏的时代；这是信仰的时期，这是怀疑的时期；这是光明的季节，这是黑暗的季节；这是希望之春，这是失望之冬；我们面前琳琅满目，我们面前一无所有；这是一个鼓励追梦的大时代，这是一个东财考研的小时代。

不过，亲爱的学弟学妹们，请不要过分纠结于自己能够金榜题名的概率有多大，竞争对手有多强，然后再去决定要不要报考东财。你忌惮或者不忌惮对手，对手就在那里，不悲不喜。你考或者不考东财，东财招生名额就在那里，不增不减。考研不相信眼泪，东财不相信故事，但是你却还是要相信自己。你要坚信，成败非命中注定，也并非不可改变，而是全靠自己的努力；更要坚信，自己能战胜一切困难，过关斩将，最终昂首步入东财的大门。你，一定可以成为新一季考研热播剧中的主角！

你需要做些什么？

我们无法选择所处的时代，因为这不是一部穿越剧。身处这个考研"小时代"中，我们所能做的，就是更加努力地拼搏。不由想起刚仙逝的汪老师留下的最经典的诗句："既然选择了前方，便只顾风雨兼程。"成功不是战胜别人，而是不断战胜自己。你的小宇宙可以迸发无限的能量，只要你好好利用它，持之以恒，就可以让梦想照进现实。可是具体如何激发你的小宇宙呢？你似乎早已运筹帷幄，你似乎却又无计可施。

"苔花如米小，也学牡丹开。"

志存高远，百折不挠，筑成了考研人的精神脊梁。它会产生一种神奇的力量，让你的小宇宙蠢蠢欲动，让你总想穿过地平线向远方奔跑，让你毫不犹豫地从一个山峰勇敢地向下一个山峰攀登。一旦拥有了这样的力量，你就永远不会停止前进的步伐，也永远不会停止寻找生命的高度。也许，这才是考研带给你的值得珍藏一生的财富。

在考研的平凡之路上，我们应该拥有平凡的心态，但是绝不能有一颗平凡的心。平凡的心态意味着淡定，不计较，将是非成败皆视若过眼烟云，用平凡的心态来对

待考研，我们就能进退自如。但平凡的心态不等于平庸，不等于意志消沉，平凡的心态是一种敢于担当的勇气：敢于担当成功，也敢于担当失败。与此同时，无论我们多么渺小，我们的心必须是伟大的，心有多大，舞台就有多大。哪怕是再卑微的人，也能拥有属于自己的绚烂人生。你的能量，超乎你想象！袁枚的哲学，你值得效仿！

当然，发愤图强的苦读，不畏强敌的姿态，宠辱不惊的心境，并不是考上东财的充分条件。科学的备战计划，高效的复习方法，最新的研招资讯，权威的报考解读，宝贵的他山之石，惨痛的前车之鉴，精辟的考研感悟，滋补的心灵鸡汤……这些都是考研路上不可或缺的法宝。为大家打包装备这些东财考研"神器"，大幅提高学习效率和成功概率，尽可能地少走弯路，正是我主编这本书的初衷。也许身处考研"小时代"，你是不幸的；但是能够读到这本书，你又是幸运的。望文生义地讲，如果你真的是一朵初出茅庐的"苔花"，为什么不向有成功经验的"牡丹"学习如何绽放呢？很喜欢《红楼梦》第七十回中宝钗所作的一句词："好风凭借力，送我上青云！"如今，考研的"好风"已经送到，你是否已准备好扶摇直上了呢？

作为一个热心的东财资深"老前辈"，在年复一年的考研长征途中，我既会为每一位后辈的旗开得胜而欢欣鼓舞，也会为每一位战友的折戟沉沙而黯然神伤。现在，我祝福你们每一个人，都能在这场逐鹿东财的没有硝烟的战争中杀出一条血路，在考研夺宝之旅的终点顺利摘取那颗璀璨的"皇冠上的明珠"，与我们胜利会师，进而拥有一个似锦的前程。

本人绝非《小时代》脑残粉，但其中周崇光走上台去发表的演讲，却真真切切地感动到了彼时刚经历过考研的我。此刻，我想把这段演讲词送给你们：

我们活在浩瀚的宇宙里，漫天漂浮着宇宙尘埃和星河光尘，我们是比这些还要渺小的存在。你并不知道生活在什么时候突然改变方向，陷入墨水一般浓稠的黑暗里去。你被失望拖进深渊，你被疾病拉进坟墓，你被挫折践踏得体无完肤，你被嘲笑、被讽刺、被讨厌、被怨恨、被放弃。但是我们却总在内心里保留着希望，保留着不甘心放弃跳动的心。我们依然在大大的绝望里小小地努力着。这种不想放弃的心情，让我们变成无边黑暗中的小小星辰。

如果说《梦想成真：东北财经大学考研直通车》是一列载你开往东财的高铁，那么愿本书可以成为那颗夜空中最亮的星，指引你前行的方向，照亮你通往东财的路。

什么？你还在回味周崇光的演讲？别愣神啦，该你上台喽！快一点啦！你看，报幕员话音刚落，各路人马早已纷纷闪亮登场了呢！你可不要在这出考研大戏中跑龙套哦！

第一篇

报考必读

第一章

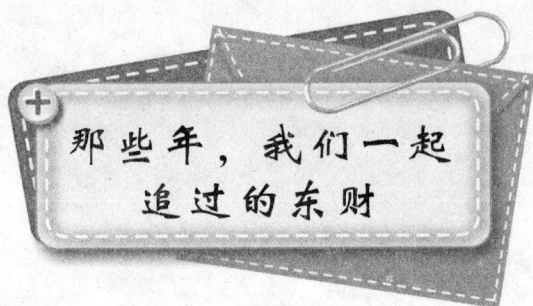

那些年，我们一起追过的东财

第一节　六十载桃李芬芳

东北财经大学始建于1952年，原名为东北财经学院，由东北财政专门学校、东北银行专门学校、东北计划统计学院及东北人民大学财政信贷系、会计统计系合并组建，校址在沈阳。其后，东北商业专科学校、东北合作专科学校，东北人民大学的工业经济专业和东北工业会计统计专科学校的工业统计、工业会计两个专修科，并入东北财经学院。1958年，东北财经学院与沈阳师范学院、沈阳俄文专科学校合并，组建辽宁大学。1959年，原东北财经学院的主体，即计统系与财政系，以及部门经济专业的一部分教师从辽宁大学迁出，与位于大连的辽宁商学院合并，成立辽宁财经学院。辽宁财经学院是文革期间全国唯一完整保留的财经类本科高校，1985年更名为东北财经大学。学校曾由国家高教部、教育部、财政部，东北人民政府和辽宁省人民政府管理。2012年，东北财经大学成为财政部、教育部、辽宁省人民政府共建高校。

东北财经大学整个校园由主、辅、开发区三个校区构成，总占地933.27亩。多年来，东北财经大学因校园恬静、优美，多次被辽宁省人民政府和大连市人民政府评为"绿化先进单位""优秀花园式单位"，并被大连市人民政府授予"绿色大学"称号和"大连市青山工程建设绿化先进单位"称号。

图1-1为东北财经大学正门和主教学楼。

东北财经大学是一所突出经济学、管理学优势和特色，经济学、管理学、法学、文学、理学等多学科协调发展的财经大学。在现有各学科中，财政学、产业经济学、会计学是国家重点学科及教育部、财政部批准的"国家级特色重点学科"，数量经济学为国家重点（培育）学科；在教育部第三轮学科评估中，应用经济学、工商管理、统计学等传统优势学科均进入全国同类学科前13%的行列。理论经济学、应用经济学、统计学、管理科学与工程、工商管理、公共管理6个一级学科为辽宁省重点学科；6个一级学科入选辽宁省77个一流特色学科，其中应用经济学、统计学、工商管理、公共管理

图1-1　东北财经大学正门和主教学楼

等4个学科入选第一层次，占16个第一层次学科的四分之一，理论经济学、管理科学与工程入选第二层次。

东北财经大学有79个二级学科硕士学位授权点，包括工商管理硕士、公共管理硕士、会计硕士、旅游管理硕士、法律硕士（含法学、非法学）、金融硕士、保险硕士、应用统计硕士、税务硕士、国际商务硕士、资产评估硕士、审计硕士、新闻与传播硕士、工程管理硕士、翻译硕士等15个专业硕士学位点，其中，MBA学院在2000年国务院学位办组织的全国MBA教学评估中排名第二，MPA教育中心是全国财经院校第一所正式办学院校，MPAcc教育中心是全国19个试点单位之一；有理论经济学、应用经济学、统计学、管理科学与工程、工商管理、公共管理等6个一级学科博士学位授权点，40个二级学科博士点；有理论经济学、应用经济学、统计学、工商管理、公共管理等5个一级学科博士后流动站。

东北财经大学坚持"顶天立地"的科研工作方针，十分重视科学研究，注重为经济社会发展服务。学校现有教育部人文社会科学重点研究基地1个，辽宁省协同创新中心1个，省级以上重点研究机构及科研平台16个（其中辽宁省人文社会科学重点研究基地9个，辽宁省高校重点实验室2个，省级其他类别重点研究机构4个），校级科研机构33个，有辽宁省省级创新团队13个。出版社是全国百佳图书出版单位，国家一级出版社。多年来，学校立足科研资源与智力优势，以高水平科研成果为导向，积极服务地方、区域、国家经济社会发展，努力打造服务经济社会发展的高水平财经智库。自2009以来，学校连续6年获批国家社科基金重大项目，立项数量名列辽宁省高校前列。

东北财经大学早在20世纪80年代即开始国际交流，于1994年启动国际合作办学项目，并逐步形成"高标准、国际化"的办学思路。截至2015年10月，学校已与世界20

个国家和地区的102所高等院校、7个国际机构建立了不同形式的友好合作关系；有1个中外合作办学机构——东财萨里国际学院，开展"留学不出国"的全日制本科与研究生教育；有6个中外合作办学项目开展双校园模式的中外合作办学；与美国南缅因州大学共建孔子学院；是中国政府奖学金来华留学生接收院校、孔子学院奖学金接收院校。

东北财经大学坚持学科战略、人才战略、国际化战略、特色发展战略，遵循"博学济世"校训，正向着国内一流、国际知名、特色突出的高水平财经大学的发展目标迈进。

第二节　新起点扬帆启航

一、师资力量

在学科建设不断发展的同时，东北财经大学逐渐建立起一支力量雄厚的师资队伍。学校现有教职工近2 000人，其中专任教师近900人。在教师中，有长江学者特聘教授1人，国家杰出青年基金获得者1人，中组部"千人计划"入选者1人，国务院学位委员会学科评议组成员3人，"百千万人才工程"国家级人选2人。东北财经大学在经济学、管理学、法学、文学、理学五个学科门类中，均具有教授职称评审权；在已设立的博士点中，均具有博士生导师遴选权。

二、就业状况

近年来，东北财经大学毕业生的就业率一直在95%以上。在行政管理部门与事业单位，先后走上省、部级领导岗位的有数十人，走上市、厅级领导岗位的有数百人。在中央与各省（市）的财政、金融及其他经济管理部门，均有东北财经大学毕业生担任重要领导职务。

三、重点专业

学校现有产业经济学、会计学和财政学3个国家重点学科；有数量经济学1个国家重点（培育）学科；有理论经济学、应用经济学、统计学、管理科学与工程、工商管理、公共管理6个省部级重点一级学科。

四、研究生教育

随着高等教育改革的不断深入，东北财经大学研究生教育取得了令人瞩目的成就。自1981年取得硕士学位授予权以来的30余年间为国家输送了大批博士、硕士等高级经济管理人才，他们现已成为国民经济各部门的骨干和中坚。

东北财经大学现有理论经济学、应用经济学、统计学、工商管理、公共管理等5个一级学科博士后流动站；有理论经济学、应用经济学、统计学、管理科学与工程、工商管理、公共管理等6个一级学科博士学位授权点，40个二级学科博士点；有79个二级学科硕士学位授权点，其中包括15个专业硕士学位点。

学校为研究生教育配备了高档次的教学与生活设施，如研究生专用的教学楼、专用机房等。研究生教学楼（博学楼）面积达16 000平方米，可同时容纳5 000余名研究生上课。

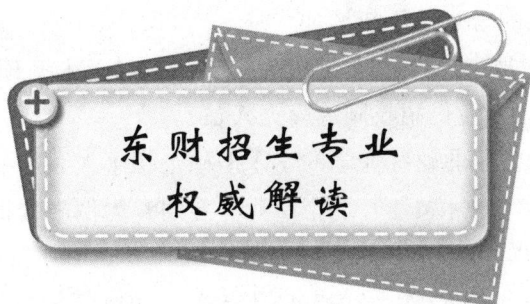

第二章　东财招生专业权威解读

根据教育部公布的《全国硕士学位研究生招生简章》，招生单位招收学术型硕士，是为了培养热爱祖国，拥护中国共产党的领导，拥护社会主义制度，遵纪守法，品德良好，具有服务国家、服务人民的社会责任感，掌握本学科坚实的基础理论和系统的专业知识，具有创新精神、创新能力和从事科学研究、教学、管理等工作能力的高层次学术型专门人才。这和以培养高层次应用型专门人才为目标的专业硕士有明显的区别。

从过往来看，学术型硕士在我国出现时间更早，招生规模长期远远超过专业硕士。在2009年以前，我国基本没有全日制、"双证"的专业硕士，且应届本科毕业生只能报考学术型硕士而不能报考专业硕士，也就是说，当时的专业硕士是给社会在职人员准备的。这也必然导致考上学硕的门槛更高，而且能拿"双证"也让人们觉得学硕比专硕更加"正规"，于是学术型硕士也成了大多数人口中的"普通硕士"。总之，相较于专业硕士，学术型硕士是我国更为传统的一种硕士类别，社会对学硕毕业生的认可度也明显要高一些。

不过，伴随着21世纪初的持续扩招，学术型硕士的规模过大，在就业上出现的问题逐渐凸显。越来越多的学硕毕业生进入了企业等社会中实际应用型的工作领域，而读博、留校任教或者进入科研院所的毕业生人数则显得十分有限，这使学硕的招生明显背离了以培养教学和科研人才为主的初衷，让"学术型硕士"这个称呼显得有些名不副实。此外，全国各招生单位对学硕的培养目标比较单一，使得学硕毕业生的适应性不强，很多用人单位颇有微词。与此同时，专业硕士的总量过小，特别是随着我国经济社会的发展，对高层次应用型专门人才，不管是规模还是质量都有了更迫切的需求。凡此种种，终于使得国家下定决心进行改革。这些年来，教育部一直致力于推进学硕招生人数的缩减和专硕招生人数的增加，并计划最终实现全日制专业硕士和全日制学术型硕士达到7∶3的比例。这无疑会进一步抬高学术型硕士的"准入"门槛，但也使优化后的学术型硕士的含金量不断增加。

另外需要注意的是，自2016年起，东财学术型硕士各专业不再招收同等学力人员（专业学位各专业仍招收同等学力人员）。

近年来，东北财经大学的学术型硕士招生人数的缩减也表现得十分明显。以东财的国际贸易学（国际贸易）这个专业（方向）为例来分析，就能让我们一叶知秋。根据东财的招生简章，该专业的招生人数在2010年达到了历史最高峰的80人，2011年减少到70人，2012年招63人，2013年招55人，2014年和2015年都是招50人，2016年又一下子减少到招35人，2017年维持35人的招生规模（而且自2016年起还取消了国际贸易学（国际商务英语）这个方向，使得国际贸易学这个专业整体的招生人数进一步减少）。由此可以看出，东财的学硕前几年经历了持续的明显缩招，但现已完成专硕与学硕7：3的人数比例，因此今后的招生规模会基本保持稳定。另外，考虑到从2015年起，东财大幅提高推免生所占的比例，统考生的缩招趋势无疑更加明显。

下面我们来看看东财学硕专业设置的具体情况。东财的学术型硕士现已涵盖哲学、经济学、法学、教育学、文学、工学、管理学等七大门类，共有60余个专业（方向），分属19个学院（中心）。各专业拟招生人数可以参考当年的招生简章，不过实际招生人数要以教育部最终下达的招生规模为准。根据近几年实际录取情况进行分析，可以发现东财每年有不少专业最终录取人数与招生简章上列出的拟招生人数还是有一定出入的，但是这些专业基本上都是进行了扩招（录取人数多于拟招生人数），而不是缩招。比如2016年金融学扩招了11人，会计学扩招了5人，会计硕士（脱产）扩招了10人。

根据各专业的特点，可以大体上将东财的学硕划分为经济类、管理类和其他类三大类别。

先说经济类。

东财的经济类主要包括以下专业（括号中为专业下的研究方向）：财政学（财政、税收、公共政策），国民经济学（国民经济管理、投资经济），区域经济学，世界经济，国际贸易学（国际贸易、国际商务英语，其中国际商务英语方向自2016年起停招），金融学（金融学、行为金融学、量化金融，其中行为金融学方向招收的全部为推免生，量化金融为2016年新增），金融工程，保险学，经济思想史，经济史，西方经济学，产业经济学（产业经济学、产业组织学），劳动经济学，政治经济学，人口、资源与环境经济学，数量经济学，金融与风险统计，统计学。

其中，东北财经大学有财政学、产业经济学2个国家重点学科和数量经济学1个国家重点（培育）学科。而东财的应用经济学作为一级学科，在各类全国专业排名中也都能跻身前十。所以总体来说，东财的经济类专业实力是十分强劲的。金融学、金融工程、保险学、数量经济学、统计学、金融与风险统计等专业对数学有较高的要求，涉及较多数理经济学方面的知识，还要学习在实际中如何建立和运用数学模型。其余大部分专业所学的课程则都比较偏文科一些。

经济类专业中，招生人数近年来一般会超过30人的大专业有金融学、国民经济学（投资经济）、国际贸易学（国际贸易）、数量经济学、统计学，其中金融学和国际贸易学（国际贸易）相对比较热门，复试分数线较高，其余专业的复试分数线则相对较低。小专业中，金融工程、产业经济学是热门专业，复试分数线往往高出其他专业很多。

经济类专业中，数量经济学的专业课考试科目为经济学100分+概率论与数理统计50分，金融与风险统计、统计学的专业课考试科目为统计学，其余专业的专业课考试科目均为经济学。此外，财政学（税收）专业课的情况比较特殊：2014年及以前都只考经济学，2015年考试科目改为经济学100分+中国税收50分，自2016年起又改回只考经济学。

再说管理类。

东财的管理类专业又可以大致分为两类：一类考数学；另一类不考数学。

管理类中考数学的专业主要包括：企业管理（企业管理、组织行为学、跨国公司管理）、技术经济及管理、市场营销、人力资源管理、物流管理、公司治理、管理科学与工程（运作管理、管理科学、信息管理、金融服务工程、工程管理）、电子商务、会计学、财务管理、旅游管理（旅游管理、休闲与服务管理）。

以上专业中，会计学专业的专业课考试科目为会计学，财务管理专业的专业课考试科目为管理学100分+财务管理50分，管理科学与工程（运作管理、管理科学、信息管理、金融服务工程）专业的专业课考试科目为管理学基础、运筹学、信息技术基础三选一，电子商务专业的专业课考试科目为电子商务，旅游管理（旅游管理）专业的专业课考试科目为旅游学，其余专业的专业课考试科目均为管理学。

以上专业中，会计学的专业课东财出的题目较难，其余的专业课东财都考得比较简单。无论是教学水平、科研实力还是就业去向、职业发展，会计学在很多人的心目当中都是当之无愧的东财最好的专业，因此它也一直是东财所有专业中考研竞争最"惨烈"的。除了会计学以外，东财管理类中难考的专业首推同属会计学院的财务管理，其次是企业管理等专业。

管理类中不考数学的专业主要包括：行政管理、教育经济与管理、社会保障、土地资源管理。一个有意思的现象是，每年都有相当数量的同学其实是因为忌惮数学（三）的"威力"而选择报考东财的这几个专业的。这几个专业考试科目均为两门：公共管理学（一）和公共管理学（二），每门150分。其中行政管理每年报考人数较多，竞争最为激烈，其次是社会保障。

最后说说其他类。

东财的其他类专业具体又可以分为法学类、外语类、政治类这三个大类，加上哲学类、计算机类、教育学类这三个小类，每个小类都只有一个专业。

法学类、外语类、政治类这三大类专业均不考数学。法学类（包括社会学）和政治类均考政治、外语和两门专业课。外语类专业包括商务英语、英语（语言学方向）、日语（国际商务方向）、俄语（国际商务方向），均考政治、二外和两门专业课。

三小类中，哲学类是科学技术哲学这一个专业，考四门：政治、外语和两门专业课。教育学类是职业技术教育学这一个专业（自2016年起停招），考三门：政治、外语和教育学专业基础综合。计算机类是计算机应用技术（数据挖掘与商务智能）这一个专业，考四门：政治、外语、数学（三）和计算机综合。

东财学术型硕士的学制是两年半，其中前一年半主要用来上课，后一年主要用来完成硕士学位论文及实习、找工作等。所学课程可以大致分为公共课、专业课和选修课。一般来说，第一学期主要开设公共学位课，第二学期主要开设专业学位课，第三学期主要开设研究方向课，每学期还要另外自选几门公共选修课。在读期间，可以利用课余时间发表论文，参与导师的课题和项目，以及参加各类比赛和学术交流活动。成绩优异者可以申请直博，还有机会去国外交流学习。

除了读博以外，东财学术型硕士的就业去向大体为机关、高校、事业单位、国企和外企等，而企业当中又以国有银行、股份制银行、会计师事务所、证券公司和大型综合性集团居多。很多毕业生都去了世界500强企业。

总之，无论从哪个方面来看，报考东财的学术型硕士都永远不会是一个错误的决定。

第二节　专硕各专业概览

在介绍东财的专业硕士总体情况之前，先说说我国的研究生教育发展历史。硕士学位分为两种，也就是学术型硕士学位和专业硕士学位，它们是两种平行的学位。专业学位，是相对于学术型学位而言的学位类型，其目的就是培养不仅具有扎实理论基础，而且能够适应特定行业实际工作需要的应用型高层次专门人才。专业学位与学术型学位处于同一层次，但是在培养目标和培养方式上有明显差异。学术型学位以学术探究为导向，偏重理论钻研，培养大学教师和科研机构的研究人员；而专业学位以专业实践为导向，重视实际应用，培养在专业和专门技术上受到正规训练的高层次人才。

我国自1991年就开始实行专业学位教育制度，当时的专业学位教育主要针对的是已经工作的在职人员，满足他们在职提高的需求。这时的专硕，只有学位证没有学历证，也就是说你的学历还是本科学历，只是有个硕士的学位而已。所以，以前这种在职的，也就是非全日制的专业硕士含金量是比较低的，社会认可度也是比较低的。最为大家熟知的就是MBA。

但是，2009年是专业硕士发展史上的一个重大转折点。2009年以前是基本没有全日制专业硕士的。为了满足我国社会经济形势对研究生教育结构转变的需要，2009年国家从应届本科毕业生中增招了3.8万名专业学位硕士生，实行全日制培养；2010年更进一步扩大了全日制专业学位研究生招生的范围和规模。这意味着硕士研究生教育从以

培养学术型人才为主向以培养应用型人才为主转变。随着一系列政策的出台，全日制硕士研究生教育将逐渐从以培养学术型人才为主向以培养应用型人才为主转变，实现研究生教育结构的历史性转型和战略性调整。

专业学位研究生教育是今后一个时期国家大力扶持和积极引导的发展重点。教育部对研究生结构调整的计划是这样的：专硕在整个硕士研究生中所占比重，2009年为16%，2010年为25%，2011年为30%，2012年为35%，2013年为40%，2014年为45%，2015年，也就是十二五规划的末期，专硕学硕各占50%，2016年专硕占比开始超过学硕，而最终的目标是专硕占70%，学硕占30%。

下面来说说东财的情况。

首先说一下全日制专硕。发展至今，东财的全日制专硕已经增加到了26个专业或方向（括号中为专业下的研究方向）：工商管理、税务、法律（非法学）、法律（法学）、公共管理、工程管理（制造工程管理、金融信息工程管理、数据挖掘与商务智能、建设工程管理）、国际商务、英语笔译、英语口译、日语笔译、日语口译、金融（金融、证券与期货、金融分析师，2016年开始由不分方向改为分成这三个方向）、保险、资产评估、审计、会计（脱产、澳洲注册会计师，2016年开始由不分方向改为分成这两个方向）、旅游管理、应用统计（应用统计、商业数据分析，2017年开始由不分方向改为分成这两个方向）、新闻与传播。

其中，工商管理、公共管理、工程管理、旅游管理是不招应届毕业生的，需要有工作经验（大学本科毕业后有3年以上工作经验的人员；或获得国家承认的高职高专毕业学历后，有5年以上工作经验，达到与大学本科毕业生同等学力的人员；或已获硕士学位或博士学位并有2年以上工作经验的人员）。以前的专硕是不面向应届毕业生的，并且都是在职的。从2009年起，会计硕士开始面向本科应届毕业生招生，并且实行全日制培养。从2011年起，经批准，金融、应用统计、税务、国际商务、保险、资产评估等专硕的全日制研究生也开始招生了。审计硕士是从2012年开始招生的。

从东财的初试科目上看，工商管理、公共管理、工程管理、审计、会计、旅游管理均需要考管理类联考综合能力而不考东财出题的专业课，法律需要考法硕联考（分为法学、非法学）而不考东财出题的专业课，其他专业均需要考东财出题的专业课（东财招生简章中考试科目名称前有代码的）。部分专业的外语科目可以选考日语或俄语，而不选英语。

其次说一下非全日制专硕。其实这也就是传统的在职的专硕，即从事其他职业或者社会实践的同时，采取多种方式和灵活时间安排进行非脱产学习的研究生。2017年东财共有8个学院（中心）招收非全日制专业学位硕士研究生，包含的专业有：工商管理（MBA）、工商管理（EMBA）、法律（非法学）、法律（法学）、公共管理、工程管理、金融、会计、旅游管理。

需要特别指出的是，从2000年起，在职人员攻读硕士专业学位由各招生院校联合

组织考试发展为全国联考，统一考试、统一录取，有学位、无学历。自2016年起，所有在职研究生均作为非全日制的分类纳入国家研究生招生计划，取消在职研究生联考，参加每年12月份的全国硕士研究生统一入学考试，并将这一部分"单证在职硕士"（只有学位证）纳入"双证硕士"（毕业证、学位证）。之所以做出这一改变，是因为很多人报考在职研究生联考只是为了获得一个文凭从而增加职业发展的筹码，却并不关心读研过程中能否练就真才实学、硕士的头衔能否名副其实。这样的心态与想法，使得近几年在职研究生的含金量变低，社会对于在职研究生的整个模式都产生了很大的不信任，这样的状况与当初的目的完全是背道而驰的。取消在职研究生联考，将其作为非全日制学生纳入国家研究生招生计划，最显著的提高无外乎两点，其一是入学的质量，其二是教学的质量，这带动了在职研究生整体素质的提高，但考试难度也显著增加了。

从东财的初试科目上看，法律（非法学）考政治、英语（一）、法硕联考专业基础（非法学）、法硕联考综合（非法学），法律（法学）考政治、英语（一）、法硕联考专业基础（法学）、法硕联考综合（法学），金融考政治、英语（二）、数学（三）、金融学综合，其他专业均考管理类联考综合能力和英语（二）。部分专业的外语科目可以选考日语或俄语，而不选英语。

接下来谈谈专硕的总体情况。

1.关于录取。会计硕士于2009年招收第一届全日制硕士，由于历史原因全部从学术型硕士进行调剂。而后不仅在东财乃至全国，会计硕士开始一路走红。会计学作为东财的国家重点学科，其对应的专硕自然也广受认可。会计硕士虽然每年招生数量不小，但是录取分数线从2012年起不再是国家线，不需要再调剂了。审计硕士是从2012年开始招生的，第一届录取分数线为国家线，需要调剂，但是2013年审计硕士的复试分数线超出了国家线40分，为195分，无需再调剂，而到了2015年审计硕士的复试分数线达到了216分，甚至比会计硕士还要高1分，2016年又回落至202分。金融硕士2015年复试分数线达到了352分，但2016年也出现回落。税务硕士虽然2015年复试分数线仍然是国家线，但是上线人数已经超过了录取人数，也不接收调剂了，而2016年又因为上线人数不足重新接收调剂。除了公共管理硕士的复试分数线曾在2013年达到164分，东财的其他专硕到目前为止每年的复试分数线一直是国家线，仍然需要从报考学术型硕士的考生中调剂。可以说，今后报考东财的应用统计、国际商务、保险、资产评估、旅游管理、工程管理、法律、新闻与传播、英语笔译等专硕相对来说是比较容易的，一般达到国家线就基本上可以录取了，对于比较保守的考生来说是很不错的选择。

2.关于学制。东财的学术型研究生学制大部分是2.5年，但按就业的实际效果来看是相当于3年的。目前东财绝大多数专业硕士的学制都是2年，2009级的会计硕士是3年制，2010级的会计硕士可以选择2年、2.5年、3年毕业，但从2011级起也改为2年制了。所以，专硕的研究生是与比自己高一届的学长学姐一起找工作的。这也是专硕的一个优势，毕竟时间成本是比较高的，尤其对于广大女同胞来说。

3.关于课程设置。可能没有教育部文件上说的那么界限分明，但是东财专硕的课程设置原则上还是偏重应用型的，一般不学习一些对模型、理论要求很高的课程。而且学习终归是自己的事情，学校开设什么课程对于自己的影响也许不是很大。

4.关于双导师。教育部要求专业硕士要配备双导师，且不少于半年实践。东财凭借丰富的校友资源为各个专硕专业配备了校外导师，许多校外导师都是各个行业的精英，大都来自于领导岗位，用于安排实习和论文写作的指导。至于校外导师能够起到多大的作用就因人而异了，学校为学生提供了平台，剩下的就需要自己发挥了。

5.关于就业。这是很多人都非常关注的一个问题，也是很多人决定是否报考专硕的症结所在。如果说在2012年之前还徘徊于专硕和学硕之间，是因为专硕的就业形势不明朗，那么，现在看来，这个顾虑基本可以消除了。从东财各个专业专硕的就业情况来看，是基本上与学硕没什么区别的。可能一些科研院所在招聘的过程中会特别提出只要学术型研究生，这当然是合情合理的。很多企业在招聘过程中是不去区分专硕和学硕的，而更看重的是东北财经大学的牌子和你自身的实力，只要你足够优秀，真不必担心企业不认可你。所以，如果你读研仅仅是为了找一份好工作，而又担心学硕考不上、专硕就业不明朗，那现在完全不用担心了，选择专硕的性价比更高一些。如果你将来有志于做学术、设计模型、研究理论，甚至进一步读博深造，那当然还是要选择学硕。

一个专硕和学硕共辉的时代已经来临，根据自己的情况，实事求是地做出选择，并以我选择、我喜欢、我奋斗的态度去付出和坚持，何愁麓山巍巍不纳于足下、湘水泱泱不枕于耳边？

第三节　历年复试线与录取数据分析

一、东财历年复试分数线

为了让大家直观了解2011—2016年东财各专业复试分数线情况，为确定报考专业提供依据，我精心整理了下面的表格（见表2-1），供大家查阅。

表2-1　　　　2011—2016年东财各专业复试分数线

专业（方向）	2016年	2015年	2014年	2013年	2012年	2011年
一、学硕（经济类）						
金融学	364	363	350	363	369	387
金融工程	348	364	国家线	国家线	389	362
保险学	国家线	国家线	国家线	347	350	359
产业经济学	356	362	333	356	372	378
产业组织学	354	国家线	国家线	346	346	国家线
国际贸易学（国际贸易）	343	340	国家线	353	348	367
世界经济	国家线	国家线	国家线	347	国家线	国家线
西方经济学	348	336	国家线	国家线	372	国家线

专业（方向）	2016年	2015年	2014年	2013年	2012年	2011年
劳动经济学	331	国家线	339	347	353	国家线
区域经济学	国家线	国家线	国家线	国家线	375	国家线
国民经济学	国家线	国家线	国家线	国家线	378	国家线
投资经济	344	国家线	国家线	361	363	364
财政学（财政）	339	国家线	国家线	国家线	374	348
数量经济学	国家线	国家线	国家线	348	365	350
统计学	368	353	362	372	345	357
其他各专业	国家线	国家线	国家线	国家线	国家线	国家线
二、学硕（管理类）						
会计学	370	374	340	372	370	362
财务管理	337	363	354	359	359	376
企业管理（企业管理）	国家线	国家线	国家线	国家线	国家线	357
人力资源管理	国家线	国家线	国家线	国家线	341	351
行政管理	363	336	358	362	370	357
社会保障	364	国家线	356	国家线	353	349
教育经济与管理	国家线	国家线	国家线	国家线	国家线	367
其他各专业	国家线	国家线	国家线	国家线	国家线	国家线
三、学硕（其他）						
经济法学	国家线	国家线	国家线	348	国家线	342
民商法学	343	国家线	国家线	国家线	338	334
刑法学	国家线	国家线	国家线	国家线	341	国家线
社会学	国家线	国家线	325	国家线	国家线	国家线
外国语言学及应用语言学（英语）	国家线	国家线	国家线	国家线	352	国家线
外国语言学及应用语言学（日语）	国家线	国家线	国家线	国家线	368	国家线
政治学理论	国家线	国家线	国家线	国家线	385	国家线
科学技术哲学	国家线	国家线	国家线	国家线	359	国家线
其他各专业	国家线	国家线	国家线	国家线	国家线	国家线
四、专硕						
会计硕士（会计）	223	215	218	204	204	国家线
会计硕士（澳洲注册会计师）	193	—	—	—	—	—
审计硕士	202	216	208	195	154	国家线
金融硕士（金融）	331	352	国家线	国家线	国家线	国家线
公共管理硕士	国家线	国家线	国家线	164	国家线	国家线
其他各专业	国家线	国家线	国家线	国家线	国家线	国家线

　　需要说明的是，东财各专业的单科线均为国家线。

　　总分的国家线方面，学硕（经济类）的国家线为：2015年330分，2016年325分；学硕（管理类）的国家线2015年、2016年均为335分。篇幅所限，其他各专业的历年国家线数据就不在这里详细列出了。大家可以关注我的新浪官方认证微博：孙盛琳－大

话红楼梦（http：//weibo.com/dongcaikaoyan）上的相关内容，自行"百度"解决亦可。

二、东财考研录取数据分析

我们先来通过表2-2分析一下2016年复试线高于国家线的东财各专业的招生人数。

表2-2 **2016年复试线高于国家线的东财各专业招生情况**

专业（方向）	复试线	拟推免	实推免	拟统招	实统招	进复试	备 注
金融学	364	32	32	33	36	45	扩招3人 ★
金融工程	348	7	6	8	9	11	
产业经济学	356	9	6	9	12	15	★
产业组织学	354	10	2	10	18	22	
国际贸易学（国际贸易）	343	17	7	18	29	35	扩招1人
劳动经济学	331	5	0	5	10	12	
投资经济	344	10	7	10	15	16	扩招2人
西方经济学	348	9	1	9	17	21	★
财政学（财政）	339	7	0	8	15	18	★
统计学	368	15	10	15	20	24	★
会计学	370	35	35	35	40	48	扩招5人 ★
财务管理	337	15	12	15	18	22	
行政管理	363	16	0	19	39	47	扩招4人 ★
社会保障	364	4	2	6	12	12	扩招4人，进复试全部录取
民商法学	343	4	0	4	11	11	扩招3人，进复试全部录取
会计硕士（会计）	223	47	31	48	74	91	扩招10人，有11人复试不及格
会计硕士（澳洲注册会计师）	193	20	4	20	35	47	因10人复试不及格而空缺1人
审计硕士	202	17	11	18	24	32	
金融硕士（金融）	331	47	13	48	87	105	扩招5人

说明：

1.表中拟推免等项单位均为人数，进复试是指参加统考获得东财复试资格的人数（其中有个别人放弃资格未到东财复试）。

2.拟招生总数=拟推免+拟统招

实招生总数=实推免+实统招

扩招人数=实招生总数-拟招生总数

3.备注中有★代表复试完总排名靠后未被原专业录取者只要复试成绩及格，均可调剂到东财其他专业。

从表2-2中我们可以发现，东财很多热门专业在复试后最终录取时都对统考生进行了力所能及的扩招，或者对总排名靠后者给予调剂到其他专业的机会，充分体现了东财研究生院的爱才、惜才。同时，为保证生源质量与学校声誉，东财坚持对于复试成绩不及格者不予录取的原则，比如对于会计硕士（澳洲注册会计师），宁可浪费名额也不降低"底线"，复试成绩不及格者达到10人之多，所以大家对于复试绝不能掉以轻心。

下面我们再以2015年考研报考东财的数据为例，对近几年东财考研的形势进行更为深入的分析。

截至研究生入学考试现场确认结束，2015年报考东财的统考考生共有7 396人，比2014年减少1 520人，降幅为17%。

按报考学院统计，MBA学院（现并入工商管理学院）559人，财政税务学院236人，法学院191人，工商管理学院451人，公共管理学院665人，管理科学与工程学院98人，国际经济贸易学院301人，国际商务外语学院34人，金融学院1 235人，经济学院466人，会计学院2 537人，旅游与酒店管理学院44人，马克思主义学院23人，萨里国际学院4人，数学与数量经济学院（现并入经济学院和数学学院）81人，统计学院255人，投资工程管理学院128人，新闻传播学院16人，高等职业技术学院2人，经济与社会发展研究院10人，产业组织与企业组织研究中心60人。

按报考学位类别统计，学术型4 155人，专业学位3 241人。

按考生本科毕业学校统计，本校873人，外校6 523人。

根据内部资料进行数据统计，得出2015年东财实际招收的统考生共有1 662人，其中学硕842人，专硕820人。据此计算，2015年东财考研总的报录比约为4.45∶1，学硕报录比为4.93∶1，专硕报录比为3.95∶1。

下面为读者奉上复试分数线高于国家线的东财各专业2015年推免人数、统招人数和报录比（指的是统招报考人数和统招录取人数之比，推免人数不计在内）（见表2-3）。通过分析表中数据，读者可以对这些专业的考试难度有更加准确的判断。

表2-3中未列出的专业，其复试线均为国家线，所以考生的直接"对手"其实也就只剩下了国家线，此时再关心报录比没有什么意义。

表2-3　复试分数线高于国家线的东财各专业2015年推免人数、统招人数和报录比

学院名称	专业（方向）名称	复试线	推免人数	统招人数	报录比
公共管理学院	行政管理	336	1	50	7.1∶1
国际经济贸易学院	国际贸易学（国际贸易）	340	11	40	5.9∶1
金融学院	金融学	363	29	58	5.8∶1
	金融工程	364	10	12	
	金融硕士	352	20	96	
经济学院	西方经济学	336	0	20	6.6∶1
	产业经济学	362	3	25	
会计学院	会计学	374	42	40	12.1∶1
	财务管理	363	13	15	
	会计硕士	215	32	93	
	审计硕士	216	7	25	
统计学院	统计学	353	5	33	4.3∶1

注：为防止广大考生在选择专业时过于缺乏自信，一味盲目地避高就低、避难就易，造成各专业复试线的波动，特别是避免会计、金融等热门专业较多的报考人数吓退部分考生造成复试线的下滑和生源质量的下降，暂不公开2016年与2017年的报录比数据以及2015年各专业的具体报录比数据，敬请大家谅解。

下面以官方最新统计的毕业研究生数据为例，对考上东财的硕士生们进行更多维度的分析，以帮助大家加深对东财考研的了解。

因为东财专业设置和学科特点，硕士毕业生中性别比例失衡现象依然存在，使得男生在就业方面的优势更加明显，而博士毕业生性别比例基本平衡（见表2-4）。

表2-4　　　　　　　　　　**2015届毕业研究生人数及性别比例**

毕业生类型	男	女	总计
硕士毕业生	527人（32.04%）	1 118人（67.96%）	1 645人
博士毕业生	34人（51.52%）	32人（48.48%）	66人

基于东财地理位置、国家招生政策以及各主要财经高校的区域分布，研究生生源主要来自以辽宁为主的东北省份和以山东、河南、河北为代表的生源大省，而在财经院校较密集的北京、上海等地区生源较为分散（见表2-5）。

表2-5　　　　　　　　　　**2015届毕业硕士研究生生源地统计表**

生源地	硕士毕业生		生源地	硕士毕业生	
	人数	比例(%)		人数	比例(%)
辽宁	448	27.23	新疆	7	0.43
山东	362	22.01	陕西	7	0.43
河北	149	9.06	重庆	6	0.36
黑龙江	123	7.48	甘肃	6	0.36
河南	111	6.75	福建	6	0.36
安徽	86	5.23	云南	5	0.30
山西	79	4.80	宁夏	5	0.30
吉林	77	4.68	北京	4	0.24
内蒙古	54	3.28	天津	4	0.24
江西	25	1.52	广西	3	0.18
江苏	20	1.22	广东	3	0.18
浙江	16	0.97	贵州	2	0.12
湖北	13	0.79	青海	2	0.12
湖南	10	0.61	海南	2	0.12
四川	9	0.55	上海	1	0.06

第四节　　　就业形势分析

东财的硕士毕业生就业情况可谓一直超群绝伦，也正是因为这一"大杀器"，东财在每年的考研中才会吸引到如此众多的目光。

下面我们结合官方的数据来对东财硕士的就业作更多的了解。

一、东财各专业就业分析

结合今年我国的经济发展情况和各地区院校的就业情况来看，东财硕士毕业生就业情况均呈良好发展态势（见表2-6）。2015年硕士研究生落实就业去向1 560人，就业率为94.83%。

表2-6　　　　　　　　　　**2015届硕士研究生就业类型及就业率统计表**

就业类型	硕士研究生	
	人数	占毕业总人数比例（%）
就业	1 508	91.67
升学	38	2.31
出国	1	0.06
创业	13	0.79
未就业	85	5.17
合计	1 645人	

未就业硕士研究生中，有相当数量是在准备考公务员（15人）或者已有就业意向的（57人）。

下面我们分专业具体来看一下，见表2-7。

表2-7　　　　　　　　　　**2015届硕士研究生分专业就业率**

专业	毕业生人数	就业人数	升学人数	就业率(%)
保险硕士	39	37	1	97.44
保险学	16	16		100.00
财务管理	72	72		100.00
财政学	60	54	2	93.33
产业经济学	35	31	2	94.29
产业组织学	13	12		92.31
法律硕士（法学）	18	15		83.33
法律硕士（非法学）	22	19	1	90.91
风险统计	2	1		50.00
工商管理硕士	27	18		66.67
公共经济与公共政策	4	4		100.00
管理科学与工程	37	37		100.00
规制经济学	2	2		100.00
国际法学	3	2		66.67
国际贸易学	69	66	1	97.10
国际商务硕士	37	37		100.00
国民经济学	10	9	1	100.00
环境与资源保护法学	1	1		100.00

专业	毕业生人数	就业	升学	就业率(%)
会计硕士	195	191	2	98.97
会计学	125	126	5	96.80
技术经济与管理	1	1		100.00
教育经济与管理	1	1		100.00
金融工程	33	28		84.85
金融硕士	61	58		95.08
金融学	108	96	5	93.52
经济法学	29	27	1	96.55
经济史	1	1		100.00
经济思想史	1	1		100.00
科学技术哲学	2	1		50.00
劳动经济学	19	19		100.00
旅游管理	10	9	1	100.00
马克思主义基本原理	1	1		100.00
民商法学	13	13		100.00
企业管理	71	67	2	97.18
区域经济学	12	12		100.00
人力资源管理	30	27	1	93.33
社会保障	11	8		72.73
社会学	25	18	1	76.00
审计硕士	62	61	1	100.00
世界经济	13	11	1	92.31
市场营销	6	5	1	100.00
数量经济学	45	38	3	91.11
税务硕士	49	47	1	97.96
思想政治教育	2	2		100.00
统计学	56	54	1	98.21
投资经济	26	22		84.62
外国语言学及应用语言学	30	24		80.00
物流管理	3	3		100.00
西方经济学	25	23	1	96.00
宪法学与行政法学	2	2		100.00
刑法学	5	4		80.00
行政管理	67	51	2	79.10
应用统计硕士	60	59	1	100.00
政治经济学	1		1	100.00
政治学理论	5	2	2	80.00
资产评估硕士	38	38		100.00

先来谈谈学硕。东财的学硕因为门槛高，就业比对应的专硕往往更具竞争力。在下文中，将按照经济类、管理类和其他类三个类别，简要分析一下东财学硕的就业情况。

东财的经济类专业，在就业时用人单位往往不会作明显的区分，很多时候毕业生们都是按照经济学这个共同的大类来求职。各专业的就业去向也就高度接近，主要包括：科研和教学机构、政府机关、各类事业单位，商业银行、证券公司、保险公司、期货公司、信托公司、各类投资机构，大型综合性集团、国际快消品公司、房地产公司、跨国服务公司、外贸公司，会计师事务所、税务师事务所等。在应聘当下热门的银行等金融类企业时，东财经济类专业的毕业生们都很受欢迎，其中金融学、金融工程等专业因为更对口，往往还会有一点优势。财政学和产业经济学因为是东财的国家重点学科，也会被有的招聘单位所看重。

再来看看东财的管理类专业。会计学在很多就业报告中都被认为是东财就业最好的专业，考虑到东财会计学的实力，这丝毫不让人感到意外。在东财和会计学同属会计学院的财务管理，就业也一直很不错。东财其他管理类专业都各有特色，不过每年的考研分数线都十分接近，招聘时有的单位会更看重专业背景（比如承接大型工程的企业往往会更偏爱工程管理专业，快递公司往往会更认可物流管理专业，各企事业单位的综合办公室类的部门往往会更看重行政管理专业，旅行社往往会更喜好旅游管理专业等等），有的单位则不拘泥于具体的专业，而是把毕业生们纳入管理学这个共同的大类来平等看待，为自身的管理干部梯队建设做储备。

其他的学硕专业，就业也都挺好，大家可以放心报考。需要指出一点，因为东财是一所享誉全国的财经类高校，因此在同一学科大类中，有的用人单位会更青睐于有财经类背景的专业。比如东财的法学院下设刑法学、诉讼法学等众多法学专业，但其中的民商法学和经济法学因为自带"经济属性"而更受一些单位认可。

说完了学硕，我们再来看一下专硕。随着近年来专硕的社会认可度不断提高，东财各专硕专业的就业形势也越来越好，与学硕之间的差距也在不断缩小。具体来看，在东财专硕各专业中，就业最好的首推会计硕士、审计硕士和金融硕士。而东财的税务硕士、资产评估硕士和应用统计硕士等专业的毕业生也是越来越受到用人单位的欢迎，因此报考东财专硕的考生人数每年都会有大幅度的增加。

如果大家想了解东财各个专业更多的就业去向方面的介绍，可以查阅最新的东财招生简章中"各学院、专业介绍"这部分内容。篇幅所限，这里就不一一赘述了。

二、毕业生就业地区流向

2015届毕业研究生就业地区辽宁省内（以大连、沈阳为主）占比最大，主要原因是毕业生主要生源地为辽宁省；以山东省、河北省、河南省为代表的省份吸纳毕业生较多，原因是外校考入的学生中，这三省考生占多数；其他地区则主要集中在各直辖市和东南各省。北上广深这类经济发达的一线城市的众多名企，对于东财硕士毕业生一直十分认可与欢迎（见表2-8）。

表2-8　　　　　　　　　2015届毕业研究生就业地区流向统计表

省份	人数	比例(%)	省份	人数	比例(%)
辽宁省	584	36.16	陕西省	13	0.80
山东省	222	13.75	福建省	7	0.43
北京市	181	11.21	湖南省	7	0.43
广东省	118	7.31	湖北省	7	0.43
河北省	74	4.58	重庆市	7	0.43
河南省	60	3.72	海南省	6	0.37
安徽省	46	2.85	四川省	6	0.37
上海市	44	2.72	江西省	5	0.31
江苏省	40	2.48	云南省	5	0.31
天津市	38	2.35	甘肃省	3	0.19
黑龙江省	30	1.86	宁夏	3	0.19
吉林省	27	1.67	贵州省	2	0.12
浙江省	28	1.73	新疆	2	0.12
山西省	26	1.61	广西	1	0.06
内蒙古	22	1.36	青海省	1	0.06

三、毕业生就业单位性质

从就业行业来看，金融业几近占据2015届硕士毕业生去向的半壁江山，各行业分布详见表2-9。

表2-9　　　　　　　　　2015届硕士研究生就业单位行业类型

行业类型	人数	比例（%）
金融业	668	42.82
租赁和商业服务业	187	11.98
信息传输、软件和信息技术服务业	164	10.51
教育业	110	7.05
制造业	108	6.92
房地产业、建筑业	72	4.62
公共管理、社会保障和社会组织	94	6.03
电力、热力、燃气及水生产和供应业	56	3.59
交通运输、仓储和邮政业	36	2.31
批发和零售业	26	1.67
文化、体育和娱乐业	23	1.47
农、林、牧、渔业	16	1.03

同时附上博士生的就业行业分布，供有志于读博的同学参考（见表2-10）。

表2-10   2015届博士研究生就业行业类型分布情况

行业类型	人数	比例（%）
教育	52	94.54
租赁和商业服务业	2	3.64
金融业	1	1.82

从就业单位性质来看，近年来毕业生就业单位主要为党政机关、国有企业、企事业单位等，与往年就业去向基本吻合。值得一提的是，虽然近年来由于经济形势影响导致国企人才需求量有所下降，但东财毕业研究生就职于国有企业的人数仍然较多，主要是由于我国国有企业规模庞大、员工培养机制完善、待遇好、保障高，因而备受毕业生青睐，同时东财研究生在应聘国企时颇具竞争力；一些企事业单位由于其灵活性较强，专业水平要求较高，收入水平范围波动较大，对学生各方面素质要求也较高，多数毕业生也将其作为就业选择；选择高等教育单位的人数呈现较高的增长率，这与高校扩招、博士毕业生基数增加等因素有关（见图2-1和图2-2）。

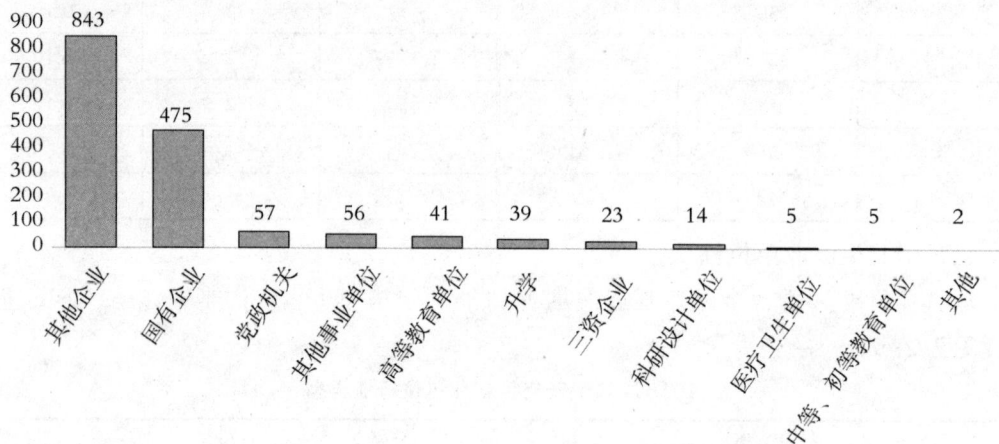

图2-1   2015届毕业硕士研究生就业单位性质分布情况

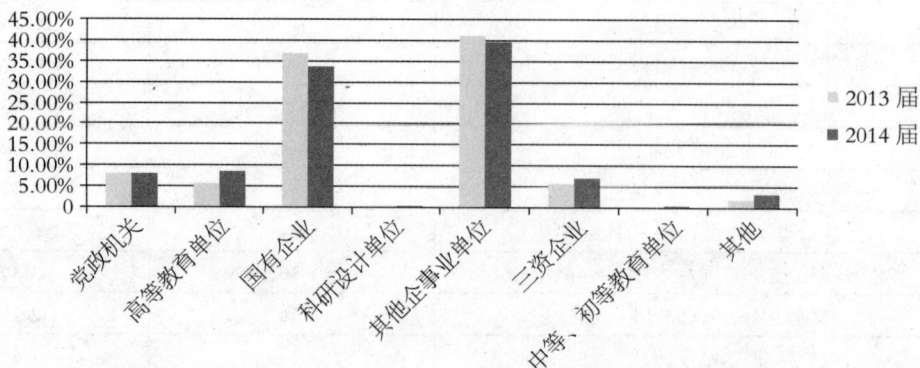

图2-2   2013届、2014届毕业研究生就业单位性质分布情况

最后说明一点，有的财大气粗的用人单位（特别是大型央企和知名银行等），对硕士毕业生的学历要求比较苛刻，会将大家本科学校的档次甚至所学专业的关联性作为考

量的重要因素之一；而越来越多的高校在招聘教师时也会详细了解你本、硕、博各阶段分别是在哪所高校的哪个专业就读的。同样是东财硕士毕业，如果你本科就是东财的，或者本科学校达到甚至超过东财的档次，你会在招聘中十分有竞争力；如果你本科的学校较差，有可能就会失去这些求职机会。这种现象俗称"学历查三代"。从这个角度来说，虽然在报考东财研究生的时候，不论你本科学校好坏，东财都会一视同仁，不搞区别对待，但是在求职季，不得不承认你本科出身的"标签"在有的场合就会发挥微妙的作用了。当然，在大多数情况下，只要是东财硕士，用人单位都很认可，并不怎么关注你的本科学校和专业。

四、毕业生具体去向等信息查询

在这里我给大家传授一下查询在东财举办的招聘会、宣讲会和毕业生具体就业单位的方法。

东财有官方的就业网站——东北财经大学就业信息网（jiuye.dufe.edu.cn），上面有面向东财毕业生的丰富的最新招聘和宣讲会信息。此外，东财研究生院官网"毕业与就业"下的"就业信息"一栏中也有这类内容，而且是专门面向东财硕士毕业生的。通过在这两个网站上浏览一下相关信息，大家就可以对哪些企事业单位非常青睐东财学子因而在东财进行专场招聘，而这些单位需求的又是东财哪些专业的毕业生有直观的了解，从而为自己选择报考专业提供依据。

很多考生都问我，东财研究生毕业后具体都去什么单位了，为什么在网上查不到？现在我就来跟大家分享一下我的独家"秘笈"，绝对实用。还是登录东财研究生院官网，在"毕业与就业"下的"就业信息"一栏中，查找最近发布的几条"201×年第×批派遣档案发送明细"，点击下载附件后打开，就可以看到东财大部分研究生毕业后具体去什么单位了，这对大家选择报考专业同样是一个重要的参考。

五、东财毕业生重点就业单位

东财的人才培养机制和毕业生质量得到了社会和用人单位的高度认可，毕业生就业范围较广，重点就业单位参见表2-11。大家看一下，是不是全都非常高端大气上档次啊！

表2-11　　　　　　　　　　东财毕业生重点就业单位

中国人民银行	普华永道中天会计师事务所	中国石油天然气股份有限公司
中国银行	毕马威华振会计师事务所	中国石化催化剂有限公司
中国建设银行	安永华明会计师事务所	中国移动通信有限公司
中国工商银行	德勤华永会计师事务所	中国联合网络通信有限公司
中国交通银行	天健会计师事务所	中国电信股份有限公司
中国农业银行	瑞华会计师事务所	中国港湾工程有限责任公司
中国邮政储蓄银行	天职国际会计事务所	中国航空技术有限公司
中信银行	辽宁中衡会计师事务所	中航天建设工程有限公司
中国民生银行	大华会计师事务所	中信建设有限责任公司

中国光大银行	立信会计师事务所	中交集团
招商银行	信永中和会计师事务所	中铁建工集团有限公司
兴业银行	上海玛泽会计师事务所	中海建筑有限公司
上海浦东发展银行	致同会计师事务所	中储粮集团
渤海银行	中汇会计师事务所	中粮集团
华夏银行	上会会计师事务所	中广核工程有限公司
平安银行	辽宁东寰会计师事务所	神华能源有限公司
广发银行	海信集团	万华化学集团
厦门国际银行	中国人寿保险股份有限公司	大亚湾核电站
厦门银行	中国太平洋保险股份有限公司	葛洲坝集团
江苏银行	中国太平保险股份有限公司	华润集团
浙商银行	泰康人寿保险股份有限公司	国电集团
甘肃银行	中国平安人寿保险有限公司	联想集团
阜新银行	大通证券股份有限公司	海尔集团
哈尔滨银行	中信建投证券股份有限公司	北车集团
盛京银行	国信证券股份有限公司	大连船舶重工集团
大连银行	中国银河证券股份有限公司	大连港
锦州银行	招商证券股份有限公司	大商集团
抚顺银行	河南天基律师事务所	戴尔
营口银行	华为技术有限公司	埃森哲
辽阳银行	三星（中国）半导体有限公司	IBM
葫芦岛银行	戴德梁行	简柏特
丹东银行	新奥集团股份有限公司	惠普
唐山市商业银行	京东方科技集团股份有限公司	联想

第五节　专业选择秘笈

　　选择专业的策略，在考研中的重要性不言而喻。而且，有很多考生都跟我表达过相同的意愿：我真的非常喜欢东财这个学校，只要能考上东财，而且就业差不太多，具体学什么专业我不是很看重，您能不能帮我推荐一下报考专业？

　　在介绍如何具体选择专业之前，先来解答一下大家普遍的疑惑。做了五年的东财考研辅导，我遇到很多考生忐忑地向我咨询这样的问题：我想考东财××专业，但是，我的本科学校就是个三本/我本科不是学这个专业的/我去年考了一次没考上，这对我被顺利录取是否会产生影响？

　　在这里我可以负责任地告诉大家，东北财经大学在考研的全程中都不会对哪位考生有任何方面的歧视和打压。东财对所有考生都是非常公平的，即使你本科学校不好甚至

是大专出身，即使你是跨专业考生，即使你是往届生甚至工作多年，你和其他考生都处在同一个起点，拥有相同的机会。

解答完上面的问题，我们言归正传，来分析如何选择报考的专业。经过之前几节关于东财各专业的自身特点、考研难度、就业去向等各维度的梳理，现在来谈专业的选择就有了很充分的条件。

下面我还是按照学硕中经济类、管理类、其他类的顺序依次进行探讨，并把相关的专硕加入其中进行比较，仅作一家之言，希望可以抛砖引玉。

一、经济类

如前所述，经济类各专业的就业去向相近，难分优劣，但是考研的分数线却有云泥之别。我的建议是，如果你的实力够强，可以去挑战金融学、金融工程、产业经济学（产业经济学）、国际贸易学（国际贸易）等专业，否则报考那些分数线更低的经济类专业是更好的选择。接下来，我对相互之间高度类似的专业进行分组和排序，并展开具体的分析，供大家参考。

$$\left.\begin{array}{l}\text{金融学}\\\text{金融工程}\\\text{量化金融}\end{array}\right\}\rightarrow\text{其他经济类学硕}\rightarrow\left\{\begin{array}{l}\text{管理科学与工程（金融服务工程）}\\[1em]\text{金融硕士}\end{array}\right.$$

对于立志毕业后从事金融行业的同学们，首选还是金融学、金融工程。不过这两个专业历年分数线都很高，实力稍逊一筹的同学可以考虑东财经济类其他各专业。值得一提的是，金融学自2016年起新增量化金融这一方向，而且2016年的复试线仅为国家线，不过后续形势有待观察。此外，统计学院的金融与风险统计专业（学位也属于经济学硕士），在金融行业中求职也很有竞争力。如果觉得经济类学硕难考，还可以选择管理科学与工程学院的管理科学与工程（金融服务工程）这一专业（学位是管理学硕士），或者选择金融专硕（学位是金融硕士），其专业课考得要比学硕简单一些，就业也不错。而金融硕士也从2016年开始由不分方向改为分成金融、证券与期货、金融分析师三个方向，其中金融分析师方向为国际商学院下设的专业方向，预计这三个方向的竞争激烈程度会旗鼓相当。

产业经济学（产业经济学）→ 产业经济学（产业组织学）

大家都知道东财的产业经济学是国家重点学科，实力很强，但是很少有人知道它是分为产业经济学（产业经济学）和产业经济学（产业组织学）两个方向的。两者在课程、导师、就业等方面都很接近，但前者每年都有大批的考生报考，分数线也很高，后者却乏人问津，分数线很多年份只是国家线。有个考生，连续两年报考产业经济学（产业经济学），一战因为复试发挥不利被刷，二战终于考上了，入学后却跟我感叹，不知道有产业经济学（产业组织学）这么个方向，如果一战的时候报这个方向，早就稳稳地被录取了，哪还用辛辛苦苦又考一次，还白白耽误了一年时光。所以说，专业的选择是多么重要。

国际贸易学（国际贸易）→世界经济→国际商务硕士

与产业经济学类似，很多考生在报考时想都没想，就报考了国际贸易学（国际贸易），而不清楚其他专业的存在。其实本科的国际经济与贸易专业在硕士研究生阶段被细分为了世界经济和国际贸易学两个专业，而国际贸易学又有国际贸易和国际商务英语两个方向（其中国际商务英语方向2016年停招，今后仍有可能恢复招生）。这三个专业（方向）从就业来看基本没什么区别，但是国际贸易学（国际贸易）每年的分数线却明显高出不少。所以大家是不是可以更多地考虑世界经济？如果中意外贸类专业，又怕学硕难考，则可以选择专硕中的国际商务硕士，基本上过国家线就能上，很好考。

$$
\left.\begin{array}{l}
\text{财政学（税收）}\\
\text{财政学（财政）}\\
\text{财政学（公共政策）}
\end{array}\right\}\rightarrow \text{税务硕士}
$$

关于财政学专业的三个方向，我在第十七章第七节中有详细论述，大家可以查阅。如果对财税方面感兴趣，又担心学硕难考，则可以选择专硕中的税务硕士，难度会小一些。

统计学 → 金融与风险统计 → 应用统计硕士

统计学专业每年分数线都比较高，而金融与风险统计专业每年都是国家线。担心学硕难考的同学，也可以选择专硕中的应用统计硕士，基本上过国家线就能上，很好考。

二、管理类

$$
\text{会计学}\rightarrow\text{财务管理}\rightarrow\left\{\begin{array}{l}\text{会计硕士}\\\text{审计硕士}\\\text{财政学}\end{array}\right.\rightarrow\left\{\begin{array}{l}\text{税务硕士}\\\text{资产评估硕士}\end{array}\right.
$$

首先还是来看管理类中的财会类专业。

会计学作为东财最好的专业，报考人数也一直居高不下。如果担心会计学竞争太过激烈，则可以选择同属会计学院的财务管理专业。不管是教学水平还是就业，财务管理各方面都没比会计学差多少，很多单位来东财招聘财会类岗位时给出的要求也都是"东财会计学或财务管理专业"。不过，财务管理在东财考研中成功的难度综合来看还是要明显比会计学小一些的。

如果担心财务管理也比较难考，还可以考虑东财专硕中的两大热门专业：会计硕士和审计硕士。这两个专业初试都不考专业课，从考研全程来看，其整体的难度比会计学和财务管理要小不少，就业也不差，属于性价比较高的专业，特别是对那些跨专业考生来说是一个上佳的选择。需要说明，会计硕士2016年开始由不分方向改为分成脱产、在职、澳洲注册会计师这三个方向，其中澳洲注册会计师方向为国际商学院下设专业方向，大家应该根据自己的实际情况慎重选报。

此外，仰慕东财会计的同学们还可以考虑财政学专业。财政学是东财的国家重点学科之一（会计学也是），就业时也可以寻求财会类的职位，但财政学每年的复试线都维持在低位，与会计学不可同日而语，堪称是东财性价比最高的专业。

如果你担心会计硕士、审计硕士和财政学还是比较难考，想继续退而求其次，没关系，我还有专业可以推荐给你！专硕中的税务硕士和资产评估硕士欢迎你！它们的专业课考得比较简单，近几年的复试线也一直是国家线，就业也可以。

需要提醒大家，如果你想报考东财的上述财会类专业，需要早做决定，因为它们的专业课考试科目各不相同。

管理类考数学各专业 → 行政管理 →　社会保障 →⎰教育经济与管理
　　　　　　　　　　　　　　　　　　　　　　⎱土地资源管理

下面我们继续来看东财除了财会类专业外的其他管理类考数学的学硕专业。东财的这一大类专业可谓门类齐全，百花齐放，更难得的是这些专业近几年的复试线都是国家线，也就是说各专业的考试难度相当，而每个专业又都特色鲜明，别具一格。所以，如果大家把目光聚焦于这一类当中，只要根据自己的兴趣和职业规划来确定具体的专业就好了，总有一款适合你。

如果你倾心于东财的管理类专业，却又苦于玩不转考研数学，那么四个不考数学的管理类学硕专业就是你的"柳暗花明又一村"。这四个专业的初试专业课考试科目相同，其中的行政管理知名度最高，社会认可度最高，报考人数也最多，因此每年的复试线也远远高于另外三个专业。如果你整体实力够强，只是数学不好，那你可以选择挑战行政管理。报考人数第二多的专业是社会保障，再次是教育经济与管理、土地资源管理。其实从就业来看，东财这四个专业差别不大，所以对于考上行政管理专业没有把握的同学完全可以考虑另外三个专业。

三、其他类

东财的其他类专业，各方面来看也都不错，可以说都值得大家去报考。不过需要指出的是，如前文所述，因为东财是一所享誉全国的财经类高校，因此在同一学科大类中，有的用人单位会更青睐有财经类背景的专业。比如民商法学、经济法学在法学类专业中，商务英语在英语类专业中，有时候会更受认可。

最后，对于那些现在还拿不定主意选择哪个专业的同学，我再给你们一个小建议。专业不确定导致的专业课考试科目不确定，会给考研的心理状态和复习进度带来很大的负面影响。所以，你可以先把目标的范围确定在专业课相同或者基本相同的几个专业，然后就可以按部就班地复习专业课了，同时进一步搜集、了解这几个专业的相关信息。

等到了网上报名阶段，你需要根据那个时候你实际复习的状况，对自己的实力进行一个客观、综合的判断，并结合这段时间搜集到的这几个专业考上的难易程度、就业去向等信息，再从中选定报考的专业。

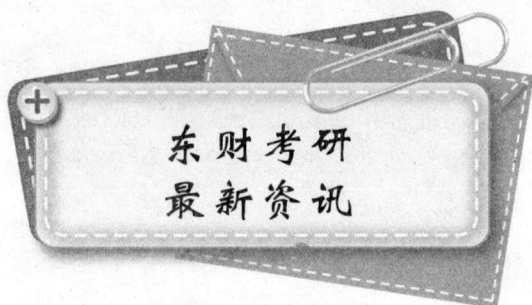

第三章　东财考研最新资讯

第一节　招生人数、考试科目与参考书目

　　东财研究生院会在每年的9月发布第二年的硕士招生简章（比如2015年招生简章于2014年9月16日发布，2016年招生简章于2015年9月15日发布，2017年招生简章于2016年9月18日发布，发布后的几天内往往还会根据各方反馈和实际情况进行细微的修订并重新发布），详细列明专业名称、拟招生人数、拟招收推免生人数和考试科目等实用信息。此外，根据近两年的规律，东财接收优秀应届本科毕业生免试攻读研究生的录取工作会在9—10月份结束，届时东财研究生院会将招生简章中推免生的拟招收人数改为实际录取人数，并重新发布招生简章，想了解实际推免人数的同学可以留意一下（比如2016年此版本的招生简章是2015年10月15日发布的，2017年此版本的招生简章是2016年10月10日发布的）。

　　招生专业每年都相对固定，各专业录取人数每年会进行一些微调，基本不会发生录取人数大幅增加或减少的情况。不过自2015年起因为东财明显提高了推免生所占的比例，导致一些热门专业留给统考生的名额出现了比较明显的下降，进而报考这些专业的考生人数也有所减少。所以，建议大家也应该及时掌握这方面的动态。

　　考研初试的科目分为公共课和专业课。公共课是全国统一命题，包括数学、英语、政治等（管理类联考综合能力一般也被看做公共课），东财各专业每年考什么公共课基本固定。而东财考研专业课中，除了法硕联考等科目外，都由东财自主命题。

　　东财大部分专业的考研专业课指定的科目很多年都没有变化了，不过也有例外。2015年是近年来东财硕士招生变动最大的一年，这也体现在了专业课考试科目的变化上。比如从2015年开始，会计学的专业课，初试从往年考中级财务会计、成本会计、管理会计和审计四门改为了只考中级财务会计和管理会计两门，复试从考中级财务会计、高级财务会计和财务管理三门改为了考成本会计、高级财务会计和审计三门；而数

量经济学和财政学（税收方向）也脱离了"群众"：数量经济学初试从只考经济学一门改为了考经济学和概率论与数理统计两门，财政学（税收方向）则更为"任性"，2015年初试从只考经济学一门改为了考经济学和中国税收两门，自2016年起又改回只考经济学一门。

为了更有针对性地复习，还有必要了解东财硕士研究生入学考试初试和复试的参考书目，以做到有的放矢。

东财硕士研究生入学考试的参考书目在有的年份会进行微调。需要指出的是，东财研究生院官方发布的招生简章中明确说明：参考书目仅供考生复习备考使用，不作为考试的唯一依据。所以大家不要过分迷信参考书目指定的版本，很多专业的专业课每年都会考到旧版教材独有的内容或者参考书目以外的相关专业知识，这一点大家一定要注意。

在本书总字数有限的情况下，为了将更多的篇幅留给对东财考研进行的独家分析，东财各专业最新的招生人数、考试科目和初试、复试参考书目等，我就不在这里详细列出了。关于这些方面的最新内容，大家可以关注我的新浪官方认证微博：孙盛琳-大话红楼梦（http://weibo.com/dongcaikaoyan），我会将其及时在微博上发布并详细解读。当然，也可查阅东财官网上的招生简章。

第二节 定向、单考、专项计划、出国留学

一、非定向研究生与定向研究生

先科普一下大家普遍感到疑惑的非定向研究生与定向研究生的区别。

非定向研究生是指考上研究生后，在录取的时候并不确定毕业的时候要就业的工作单位的情况。毕业时采取毕业研究生与用人单位"双向选择"的方式，落实就业去向。

定向研究生是指由国家按照计划招收，在招生时即通过合同形式明确其毕业后工作单位的研究生，其学习期间的培养费用按规定标准由国家向培养单位提供。

二、单考硕士

对东财会计学入学资格垂涎欲滴的考生们，总会格外好奇每年15人左右的单考名额是怎么回事，纷纷找我一探究竟。现在就给大家介绍一下单考硕士。

单考是"单独考试"的简称，是教育部每年12月组织的全国研究生统一入学考试（统考）中的考试方式之一，与其他统考方式不同的是：单考所有科目由院校针对在职人员特点自主命题、难度较低，单考必须到报考院校所在地参加考试。

单考硕士是教育部在制订每年的硕士研究生招生计划时，允许部分重点高校招收一定数量的以单独考试方式录取、单位定向委托培养的硕士研究生。

参加单考的考生，一般仅限于用人单位推荐为本单位定向培养或委托培养的在职

人员。单考生可以半脱产或在职业余学习，学习期间不转户口，不转人事关系，不转工资关系，医疗费由考生原工作单位负责，毕业后回原单位工作。培养费用一般由委托单位负责，但大部分委托单位与考生签订了协议，离开工作单位必须赔偿培养费用。

目前东财各专业里只有会计学这一个专业招收单考硕士。

三、专项计划

下面对和大家切身利益最相关的硕士招生中的专项计划逐一进行概述。

退役大学生士兵计划，是为贯彻落实征兵工作有关文件精神，鼓励更多大学生参军入伍，为退役大学生士兵提供更多成长成才通道，自2016年起由教育部设立的，专门招收退役大学生士兵攻读硕士研究生。该计划专项专用，不得挪用。凡符合全国硕士研究生报考条件的已退出现役的大学生士兵均可报考，主要原则是"自愿报名、统一招考、自主划线、择优录取"。东财在2017年只有金融学这一个专业参与此计划，名额为5人。

少数民族高层次骨干培养计划，是五部委为贯彻党的民族政策以及科教兴国战略和西部大开发战略的重大举措，旨在为西部培养一批少数民族高学历专业人才。东财的硕士招生在近几年均不参与此项计划。

其他如强军计划、援藏计划等，东财亦不涉及。

四、出国留学

伴随着中国大学生的视野愈加开阔，接受国外高水平教育的需求越发迫切，近年来选择在研究生阶段出国留学的人数呈现稳步增长态势。于是有很多报考东财硕士的同学向我打听：在东财读研有哪些出国留学的机会？

为了进一步促进东财国际交流项目的开展，为东财本科毕业生和在读研究生参与国际交流项目提供更为广阔的平台，每年12月学校国际交流处都会召开海外交流交换项目宣讲会，就东财与国外友好大学和机构之间正在实施的国际交流项目做详细介绍。届时还会介绍国家留学基金委的相关资助项目和申报办法。有意向出国留学的同学不要错过。

其实身在东财，出国留学的机会不外乎两种：公派项目和自费项目。

先来看一下公派项目。

为了使东财更多的研究生了解"国家建设高水平大学公派研究生项目"并能获得资助，研究生工作部每年都会在研究生群体中进行广泛的宣传和动员，并会同国际交流处组织开展项目经验交流会，邀请获得过资助的研究生介绍申报经验和学习经历，并为有申请意向的研究生审核申报材料，开展出国前培训工作。所以，大家不用担心在东财读研期间错过这样的信息。

根据国家留学基金委员会公布的"2016年国家建设高水平大学公派研究生项目"审批结果，东财共有5名研究生获得该项目资助。其中，4名博士研究生获得联合培养

博士研究生资格，他们分别是：2013级市场营销专业博士研究生李哲（美国纽约州立大学布法罗分校）、2014级旅游管理专业博士研究生孙佼佼（美国波士顿大学）、2015级管理科学与工程专业博士研究生赵婉妤（美国普渡大学）和2015级管理科学与工程专业博士研究生付洋（美国普渡大学）；1名硕士研究生获得攻读博士学位研究生资格，是2013级行政管理专业硕士研究生叶萌（日本立命馆大学）。他们自2016年9月开始出国深造。

东财从2014年开始进入"国家建设高水平大学公派研究生项目"高校行列，近三年共有9名联合培养博士研究生和2名攻读博士学位研究生获得该项目资助。"国家建设高水平大学公派研究生项目"的参与申报，拓宽了东财研究生联合培养的渠道，增加了东财研究生参与国际学术交流与合作的机会，促进了东财研究生培养质量的提升。

由此可见，东财的硕士研究生通过公派项目的资助来获取攻读国外博士研究生的资格，还是有相当难度的，入选者实属凤毛麟角。

相比而言，参加自费项目出国留学就容易许多了。

比如面向2016年应届本科毕业生和东财在读研究生的海外交流交换项目宣讲会重点介绍了以下出国项目：（1）长期（一学期或二学期）：法国雷恩商学院攻读硕士研究生及双硕士项目、欧亚-太平洋学术网络联盟进修项目、美国北伊利诺伊大学研究生双学位交流项目、美国伊利诺伊香槟分校研究生双学位交流项目、中国台湾世新大学研究生交流项目等。（2）短期（一个月左右）：斯坦福大学访学项目、中国香港大学访学项目、中国台湾大学访学项目等。

2016年9月东财国际商学院召开的东北财经大学硕士1+1留学项目招生宣讲会重点推介了以下合作院校和项目：澳洲国立大学（澳洲八大之首，久居澳洲大学排行榜第一名）、莫纳什大学（澳洲八大之一，澳洲大学排行榜第五名）、阿德莱德大学（澳洲八大之一，澳洲大学排行榜第七名）、霍夫斯特拉大学（2015年《福布斯》美国最佳商学院排名中位列第五十八名），以及国际商务管理硕士（Global MBA）项目（由国际上四所知名大学——德国科隆应用科技大学、波兰华沙大学、中国东北财经大学以及美国北佛罗里达大学联合推出的一项独特的硕士项目）。值得一提的是，参加研究生1+1项目前（即入学前）雅思成绩达到本项目外方高校雅思录取标准，可获取8 000元人民币的奖学金。东北财经大学出国留学培训基地硕士学分项目信息可参考表3-1。

篇幅所限，在此仅提供这些信息供大家管中窥豹。关于这些项目的入学门槛、申请流程、涉及专业、留学费用等具体信息，以及更多的出国留学项目，大家可以查看东财出国留学培训基地的公众平台：东财留学基地硕士（satc_master），以及网站：http://satc.dufe.edu.cn，并咨询东北财经大学国际交流处（电话：0411-84710340）与东北财经大学出国留学培训基地招生录取部（电话：0411-84710601/84710621/84710123/84713591）。

表3-1   东北财经大学出国留学培训基地硕士学分项目信息一览表

合作大学	合作模式	合作专业	语言要求	平均分要求	留学费用
University of Adelaide 阿德莱德大学	1+1	会计硕士 金融硕士 商学硕士 会计与金融硕士 会计与商学硕士 金融与经济硕士	雅思总分≥6.0 口语、写作不低于6.0，阅读、听力不低于5.5	大学平均分75分以上，通过基地全部课程	学费：约34 000澳元/年 生活费：约18 000澳元/年 费用合计：约52 000澳元/年 约合23.4万元人民币（参考汇率1：4.5）
Monash University 莫纳什大学	1+1	银行与金融硕士 国际商务硕士 商学硕士	雅思总分≥6.5 并且所有模块分数不低于6.0	大学平均分75分以上，基地课程平均分65%以上	学费：约35 000澳元/年 生活费：约20 000澳元/年 费用合计：约55 000澳元/年 约合25万元人民币（参考汇率1：4.5）
The Australian National University 澳洲国立大学	1+1	金融硕士 应用金融硕士 精算硕士 统计硕士	雅思总分≥6.5 并且所有模块分数不低于6.0	大学平均分≥80分（东北财经大学及211、985院校）大学平均分≥85分（其他非211、985院校）基地课程单科70%以上	学费：约32 000澳元/年 生活费：约18 000澳元/年 费用合计：约50 000澳元/年 约合22.5万元人民币（参考汇率1：4.5）
GlobalMBA 国际商务管理硕士	15个月	工商管理硕士 文学硕士	GMAT≥500	七门先修课程：商法、微观经济学、宏观经济学、财务会计、财务管理、市场营销、管理学	项目学费：5万元人民币 项目管理费：1 300美元 国际旅费：约2万元人民币 生活费：约7万~9万元人民币 费用合计：约15万元至17万元人民币（参考汇率1：6.0）

第三节　学费与奖助学金

一、录取类别、学制与学费

1.学硕

学术型硕士研究生的录取类别按就业类型分为非定向就业和定向就业两种，都需要缴纳学费。各专业的学习年限均为两年半，且学费标准均为20 000元/2.5学年，按年度收费，每学年8 000元，第三学年4 000元。定向就业硕士生还要在被录取前与学校、定向单位签订三方协议。

2.全日制专硕

全日制专业学位硕士研究生的录取类别按就业类型分为非定向就业和定向就业两种，都需要缴纳学费。其学费标准与学制见表3-2，仅供参考。最新的研究生学费标准须经辽宁省物价局、财政厅、教育厅等相关部门核定后确定。

表3-2　　　　全日制专业学位硕士研究生学费标准　　　　单位：元

硕士专业名称	收费标准（元/学制）	收费方式
工商管理	62 000/2年	按年度收费，每学年31 000
税务	30 000/2年	按年度收费，每学年15 000
法律（非法学）	36 000/3年	按年度收费，每学年12 000
法律（法学）	24 000/2年	按年度收费，每学年12 000
公共管理	55 000/2.5年	按年度收费，第一、第二每学年22 000，第三学年11 000
工程管理	50 000/2年	按年度收费，每学年25 000
国际商务	30 000/2年	按年度收费，每学年15 000
翻译	30 000/2年	按年度收费，每学年15 000
金融	50 000/2年	按年度收费，每学年25 000
保险	40 000/2年	按年度收费，每学年20 000
金融（国商）	55 000/2年	按年度收费，每学年27 500
应用统计（国商）	50 000/2年	按年度收费，每学年25 000
会计（国商）	55 000/2年	按年度收费，每学年27 500
资产评估	30 000/2年	按年度收费，每学年15 000
审计	40 000/2年	按年度收费，每学年20 000
会计（脱产）	50 000/2年	按年度收费，每学年25 000
旅游管理	45 000/2.5年	按年度收费，第一、第二每学年18 000，第三学年9 000
应用统计	30 000/2年	按年度收费，每学年15 000
新闻与传播	30 000/2年	按年度收费，每学年15 000

3.非全日制专硕

非全日制专业学位硕士研究生的录取类别为定向就业，定向单位为原工作单位。其学费标准及基本学制如表3-3所示。非全日制专硕实行弹性学制，最长不超过 5 年。

表3-3 非全日制专业学位硕士研究生学费标准 单位：元

硕士专业名称	收费标准（元/学制）	收费方式
工商管理（MBA）	62 000/2年	按年度收费，每学年 31 000
工商管理（EMBA）	198 000/2年	按年度收费，每学年 99 000
法律（非法学）	45 000/3年	按年度收费，每学年 15 000
法律（法学）	30 000/2年	按年度收费，每学年 15 000
公共管理	55 000/2.5年	按年度收费，第一、第二每学年 22 000，第三学年 11 000
工程管理	50 000/2年	按年度收费，每学年 25 000
金融	80 000/2年	按年度收费，每学年 40 000
会计	80 000/2年	按年度收费，每学年 40 000
旅游管理	45 000/2.5年	按年度收费，第一、第二每学年 18 000，第三学年 9 000

二、奖助学金

目前东财在奖助学金上已经对学硕和专硕的同学们统一了标准，一视同仁。

东财的学硕之前是分公费和自费的，一般来说公费的比例占80%甚至更多。而专硕都是自费。从2014级入学新生起，按照国家的统一部署，东财全面取消了公费和自费，取而代之的是学业奖学金制度。同时国家助学金资助标准也有了调整，由只有公费生才可享受的每生每年2 400元，改为所有硕士生都可领取的每生每年6 000元。

具体来说，东财为广大硕士研究生们提供国家奖学金、国家助学金、学业奖学金、助教助研助管三助岗位、国家助学贷款、入学"绿色通道"等各种形式的奖助体系。

国家奖学金资助标准为每生每年20 000元，择优评定。国家助学金资助标准为每生每年6 000元，资助对象为纳入全国研究生招生计划的所有全日制研究生（有固定工资收入的除外）。学业奖学金设一等奖和二等奖两个等级。一等奖额度为8 000元，二等奖额度为4 000元，获奖比例分别为参评人数的20%和30%。

东财还设有面向研究生的企业奖助学金，现在受众较为广泛的主要包括中国航天科技集团公司CASC公益奖学金、信和校友奖助学金等，优秀的硕士生们都可以提出申请。关于企业奖助学金的具体信息，大家可以登录东财研究生院官网查询。

第四节　硕士生推免

从2015年起，全国推免硕士生政策发生了较大变化，教育部放开了校际之间推免

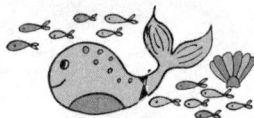

生的自由流动，为此东财优化了接收校内外推免生工作流程，放开接收优秀应届本科毕业生免试攻读研究生，凡具备推免权的高校选拔出来的优秀推免生都可以申请东财。这直接导致了东财接收的推免生人数大幅增加，从官方明确公布的信息来看，会计学和金融学等热门传统优势专业招收的推免生人数已经占到了招生总人数的50%，远远超过了2014年及以前的比例。不过其他专业的推免生实际录取比例基本上都远远没有达到计划的50%的比例，对广大统考生来说，这真的是个重大利好。按照官方的说法，优化后的接收推免生工作既留下了不少本校的优秀推免生，又吸收了其他高水平学校的优秀推免生，使得部分专业如旅游管理、管理科学与工程等也实现了推免生人数上的较大突破。作为研究生质量提升工程的重要环节，接收尽可能多的优秀推免生，既能弥补部分专业缺口，又提高了整体的生源质量，为东财继续深化研究生教育综合改革打下了坚实基础。

先来看一下在2016年9月26日预报名推免生的复试工作结束后，东财2017级拟录取推免生的人数（见表3-4）。

表3-4　　　　　　　　　　东财2017级拟录取推免生的人数

学院	专业	研究方向	人数
财政税务学院	财政学	财政	2
财政税务学院	财政学	税收	5
财政税务学院	税务	不区分研究方向	10
法学院	经济法学	不区分研究方向	1
法学院	法律（非法学）	不区分研究方向	1
工商管理学院	企业管理	企业管理	13
工商管理学院	企业管理	组织行为学	1
工商管理学院	★市场营销	不区分研究方向	2
工商管理学院	★人力资源管理	不区分研究方向	3
公共管理学院	国民经济学	国民经济管理	3
公共管理学院	区域经济学	不区分研究方向	3
公共管理学院	行政管理	不区分研究方向	2
公共管理学院	教育经济与管理	不区分研究方向	1
公共管理学院	社会保障	不区分研究方向	4
管理科学与工程学院	计算机应用技术	数据挖掘与商务智能	1
管理科学与工程学院	管理科学与工程	运作管理	3
管理科学与工程学院	管理科学与工程	管理科学	3
管理科学与工程学院	管理科学与工程	信息管理	1
管理科学与工程学院	管理科学与工程	金融服务工程	5
管理科学与工程学院	★电子商务	不区分研究方向	3
国际经济贸易学院	世界经济	不区分研究方向	2
国际经济贸易学院	国际贸易学	不区分研究方向	15
国际经济贸易学院	国际商务	不区分研究方向	2

学院	专业	研究方向	人数
国际商务外语学院	外国语言学及应用语言学	商务英语	1
国际商务外语学院	英语口译	不区分研究方向	1
国际商学院	金融	金融分析师方向	9
国际商学院	会计	澳洲注册会计师方向	7
金融学院	金融学	金融学	30
金融学院	金融	金融	35
金融学院	金融	证券与期货	5
金融学院	保险	不区分研究方向	1
金融学院	★金融工程	不区分研究方向	7
金融学院	★保险学	不区分研究方向	2
经济学院	西方经济学	不区分研究方向	10
经济学院	产业经济学	产业经济学	10
经济学院	劳动经济学	不区分研究方向	4
经济学院	数量经济学	不区分研究方向	7
会计学院	资产评估	不区分研究方向	10
会计学院	审计	不区分研究方向	13
会计学院	会计学	会计学	35
会计学院	会计	脱产	40
会计学院	★财务管理	不区分研究方向	14
旅游与酒店管理学院	旅游管理	旅游管理	8
萨里国际学院	企业管理	跨国公司管理	5
统计学院	应用统计	不区分研究方向	10
统计学院	统计学	不区分研究方向	4
投资工程管理学院	国民经济学	投资经济	6
投资工程管理学院	管理科学与工程	工程管理	3
新闻传播学院	新闻与传播	不区分研究方向	3
经济与社会发展研究院	财政学	公共政策	1
产业组织与企业组织研究中心	产业经济学	产业组织学	2
社会与行为跨学科研究中心	金融学	行为金融学	5
应用金融研究中心	金融学	量化金融	4

备注：

1. 金融学31—46名候补录取，可调剂至金融（金融）。

2. 金融工程8—10名候补录取，可调剂至金融（证券与期货）。

3. 西方经济学11—13名候补录取，可调剂至数量经济学。

4. 产业经济学11—19名候补录取，可调剂至产业经济学（产业组织学）。

5. 资产评估11—12名候补录取。

6. 行为金融学6—8名候补录取。

下面我们再来看一下2016级的数据。东北财经大学共接收258名2016级推荐免试硕士研究生，比上年增加79人，增幅44%。按接收学院统计，财政税务学院10人，法学院5人，工商管理学院23人，公共管理学院1人，管理科学与工程学院10人，国际经济贸易学院11人，国际商务外语学院2人，金融学院54人，经济学院3人，会计学院90人，旅游与酒店管理学院7人，萨里国际学院8人；统计学院14人，投资工程管理学院7人，新闻传播学院3人，经济与社会发展研究院1人，产业组织与企业组织研究中心1人，社会与行为跨学科研究中心8人。按学位类别统计，学术型189人，专业学位69人。按推免生来源学校统计，本校165人，外校93人。

东财官方还举办东财推免生宣讲会（见图3-1），介绍最新的政策。我委托牛壮同学前去参加，请他记录了会议要点，并就大家关心的问题咨询了老师，精心整理而成下面的文稿，现独家提供给广大读者。

图3-1　宣讲会现场（地点：博学楼110教室）

具体来说，宣讲会讲了以下几点内容：

第一，政策变化。虽然对东财没有太多实质性的影响，还是给大家提一下，保障考生自主报考院校的权利，保障高校自主接收学生的权利。

第二，改革的措施。一是取消了留校限额的限制（教育部下达给每个院校的推免生名额中不限制本校生的名额）；二是名额不区分学硕专硕，由院校自主分配。推荐时间和接收时间区分开来，前者比后者早一个月截止，而且推荐时间内不办理任何接收工作。

第三，预报名。预计能获得推免资格的推免生，要在9月9—18日在东财推免生报名系统中（9月份研究生院网站公布）填报相应专业，每个推免生填报的志愿最多不超过3个，志愿之间是平行的。9月20日东财将在研究生院网站上公布初审合格名单，名单中的推免生可来参加复试。如果三个志愿都没有上，可以继续填报别的院校，直到10月份所有接收工作截止。

第四，拟录取。9月26日，学校研究生招生工作领导小组将确定拟录取名单。拟招推免生总人数不得超过当年硕士研究生招生计划的50%，各专业拟招推免生人数原则上不得超过本专业招生计划的50%，所有专业均应留出一定比例招生计划用于招收统考考生。推免生须在9月28日17点前在研招网推免服务系统中填报东财相应专业，并在9月29日17点前在系统中确认接受东财复试通知、确认接受我校待录取通知。未能获得推免资格的考生以及逾期未确认的考生将取消拟录取资格，由该专业候补录取的推免生按复试成绩高低顺次递补。

第五，再次申请。如果预报名推免生的复试工作结束后，东财大部分学院仍有空缺名额，研究生院会在官网发出通知继续接收推免生。欲申请的同学要在9月28—29日在研招网推免服务系统里进行填报，经过学院初审以后，东财将于9月30日17点前通过推免服务系统发放复试通知。复试于国庆假期后进行，10月8日来研招办报到，10月9日在学院复试。

第六，关于专业申请。东财要求是申请相同或相近专业，相近专业指同一个一级科目下设的其他专业，如果跨专业申请的话，要看各个学院的专家审核是否通过，所以专业选择要谨慎。

第七，推免生人数（本校+外校）包含在招生人数中，现在招生简章公布的推免生人数是拟录取的，最终结果要看10月25日推免生接收工作结束后的人数统计，可能会有小范围的变动。此外，单考、在职的那些专业不招收推免生。

第八，如果最终推免失败，是可以参加当年的全国研究生统考考试的，但是如果到时候你推免成功了，但是又想报一个好一点的学校，系统会自动识别，到时候院校会征求你的意见，是要有取舍的。

第九，东财的推免生复试工作由各个院系安排，一般会在9月下旬的周六、周日进行（比如2016级的复试时间是9月24—25日）。推免生复试主要包括专业课笔试和综合，没有听力，由各学院自己出题。因为自2014年起，东财的研究生都下放至二级学院，即现在归各学院来管理，例如，如果你是金融学专业，那么你就归金融学院管理，而之前一直是由研究生院来统一管理的。复试满分均为100分，60分及格。复试不及格者不予录取。跨一级学科申请，可根据所申请学院要求，参加所申请一级学科的综合考试。

第十，招生简章内容写得非常详细，大家一定要好好阅读。特别是招生简章最后一页是各个学院负责招生的老师的联系方式，同学们如果有疑问请联系各个学院。老师特别强调，大家尽量不要打电话，最好发电子邮件。

第十一，东财关于保研方面只有两个规定：（1）具有面试资格。（2）本硕相近或者相同专业（例如，产业经济学和金融学属于经济类的相近专业，但是会计学和金融学就不属于相近，因为一个是管理类而另一个是经济类）。当然，主要看学院的老师是如何

选拔学生的，如果你是管理类，你准备报经济类，恰好学院极其喜欢管理类，那么理论上可以接收你，但最好别冒险。

第十二，关于夏令营对保研是否有利。东财在6月原本想组织夏令营，但是教育部明确下文规定：禁止学院与考生提前签订任何录取接收协议，所以东财没有组织。针对报考东财而言，夏令营问题不用考虑。

第十三，10月25日，如果你被学校接收录取，那么你就不能参加统考。如果你没有被接收，那么你的推荐免试资格就自动失效，10月31日前你还有足够的时间去参加统考。

最后提醒大家，东财还会按以下要求对推荐免试生进行录取资格复审：

1.完成本科培养方案规定的所有课程及实践环节（含毕业论文或实习）的学分要求。

2.毕业论文或实习成绩应在"良"以上。

3.取得推荐免试资格后，本科必修、限选及公选课程不得出现不及格现象。

4.自取得推荐免试资格至资格复审期间未受过任何处分。

未通过复审者，取消录取资格。

第五节　硕博连读

很多同学在准备考研的时候就有了读博的打算，纷纷问我如何申请东财的硕博连读，是不是在考研的时候就要提出申请。在此结合《东北财经大学关于选拔优秀在学硕士生硕博连读的规定（修订）》，给大家介绍一下最新情况。

一、申请条件与程序

自2015级硕士生开始，东财从一年级新生中开展硕博连读选拔工作，而且申请选拔工作须在第一学期开学时完成。此项工作将自始至终坚持公开、公平、公正原则，严格做到程序透明、操作规范、结果公开。

申请硕博连读的硕士新生必须满足的条件包括：硕士所学专业为全日制脱产学习的学术型专业且具有博士学位授予权，申请攻读的博士专业与硕士所学专业属于同一学科门类下的相同或相近专业；英语达到六级水平（或日语达到国际一级水平，或俄语达到大学四级水平）；思想政治表现良好等。

申请及选拔的程序是：先由申请人向所在学院提出正式申请，经所在学科专业的博士生导师书面推荐后，各学院审核申请人的基本情况，并将符合选拔条件的申请人名单提交给研究生院。研究生院复审各学院提交的申请人名单，并将复审通过的申请人名单在网上公示。

二、中期考核与分流

1.申请人的中期考核工作由研究生院负责，各学院成立专家组具体组织实施，专家组由本专业或相近专业的5名教授组成（其中至少包括3名博士生导师）。

2.中期考核时须完成规定的课程学习且各科成绩均合格，全部学位课考试成绩平均在80分以上。

3.中期考核时须独立或以第一作者身份在中文核心期刊发表一篇学术论文；在更高级别刊物上发表的学术论文可为第二作者，但第一作者必须是硕士生导师。

4.专家组采取答辩形式就其研究计划进行论证考核，重点考核是否具有较强的创新精神、科研能力和培养前途。

5.各学院将中期考核结果报研究生院并公示。考核合格者按硕博连读培养方案继续博士阶段的学习，不撰写硕士学位论文；考核不合格者可继续完成原硕士阶段的学业。

6.硕博连读博士研究生的毕业科研成果要求见《东北财经大学关于申请博士学位科研成果的规定》。

7.中期考核工作须在第三学期结束前完成。

三、博士阶段须知

1.硕博连读中期考核合格进入博士生阶段学习的录取名额不超过当年全校博士生招生规模的50%，占用当年的博士生招生计划。2016年东财拟录取的博士研究生为141人，由此可见硕博连读的竞争还是很激烈的。

2.硕博连读的学制为5年，部分优秀的硕博连读学生学制可缩短至4.5年。前两年为硕士生学籍，学习硕博连读方案规定的课程；通过中期考核以后，从第三年开始转入博士生学籍，享受博士生待遇。

3.通过中期考核进入博士生阶段学习的硕博连读学生，第一年均享受二等或以上学业奖学金。部分优秀的硕博连读毕业生，将择优推荐留校工作。如此优厚的待遇，也是吸引众多同学"抢夺"硕博连读名额的重要因素之一。

4. 各学院在学校规定的基础上制订本学院的工作方案和硕博连读培养方案，内容包括对申请人的进一步标准和要求、导师考核和学院综合考核细则、学院专家组成员名单、纪律检查负责人员名单等。

第四章

东财考研调剂

在跟很多考生交流时，我发现大家都很关心调剂的话题，很想知道如果自己一旦初试成绩没有达到东财所报考专业的复试线，还有没有机会通过调剂的方式念上研究生。这里就给大家作一下解答。

我想特别提醒大家，在备战东财的过程中，一共有两次调剂的机会。

一、初次调剂

初次调剂，是在初试出分而且国家线公布后，东财会发布复试通知，在公布复试线的同时，会附上当年接受调剂的专业的名录，以及各学院、各专业对调剂的具体要求和条件。

东财部分专业在一志愿上线生源不够的情况下，将接受校内、校外符合条件考生的调剂申请，参加调剂专业的复试并择优录取。一般来说，东财研究生院官网会在复试通知发布几天后，更新东财各学院各自发布的调剂申请通知。各学院的通知都是 Word 文档形式的附件，点击链接可以下载，比之前的复试通知介绍的内容会更加详细一些，所以有意调剂的同学还是要随时关注官网，以便及时看到想调剂专业所在学院的通知，说不定有用。

东财的初次调剂，又分为校内调剂和校外调剂。

校内调剂即原本就是报考东财，但是初试分数没有达到所报考专业的复试线，调剂到和所报考专业相近且过线人数不足的东财其他专业。

校外调剂即原本报考东财，没有达到复试线，调剂到其他招生院校；或者原本报考其他招生院校，没有达到复试线，调剂到东财。

长期关注东财考研的人士都知道，校外调剂对一直作为考研大热门的东财来说，是2014年才开始有的。在2013年及以前，东财都不接受校外调剂，也就是说只有校内调剂一种方式。彼时每到复试线发布之际，因不堪询问人数过多之扰，东财研招办都会在官网发布不接受校外调剂的说明，并表示希望同学们都不要再打电话来咨询此事，这和每年很多"985工程"名校都要大量接受校外调剂形成了鲜明的反差。因为这种霸气外

露、热到没朋友的"炫富"行为，有的同学给东北财经大学起了个绰号——东北最牛大学，并在"江湖"流传。当然，综合各方面考虑，现在东财也做出了改变。

对于外校申请调剂到东财的考生，东财研究生院官方发布的消息是：接受报考外校相同或相近专业已达国家线的考生参加调剂专业的复试，而且要求考生原则上是毕业于国内重点高校或者报考国内重点高校。

再次强调，校内调剂和校外调剂都要参加调剂后的专业的复试，最终校方会按照总成绩排名来择优录取。

符合条件的校内、校外调剂考生，需要在规定时间之内，登录东财预调剂系统（http：//www.syrz.net：8081/tj/）提交调剂申请，东财将按初试总分从高到低原则，结合各专业空缺名额数量，确定参加调剂复试的考生名单，并在研究生院网站公布，逾期不再接受调剂申请。调剂复试名单里的所有调剂考生还需要在教育部的调剂系统里填报东财并确认同意参加复试。

东财会根据复试分数线及相应调剂申请，确定具有参加复试资格的考生名单，并予以公布。

还需要特别说明的是，研究生院按一志愿考生和调剂考生的总成绩分别排序，根据学校各专业的招生计划，提出各专业拟录取名单和录取类别，报送校研究生招生工作领导小组审核，确定最终拟录取名单。这些内容我将会在第七篇"复试"中详细讲解。

我想友情提醒申请调剂的考生：可以调剂的同学都是分数高于国家线了，就因为报考时专业没选对才遗憾落榜，这次调剂一定要吸取教训，特别要注意充分考虑自己初试成绩在申请调剂到同一专业的考生中的竞争力，尽力避免因为高分"扎堆"而重蹈覆辙。

血的教训就在眼前。近年来，东财偏爱"人海战术"，每年都邀请了"海量"的申请调剂考生来复试。最"极端"的例子发生在2015级的数量经济学专业：剩余36个名额（拟招55人，一志愿上线19人），但是竟有315人进入调剂复试名单（校内调剂30人，校外调剂285人）！随后仍有172名考生义无反顾地在研招网调剂系统填报了东财，并进入硕士研究生调剂复试名单！数经专业史上最"惨烈"的复试就此诞生。

说了这么多，也许大家心中还有个疑问：东财对调剂有哪些更具体的要求呢？下面我们就来一起看一下。

1.考生调剂基本条件：

（1）符合调入专业的报考条件。

（2）初试成绩符合第一志愿报考专业在调入地区的全国初试成绩基本要求（国家线）。

（3）调入专业与第一志愿报考专业相同或相近。

（4）初试科目与调入专业初试科目相同或相近，其中统考科目原则上应相同。

（5）第一志愿报考工商管理、公共管理、工程管理、旅游管理、会计、审计、图书情报专业学位的考生可相互调剂，但不得调入其他专业，其他专业考生也不得调入以上

7个专业。第一志愿报考法律硕士（非法学）专业的考生不得调入其他专业，其他专业的考生也不得调入该专业。

（6）参加单独考试（含强军计划、援藏计划）的考生不得调剂。

2.东财对调剂考生的要求如下：

（1）初试成绩须达到调入专业的国家线。

（2）一志愿专业与调入专业原则上应属于同一学科门类。

（3）一志愿专业为专业学位的，不能调入学术型专业。

（4）一志愿专业初试统考科目难度不能低于调入专业初试统考科目难度。

（5）一志愿报考东财上线生源较多专业的考生，同等条件下优先接受调剂申请。

（6）一志愿报考外校的考生，原则上应是毕业于国内重点大学或报考国内重点大学。

3.东财综合考虑考生的本科毕业学校、所学专业、报考学校、报考专业、初试科目、初试成绩等因素，择优选择接受调剂申请。

下面附上2016级与2015级东财接受调剂的专业（见表4-1和表4-2），供大家参考。

表4-1　　　　　　　　　　　**2016级东财接受调剂的专业**

学院名称	接受调剂专业（方向）	原报考专业	其他要求
MBA教育中心	工商管理	管理类联考各专业	本科毕业满三年
财政税务学院	财政学（税收）	财政学（财政）	一志愿报考我校
	税务	经济类相关专业	
法学院	法律（非法学）	法律（非法学）	
	法律（法学）	法学类相关专业	本科为法学专业
工商管理学院	企业管理（企业管理、组织行为学）、技术经济及管理、市场营销、人力资源管理、物流管理、公司治理	管理类相关专业	
公共管理学院	国民经济学（国民经济管理）	经济类相关专业	
	社会学	社会学相关专业	
	公共管理	管理类联考各专业	本科毕业满三年
管理科学与工程学院	计算机应用技术	计算机相关专业	
	管理科学与工程（运作管理、管理科学、信息管理、金融服务工程）、电子商务	管理类相关专业	
	工程管理（制造工程管理、金融信息工程管理、数据挖掘与商务智能）	管理类联考各专业	本科毕业满三年
国际经济贸易学院	国际商务	经济类相关专业	
国际商务外语学院	外国语言学及应用语言学（日语、俄语）	语言学相关专业	
	英语笔译、英语口译、日语笔译、日语口译	翻译硕士相关专业	

学院名称	接受调剂专业（方向）	原报考专业	其他要求
国际商学院	金融（金融分析师）	经济类相关专业	
金融学院	金融（证券与期货）、保险	经济类相关专业	
经济学院	数量经济学	经济类相关专业	
会计学院	资产评估	管理类相关专业	
旅游与酒店管理学院	旅游管理	管理类相关专业	
	旅游管理	管理类联考各专业	本科毕业满三年
马克思主义学院	政治经济学	经济类相关专业	
萨里国际学院	企业管理（跨国公司管理）、旅游管理（休闲与服务管理）	管理类相关专业	
投资工程管理学院	管理科学与工程（工程管理）	管理类相关专业	
	工程管理（建设工程管理）	管理类联考各专业	本科毕业满三年
新闻传播学院	新闻与传播	文学类相关专业	
经济与社会发展研究院	财政学（公共政策）	经济类相关专业	

表4-2　　　　　　　　　　**2015级东财接受调剂的专业**

学院名称	接受调剂专业（方向）	原报考专业	其他要求
MBA学院	工商管理硕士专业学位	管理类联考各专业	本科毕业满三年
财政税务学院	财政学（税收方向）	经济类各专业	
法学院	法学理论 宪法学与行政法学 刑法学 民商法学 诉讼法学 环境与资源保护法学 国际法学 法律硕士（非法学） 法律硕士（法学）	法学类相关专业	法律硕士（非法学）只接受报考该专业的调剂考生；法律硕士（法学）只接受本科为法学专业的调剂考生
工商管理学院	企业管理（组织行为学方向） 技术经济及管理 市场营销 人力资源管理 物流管理	管理类各专业	
公共管理学院	国民经济学（国民经济管理方向）	经济类各专业	
	社会保障	管理类各专业	
管理科学与工程学院	管理科学与工程（运作管理、管理科学、信息管理、金融服务工程方向）	管理类各专业	
	工程管理（制造工程管理、金融信息工程管理、数据挖掘与商务智能方向）	管理类联考各专业	本科毕业满三年

学院名称	接受调剂专业（方向）	原报考专业	其他要求
国际经济贸易学院	国际商务硕士专业学位	经济类各专业	
国际商务外语学院	国际贸易学（国际商务英语方向）	经济类各专业	
	外国语言学及应用语言学（商务英语、英语、日语、俄语方向）	外国语言学类相关专业	
	翻译硕士专业学位	翻译硕士相关专业	
金融学院	保险硕士专业学位	经济类各专业	
经济学院	经济思想史	经济类各专业	
	经济史		
旅游与酒店管理学院	旅游管理	管理类各专业	
	旅游管理硕士专业学位	管理类联考各专业	本科毕业满三年
马克思主义学院	政治经济学	经济类各专业	
	政治学理论	法学类相关专业	
	马克思主义基本原理		
	马克思主义中国化研究		
	思想政治教育		
	中国近现代史基本问题研究		
萨里国际学院	企业管理（跨国公司管理方向）	管理类各专业	
	旅游管理（休闲与服务管理方向）		
原数学与数量经济学院	数量经济学	经济类各专业	
投资工程管理学院	国民经济学（投资经济方向）	经济类各专业	
	管理科学与工程（工程管理方向）	管理类各专业	
	工程管理（建设工程管理方向）	管理类联考各专业	本科毕业满三年
新闻传播学院	新闻与传播硕士专业学位	文学类相关专业	
高等职业技术学院	职业技术教育学	教育学相关专业	初试科目相同
经济与社会发展研究院	财政学（公共政策方向）	经济类各专业	

二、二次调剂

二次调剂，是在东财复试结束后，在复试中排名在招生人数之外但复试成绩及格的同学，还有机会调剂到和所报考专业相近且尚未招满的东财其他专业。另外，无缘东财二次调剂或者对东财可以二次调剂的专业不满意的考生，也可以在此时抓紧联系其他招生院校，进行校外的二次调剂。

分析最近几年东财调剂复试录取结果，可以发现一个有趣的现象：不仅是一志愿复试考生有机会二次调剂，通过参加初次调剂进入东财复试的同学，如果未被参加复试的专业录取，也有机会通过二次调剂在复试结束后再被仍未招满的专业录取，真是天无绝人之路啊。

而一志愿复试未被原专业录取而调剂至其他专业的考生，需要在截止日期之前，在研招网调剂系统里完成填报东财相应专业调剂志愿、点击同意东财复试通知、点击同意东财待录取等操作，并与报考学院联系领取调档函。

最后说一下东财学硕调剂到专硕的情况。以往因为专硕过复试线的考生很少，每年都有大量考生从学硕调剂到对应的专硕。特别是很多报考学硕热门专业的考生都把对应的专硕当作"备胎"，最典型的例子就是报考学硕金融学专业的同学往往会拿专硕金融硕士来兜底。但是随着专硕在社会上的接受度和认可度越来越高，报考东财专硕的考生持续增加，过复试线的人数也随之水涨船高，调剂的空缺也就越来越少了。比如金融硕士（金融）在2011年至2013年都接受调剂，而2014年后因过线人数超过招生计划人数已不接受调剂，税务硕士在2015年也因过线人数暴涨而不再接受调剂。与之相反的是，学硕当中因招不满而接受调剂的专业倒是有增多的趋势。

我个人还是建议大家最好抱着必胜的决心，争取一鼓作气直接被一志愿报考的东财专业所录取，而不要想太多调剂的事情。因为一旦到了调剂的地步，可供挑选的专业往往都不如一志愿报考的专业好不说，你的命运也不掌握在自己的手里了，毕竟不确定的因素太多了，各专业空缺情况、调剂政策变化、本科学校甚至运气等等都会左右你的前程。你现在能做的，就是在一切尽在掌控之中的当下，走好你的第一步。

关于调剂，我要说的就这么多。在接下来的两节，我邀请到校内调剂和校外调剂成功的同学各一位，与大家分享她们在调剂中的成功经验与苦辣酸甜，相信一定会给大家带来很多启示。

第二节　　　校内调剂

关于梦想——写在调剂成功后

这一次终于可以安心而又深刻地体会什么叫做欣喜若狂。

——题记

先和大家简单介绍一下自己的情况。本人吉林人，高考失利，就想走出去看看外面的世界。于是，在报考指导书上直接划掉了所有东北的院校，以至于老师跟我说"你可以去东财，不过专业肯定不理想，但你可以努力争取自己转专业，争取一个更好的未来"时，任性地选择了充耳不闻。于是我和东财擦肩而过。时隔三年，再次面临选择，我是如此地想回到东北，这时又想起了高中老师的那句话："你可以去东财，争取一个更好的未来！"于是，我参加了考研，报考的是东财的国际贸易学专业。

接下来就是开始准备了，先把所有要用的书都买好，后期会不断出新书，要根据自己的实际进展和水平自己决定，不要太盲目，好书一本就够了。各科都用什么书，相信其他的学姐和学长们都会推荐，我就不一一罗列了。我准备考研的时间还算充足，只是当时感情的问题没有处理好，一直在忍受着"非人的折磨"，这一点大家要有前车之鉴，千万不要像我一样，一定要处理好感情的问题，否则实在苦不堪言。还有就是大家一定要抽出时间锻炼，身体是革命的本钱，我那一年每天下了晚自习都会坚持跑步，一直到考试前一天，健康状况一直很好，而且锻炼也是缓解压力的一个好方式。不过考试那两天，气温变化太

大，我还是感冒了，答卷子的时候一直在擦鼻涕，都没有时间用来紧张。这一点大家也要引以为鉴，尤其身体不好的同学，最好提前喝点板蓝根之类的冲剂，赶快预防一下。说完了大家引以为戒之处，下面进入正题，也是我写这篇文章的最初目的——关于调剂。

还记得初试成绩出来那天，我赶紧上电脑去查，332分，和那些400+的高分比起来，真的是低得可怜。一个月后国家线公布，险险擦过，庆幸自己终于还有一丝机会。又过了五天，东财复试名单公布，国际贸易学专业里没有我的名字，我情绪顿时低落，是不是又要面临一次失败了呢？继续看通知，天无绝人之路，还是可以校内调剂的。

这时候大家就千万要慎重了，虽然我报考的是国际贸易学，但不一定意味着我只能调剂到国际商务，我还可以调剂到商务英语、国民经济学、世界经济学……只要是属于经济类即可，可是一定要综合考虑各方面因素，包括各专业缺额人数、专业热门程度、复试参考书目、专业背景、个人喜好和将来的就业定位等等。以我自己为例，我选择调剂国际商务专业，就是基于以下几方面的考虑：第一，我很喜欢外贸这份工作，我希望自己将来可以成为一名学识广博、履历多彩的优秀外贸人员，而且东财的国际商务专业是给推荐实习单位的，这一点是一大优势。第二，我经过推算发现，国际商务硕士除了推免的和一志愿过线的，还有20多个名额可以争取，而且专硕近年有扩招的趋势，比较有优势。第三，我本科所学专业就是国际贸易，复试的书目都已学习过，专业背景有优势，不过后来知道调剂考生和一志愿考生的试题不同，当然那都是后话了。以上三点就是我选择调剂到国际商务硕士的原因。东财规定每人只允许申请一个学院的一个专业进行调剂，否则申请无效，不过我听说有人申请了两个，但最后只要只确定一个就没问题，其实这也是再给自己一些考虑时间。

已经决定了要去申请调剂，就一定要有积极的态度。一定要积极主动地联系研招办和报考的学院，老师们这段时间也真的是很忙，询问的人也很多，电话打不通是正常的，打得通是幸运，所以还是要打的。除此之外，还有邮件，虽然并不是每一封都有回音，但老师们会看的，多发几封，总有答复，正所谓念念不忘，必有回响。无论是打电话，还是发邮件，一定要注意礼貌问题，最关键的是要说重点——自己的分数，想要申请的学院、专业，最好附上一份简短而又精致的个人简历，不要把所有的大学期间所获的证书都打包"发"过去。最后正式填写调剂申请表的时候，一定要认真、细致，有些虽然是选填项，比如获奖证明，这时候你就可以把之前没有机会"邮"出去的证书都"发"上去了，还有一个专家推荐书，虽然不是必填项，但我确实是很认真地跑到我们学院里找最好的老师给写的，老师很好、很热情，愿意给写。虽然东财的老师未必有时间仔细看，但是你可以证明自己很认真、很真诚。总之，说这么多就是一句话，态度一定要诚恳，你是否诚恳，每个细节都是可以看出来的。

这些都是准备工作，真正拼的还是硬实力，就是你的专业课水平，我从决定调剂的时候就开始看参考书，如果有先见之明，可以准备得更早。我只能在有限的时间里提高效率，那十几天里每天只睡6个小时，真心是比准备初试的时候更拼命——那会我好歹还能睡8个小时。另外，不要忽视听力，拿六级的多练练就没什么问题了，平时还要多关注热点经济问题，这是每个经济学人的基本素养。我答卷子的时候就在庆幸，还好自己平时有看经济新闻的习惯，可以对"一带一路"、"亚投行"什么的说点自己的见解。

还有一点就是考研不仅考知识，也同样考心态。无论是初试还是复试，一定要调整好心态，初试就不说了，以调剂为例，通知名单一共发了三次，最初有100个人报国际商务，"高分党"很多，名牌院校的考生也很多，这也从侧面反映了东财真的很有知名度。第二次正式确认的只有50人，最后报到考试的是39人。这个转化其实就是说，很多同学只是广撒网，东财只是他们的选择之一，所以不要害怕。而之于我，最难熬的就是三次的名单里，我一直都是倒数几名，那种压力可想而知，不是没想过放弃，只是不甘心，就想搏一次，也许我依然会输，但至少我不会后悔。

等待的时间是煎熬的，连出去玩耍的心情都没有了，还好东财出结果还是挺快的，不用等半个月。那天下午1点我就早早地到劝学楼去等着了，排队的时候，我的表情一定是太扭曲了，以至于我旁边的同学只能小心翼翼地问："同学，一会是你先进去还是我先进去？""你先进去吧，我再缓一会儿，哎，还是我先进去吧，死就死吧，好歹我挣扎过了。"拿到调档函的那一刻，也许你们无法理解那种激动，但我真的是故作镇定地跟老师道过谢后冷静地走出教室的，不过出了门我就跳起来了，兴高采烈地往回跑，接受着小伙伴们真诚的祝贺。这一刻，终于可以安心而又深刻地体会什么叫做欣喜若狂。

好了，这就是我——一个低分者努力申请调剂、最终成功的故事。如果有希望，大家还是要努力冲刺高分，但若是真走到调剂这一步，不到最后也千万不要放弃，机会总是留给有准备的人！

最后以此共勉：The more diligent, the more lucky!祝愿广大的学弟学妹们梦想成真！

（董丽娟，国际商务）

第三节　　　　　　　　　　校外调剂

柳暗花明又一村——管窥调剂

本人报考了东北财经大学行政管理专业，遗憾的是因初试成绩与复试线的几分之差而与东财擦肩而过，现通过个人积极努力，成功调剂至内蒙古工业大学。应主编之邀，在这里分享一下自己校外调剂的经验。很高兴能够以此纪念自己备战东财的经历，也觉得很有意义。当然我希望大家都能考上东财，校外调剂是万一无缘东财复试后的事了。但是校外调剂确实是每年报考东财的同学在考研准备初期就十分关心的话题，大家都有这样的困惑：要是真没考上东财，可以调剂到别的学校吗？有什么具体要求？如何走完全部流程？有哪些注意事项？提前了解一下这些问题，可以真正在考研全程中做到有备无患，因此很有必要。

每年国家线出炉的时间比较晚，所以国家线一出来没过几天调剂系统也就跟着开通

了。所以，在我们的成绩出来的时候，将自己的成绩按照往年的国家线来衡量自己是否能走调剂。调剂并不复杂，如果幸运的话还可以调剂到比自己第一志愿更好的学校。首先，要了解自己的调剂过程，跨专业调剂成功的例子据我所知比较少。举个例子，比如你报考的是文学类专业（文学类专业的国家线比较高），也过了文学类的B区线，那么你可以调剂到文学类专业的B区学校，也可以调剂到比如哲学类专业（前提是哲学类专业的国家B区线低于文学类专业的B区线）的B区学校，而A区的哲学类专业是不可以的；如果你过了文学类专业的A区线，那么你可以调剂到文学类专业的A区学校，也可以调剂到哲学类专业的A区学校。但是，这种跨专业调剂一般是不予支持的，因为成功率比较小，接受调剂学校专业的导师也希望接受同专业的报考调剂，因为学生有一定的基础。再一个就是，学硕可以调剂到专硕，但是专硕不能调剂到学硕。所以，跨专业调剂一定要符合国家、学校的规定。

一、全面搜集往年调剂信息

从网上找一下近3年的调剂信息，在没有开通调剂系统之前，给每个学校的招生办打个电话，主动向老师报一下自己的分数、专业、想要调剂到该校的什么专业等一些基本资料。如果你的本科学校有一定的优势，就再跟老师说一下自己的本科学校。多打几个电话，慢慢地你就可以从电话里老师的语气中听出来你调剂到他们学校学习的机会大不大。一些老师会直接告诉你：你的总分不是很高，英语不占优势等等，其实就是在委婉地拒绝你。所以，在调剂系统开通的时候就不要去报，报了也是白报，浪费一个名额。当然，还有一些老师不会在电话里跟你讲太多，只说一句：欢迎报考我们学校或者等调剂系统开通的时候你直接报就行，就把电话挂了。在这种情况下，就需要自己慎重地去选择，在这个时候自己一定要有判断力和辨别能力。

二、英语不放松

很多人都会说不知道自己会被调剂到哪个学校，复试也没办法复习，根本就不知道考什么。确实，我们不知道复试专业课考些什么，但是英语都是差不多的。所以，考研成绩一出来，就要开始练习英语听力，背背单词和文章。每个学校的要求不一样，所以听力要求也不同。我记得当时我买了四、六级的英语卷子重新听了一遍，如果时间充裕可以再把文章练习一下，主要就是找找语感，一旦复试做英语卷子就不会没有"手感"。

三、全面搜集调剂信息，最终定下3个学校

调剂系统开通之前的一个星期，没有招够的学校就会陆陆续续发布一些信息，这个时候我们还是要不停地打电话。在打电话的过程中，可能有的学校的电话一直占线，那么我们就要不停地打，直到打进去为止。有的时候，老师接的电话多了，语气上就会比较冷淡，没有想象中的那么热情，我们一定要多多理解。不要考虑得太多，只要达到我们的目的就好。所以，在调剂系统开通前，我们就要分析被录取的可能性的大小，最终定下来3个学校。这3个学校，一个是用来保底的，一个是中等差不多的，一个是冲刺的。这样，我们被调剂成功的可能性就比较大。当然，如果这3个学校你都没有收到复

试通知，那么你还可以继续报。

四、眼疾手快

我们一定要掌握好调剂系统开通的时间。我记得当年开通的时间是凌晨3点多，所以，如果家人在身边的话可以帮你盯一下，轮流睡觉。我们需要不断地刷新网页，因为每年调剂系统都会瘫痪，就是因为"进"的人太多，所有人都在不断地刷、刷、刷，所以比较卡。可能，你前一秒还能进调剂系统，后一秒进都进不去了。大家要做好心理准备，找一个网速比较快的环境，电脑不离手，选好学校就赶紧报上，不要再犹豫。

五、接受复试通知

如果成绩比较不错的同学，可能会同时接到好几个参加复试的机会。这个时候，一定要把时间、地方考虑好。有的学校的复试时间离得比较近，甚至有冲突。选择好几个学校参加复试，如果又不在同一个地方，那么，财力、精力都要花费很多，甚至最后哪个学校的复试都没有准备好。所以，对此要慎重考虑。

六、调剂生的复试准备

调剂生的复试准备时间比较短，所以，一般老师也不会太为难你，正常发挥就行。当时，我对自己的复试并没有太担心，主要是因为自己大学本科四年担任班级团支书和学校主持人，拿过奖学金，也荣获过各种奖励，参加过各种社团、学生会、志愿活动等，锻炼了自己的各方面能力。事实上正是如此，在复试的时候，和几位老师都聊得很开心，没有很紧张的气氛。关于笔试，正常发挥就行，题也比初试简单很多，都是基础知识。所以，大家心态放好，不要太担心。

七、调剂的拟录取

参加完复试后，学校就会发出拟录取通知。我们可以同时接受好几个复试通知，但只能接受一个拟录取。当然，如果复试没有通过，还有一些学校会进行二次、三次调剂，所以我们可以接着再报。

好啦，就先写到这里。希望对需要调剂的学弟学妹们有所帮助。

如今，我也难得有清闲。除了完成最后的毕业设计，我的大学生涯即将画上句号。我坚信，只要坚持走下去，属于你的风景终会出现。

（梁爽，内蒙古工业大学硕士）

第二篇

宏观规划

第五章　东财考研日程表

总有人问我，在东财考研备战的整个过程中，应该作何规划？需要注意哪些事情？有哪些重要时间节点必须关注？错过重要通知的发布怎么办？

为了给广大考生指明前进的方向，我结合自己五年来从事东财考研辅导的经验，精心编制了下面的史上最全"东财考研日程表"（见表5-1），将考生想知道的方方面面一网打尽，以飨读者。相信它会成为你考研备战这一路上的"通关秘笈"，助你运筹帷幄之中，决胜千里之外。（说明：表中所列具体日期，均为根据最近几年的情况给出的预计时间节点，仅供参考，今后考研中各事项实际发生的日期可能会在小范围内波动，提前或者延后几天属于正常变动。）

表5-1　　　　　　　　　　　　　　东财考研日程表

1—2月 前期准备阶段	着手考研复习前的准备工作是极其必要的，相当于情报搜集阶段。不同学校、不同专业的试题风格、报考情况、录取情况都大不相同，在这个阶段，你至少应该对东财硕士的招生、考试、录取等情况有起码的了解。 这期间也会有很多针对考研规划、学校与专业选择、公共课、专业课的各类免费讲座（包括现场面授和网络视频），可以多去听听，帮助自己尽快确立报考目标和理顺复习思路
1月 搜集信息，了解考研	搜集考研的方方面面信息，让自己尽快脱离考研"小白"的阶段。了解上一届考研的初试最新动态。 每年都有考生在复习途中才发现进入了一个误区：获取的信息量太大，资料太多，不知道以哪个为准，无从下手。所以，在复习之前一定要先尽量去精准地打探靠谱"情报"，还可以多征求一下学校老师和师哥师姐的意见
2月 确定考研目标院校	无须赘言，院校、专业的选择是考研非常关键的一步。在选择学校方面，要综合学校的实力、所在的城市、就业的前途、个人的兴趣、考上的把握等诸多因素来选择。如果此时你就下定决心剑指东财，无疑会希望大增。 专业如果此时能一并确定下来当然就更加理想了。学硕还是专硕？要不要跨专业？有意报考的这几个东财专业，其专业课都具体考什么？每个专业考上的难度如何？这些是应该尽快想明白的问题

3—7月 基础复习阶段	在这个阶段，政治的学习可以先不用开始，因为政治大纲未出，考点还没修订完毕，等到政治大纲下发以后学习完全来得及。当然如果你报了政治的春季基础班，跟着老师过一遍也不错。 外语和数学则要开始全面地扎实复习，弥补自己之前基础的不足。对于专业课，如果你早已定好自己想考的专业，那么越早准备越好（特别是跨专业）。外语、数学学习都具有基础性和长期性的特点，而专业课内容多而杂，量很大，因此开始复习宜早不宜迟。外语、数学和专业课在这个阶段应完成至少一轮的复习
3月 关注东财上一届考研动态	东财上一届的考研复试和录取工作将集中在这一时间段完成，了解相关信息可以为自己提供重要参考。有条件的同学可以去东财复试现场感受气氛，获取第一手资讯，还可以结识同专业师哥师姐
6—7月 期末考试中忙里偷闲	期末考试、四六级、课程设计等事情会大大分散考研复习的精力，很多同学在此时甚至会直接将考研的复习暂时搁置。考研的复习能够保持延续性很有必要，所以建议大家此时应该忙里偷闲地准备考研，尽量不要中断
8—10月 强化复习阶段	伴随着期末考试的结束，暑假开始，也到了巩固提高的复习阶段。这一阶段要从全面基础复习转入结合自身情况进行的有针对性、有重点的专项复习，对各科重点、难点进行提炼和把握，形成系统的知识体系；同时大量做题，提高解题能力和答题速度。 暑假是极难得的一段完整的没有学校上课干扰的自由备考时间，却又酷热难耐，不适宜学习，所以一定要好好把握。暑假的学习效率对考研成败至关重要，也是决定大家能否把考研坚持下来的分水岭。 到了9月，当年考研的各方面重要信息将陆续发布，一定要舍得花一点时间去了解，然后才能在强化复习过程中有的放矢。之前还没有选好专业的同学，这时也应结合各方面的最新信息和自身情况来最终确定报考专业
8月26日 考研政治大纲公布	与数学、外语不同，每年的考研政治大纲中列明的具体考点都会出现较多明显的变化，所以要及时关注
9月5日 教育部公布《全国硕士研究生招生考试公告》及《全国硕士研究生招生工作管理规定》	涉及的主要内容有本次考试的预报名时间、正式报名时间、初试时间、现场确认、准考证打印等重要事项。由于篇幅较长，考生自己阅读很难抓住要点，还白白浪费很多时间，建议大家去看权威网站上发布的对此进行专业解读的新闻，特别是其梳理好的这两份文件跟往年相比的重大变化
9月18日 东财研究生院公布招生简章	关注拟报考东财专业的招生人数、考试科目与参考教材等信息

9月19—23日 招生宣传咨询周	为帮助考生了解招生政策，研究生招生单位将于此时开展全国硕士研究生招生宣传咨询周活动，届时会在线回答广大考生提问
9月24—27日 网上预报名	每天9:00-22:00，应届本科毕业生可以在网上进行预报名
9月27日 推免生拟录取名单公示	在东财接收优秀应届本科毕业生免试攻读研究生的复试中成绩合格的推免生，由校研究生招生工作领导小组组织评价，结合各专业拟招推免生人数，确定拟录取名单，并在研究生院网站上公示。参加统考的同学，此时可以根据该名单统计出各专业的拟推免人数，进而预估出各专业留给统考生的名额，作为统考网上报名时选择报考专业的一个重要依据
10月10—31日 网上正式报名	每天9:00-22:00，考生自行登录中国研究生招生信息网浏览报考须知，按教育部、考生所在地省级高校招生办公室、报考点以及报考招生单位的网上公告要求报名。考生类别、考试方式、户口、档案所在地等这些重要信息，一定要落实清楚了再填写
10月10日 各专业实际拟录取推免生人数出炉	空缺名额继续接收推免生工作结束，经推免生本人在推免服务系统中确认待录取以后，东财研究生院将在官网公示各学院各专业实际拟录取推免生情况（各专业剩余招生计划招收统考考生），并发布最新版硕士研究生招生简章（包含各专业最终确定的拟招生总人数和实际推免生人数）
11—12月 冲刺复习阶段	11月已是深秋，开始有了冬的严寒。这一阶段最重要的事情当然就是全力以赴复习各门课程，凡是对考研不利的事情，都尽量不做。但这个时候学校里及考研的各类事情也多起来了，如期末考试、现场确认、查询考场位置、四六级、课程设计、实习等会接踵而至，无疑要压缩原本就很紧张的考研复习时间。天气的寒冷和心态的焦躁，让很多考生此时频繁地生病。所以，这时应加强体育锻炼，保持愉悦心情，适时增添衣物，排除一切干扰。 很多同学此前已经对各门课程进行了多轮复习，但遗忘不可避免，此时对每门课要将之前按章节或版块顺次复习转入对整门课全部内容的综合复习，并且要一套一套地完整地做足够的真题及模拟题的考卷
11月10—14日 现场确认	考生到报考点指定的地方进行现场确认，提交本人居民身份证、学历证书和网上报名编号，由报考点工作人员进行核对，并拍照及缴费。 2016年起教育部不再统一规定现场确认的时间，而是将划定时间的权限下放至各省级教育招生考试管理机构。现场确认时间由各省级教育招生考试管理机构根据国家招生工作安排和本地区报考组织情况自行确定和公布
12月15—25日 下载打印准考证	考生可凭网报用户名和密码登录研招网下载打印"准考证"。"准考证"正反两面在使用期间不得涂改。考生凭下载打印的"准考证"及居民身份证参加考试。弄清楚考场所在位置、如何坐车、有无必要租房等事项

12月24—25日 初试	第一天上午政治或管理类联考综合能力,下午外语;第二天上午业务课一（数学）,下午业务课二（专业课）。 在临考的前几天,就要开始逐步调整自己的作息时间（特别是晚上睡觉和午睡）,把自己的兴奋点调整到与考试时间相一致的时间段。特别是考试前一天千万不要再熬夜看书了。要放松心态,全力以赴、充满自信地参加考试。 如果离考场路程较远,可以考虑提前两天去考场附近找旅店住下。考试当天中午在哪里吃饭和休息也要提前想好,特别是备考期间有午睡习惯的同学一定要想好考试当天要不要午睡及有无条件午睡,然后提前做好相应的准备。 初试后要保管好准考证,查询成绩时会用到,也可以用手机拍照备份
次年1—3月 复试备考阶段	复试关系到考生是否能最终考上东财,是录取前的"临门一脚",绝不可掉以轻心。考生在这一阶段用怎样的态度来备考,会在很大程度上决定复试成绩的高低。考生如果初试过后就"放羊"了,心怀侥幸,指望临场发挥,或是认为自己初试排名靠前肯定不会被刷/初试排名靠后肯定逆袭无望,就有可能与东财擦身而过。 这一阶段亟需:强化外语的听力及口语;收集往年专业课笔试、面试真题,及时复习专业课知识;挑选并联系导师
2月16日 东财初试成绩出分	可以查到自己的初试总分、各科分数和专业排名。分数较高的考生此时即可基本确定能否进入东财一志愿复试,接下来就应该开始全面备战复试
3月11日 考研国家线公布	排名在复试人数之内,却担心会由于单科或者总分没有达到国家线而无缘东财的同学,此时可以得到确定的答案
3月12日 东财复试通知（包括复试线）公布	查询复试线。从复试通知发布起至最终录取结束,东财会陆续发布一系列的通知和名单,所以这段时间大家要经常登录东财研究生院官网获取最新信息
3月12—17日 初次调剂	3月12—15日,东财各学院的调剂申请通知公布。校内、校外调剂考生需要在3月16日16时之前,登录东财预调剂系统提交申请,东财于17日下班前在研究生院网站公布参加调剂复试的考生名单,逾期无效。调剂复试名单里所有调剂考生还需在18日后在教育部调剂系统里填报东财并确认同意参加复试
3月25日 复试报到	复试报到需携带的材料要备齐
3月26日 复试	上午复试外语听力和专业课笔试,下午至29日各学院组织其他形式复试
3月27—28日 体检	在东财校医院体检,需体检合格才能录取。体检前一天晚上要好好休息,不能因为考完了就"黑着眼眶熬着夜",这样有危险

3月29日 领取调档函 二次调剂	13：30以后，在各学院领取拟录取考生调档函。 已参加复试且成绩合格，但未被原专业拟录取的考生，于15时至博学楼参加校内调剂。未被东财录取但有资格进行校外调剂的考生，如果有此意愿此时也应立即付诸行动
次年4—9月 入学准备阶段	大局已定，这时只要按部就班地完成入学前的各项准备工作就好。充分享受大学最后一个学期，或者找一份实习，也可以学习专业知识、考个证书。导师还没有着落的同学这时也要努力了
6月24日 录取通知书发放通知 及新生入学须知发布	认真阅览东财硕士研究生录取通知书发放通知及新生入学须知，了解有哪些渠道可以领取通知书，报到需要做什么准备
8月20日前 交学费和住宿费	将第一年的学费和住宿费存入随录取通知书发放的本人银行卡中
8月26—31日 录入个人信息	需要上网录入个人信息。学生的个人信息将涉及入学后各项手续办理等重要问题，故应认真填写，确保准确无误
9月1日 入学报到	7：00—19：00来东财体育馆报到。报到当日6：00—18：00，学校将在大连火车站、海港码头设有新生接待站

第六章  考研兵法精粹

第一节　　　　　　　　　　　临考必胜法则

一、考试所用的证件和工具

1.准考证；

2.身份证件；

3.2B铅笔（笔芯削成鸭嘴形，方便涂答题卡）；

4.一支答题用笔、一支备用笔（最好是黑色中性笔）；

5.小刀（拆信封）；

6.胶棒（专业课会用到）；

7.尺子（大题划线和专业课作图）；

8.橡皮；

9.手表。

二、临考心态与备战

有些考生可能由于某一科复习得不是很好，以至于在考试的头一天晚上还非常卖力地学习到深夜，甚至是后半夜，这是不可取的，毕竟考试不是朝夕能够解决的。熬夜导致睡眠不足，精神状态不好，反应迟缓，对于提高成绩不但没有帮助，还可能起反作用。所以考试的前一天，重要的不是你学会了啥，而是你睡得好不好（由于平时总是熬夜学习，如果突然间让你早睡，恐怕很难睡着，所以最好在考前半个月左右就要开始调整作息时间）。

另外，心态很重要。考试前要有充分的自信心，考前很多人会出现这样的状态：觉得自己有很多东西没复习好，到处都是漏洞，担心、紧张……有漏洞这是很正常的，千万不要因此失去自信。应该树立坚定的自信心，沉着应对考试。考试期间保持轻松畅快的心情，可以想一想考完试要如何放开了玩；也可以把两个手心合拢，抱紧，用力推，能缓解压力；还可用"我能行""静心""认真"等自我暗示来稳定自己的情绪。拿到试

卷前的那一刻，建议深呼吸1～3次，可以冲淡一下紧张的情绪，头脑会清醒些。

三、数学考场技巧

1.合理掌握时间。整个选择题、填空题的时间控制在55～65分钟，解答题平均一道题10分钟左右，90分钟做完解答题，一般前面两个大题难度不会特别大，时间可以比这个时间少。

2.浏览整套试卷。

3.如果这套题看起来有很多陌生的题，也不要心慌。有些试题万变不离其宗，只要仔细思考就会产生思路。

4.学会适当放弃。当确实没有思路的时候要暂时放弃，如果放弃的是一道选择题，建议大家标记一下此题，防止因此题使答题卡顺序涂错，如果时间充足还可再做。

5.适当运用做题技巧。做选择题的时候，可以巧妙地运用图示法和特殊值法。这两种方法很有效，平时用的人很多，当然不是对所有的选择题都适用。做大题的时候，对于前面说的完全没有思路的题不要一点不写，写一些相关的内容得一点"步骤分"。

6.注意步骤的完整性。解答题的分数很高，相应的对于考生知识点的考察也更全面一些，有些考题甚至包含了三四个考察点，因此要求考生答题时相应的知识点应该在卷面上有所体现，步骤过简势必会影响分数。

7.试卷检查。如果答完考卷，最好将试卷再仔细地看一遍，看看还有没有落题。再将答题卡与选项核对一下，防止顺序涂错。如果不能保证答完以后还有时间，可以在把填空题答完后就核对一下。

8.书写要整洁。

四、英语考场技巧

1.英语考试总共180分钟，一般各部分考题花费时间为：完形填空15～20分钟，阅读70～80分钟，新题型15～20分钟，翻译20分钟左右，2篇作文45分钟左右。

2.在拿到试卷后，不要急于动笔，先大致浏览试题，做到心中有数，然后合理安排具体答题时间。尤其是看到写作题目时要保持镇静，不以见过为喜，不以未见过为悲，沉着冷静。

3.答题时，不要纠缠某一道题，比如说阅读理解的某一个选择题，如果思考半天就是确定不出答案，就先"pass"掉，不要浪费时间。

4.对于做题顺序，考生可以根据自身的答题情况来调整，以使自己保持最好的应试状态。在考前就要确定好自己的答题顺序，按照"适合自己的才是最好的"原则来安排整场考试的解答。

5.书写，要力求干净整洁。

五、政治考场技巧

1.时间分配：单选15分钟，多选30分钟，分析题120分钟左右，剩下时间用作检查和补充。

2. 单选题：不要浪费时间。单选题（尤其哲学方面），一般会有两个模糊选项。如果你不会做，而且超过1分钟还没有思路，不要犹豫，立即放弃这一题。对于政经的单选题一般不会有模糊概念出现，但是某些题会要求你计算，比如计算剩余价值率、利润率的题。如果这些计算题你不清楚公式，不用想了，再想你也做不出来，立即放弃。但是其他一些概念题一般比较明确，争取全部拿下。

3. 对于最难的多选题有以下技巧：

（1）对于拿不准选项的哲学的多选题，答案一般不是满项，里面都会有一些明显错误或隐晦错误。比如某些原理和说法是正确的，但和题干无关，这就绝对不能选。如果你无法确定答案，先把你最有把握的勾上，剩下的回头再解决。

（2）"毛中特"中的"毛概"部分多选题的应选项一般较多。这一部分没有什么技巧，属棱角题，记得就能做对，不记得就很有可能出错。"毛中特"中的"中特"部分多选题比较取巧，答案有接近一半是全选，尤其是涉及某个文件和全会的内容，文件是几个说法，你就选几项，不能加也不能减，否则就是错，绝不能主观臆想。这部分记忆力考查较多。

（3）时事部分的多选看看选项，没有明显错误的就全部选上，不要犹豫，2道多选题基本都是全选。如果你对某个选项拿不定主意，而你又无充分的理由排除它，不要犹豫，立刻选上它。据往年的分析，由于漏选造成的错误比错选的概率要大很多，宁可多选，也不漏选。

4. 分析题：如果对命题不能进行有把握的判断，就不要轻易表态，完全可以在没有明确判断的情况下直接写上相关原理，然后适当说明一下自己的想法与分析，这对得分不会有太大影响。不要脱离材料空谈理论和主观感受；但如果实在不会做，就算是援引材料相关部分原文以及理论观点，也不能空着。

遇到分析题没有思路，先跳过此题，当完成最有把握的分析题后，有充裕的时间，再细致地去找难题的突破口。

六、东财专业课考场技巧

1. 时间分配：因为每年题型不同，推荐按照题目分数占总分比例推算所耗时间。

2. 答题的规范性和准确性。如果你懂这个问题，就一定要让批卷老师知道你懂这个问题，该答的一定要答全，这就是为什么要强调做笔记把相关内容归结到一起记忆。很多人答题的时候不知道答多少才够，你可以试着从一个非专业人士的角度来看这个问题，如果能看懂，那就肯定没有问题。在此基础上，如果你能有一个清晰的条理和严密的逻辑，那肯定就是高分。

3. 条理是非常重要的。有些人说这是形式主义，这无可厚非，但批卷老师一天要批很多卷子，不可能每个字都看到。这并非其玩忽职守，而是如果你知识点掌握得好，能够清晰地列出1、2、3、4，那么被忽视的可能性就会大大降低。

4. 如果你不能让你的内容有条理，就让你的格式有条理一些吧，至少让人看起来整洁美观一些，行文的时候工工整整也会让你的试卷增色不少。

第二节　　　　总分400+备战安排

考研人越来越多，竞争就会越发激烈，近年来的缩招也给我们无形之中平添了很多压力。何时开始准备？准备早了担心后劲不足，准备晚了有可能前功尽弃。下面我们以经济学类专业为例，来介绍一个我们设计的考研时间规划，供大家参考。

作为大学在校生，我们身边大部分同学很早就开始准备考研。笨鸟先飞，如果觉得正在准备考研的你心里没底，不妨和我们一样，尽早收拾行装，打一场不后悔的仗。

大三开学的9月，离考研还有15个月，此时各类考研辅导班开始大力宣传。时间充裕的话，推荐大家可以选择一两个免费的讲座听一下，对整个考研流程心里有数，方能更加安心。

时间安排如下：

1.大三9—12月（每周学习5天，每天3小时）。

数学：四本指定教材每月一本（高数两本合计看两个月）。

（1）例题为先，课后题可不做（没有详解）。

（2）课本的方法一定要掌握。

（3）针对大纲复习，有些知识点是大纲不要求的（大纲多年没变过）。

英语：单词先行，每月背一遍单词共4遍，做好标记。

（1）千里之行，始于足下。单词是阅读的基础。

（2）背单词最好的方法是多反复。

（3）利用词根、词缀、联想、谐音等记忆方法。

（4）注意熟词生义。

2.大四3—4月（每周学习5天，每天4小时）。

数学：继续看指定教材第二遍。

（1）教材是基础，也是很多题目的出发点。看两遍不为过。

（2）保证对课本没有盲点。

英语：经过4遍的记忆，把做标记的单词抄到本子上。

（1）减少词汇量，多反复重难点。

（2）以后很少有时间拿出厚厚的单词书背单词了。

3.大四5—6月（每周学习5天，每天4小时）。

数学：买一本《考研数学复习全书》，进行第一遍地毯式复习。

（1）这是一项艰苦的工作，也是你数学140分的基石，最后80%的题目是跑不离《考研数学复习全书》的。

（2）对于计算量特别大的题目，只需要掌握方法即可。

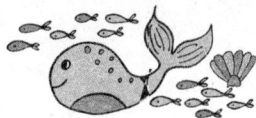

（3）坚持别放弃。

英语：先买一本10年真题，留出最近两年的，以后模拟用。做其余8年的真题。

（1）这一阶段不需要买专项阅读书籍，真题是含金量最高的。

（2）做的时候20分钟搞定题目，做完之后全文翻译（翻译需要写下来）。

（3）每天做1篇就可以了。

（4）把优美的句子和词抄下来，反复记忆。

4.大四暑假7—8月（每周学习6天，每天8小时）。

数学：第二遍《考研数学复习全书》。

（1）有些题目已经很熟练了。

（2）不会的题目，方法要记下并且做好标记。

（3）学着自己总结题型、方法。

英语：

7月：继续完成8年真题的阅读全文翻译工作（包含翻译的那篇）。

8月：阅读理解技巧训练（18分钟之内完成）。

（1）全文翻译的过程会让你很大程度提高对长难句的理解。

（2）保证翻译语言的流畅性。

（3）阅读理解技巧训练可以买一本专项训练的书，因为你有了翻译的基础，加上一些技巧，如鱼得水。

专业课：7月微观，8月宏观，地毯式复习。

高鸿业的《西方经济学》加金圣才教辅（非跨专业暑假准备即可）。

（1）第一遍的复习要求画出你认为重要的地方，比如一些原理、定义、观点。

（2）课后题目可对照着答案看，并在书中标记好。

暑假的最后，进行一次数学和英语的真题模拟（英语可不写作文）。

（1）不要在乎分数，关键是检验你暑假复习的成果。

（2）如果你数学没有100分，英语阅读没有28分，说明你复习存在问题，需积极调整。

（3）考后可做适当放松。

5.大四9—10月（每周6天，每天7小时）。

数学：每个月做一遍真题。

（1）3天做一套，每天1.5小时，前两天做，第三天核对。

（2）两遍真题过后，应该心中对整个数学的思路开始变得清晰了。

（3）做好标记。

（4）注重练习计算量。

英语：新题型、翻译、完形填空、阅读专项练习。

（1）有了前期的基础，翻译和阅读应该不是大问题，但不能忽视，这是大头。

（2）新题型和完形填空建议买专项训练书籍，掌握技巧，事半功倍。

（3）每周复习一个小项，两个月可以复习两遍。

专业课：把可能考的所有知识点按照章节有条理地抄一遍（参照课后题和教辅）。

（1）例如，你认为无差异曲线会考，你就把与之有关的东西全部总结出来。

（2）这个过程很费力，但却是你复习的奠基石。

（3）不仅仅是抄，有些也要弄清楚原理，实在弄不懂就要后期背下来。

政治：买一本红宝书和客观题集，开始疯狂做吧。

（1）肖秀荣《命题人1 000题》和高教社《考研思想政治理论考试大纲解析配套1 600题》都买也可以，做多了就知道考什么了。

（2）红宝书如果你懒得看，不买也可以，客观题可以用题海战术。

6.大四11月（每周学习6天，每天6小时）。

数学：两遍真题过后，进行扫尾工作。

（1）《考研数学复习全书》的方法过一遍。

（2）真题和《考研数学复习全书》标记的地方做一遍。

（3）有些盲点需要根除。

（4）有余力的同学可以买《数学全真模拟经典400题》或者《数学最后冲刺超越135分》来做。

英语：作文和盲点的复习。

（1）作文如果用的是自己提前写的模板，会很顺手。

（2）每天稍微练1篇阅读保持状态。

（3）前期的单词可以现在再背一背，回忆起来。

专业课：真题的使用。

（1）真题可以不做，但是要把知识点在书上画出来，并抄在那个重点的本子上。

（2）留出1～2套模拟是必需的。

需要提醒的是，第五版《西方经济学》（即上一版）也是要看的。

政治：客观题继续反复题海战术，做完一遍再看一遍。

到大四11月底要进行全真模拟（除了政治大题都要做）。

（1）最后一个月之前的模拟，很关键，能帮你找到自己的薄弱点。

（2）一定要注意是全真模拟，按照时间来完成，不可随意。

7.大四12月（每周学习6天，每天5小时）。

数学、英语：稍微做题，查漏补缺，保持状态。

专业课：背。

（1）专业课有些东西是要靠理解的，但有些东西很难理解（如2013年的实际周期理论），此时背下来就是王道。

（2）微观重推导，宏观重理论，考试多宏观。

（3）注意答题的规范、时间分配。

政治：冲刺。

（1）市面的一些模拟卷子买回来做一做。

（2）各种预测的重点背一背。

12月综述：细心的同学会发现前面的时间安排得很紧凑，12月却很轻松。因为12月最重要的是心态，一个良好的心态会左右你最后的发挥。而且12月的背诵压力很大，专业课、政治和修改后的英语作文模板，无不需要大量时间。用轻松的心态去诵读这些枯燥的知识点是再好不过了，看着图书馆周围同学焦虑的眼神，看着他们和时间赛跑，你还会紧张吗？12月就是这样一种王者归来的感觉，自信，没有什么不可以。

8.考前。

有个好身体，有自信，心态摆正，想不上线都难。

第三节　各科时间分配建议

考研是一场没有硝烟的战争，任何一个细节都有可能左右最后的结果，这就要求我们把每一分力气都花在最正确的地方。关于最后的分数，有一点尤为关键，那就是不能偏科。

谈到偏科，考研不看你数学是140分还是150分，看的是你英语是40分还是50分，同样是10分摆在不同的位置会有不同的效用。当然我们也很清楚，前者提高10分付出的努力要比后者多很多。归结起来就是，你的强势学科提分要比弱势学科提分难。

很多同学知道这个道理，但却没有去做，或者不知道怎么去处理偏科的问题。每个人的时间精力有限，但我们追求的是最后成绩的最大化。把这个问题模型化，就和经济学中固定成本下使产量最大化的问题类似。强势学科之所以比弱势学科提分难，那就是因为边际效用递减。若想分数最大化，我们自然要求每分钟用于各科的边际效用相同，然而如何应用，这与个人实际情况有关（每个人的等产量线不同）。编者在这里给出建议，也算是一个较为普遍的分数规划（见表6-1）。

表6-1　　　　　　　　　　　　　　　分数规划

总分	435	415	395	375	355
数学	145	140	135	130	125
英语	80	75	70	65	60
专业课	130	125	120	115	110
政治	80	75	70	65	60

表6-1的意思是，如果你是一个不偏科的同学，你最后总分是435分，当那么你各科分数为145分、80分、130分、80分，你付出的努力最小。偏差越多，你走的弯路越大，这就是编者想说的各科时间分配的建议。

表6-1的具体应用就是要求我们适当模拟试卷，合理给出自己各科分数，规划好自己的总分。如果你两次模拟数学140分，而英语只有60分，那你就应该考虑改变策略，多花一些时间在英语上，因为我们追求的是总分最大化，付出努力最小化。

有了这个建议，就给我们提供了一种合理把有限时间分配给四门学科的方法。在最后几个月中，大家就不至于像无头苍蝇一样找不到复习的着力点，使每一份付出得到最大的回报，努力起来也会更有动力。

第七章

考研成长故事

第一节　　　　　　　　　　　　谈谈考研，聊聊人生

已经大二了，感觉时间过得好快啊！

人的一生总有很多转折，或许这个学期就是我的转折……

事情还得从那场招聘会说起。我还记得那天是 10 月 14 日，我随大四学长们匆匆赶到了大连理工大学门口，一走进去，科技创新大厦的一道横幅映入眼帘：把大连理工大学建设成为国际知名高水平研究型大学。走在大工柏油马路上，感觉大工校园真大啊（后来通过网络才知道是 4 500 亩地）。

我们随人流来到了伯川图书馆，眼前就是我们此行的目的地：惠生集团专场招聘会。只见人山人海，那场面的火暴程度至今令我记忆犹新……为什么会有这么多人呢？原来，惠生给出的待遇颇为优厚，本科生每月工资 8 500 元，研究生每月工资 12 500元。这个待遇，足以让处于金融危机中的所有应届生激动不已。

不知道排了多长时间，我们终于见到面试官了，对方的 HR 拿起我一个学长的简历，刚看了一眼，马上扔了回来。

"对不起，我们只要'985'大学的学生。"HR 如是说。

"可我也很优秀啊，我大学每科的成绩都是 90 分以上，还得过国家奖学金。"学长颇不服气，事实确实如此，他大学三年一直是专业成绩第一名。

"这是我们的规定，不跟你废话了，下一个！"HR 直接无视。

"怎么你也不是大连理工的啊？你们后面的人到底有多少不是大连理工的，都回去吧！"HR 斩钉截铁地说。

"就不能给个机会吗？"学长脸色十分难看，那语气近乎恳求。

"都回去吧！这次我们来大连就是冲着大连理工来的，其他学校的不考虑！"

在周围学生的哄笑声中，我们一行人悻悻地走了，整整大四两个班，加两个大二的，共 72 人，连面试的机会都没有！

走在路上，我边走边流泪，说实话，我有心理准备，可我没想到会是这样。我是个自尊心极强的人，我受不了那种被人冷漠、无视、拒绝的滋味……

在西山生活区，一张写满校园招聘会的板报更令我震惊！大众中国、一汽大众、宝钢、华为、中兴……从10月15日到10月31日，每天上下午各一个专场招聘会，都是名企，排满了所有日程。

可我们学校，至今为止，我的印象中很少见到心仪的单位来学校开专场招聘会，那种被人无视的滋味……

5年前，当我考进鞍山一中的时候，没人相信：3年以后，我居然没考上重点大学！

忘不了两年前的夏天，当父母得知我的高考成绩时，那种无法掩饰的失落和惆怅。

忘不了两年前的夏天，同学最后一次聚餐，我低着头，好久都沉默不语。

忘不了两年前的夏天，我的名校之梦从此破灭了。

刚上大一时，自己也有过"东山再起"的愿望，可没过多久，竟也浑浑噩噩起来。

大二时，我先去了一次东财，之后又去了一次大工。给我的感觉是，同学们都很奋进！

我为没有考上名校而遗憾，为虚度年华而悔恨，更为曾经给父母带来伤害而忏悔。时隔四年再进名校，这是我的心愿，也是我努力学习的催化剂。

学校离东财不远，我把之远楼当成了我学习的主战场，我一有空就去自习，刚开始的时候控制不住自己，自习的时候老玩手机，效率低下，后来干脆不带手机了。东财学习风气非常好，自习室非常安静，大家的素质很高，连打电话都会出去，怕打扰别人。虽然我备尝艰辛，但能经常去之远楼自习，我很满足。

擒北航，破上交，斩哈工，诛西工！当我说出我的考研愿望和目标学校时，我的一位专业课老师对我嗤之以鼻："想都别想！"时至今日，我依然记得她那不屑的眼神（她本硕博都毕业于"985"大学）。

我，暗下决心：你不是说我不行吗？我不跟你争论，时间是最好的证明。

怎样对待别人说的话？这个问题，首先需要看跟你说话的人，你要看看他做得怎么样，如果你照着他说的去做，那么数年以后，你就是他现在这个样子。

有些人连自己都弄不明白，跟这样的人学，本身就是浪费生命。我的身边也有个别不思进取的同学，他们奉行60分万岁，平时不学，考试作弊。每个人对大学的理解是不一样的，在我看来，奖学金是对那些努力学习的孩子的最好报偿。通过奖学金，也能让大家知道，在大学里，如果你真的用心学习了，那你最终会得到些什么。在我看来，如果说不谈恋爱是一种缺陷，那么没得过奖学金就是一种讽刺。

怎样看待差距？我始终不认为自己比高中同班考上重点大学的同学差。他们比我强的，只是自己对于未来人生的态度！

从大工回来后，我的思想受到极大震撼，我开始玩命学习，每天早上7点起床（以前没课都是10点以后），晚上一直学习到之远楼21：45清楼。期中考试，我考了全年级第二名，我第一次站在了全年级的舞台上。期末考试，大学物理和理论力学都是100

分，线性代数90分。我相信：经过努力，我有实力挑战全国任何一所名牌大学。

还记得我刚开始准备考研那会儿，导员还好心劝我不要把战线拉得太长，说什么到大三下学期再准备都来得及。呵呵，他的方法并不适合我。在这里，我只想说：把考研留到大三再去准备，是不是太指望运气了？

关于高考的失败，固然有我临场发挥失常的原因，但根本原因却是高一高二的基础不牢，导致高三冲不上去。我一直认为自己很聪明，等到高三再学完全来得及。可结果告诉我：莫等闲！

我深信：想考上名校，要把大二大三当成大四，真正决定胜负的不是大四，而是大二大三。大一我已经浪费了一年，大二不能再这样下去了。

纵使身边都是不准备战斗的队友，纵使要面对"神"一样的对手，我依然坚信：环境只能影响我，却不能改变我，能改变我的只有我自己！

关注昨天，永远只会沉浸在过去的痛苦之中。

关注今天，活在当下，不看过去，做好现在，展望未来。

有一句话，是一位长者告诉我的，共勉吧："男人，三年就可以改变自己，只要你足够努力。"

考上清华北大的也是人，他们不是神。你们不要问我能不能考上，你们只需要看我能不能做到。大二这一年，我的思想得到极大的升华。从东财学子身上，我学到了很多，东财学子那种自强不息的精神对我的影响非常大……

说到不是做到，做到才是王道！

（孙希哲）

第二节　当青春撞上考研

昨天路过书摊的时候，无意间听到一个声音："请问有考研英语红宝书吗？"突然间我想回头看看，我不确定是她声音可爱稚嫩吸引了我，抑或是自己欣喜地发现一个似曾相识的身影：她即将踏上我曾走过的路，我曾见过的研途风景正悄然等待着她，恰如香气缭绕且丰盈饱满的花朵，蕴纳着只为她知的冬夏冷暖和笑泪悲喜。

于是，我终于决心将这些文字淋漓尽致地倾吐于白纸，就在此时，就在此刻。

绿意在前，飞絮一片。也是这样一个四月。

那天我捧着这本书，猎奇般贪婪。我说我想考研了，我说我要和书里的学长学姐一样，我要认认真真努力一把。我迫不及待地想在"腐朽"（戏称）的大学生活末尾，画上一个由稚嫩走向成熟的句号。在夏天，尚未真正到来之前。

我懵懂地踏上了这条路。

人鼎人沸的街道，我遇到一位握着塑料宝剑的小少年。我说，你劈什么呢？宫阙大火，天王菩萨，你要劈谁呢？小少年说，我去屠龙啊。屠龙的小少年，咱们抱会儿吧，

世界这么大，明镜空台，骄奢淫逸，你就是我，你不觉得孤独吗？小少年举起塑料小宝剑，说："我不服气呀。"听完，我就哭了。

突然感觉四面八方的人群鞭挞着时间快马潮水般向我涌来，备战考研的起跑白线上人头攒动，摩拳擦掌的各路绿林好汉，胸怀斑斓的青春和梦。我淹没在汹涌的人群里，看着屠龙的小少年远去，任凭燃烧的热血肆意燎原，他勇敢地穿越黑森林，去拯救城堡里的公主。

有些事如果你永远不敢尝试，它只能根深蒂固地扎在你的幻想里，然后变成愈发费解的难题，最后沦为一辈子的怅然和你擦肩而过。

公主一直在城堡等着你，恶龙吞吐着烈焰。你可找到了那把屠龙的青锋宝剑？你抓着大学的尾巴抱怨着麻木了四年的大学生活，你说你想去一个崭新的环境里看一看，却下不了很大的决心走出现在的循环。父母还是那样不厌其烦絮叨着你的冷暖，你习惯了银行卡里的生活费总是按时打过来，你习惯了一个人重复三点一线，偶尔眼馋过往的帅哥，心猿意马路边白花花的大腿。又或是温存在男女朋友的怀抱里，蜜语着两个人的以后，抱着一辈子的看法，谈一些绝对、永远和一生的故事。

你发现夏天马上就要来了，你说你又看到一届即将毕业的学子。你说这个春天它怎么过得这么快，白天转眼就是黑夜。你混进毕业生的队伍里，身着一套借来的学士服欢喜着拍完照，却又呆愣地盯着照片迷茫自己的未来，于是你赶紧脱掉这沉甸甸的帽子。你突然觉得所有可以依靠的肩膀很快很快都要不在了，你觉得自己有必要开始为以后做一些打算。你终于渐渐懂了。

于是在一个很普通的午间，旁边的舍友安静地睡着，你悄悄爬了起来，走进一家书店，你稚嫩可爱地说："请问有考研英语红宝书吗？"虽然那时，你还不知红宝书是什么。

五年抑或十年，塑料宝剑终会成就百炼成钢的锋芒，燃烧的少年握着削铁如泥的青锋就像突然有了铠甲，可公主永远是他的软肋。这是我听闻的最美的故事。

屠龙少年的高谈阔论和勇往直前，你自己来体验好了。

我祝福他，也祝福你们每一个人。

（张文军，行政管理）

第三节　　给三跨考生来点正能量

先简单介绍一下我的情况，我考的是国际贸易学，三跨，本科专业跟国贸一点都沾不上边。下面跟大家分享一下我的考研故事，从刚开始要跨专业考研的犹豫，准备考研期间的高兴、痛苦、压抑，到考完之后的绝望（我以为我考不上了），可谓五味俱全。从考完一直到出成绩，我每天晚上都做梦，不外乎考上了或者是没考上，那段时间真是煎熬啊，就在我快要被折磨"死"的时候，东财终于出成绩了，听到成绩时的那个激动啊，然后又准备复试，现在考研终于华丽丽地落下帷幕了，回想起我所经历的这些，真

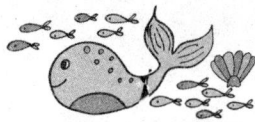

的是一把辛酸泪啊。

　　我本科的专业是调剂的，很不喜欢，大三上学期的时候开始考虑要不要跨专业考研，当时那个纠结啊，相信很多跨专业的"童鞋"都体会过这种感觉，要不要跨？跨什么？最主要的是能不能跨过去。我是那种比较笨的，如果跨专业考，我就只能选择不去上本专业的课，所以如果跨考不成功我的本专业课也荒废了，机会成本很高（咱们学经济的，就得考虑机会成本）。纠结了差不多一个星期之后，我决定跨经济，当时想考金融，后来报名系统要截止的那天下午改成国贸的。当时压力太大了，一想到我想考的金融就紧张得没法看书。我当时对经济类的学校一点都不了解，所以去找经管院的一个老师，那老师说了很多学校，我只听清了东财，就问老师我考东财的金融怎么样，老师说"你不要考了，肯定考不上的，咱们学校经管专业的都很少考上的"，这是原话，我记得很清楚，我本来就很没有信心，听了这话我那点原有的信心也噼里啪啦地"碎"了一地，连渣儿都没有……当时真的很受打击啊！今年我们学校经管专业考东财的确实"覆没"了很多，这是不是也证明了咱们跨专业的不比他们科班的差多少？所以说，大家一定要有信心！

　　于是乎我就不敢妄想东财了，选了山财（山东财经大学），当时很不甘心啊，家里人也跟着劝，我想着济南离我家比较近（我是比较恋家的），最主要的是这个学校有专业课的辅导资料、辅导班……然后我就开始看宏观经济学课本（也不知道当时怎么想的，竟然先看宏观部分），刚接触一个新的知识领域，完全看不懂，当时想着反正到时候会有辅导资料的，所以上自习都不积极，到上学期结束宏观部分都没看完，微观部分更是一点没看。寒假在家也是尽情玩，开学之后，考研的都开始准备了，我也在六教（教室名）占了个位子，六教是我们学校的考研风水宝地，但是我极其不喜欢六教，进去就觉得压抑，而且那教室一到晚上就特别冷，所以我晚上总是走得很早，大三下学期上自习都是优哉游哉的，中午回去睡个午觉有时都能睡到下午5点。所以说，大家定学校的时候一定要选个自己喜欢的，这样才有动力。

　　暑假来了，转折点也来了。快放暑假的时候，六教封楼了，我就转战到四教，我发现我很喜欢四教，看书的时候能找到那种心静的感觉。暑假里发生了一件大事，是我考研的一个转折点，有天中午我回宿舍上网，发现山财的专业课参考书改成平狄克的微观和曼昆的宏观了，我就赶紧去书店买了这两本书，竟然这么厚。抱着这两本书回到自习教室，翻着这两本书我一直在想，这么厚，我什么时候才能看完一遍？坐在那里我心里很没底，焦躁不安，那个时候我差不多把山财自己编的宏微观经济学看完第二遍了，突然就换教材了，弄得我措手不及，然后我回想从决定考研以来所经历的种种，那么不容易，就觉得很委屈，甚至想放弃考研。当时唯一的念头就是回家，我就像个鸵鸟似的，第二天一大早就踏上火车逃回了家，晚上到家我妈看到我很是吃惊，第一句话就是你怎么回来了。在家里我理了理思绪，想了很多，我很鄙视自己怎么可以有放弃考研的想法，考研是个很漫长的过程，如果决定了要考研，就一定不要有放弃的念头，坚持就能胜利！我还是想考东财，我爸妈都坚决反对，当时我也很犹豫，怕考不上东财，"二战"要承受的压力更大，而且我堂姐的一个同事就是我们学校经管院的，她也说东财很难考，她一个同学考了两年才考上，当时没有人支持我选东财，就连我那个最好的朋友也只说尊重我的选择。暑假在家待了六天，各种纠结，不甘心，想着研究生可能是我最后的学习生涯了，从小一直这么认真地学习，高考发挥失常考了个二本，难道研究生也只上个普通高校来结束我的学生时代吗？我决定考东财，一年不行再来一年，不成功便成仁。现在想来觉得很可笑，但在当时觉得自己做了个很悲壮的决定。那段时间我很煎熬，周围所有的人都不看好我，我们宿舍的都觉得我就是去当炮灰。

回来之后想到我要考东财了，压力"山大"，但是有压力就有动力，我的考研之路从这时起才算是真正的开始，我这段时间的学习比当时高考都用功。每天早晨六点半起床，跟那些牛人比不算早，但我是那种很能睡的，起得早了就昏昏沉沉的，没有精神。就像学习方法，作息也一样，适合自己的才是最好的。然后尽快洗漱、吃饭，7点去读英语历年真题里的文章，记里面不认识的单词，我那时就完全抛弃俞敏洪的"绿板砖"单词书了，8点去教室看《考研数学复习全书》，规定一上午要看多少，看完才能去吃饭，中午也不回宿舍，就在教室趴会，因为我们宿舍中午还要看个"快乐大本营"之类的，笑得哈哈的，完全不能休息（我们宿舍的六个都考研，结果她们成绩都很"烂"）。所以说，事实证明，要想成功必须努力、努力、再努力，努力了就没有什么不可能，即便不成功，尽了最大的努力也不会后悔！我醒来就看专业课，一下午看一章，晚上做英语真题，我的英语底子还不错，所以如果白天的数学或者专业课没有完成任务就挤占英语的时间看完，下午的专业课总是看得很累，一到晚上就累得不想动，都懒得翻书，于是备了好多巧克力，当时我桌洞里塞了好多吃的。复习的时候消耗的能量很多，一定要吃好点，多吃点，女生一定不要在这个时候减肥，考完研我瘦了5千克，所以女生们想减肥的就考研吧！

看了下我考研期间写的日记，在9月7日的时候写下了"今天我终于爆发了，心情舒畅了好多，呼呼"，那段时间我爸妈经常打电话劝我不要考东财，那天我本来就看书看得很烦，我妈又打电话劝我，我就爆发了，边哭边吼，吓得我爸妈以后再也不敢提这茬了。

10月10日，"很烦，很迷茫，不能高效率地学习，感觉时间太紧，越想抓紧时间看书越烦躁，我开始觉得我今年没希望了，我甚至不想坚持了"。

10月11日，"要自信，要相信自己，虽然看得慢，但是看得扎实。相信自己，一定能行！相信自己，一定能行！相信自己，一定能行！！！"当时把"相信自己，一定能行"这句话写了三遍，然后默念了三遍，顿时觉得很有力量，又自信满满地去上自习了。

10月21日，"最近实在太多破事，心情很糟"，当时接二连三地发生了很多事情，总之很不顺，我很气愤！

10月25日，"非宁静无以致远，不要乱想，专心考研——写在倒计时72天"，当时

因一些事心情很糟糕，一直到 25 日才算是调整过来了，这一段时间都没有好好上自习。考研期间肯定不会一帆风顺，如果遇到什么烦心事一定要尽快调整好心态！

11 月 5 日，"还有 60 天，时间过得太快了，昨晚下了雨夹雪，不知不觉中就 11 月了，坚持!!!"

12 月 9 日，"还有 27 天，这个心情啊！啊啊啊……"当时已经开始紧张了，看我写了这么多"啊"，就知道我心情纠结得是多么难以言喻。

12 月 18 日，"这几天每天都很困，昏昏欲睡，我已经被和函数和无穷级数折磨死了"。

后来就没再写了，但是最后一周的心情我到现在依然很清晰，就是紧张，感觉什么都不会了，要看的还有好多，时间好紧，坐在教室里心扑通扑通地跳，完全不能静下心来看书，我只能边吃边看，而且最后的时候出了很多政治资料，什么"20 天 20 题""最后 28 题""最后四套题"，我当时还要背专业课、英语作文，时间很紧，"最后 28 题"买来了也没看，"20 天 20 题"背得晕乎乎的，也舍弃了，只背了肖秀荣的"最后四套题"，大部分时间都在背专业课。

把这些日记晒出来是想让大家看看，你现在所经历的郁闷、压抑、烦躁、紧张、担忧等各种心情，其他人也都经历过。你现在觉得迈不过去的坎以后回想起来都不算什么，不管你经历了什么，受到什么挫折，都不要放弃，相信自己，坚持每天一点点地学习，一点点地进步，一定会成功！还有，跨专业的同学一定要充满信心，咱们不比他们差多少，刚开始看专业课的时候可能会很慢、很痛苦，多看几遍就好了，理解了到最后再背一背就没问题。东财的专业课可能会考得偏，但绝对很基础，看书的时候一定要全面，真的哪儿都有可能考啊！

（杨菲，国际贸易学）

第四节　考研，你决定了吗?

考研，作为大四学子人生抉择的一种，对不同的人有着不一样的定义。有人说，这是在逃避；有人则认为这是一个更高的平台。大四，有人会选择找工作积累社会经验；有人会出国求学开拓视野。每个人的人生本来就不一样，没必要苛求别人的认可，自己决定了就好，自己的人生自己满意就好。

面对考研，很多人会犹豫，会害怕，会恐惧。一年的努力会有结果吗？即使考上了，继续在校学习真的有意义吗？万一落榜了，又该如何？有那么多的疑问，让我们在考研这条路上，走得那么疲惫。

作为一名研一的学生，刚刚经历了考研这段刻骨铭心的征途，这是一生最难忘的记忆。作为一个"三跨"考生，可以说面临着更大的压力。本科成绩也不错，当考虑是否放弃保研的那一刻，内心更是苦苦地挣扎。考研，到底要不要坚持？跨专业，能有结果吗？坐在教室里的自己再也无心看书，各种问号在大脑里肆意地敲打。大概过了三天，我让自己没有了退路。放弃保研，不看招聘，一心只为考研。与其徘徊浪费时间，不如大胆地为自己的梦想搏一回。自私一点吧，姑且不去想考研结果，忘了所谓的代价，只要自己喜欢，什么都值得。因为我们还年轻，我们还有选择的余地，不要把后悔留给未来的自己。所以，如果真的决定了考研，那就告别那些打扰你平静的诱惑吧。别人不考了与你无关，你们的追求本来就不一样；别人出国了与你无关，你们的选择本来就没有交集；别人签工作协议了与你无关，别人的梦想从来就不是你的。自己的路只能自己走，现在你妥协了，将来写满后悔的也只有自己。我决心忘了周围，只有我的坚持，我的梦。走在通往教室的路上，脸上写满笑容。

　　网上报名的那一刻，你或许又犯嘀咕了。会不会报高了？到底能不能考上呢？换个学校吧？这一路，我们总有那么多的顾虑。喜欢哪所学校就坚持吧。因为即使你换学校考上了，心里总会有遗憾。当时的我多想找一个参考书目不那么多、成功几率又较高的学校，但你那日日夜夜的辛苦到底又为了什么呢？所以坚持你所喜欢，考研的路上也会是满心欢喜。

　　考研这一年，请你的内心足够强大。当你看到招生简章时，可能参考书目会有小小的变动，可能招生名额会有些许意外，请你一定要镇定。因为此刻的你其实很脆弱，似乎已经不能承受任何再多的变动了。你内心的委屈，不知道该向谁诉说；你的坚持，不知道到底值不值得。尤其是你身边的朋友时时刻刻在影响着你，当你看到那一份一份令人满意的工作，那一个一个offer让人羡慕，你还要孤单地走向教室。此刻的你，是如此不堪一击。你不敢像往常一样周末出去逛街看电影，早晨也不再贪睡，有那么一根弦被默默上了发条，让自己紧张地忙碌着。你会觉得自己与周围的朋友越走越远，共同话题越来越少，自己内心的那种失落又岂是旁人能理解的？学会自我调整、自我激励就显得尤为重要了。当然，适当的放松也是必要的。自己要学会合理安排时间，适时休息。毕竟人不是机器，会累，会有情绪。考研是一种磨练，是对内心的一种考验。当你回首时会发现，这只是一段失去的岁月，一段破茧成蝶的青春，一个哭过笑过的插曲，是成长中不可或缺的历练。有人说，不经历考研的大学是不完整的。这种被称为"猪狗不如"的日子，懂得的人会乐在其中。

　　如果此刻的你还有那么一点点的犹豫，不妨和我做下比较吧。跨专业，对要考的专业一无所知。不认识师兄师姐，不知道学习重点，更不用提联系导师了。但是最后，我的坚持告诉我，只要你够努力，你的梦想就一定会实现（本人最后以初试成绩第一考取）。我承认这一路很幸运，有周围朋友在鼓励我，有宿舍室友在照顾我、体谅我，有父母在默默支持我。当时宿舍里只有我一个人在考研，很多人大概会选择出去租房住，但我是何其幸运，舍友们会专门为了我调整作息时间。其实，现在的你仔细观察，很多人也在帮助你。心存感恩，你会发现周围的一切是另一番的美好。当别人看到你的努力时，都会祝福你的。请相信付出就会有回报。如果没

有，是因为自己做得还不够好。少一点抱怨，多一些努力。如果你是跨专业，请你努力不要放弃。如果你是本专业，请你努力不要大意，因为有很多人随时准备超越你。跨专业本身没有问题，只是我们早已心存恐惧。当时的自己坚信，别人看一遍，我就看两遍，看不懂就三遍或更多遍，当时专业课参考书看了有七八遍吧。看几遍无所谓，重点是看懂。看完前三遍我的水平基本也就是别人大一那样，咱跨专业就要有那毅力。你用半年的时间去消化别人四年的知识，毕竟也没那么容易。当然，别自己乱了阵脚，本专业的可没你那么拼。对于跨专业的同学，一个比较保守的建议就是，考一所好学校，或者选一个好专业。两者结合的话确实有点困难，自己是没有勇气尝试。当然只要你有实力，大可放心去考。成功的例子还是很多的。考研一年走来，最由衷的建议还是落在心态上，心态决定胜负一点都不为过。信念会支持你一路走下去。

考研是孤独的，不管自己有多少朋友，在一个那么嘈杂的环境，自己终究是孤独的。内心总感觉装着什么，或许是满满的雄心壮志，或许是无尽的愁苦忧思。这种一个人奋斗的孤独，没有人能真正触摸自己的心灵，此刻，仿佛连父母也不能全部理解自己。一个人，要学会忍受寂寞。完全懂你的人太少，要懂得自我治愈。

考研，如果你决定了，就请你让心静下来。选择好学校，选择好专业，然后忘记别人的存在，这一路自私地只为自己而活。

（马冉，大连海事大学硕士）

第五节　　独家记忆，点点滴滴

本来以为我不会写下关于考研的任何事情，那个是我永远都不想再记起的回忆，可还是忍不住，这大半年经历了太多太多。

提笔却不知道该写些什么，我想那一年是花多少金钱都买不走的。宿舍5个考研的，留下的不只是艰辛和泪水，还有欢笑和感动。开始准备考研的那段时间，我们每个人都是信心满满，早晨6点起床，晚上10点回到宿舍，每一天都是如此坚持，远离手机，远离电脑，像个不知道疲倦的机器，把自己淹没在大量的题海里。可是浮躁的我们总喜欢立竿见影的效果，每学到一个知识点都希望它能有好的运用，可是每一次做题都是一次打击。觉得掌握得很好的知识点在遇到具体题目的时候还是不会用，但是一看答案就觉得其实没有想象中的那么难。或者是因为眼高手低，或者是因为做题太少，但是能找到自己的缺点总是好的，接下来就是对症下药，在掌握知识点的基础上重点做题，多做题，增强记忆，还有做好总结，自己一开始没想起来的知识点重点标记，每天反复地看，直到熟记于心。

暑假是黄金时期。那个暑假为了督促自己学习，我报了数学假期强化班，课余时间在学校自习室里学习。那个假期我永远都忘不了，即使面临高考我们也没有那样过。每天上补习班的地方离学校很远，所以需要早早地起床，吃点早饭就要坐车去上课。学习的地方是个很大的电影院，没有桌子，只能在腿上写字，一天下来背很疼很疼。上了一天的课，回到学校吃点东西就得去上自习，假期学校只给考研的开了两个教室，还有那么多蚊子，每天抹半瓶花露水也没用，还是满腿是包，形象全无。可是顾不了那么多了，既然选择了这条路便只有风雨兼程。这段时间，累过、哭过，也想放弃过。可是每一次累的时候听听喜欢的歌，想想和自己一起并肩作战的同学，再想想自己的梦想，所以我选择坚持。那时候我们都经历过了没人管的日子，生病了，把面包、药片、热水围着自己摆一圈，很是凄凉，可是却没有放弃。

报考学校的时候我选择了一直想去的东财，可是我知道我复习得还没有那么好，上东财的希望很渺茫。那段时间很多时候都乱想，疑惑、不安、压力也达到了顶峰，每天都喝很多咖啡。虽然暑假之前大部分时间都给了数学，可是暑假进行完第二轮复习过后，再去做真题效果还是不好，但是这时候专业课也该开始了，每一天都觉得时间不够用。所以导致政治真题没怎么做，只是大致地看了看书上的知识点，临考试的时候买本预测题把选择题的答案填进去直接开始背，幸好考试的时候很多题相关知识点都背到过。离考研的日子还有两个星期的时候英语作文还没开始看，当时很慌忙地报了一个押题班，六个小时的课却没有给题目，只给了每一段大致应该怎么写，于是又开始准备作文。因为时间实在是不够用，所以只准备了一个模板就上了考场。我想说的是，学弟学妹们在准备的过程中一定要合理分配时间，自己的弱项重点复习，不要到最后的时候手忙脚乱。

跨出考场，感觉没戏了。虽然很失落，但是我告诉自己我努力了，即使考不上，在这大半年里我也学会了一个很重要的东西，那就是坚持。

考研结束的那天晚上，我拉着行李箱回学校的时候却没有想象中的轻松和兴奋。除了考研的同学都已经放假了，只剩下我们。回到宿舍来不及收拾东西就和舍友出去吃饭，走到哪里都是熟悉的面庞，不管考得怎么样，总之，我们解放了。很庆幸，考研之前我们没有倒下。

这一路，我有幸目睹一个个天道酬勤的感人故事，这一路，不是一篇文章能表达的。这一路，谢谢从未见过面却给了我莫大帮助的朋友们。最后，我想说的是，对梦想有多执著，成功就有多大的可能性，考研必须由自己来坚持，没有捷径，只有脚踏实地。

（焦春丽，国际贸易学）

第八章

我与东财共青春

第一节　　　　　　　　　　**逆风的方向，更适合飞翔**

　　直到我收到了来自大连的快件，并且打开它的时候，我才真正地感觉到，我考上了东财。拿着录取通知书，看着上面金色的字体：东北财经大学硕士录取通知书，不禁想起这一年考研时光的点点滴滴。

　　我来自河北省的一个还算不错的三本院校，但毕竟是三本，毕业之后几乎和专科一样的待遇。早在高考之后我就明白，我一定要考研，让自己变得有价值一些，这是我对自己的承诺。上了大学，学校给调剂的专业是统计学，当时我还不知道这个专业到底是干什么的。带着满心的疑惑，我在保定开始了自己的大学生活。环境还是能改变许多，大一、大二过得浑浑噩噩，考试都是学期末前几个星期开始突击，所以成绩也很一般，处于中等水平。就这样到了大二第二学期，这时校园里贴满了考研辅导班招生的海报，我才在心里想起了两年前我对自己的承诺，可如今我又剩下了什么。最后我还是听从心底的声音走进了辅导班的大门，我进去咨询了一下，就像现在的学弟学妹决定要考研的时候一样，担心自己的母校，担心自己的本科成绩，担心自己的四六级水平。辅导班的老师和我说最近有一个叫杨超的老师要来做讲座，让我听一下。

　　那天我早早来到讲座的地方，找了一个好的位置坐下，既能看清楚老师，也不至于会被提问。老师很帅，也很幽默，讲课风趣，是我喜欢的风格。一整场下来，给我印象最深的话就是："你说你不敢考研，是因为自己过去的几年大学生活过得比较'猥琐'。无所谓的，天下乌鸦一般黑。你现在最大的优势就是你还有时间，允许你追求一个好的学校。"听完了杨超老师的话，我就决定要坚定自己的信念，我一定要考研！

　　大二暑假回家，我就在家思考自己要考什么学校，自己学的专业到底怎么样，哪个学校比较强。听了老师的建议，我在网上搜了中国研究生教育排行榜，发现东北财经大学的统计学很强。我又向朋友、同学还有学长打听，东北财经大学到底是一个什么样的学校，它的统计学好不好考。大部分人都觉得把握不大，建议我选一个别的学校，只有一个姐姐说既然你想考，那就尽全力试试吧，不试怎么知道自己不行？当时我特别纠结，就想反正也不到时候，先不急，就按东财的难度做好准备，好好复习，到时候不行再说。

就这样到了大三上学期，我来到学校，像大家一样买了数学教材，报了保定最大的辅导机构，据说服务、师资都挺好的。每天上网看着各种"大神"写的考研经验，很是享受看他们的经历，想着等我考完了一定也要以学长的姿态写得出神入化，就像身先士卒的领路人一样。

我们宿舍是六人间，但是有一个常年不在，基本在别的宿舍玩。我们宿舍五个人以前一起玩得还不错，玩风靡全球的游戏——英雄联盟。我说我要考研了，大家眼中的情绪变得复杂。我说我要卸载游戏时，大家的眼神又清澈了许多，可我不是说笑，我拿出笔记本把游戏卸得干干净净，连解压包都不剩下。而他们在之后还是一有时间就玩LOL。

学校的 A4、A5 教学楼当时是可以占座位的，但是大四的学长学姐们都在努力学习，座位已经被他们占得差不多了，即使找到一个没有"屁股"的座位，桌子上也摆着考研复习书，上边挥洒着潇洒的"考研占座"的字样。那时我不知道自己该去哪里学习。当时和我一起的是别的宿舍的一个哥们儿，他也决定考研，而且异常坚定地要考东北财经大学，所以我们成了战友。我们每天5点半起床，提着高端大气的"考研杯"，在食堂简单地吃完早餐，背着一天需要学习的书本，走出生活区，迈进教学区的大门。朋友说，既然座位上没有人，那肯定是放弃的或者是有事儿不在自习室，我们可以先坐着，等人家来了我们再让位。就这样我们每天都去"打游击"。等到我中午吃完午饭回到宿舍，舍友们感觉有人在开门，眼睛盯着屏幕，随口说一声"回来了"。我每天都很累，简单收拾一下就上床了。我们的宿舍上边是床铺，下边是一排电脑桌，每个人都有。因为作息时间不一样，我每天早上蹑手蹑脚地起来，像小偷一样，生怕惊动了他们，而且没有灯，因为他们觉得学校5点半开灯会影响休息，就在晚上熄灯后关掉灯。他们起得很晚，大概我回去的时候正好是精神振奋、思路清晰的时候，所以满屋子的键盘鼠标声，还有兴奋的交流，我没有办法睡着，但是我又不能叫他们安静些，因为毕竟是人身自由。我觉得我们已经不再属于一个世界，所以几天后，我和朋友商量着出去住，外边不熄灯，而且不会有打扰。

就这样，我们出去找了一间屋子，还不错，虽然简陋，但是符合条件。然后我们每天一如既往地坚持。一个月之后，我们感觉身体有点吃不消，而且现在还不是我们该全力以赴的时候，所以就决定晚起一点，每天6点起床，晚上12点准时睡觉。

当时我们是刚开始着手复习，听了很多讲座，也咨询了很多学长学姐，制订了学习计划。除了每天上一些比较重要的课，其他的课基本上就是能不去就不去，我们就在自习室待着。

在这一阶段的复习，我个人的复习方法也比较简单。

　　我的英语很差，英语四级考了两次，虽然都过了，但是最高的也只有488分，六级不用说了，最好的成绩是375分。我买了一本全是历年考研真题中出现的单词的单词书，是金凌虹编著的，叫《考研英语真题词汇点词成金》，我觉得这本书很不错，因为全是考研英语中出现的单词，不会冤枉地背很多别的单词。我每天坚持背一篇英语阅读中的单词，100~200个的样子，早上背，中午复习一下（因为已经是在外边住了，所以中午不回去，在教室休息30分钟），到了晚上6点半到7点的样子，我再复习一遍。另外的资料就是新东方的《考研英语语法新思维》和《考研英语拆分与组合翻译法》，还有张剑编写的《历年考研英语真题解析及复习思路（基础版）》。每天我把英语安排在下午学习，因为这样比较符合考研的标准，考研英语是第一天下午进行。我先拿出两个星期把语法了解一下，通篇看，可以不求甚解，《考研英语拆分与组合翻译法》里边也有点语法知识，可以搭配使用，在这里实践一下语法，最重要的是在真题中实践。我是先分块做，按照每天一篇英语阅读的节奏。做英语阅读时，先看一下对应的单词书上这篇阅读的生词，仅仅是明白它的意思。然后开始阅读，每一篇时间控制在15~20分钟，读完之后，开始做题，做完题之后不要先对答案，而是找一个本子做翻译，逐字逐句地翻译，可能你一开始翻译的时候特别慢，而且非常"愤怒"，甚至翻译出来的都不是"人话"，想把本子撕掉，但是请坚持，效果在以后会出现的。遇到长难句，这时就会检验你先前的学习成果，如果实在想不出来，就先空着，接着翻译。等到翻译完了，接下来的工作是对解析，拿出"黄皮书"给的解析，和自己的对比并改正。然后就是返回去再做题，可能这时会改一些选项，再接着是对选择题答案，自己思考并且看看题目解析。最后，"黄皮书"有行文结构什么的，需要研读一下，把长难句搞明白，这个很重要。这样一篇文章就读得差不多了，把不认识的单词在单词书上标注出来，以便加强记忆。第二天下午的时候，在做题之前再看看原文和翻译，还有长难句就"OK"了。在这期间辅导班也有一些课程，跟着上，"吸收"一下讲义。以上是我在初期的时候英语的复习方法，大家取其精华，去其糟粕。

　　接下来说说数学，在这一阶段，我是勤勤恳恳地看课本。高数上册是基础，我每天上午背完单词之后就在自习室研读，有看不懂的定义就在本子上抄下来，到现在我还记得当初怎么也搞不懂极限的定义，那个到底是个什么玩意，自己前前后后抄了四五遍才弄明白。然后跟着辅导班老师的讲解学习，听讲解之前，我先预习一下。辅导班的老师叫张增博，我的挚友兼老师，每次讲完课会给我一些建议和方法。关于前期做题，就是辅导班的讲义，我在课上基本不做笔记，等到下课后自己把上边的例题做好，再拿同学的讲义对一下。另外，课本上的习题有一些是值得做的，至于哪些题，在杨超老师的微博上有公布，参照上边的做一下。遇到不会的题目，就去辅导班的办公室问答疑老师，老师很负责，讲得很详细，对我的不依不饶也很耐心，在这里表示感谢。数学前期的复习就是这样。

　　在这一阶段，每天的复习时间安排大致是这样：单词一个小时，数学上午加晚上，英语下午，有课上课（但不是全部上，重要的上一下）。

转眼到了上"战场"的日子，学长学姐们都浩浩荡荡地奔赴考场了，自习室一下子就空了起来，我们这些下一届考研的抱着书本冲进教室，就像去超市买东西不要钱一样。我冲进去扫视了一下教室，这个教室是90人的标准教室，我挑了靠窗户一边的中间位置，有阳光，还可以看见外边的风景，很理想。这段时间还是按照原来的学习计划，没有什么改变。

我寒假回家休息了几天，开开心心地过了一个年。然后就是大三下学期了，开学后，还是一如既往地学习，老师说基础阶段必须要学好。所以，我到校后，英语继续做张剑编写的真题。到3月中旬，数学课本和基础阶段的讲义都看完了，高数上册前前后后看了大概三遍的样子，其他的"过"了一遍，讲义完完整整地做了一遍，又看了一遍。我从网上买了堪称经典的《考研数学复习全书》和《线性代数辅导讲义》，开始着手准备搞定这两本书（因为《考研数学复习全书》里的线性代数没有单独成册的《线性代数辅导讲义》好，所以用那本册子代替了《考研数学复习全书》的线性代数部分）。因为前一阶段基础打得还算说得过去，所以《考研数学复习全书》看起来并不费劲，一天能看10多页。另外，我准备了一个本子做里边的习题，一道一道很认真地做，遇到实在不会的就把答案先抄下来。《考研数学复习全书》的内容要好好看，因为经典，所以值得信赖。我制订了一个计划，大概能达到平均每天10页的进度，如果今天做不完，那明天一定要补上。这样一直坚持到5月份，老师们觉得要选定学校了，我觉得东北财经大学统计学院的金融风险统计专业非常吸引我，当时查了历年的招生人数，每年都是1~2人，他们认为风险太大，没有人建议报考。说实话，我当时心里也没底，没有报录比的数据，也没有录取分数的资讯。我朋友要考统计学，他也建议我既然喜欢就选择这个专业吧，至少不会有遗憾，再说当时复习得也不错。那段时间，我晚上躺在床上就想，到底应不应该选择呢？就招那么几个，万一竞争不过对手怎么办？很多问题一直萦绕在脑子里，挥之不去。经过几天的思考，我决定，试一试。还是那句话，有些事不试怎么知道自己不行，总是在担忧考不上，彷徨不前，自己其实什么都还没开始做，当然不会有结果。有些事，静下来之后，才能找到方法，才能听到自己内心的声音，才可以找到最初的方向。如果东财是遥远的梦，我只是决定拿出人生中的一年时间去尝试一次。就这样我选择好了自己要考的学校和想报考的专业，剩下的就是努力与坚持。

找到了方向，我又满血复活，坚持着自己的计划。转眼间，快到期末了，那几天风声比较紧，还算踏实地上了几天课，不过也少不了被点名，"名捕"果然名不虚传。这学期的课没怎么好好上，精力也不在这里，所以就向班里的学霸要了些重点，保证不挂科就行。复习了几天期末考试的内容，就迎来了期末考试，顺利考完。这时已经是6月中旬了，英语不紧不慢地做完了2005年以前的真题，《考研数学复习全书》在5月中旬的时候做完了第一遍，结果发现自己前边的部分忘记了不少！所以，那段时间又把讲义

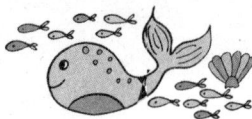

重新翻了翻。

　　很快暑假就到了，回家待了3天就匆匆回校了。暑假考研班会安排强化课，所以回来做准备，和朋友一起去买了一辆自行车，准备暑假用。开始，上课的地方离我们住的地方比较近，早上起来去包胜客买两个包子，外加一杯小米粥，路上很快就"解决"了。到了地方，找到位置坐下，开始一上午的学习。第一阶段上的是政治，我是理科生，听起来费劲，不是很懂，反正就是边听边记笔记，基本上一个耳朵进，一个耳朵出，幸好笔记记得还全乎。每天中午吃饭是个问题，一大堆人下课蜂拥而出，连卖盒饭的都能震惊。那几天我们每天吃街边的盒饭，吃得我一度想吐。上了几天课，我们用的教室不给空调了，貌似是没有协调好。那时候天是相当热的，我们和老师都汗如雨下。最后也没有解决，辅导班决定换地方。这一下就离我们住的地方比较远了，还好辅导班给我们雇了公交车每天接送。这一阶段讲的是英语，包括长难句、阅读、作文，我依然是每天听课、记笔记。但是我觉得我对英语实在是不感冒，阅读听了，但是几乎没有效果。8月份，开始上第三阶段的课程，我最喜欢的老师超哥讲数学。这时候，我们又换了地方，新市区的大剧院，人很多。每天听课，我在A4纸上记录下思路，因为数学我觉得自己下课后再做会比较好。我每天认认真真听课，晚上回到住处回顾一下白天讲的内容，洗漱一下就睡觉。暑假上课非常累，身体很是吃不消，光靠意志也是支撑不住得，所以我下了血本，买了好多红牛，还是加强型的，喝得我自己都感觉快要不行了，害怕自己哪天会猝死。8月中旬，强化课程全部结束，这时买的自行车派上了用场，我相约几个研友，每天早上还是包胜客的包子和小米粥（因为没有别的早餐可以吃），骑行五六公里来到学校本部（因为我们学校放假会封校，不允许留人）。每天早上来到本部，在外边的超市买一瓶可口可乐"怡泉+C"，喝起来特别清爽，之后找一片僻静的地方背背单词。8点半的时候本部的一栋教学楼会开放，我们进去找没有书的地方坐下，开始一天的学习。本部的教室是以前的老教室，风扇转起来吱吱地响，而且风也不大，每天我们热得满身是汗，但不是会流的那种。学习一上午，中午去本部的食堂吃饭，回来休息一会儿接着学习。这一阶段我的学习内容是：英语按照老方法开始做真题的阅读；为数学买了一个特别好的硬皮本，用于整理强化班上课时的笔记，这个本子是找超哥签了名的，签名的时候，他问我要签认识的还是不认识的，我说都可以，只要是你签的就可以，结果还真是我不认识的，行书貌似是"书山有路勤为径，学海无涯苦作舟"。每天晚上10点教学楼准时清楼，我们几个人收拾东西，准备回去。因为我们学校位置比较偏，所以有一段路车比较少。我们骑车回来的时候，为了凉爽，也为了宣泄，会赛一段车。现在想想，其实也是挺开心的。

　　暑假的生活就是刚才讲的那样，很累，很苦，也有些孤独。4月份的时候我们搬了一次家，还是在淅淅沥沥的小雨中，我们就像奔波的蚂蚁，心里有说不出的滋味。来到新的住处，我们和另外两个哥们租了一个两室一厅的楼房，有洗衣机，能洗澡，自己上了宽带，很不错。因为有一个和我们报了同样的辅导班，没多久就很是熟悉了。暑假期间，我们的友谊进一步升华，因为同样心里有梦想，我们的谈话也很投机。有时候晚上回来学习累了，我们会开一局"红警"，或者小酌一下，谈谈我们的梦想，望着彼此，明白各自心中那说不出的忧伤。

暑假结束了，我们搬回了原来的教学楼，开始安安心心地学习，不再奔波。9月份，英语方面，我还是按照自己的方法，做着历年的真题。数学方面，我买了《数学基础过关660题》，老师说它很适合提高。确实，做起来是很吃力，自己根据题量制订了一个做题计划，打算用一个月的时间做完并且吸收。这个时候要开始政治的复习了，政治大纲在9月中旬的时候出来了，我从网上买了一本大纲，其实就是浏览用而已，每天用一个小时看看，不求记住，但求了解（因为强化班讲得比较浓缩）。我买了肖秀荣《命题人1 000题》，每天做一点，计划用一个月的时间做完。另外，剩下点时间看看强化班的讲义。同时，专业课也要开始复习了，我的专业课复习比较简单，就是先把国民经济统计学的书看一遍，那本书全是理论，所以看起来不是很吃力。看完之后，磊哥（辅导班给介绍的学长）每隔三天会给我讲讲哪里是可能要考的，我根据他讲的自己做笔记并整理。磊哥给了专业课真题，其实我并没有去做，而是拿来看看历年考的东西是什么，在笔记上标注。时间的分配是这样的：每天到教室先背单词，到了8点的时候开始做数学题，11点半去吃饭，吃完饭先去超市买点酸奶什么的（因为每天学习强度大，让食物消化快点，不容易困），然后去外边的书摊看看最近有什么值得看的新书，再回到教室收拾一下，大概到了12点半，这时会看看单词，或者看看数学题。到下午1点的时候，我会趴在桌子上睡一会儿，为了睡得舒服一点，我从外边买了一个"大脸猴"。休息半小时后，醒来去卫生间洗洗脸，到窗户旁吹吹风（那风小之又小），然后就回去继续学习。所有的准备好了，就开始英语的学习，按部就班，真题"走起"。到了下午5点，我会拿出政治来看看，半个小时后，到了饭点，我们一起去食堂吃饭。抓紧时间吃饭，回来接着看看政治，做做题，一直到晚上8点。再然后就是进行专业课的学习，整理国民经济统计学笔记。因为专业课的概率部分就比数三的多考了假设检验和区间估计，这个对于统计学专业的学生来讲，还是容易应付的，我没有先看。一直到晚上11点，楼管阿姨开始喊：清楼了，赶紧走……就这样我们收拾东西四个人结伴回去，结束一天的学习。回去洗洗，聊两句，然后睡觉，基本上是晚上12点的样子。到第二天6点接着重复前一天的生活。

有时候晚上学习累了，我会放下笔，去外边的窗边吹吹风，看着晚上灯火通明的教学楼里满满的考研人，教学楼外的昏暗且浪漫的灯光。我在想这些灯是很浪漫，但是我错过了它的时间，再回头看看那些考研人，奋笔疾书，就不敢再想是什么让我们走到了今天，是什么力量让我们如此坚持。现在我明白了，是梦，是心底的那个不甘平庸的声音。

9月25日，考研报名的时间到了，我们回去打开电脑登录，填写信息，很快，没有犹豫。

时间过得飞快，转眼间到了10月份，我勉勉强强把《数学基础过关660题》做完了。我又在网上买了超哥主编的历年真题和李永乐系列的真题解析，因为做书上的题没有做卷子的感觉来得爽。每天早上拿出3个小时做真题，然后对答案，看解析，两天一套的速度。英语、政治、专业课还是老一套。到了10月下旬，我拿出《考研数学复习全书》和《线性代数辅导讲义》，开始第二遍复习。这个时候大部分知识点都熟悉了，我准备再把《考研数学复习全书》好好看一遍，把里边的线性代数部分再做一下。做英语真题的速度比较慢，这时候还在做，还是原来的方法。对于政治，我买了《命题人知识点提要》，准备翻翻。专业课这个时候开始概率部分的复习（我之前买了茆诗松的《概率论与数理统计》），我从第五章开始看，一直看到第六章第二节作罢，里边的课后习题都做，前前后后大概做了三遍。就这样到了11月中旬，所有的都已经做完了，我开始进入到自己的冲刺阶段。

这个时候天气开始冷了，我穿了一件比较薄的羽绒服，每天晚上在走廊里找一片相对僻静的地方背国民经济统计学。有的时候人多，就把帽子戴上，还买了一副耳塞戴上，这样就不会有人打扰了。有的时候我会去校园里的孔子像下背背，累了就和孔子对视一下，心想：夫子啊，你看我这么努力，就保佑保佑我吧。英语真题做完了，我开始琢磨作文，考研班发了陈正康的作文册子，自己看了看，开始准备自己的模板。关于政治，我从网上买了肖秀荣的《命题人冲刺8套卷》开始做。数学也看完了，准备拿真题再"过"一遍，答疑也结束了，答疑的周老师说，以我的水平，不出意外，应该是120～130分的样子，自己心想还不错，能达标。说着就到了冲刺班阶段，政治大面积地划重点，数学讲了几套模拟题，英语还是那一套。

从冲刺班回来之后，大家真正地进入了冲刺。

冲刺阶段，对于数学和英语，我做了近两年的考研真题；对于政治，我搜集各种资料，包括《考研思想政治20天20题》、石磊的卷子、任汝芬的卷子什么的，最重要的是肖秀荣的《命题人终极预测4套卷》，几本摆在一起，重复的重点关注。专业课还是背笔记。12月份，大家心里都比较焦虑，所以看起来都比较浮躁。我安心想了想，都到这个时候了，没几天就考试了，做好该做的，剩下的，听天由命吧。

那些天数学做做题，拿出以前的笔记翻翻，背背公式。英语背自己的模板。最头疼的是政治和专业课，怎么也记不住，很烦。每天晚上背政治和专业课，拉一把椅子，准备一杯水，开始疯狂地背书，到最后看到那两本书，心里莫名地反胃。但是，在每一个奋斗的日子里，我都不敢轻易地停歇脚步，因为我明白努力与坚持的意义，要始终保持学习的激情。

没过几天，考场安排出来了，我们一堆人在楼道外边像赶集一样，查询，订房间。我们的考场还是很远的，我就在考场附近订了个快捷酒店，离考场有1 000米的样子。那几天时间过得很慢，心想还是快点考吧，这样的日子太煎熬了。临去酒店前，我们在教室收拾东西，大家都在环顾四周，我想那是我们这些人对彼此的祝福吧，不舍得这个

我们奋斗的地方，不舍得我们这些日夜相伴的研友。临走时，我拍了一张自习室的照片，23点10分，我发了一条说说：460多天的奋斗即将画上句号，这个地方、这个时候，以后再也不会有我们的身影了，无论如何，我们努力过。

我们提前一天到了酒店，哥儿们打电话说考研时间紧，吃饭是个问题。于是我叫了同在一个城市读书的哥儿们过来，帮我们买饭。他在一个好学校读书，成绩不错，保研了，所以事情也不多。我们去看了看考场，回去继续复习，背背政治，明天要考。

一觉醒来，考研初试正式开始。第一科政治，到了考场，我本本分分坐下，等待开始。卷子发了下来，首先看看大题。瞠目结舌，基本上没有重点，心也就掉了下来，完全凭个人的政治"觉悟"答题，平平淡淡结束。考完试出来，大家看起来都不错，有说有笑，我自己也比较高兴，因为大家都一样，都没有想到会是这样，反正背或不背都一样（我上考场紧张，这是从小到大的毛病，背过的东西全部忘记了）。回到酒店，哥儿们买好了饭等着我们，我们迅速吃完，回房间休息。下午考英语，卷子发下来，先写作文，马上把自己的模板搬上去。看着图片主题比较熟悉，但是划作文范围的时候没有划这篇！我们也就没作为重点，只是看了一下，真坑。然后是阅读，第一、二篇比较"平淡"，做完。到了第三篇有点不懂，第四篇有点懵。最后反反复复读了三遍也不太明白，看时间不多了，就凭感觉做完了。完形填空粗读了一下，猜了很大一部分，翻译也不是太顺当，马马虎虎做完。出了考场，我跟朋友说，今年英语感觉不好，害怕过不了线，朋友安慰了几句，我算是平复了心情。当天晚上回去看数学，之前买了一个新东方考前三小时的视频，我把讲义打印出来，想看看思路。最后专业课大概浏览了一遍。

考研第二天，第一场数学，卷子发下来，手莫名地抖，感觉不好，前边做完后，感觉还可以。到了大题部分，第15题快速做完，第16题目测了一下，思路不清晰，放过。开始下一题，如此推着做。等到答题纸翻页的时候，我发现题号不对，翻过来一看完了，空着的第16题写上了答案，心里一下慌了，迅速找补救措施。就这样慌慌张张做完，到了11点的时候，眼前一片黑暗，把笔放下，心想今年完蛋了，我废了。出了考场，和朋友说了情况，我说我下午不想考了，因为没有希望了，我辛辛苦苦准备了这么长时间的数学，本来希望弥补自己英语的不足，结果英语考得觉得不好，数学又是这样，不会有结果了。朋友对我说，都考过了，再想也没有用了，辛辛苦苦这么长时间，最后一刻放弃，太不值得了，哪怕考完成绩不好，自己也认，但是总该有点亮剑精神吧。回到酒店，哥儿们也劝，但是始终踏不过心里的坎。中午回去，没有看书，心情不好，倒头就睡，醒来发现该走了，这是我午休时间最长的一次。下午到了考场，老师开始下发信封。打开信封，自己不紧不慢地做着，做到一半有一个妹子手机响了，她急忙解释是闹铃。没过多大一会儿又响了，老师有点愤怒，让她抠下电池。当时我做题比较随意，自己背下来的就可劲写，没背下来的，想想，实在想不出的就没有做。到最后交卷子的时候我记得至少还有两道题没有写，一个字没写，背过，但是不太能想得起来。

就这样考研结束，这一年半的奋斗画上了句号。走在路上，回想自己过去的生活，

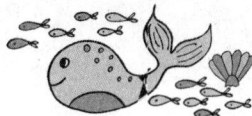

没有想象中的释然，也没有以前想象的那样疯狂。电话不断，都按了，唯一没按的电话是姐姐的，当她说话的时候，我的眼泪就已经在眼眶里打转，不记得当时说过什么，只有一句话特别清晰，我不知道自己该干什么。回去的时候，哥儿们从武汉回来，给我打电话让我去喝酒，心情不好，没答应。哥儿们打了好几个电话，我最后去了，和哥儿们谈了谈心，心里舒畅一点。回到住处就躺下了，这么多天，没有一次比那天睡得早。

第二天还是那个时间醒来，但是我望着屋顶，一切都结束了，没有了目标，没有了方向。给妈妈打了一个电话，妈妈问考得怎么样，我说一点也不好，数学考砸了。我终于还是没忍住哭了出来，妈妈也听出了我的伤心。这一年多的努力她都看在眼里。妈妈安慰说，别想了，先放松放松吧。我很是伤心，因为数学，而且因为这一年多我付出了太多。这么长时间，我没好好玩过一次热爱的 LOL 游戏，只回过两三次家，还是因为有事儿，每一次都是 3 天就回来。

在这一年多的时间里，我几乎每天都起得很早，我也不是铁人，当然会困，没有办法，困也得坚持，最后每天喝咖啡，一袋不行两袋，到现在我都快养成习惯了，每天都想喝咖啡。暑假期间外边的包胜客、盒饭吃到想吐，天天上课必须背着红牛才放心。

那段时间生活得很"昏暗"，浑浑噩噩。在学校考完了试，大四上学期结束。

回到家准备过年，心里不愿意再想考研的事儿，只想安安心心地过一个年。还没有过年，成绩就下来了，看看分数，果然数学最"垃圾"。再看看排名，自己眼前一亮，专业第三。我默默地算着，按差额复试，2 乘以 1.2，多了 0.4，我想我应该能算那 0.4吧。最后朋友告诉我，我们班有一个女生和我一样的分数，当时我就明白了，原来她是第二。给张老师打电话，老师说做好两手准备，一边准备复试，另一边看看有没有调剂信息。

3 月份，我来到学校准备复试。我粗略地看了一下国民经济统计学，磊哥说考的可能性不大，要好好准备听力和概率。我从网上买了一本王式安编写的《概率论与数理统计辅导讲义》，自己把它做完。准备到一半，复试通知下来了，和预想的一样，进入复试。然后我就抓紧复习和准备复试的材料。

3 月下旬，我和朋友飞到大连准备复试，当时也是比较忐忑，但是磊哥说很简单，我也就放心了。复试第一天是笔试，还有英语听力，听起来还算清楚，但是选项感觉还是有两个极其一样，凭感觉作答，最后一篇短文读一遍，听不懂，蒙了几道题。专业课笔试和磊哥说的一样，全部是概率题，很简单，但是有一道题是假设检验，居然不给对比所需要的值，我很愤怒，这是要考什么，难道要我们背住课本附录的 N 个分位数吗？等了好半天也没有老师进来给出解释。最后写好思路，没比较，放在那里交了。下午面试，统计学院所有学硕考生都集中到一个大教室里，我一看有点紧张，好多人，有50 人之多。院长站起来说了统计学院的悠久历史，还有学院是多么牛，然后公布复试规则，每个人 5 分钟的英语自我介绍，派另一个人在旁边翻译，下一轮翻转。就这样所有人每两个一组轮番上去。最后都结束了，有一个老师说要谈谈心，不计入成绩，问有没有人想过未来的发展，就是研究生计划啥的，我想"枪打出头鸟"，就没有举手，有一个女生很猛，站起来作答，最后被老师连续"轰炸"，问了很多，我想要是我，我就直接哭了。复试完，我们回到了酒店，因为体检是在第三天早上，所以我们有两天的休息时间，朋友趁机到星海广场玩了两天，而我则担心院长会不会大发慈悲让我们同一个学校、同一个专业、同一个班的两个人同时进统计学院。所以第一天我在酒店看电视，第二天体检完回到酒店洗洗看电视。流程上显示结果会在第三天中午公布，所以第三天我从醒来就一遍一遍地刷网页，我怕我会被刷，到时候我去哪里，哪里还能要，毕竟当时大部分学校都复试完了，就连我们学校本部补录也在上午结束了。我不想出去还有一个原因是因为，我不想多看这个城市，我怕我爱上了她，不舍得离去；不想去学校是因为，我怕在这里留下太多遗憾，自己的心走不出去。那几天，天天吃不下饭，担心。第三天到了中午还没有结果，心里在骂学校，这么坑爹，要杀要剐给个痛快啊。下午2点朋友打电话说为什么不到劝学楼看结果，我想他是让我去劝学楼拿调档函，如果没录取，这不是去打脸吗。最后还是想一探究竟，就跑过去了，过去一看有复试成绩，最可恨的是居然有人概率得了98分，我想真是一个奇葩。不一会统计学院办公室的门开了，老师出来喊，金融与人口方向的进来，不知道当时他们在哪里，只有我自己，进去后，老师问叫什么名字，我回答说李苗，然后看了一下名单，给了我一张纸，看了一眼，调档函！这张纸来得有点突然，我问老师，我被录取了吗？老师笑了笑说，恭喜你。当时的我心里只有惊，喜还没上来。出来之后，我蹲在地上拨通了磊哥的电话，他问我拿到调档函了没，我说拿到了，他恭喜我，我说要请他吃饭，但是他说他要安排。挂了电话之后，我给老爸打了个电话，没说别的，只有六个字：爸，我被录取了。电话那边问我什么时候回去，我说很快，可能明天，我听得出来，他格外高兴。我确实被自己狠狠地感动了。下午磊哥请我出去吃了个饭，说是给我庆祝，我心情很好。回去之后，朋友说要走，我明白，我们订了晚上的火车，第二天8点回到了保定。回来之后，我心情很清爽，每天和同学出去玩、喝酒，庆祝我的成功。当时还是很飘，感觉不真实。剩下的就是准备毕业论文，好好珍惜自己的大学时光。

就这样到了6月份，我收到了来自大连的快件，直到我打开它的时候我才真正地感觉到，我考上了。这一路真的有许多感慨，一封录取通知书的背后是多少渴望深造的学子的灯下苦读与挥汗如雨。

太多的心酸没有人理解，又有太多的人需要去感谢。感谢一路陪伴我的张增博老师，也感谢一路鼓励我的姐姐和陈姐，也感谢我的哥儿们的陪伴，最后还要感谢挚友兼研友小玺子。

到现在我觉得其实考研没有想象中的那么难，但也不像考上的学长学姐口中说的那样简单。其实每个人都有自己的生活，每个人也有自己生存的环境和条件。适当的方法加上踏踏实实一步一步地前进，自然而然也就忘记了自己是怎么坚持下来的，也忘了当初要坚持的理由，记住的只是自己心中的梦。有的时候我们需要的只是日复一日的

坚持。

如果说要给学弟学妹们留下一些建议，那就是要准确地分析自己，明白自己心中想要的是什么，这样就有了最初的信仰，就像北大宣传片里讲的一样，不是现实支撑了梦想，而是梦想支撑了现实。始终保持自己心中梦想的热度，然后踏踏实实地学习，勤勤恳恳地投入，剩下的就只有坚持。

写到这里也该结束了，但是不该结束的是我们心中的梦，欲穷千里目，还得更上一层楼。我会时刻记住我当初为了这一纸通知书，经历了夏日的热浪，吹尽了冬日的寒风。在未来的道路上，不会再迷茫，我也从此看到了希望，感受到了勇气。

（李苗，金融与风险统计）

第二节　学习·生活·工作·爱

还记得东财初试出成绩那天，手脚冰凉，打开网页输入自己的信息，激动得不知道该先看哪里，冷静下来看清之后尖叫了一声，立刻给爸妈打电话，听到妈妈声音的一刹那，忍不住哭了出来，说不清自己为什么哭，是这半年的心血还是说不用再担心辜负众望……

初试结束后虽然没有对答案但是大致已经有个估计，那时候总分估了392，本想写些东西，可心里总是不安，害怕写了最后自己考得糟糕还误导大家，现在总算可以安心地写点什么了。这一年里，考研论坛一直是我莫大的精神支柱，由于"前辈们"的付出，我从论坛里得到了很多很多，不管是经验贴还是好心楼主汇集的资料贴，我的成绩与这些帮助都分不开，所以考前就告诉自己如果考上，一定要回报这个帮助过我的地方。下面是我结合我自身的情况写的一些感悟和经验，供大家日后做个参考吧，希望能有所帮助。

一、选择考研，选择东财

考研是我迈入大学校门时就已经有的决定，因为高考有点失利，本科学校不理想，所以那个时候就决定必须给自己一个更高的平台，到了大三，这个想法更为强烈，环境对人的影响真的太大了，所谓看实力要看对手，看底牌要看朋友，这些东西都在很大程度上取决于你的环境，当然，这是对于我这种不太善于开拓的人来说的。因为上届一个学姐考上了东财，也早有耳闻东财国贸的实力，加上东财专业课相对简单，而且挺喜欢大连这个城市，最终决定报考东财！

二、考研生活，酸甜苦辣

1.战友很重要

考研虽说大部分时间是自习，但我还是想重申一下，有个好的战友真的很重要，我指的战友不是那些和你一个自习室或坐在你周围的"stranger"，而是能在生活中有很大一部分时间陪你一起的人，个人认为一到两个为宜。以我自己为例，讲讲我和我的"战友"S，我们两个可以说除了学习睡觉上厕所，其他时间都在一起，其实也就是一起从宿舍到自习室，一起吃饭，然后一起回宿舍，我们自习室是对门，所以并不一起学习，而且我们不是一个专业，报考的城市也不同，学习上其实交流不算多。考研之路看起来完全可以一个人来去匆匆，可是我想说她对我来说真的有很大的帮助。考研期间每天最开心的时段就是吃饭时间，我俩都是大胃王，会互相怂恿着吃很多，每天在路上的时间也很宝贵，我们会很八卦地讨论一下今天自习室有没有帅哥之类的话题，这样一来，本来枯燥乏味的考研生活因为这些小插曲而变得有趣。考研最让人痛心的就是学了又忘，让人又烦躁又绝望，不过庆幸有S在，每次心情低落的时候都可以扯着她抱怨半天，然后她会告诉我大家都一样，接着安慰我一下，所以现在回忆考研生活更多的是开心的片段。考研，你的心情心态可以说很大程度上决定了你的胜负，所以如果你打算考研，找个聊得来的"战友"，相信你会受益匪浅。

2.恋爱需谨慎

关于恋爱，我的建议是，没有必要刻意去找或者因为考研放弃什么，但是，不论你是男生还是女生，必须时刻记得你在做什么，你想要追求的是什么，恋爱之所以会成为考研中的一大考验，不外乎两点：一是担心沉迷其中；二是担心影响感情、影响心情、影响学习。我身边有不少朋友是"夫妻档"，雄赳赳气昂昂地准备一起为梦想奋斗，最后，自习室的枯燥抵不住花前月下的浪漫，想要娱乐学习两不误，最后两个人都考得一塌糊涂。还有一些是本来感情不错，可是考研，你们懂得，没有时间再去约会培养感情，慢慢地，见面少了，矛盾多了，感情淡了，结束了，坚强点的化悲痛为力量最后至少捞个好成绩，有的则是没想到感情杀伤力这么大，最后感情学习都"悲剧"了。

如果你还是单身，你可以庆幸，不必有这方面的烦恼，专心为自己的目标奋斗，如果你身边有个"ta"，如果你们感情比较稳定，而"ta"又是一个可以体贴理解你的人，你也该庆幸，那会是一种无可替代的动力和支持。但如果你的感情没有那么稳定，那么，在你开始努力之前，和你的"ta"好好坐下来聊聊，聊聊你的想法和打算，听听"ta"的想法，避免一些可能出现的问题。对于没办法理解你的理想和目标的人，维持下去将来也是问题，用最短的时间想清楚自己要的是什么，果断做决定，然后绝不要再犹豫！

3.工作要取舍

本科之前我一直任学生干部，从大一进校就没有闲下来过，很多工作，我也一直乐在其中。决定考研之后，开始以为自己可以两不误，但事实上精力太有限了，所以选择了放弃，专心备考，刚开始很不适应，做了那么长时间，突然放下，没有想象中那种轻松，反而觉得有点失落，但是精力有限，不能贪多。如果你曾是个小工作狂，如果你也选择了考研，如果你的目标也是需要你努力才能够到，那么我建议做好取舍，别让自己后悔。

4.交流要广泛

相信很多人都听过，考研不能闭门造车，这点我也有些体会。我在考研的时候做得比较多的就是和各种朋友交流，考研的，不考研的，从他们身上学到了很多，学的不是知识而是一种态度或者精神，这对我自己的考研和人生规划都有很大的帮助。我向很多"前辈"请教，同样，工作的，考研的，从他们身上我获得了很多指引，让我少走了不少弯路。此外，我会在休息的时候上网，主要是论坛，看看陌生人的生活，自己埋头干一件事的时候有时会被蒙蔽，误入其中却浑然不觉，多看看别人的生活，有时候你会有意外的收获。所有的这些可能不会在当下给你带来什么质的飞跃，但只要你认真去观察，去虚心求教，多思考，也用不了多久，你会看到生活绝不会亏待你。当你有了一个比较成熟的心态，相信不论做什么，成功，只是时间问题！

（刘文娟，国际贸易学，总分405分）

第三节　大风越狠，我心越荡

起初就想，如果能考上就写篇文章，让学弟学妹们少走点弯路，今天终于有了这个机会，非常开心。很多人都会提起自己多么心酸、多么痛苦的经历，让学弟学妹们泪流满面。其实考研并没有"坊间"流传得那么难。我还是希望能用快乐的方式去"拥抱"考研。

我考的是东财财务管理专业，初试总分376分，复试后综合成绩第1名。下面我从九个方面说说考研中的注意事项。

一、专业的选择

专业的选择真的非常重要。工科的情况我不太了解，偏文科的专业其实考的专业课都差不多，好多都是背的东西，基础不是特别重要。所以，稍微地避开热门也是不错的选择。我就是避开了热门中的热门会计学专业，选择了财务管理专业，其实两者都属于会计学院，就业差别并不是很大。当然，如果不敢考学硕，审计专硕也是不错的选择。另外，东财的财政学专业也是"性价比"很高的专业，大家可以适当关注。

二、学硕和专硕

东财的学制一般是学硕两年半，专硕两年。当下最热门的专硕就是会计专硕（MPAcc），报录比差不多20：1。原因很简单，初试只有英语（二）（比英语（一）容易很多）和管理类联考，所以不论理科生还是文科生都会有很多人跨考。个人认为专硕比较适合以下考生：（1）数学不好（专硕有的考的是数学（三），有的考的基本上是中学的数学知识）。（2）英语差（专硕的英语（二）要求的词汇量不高，难度较低）。（3）想早点就业。（4）想考好一点的学校。当然，学硕也有很多好处。例如，目前来说认可度更高，对于数学和专业课成绩较好的同学来说容易拉开差距，复试"刷"人较少并且可以调剂，可以申请硕博连读等。

三、作息时间

我是从4月份开始复习的，一直是早上7点起床，从8点开始学习一直到12点吃午饭。中午回宿舍休息到下午2点，下午5点多吃晚饭，然后学习到晚上9点半。基本上一天10个小时左右的学习时间。我有午休的习惯，我觉得效率比时间更重要，午休可以让自己下午和晚上学习时精力充沛，当然精力好的话在教室课桌上趴一会也可以。晚上回宿舍后可以上网娱乐一下，或者参与宿舍"卧谈会"，尽量保证晚上11点前睡觉。一周最好有半天用来休息、洗衣服和购物。

四、学习环境

考研教室应该是最优的选择。我一直在图书馆自习，环境虽然优越，不过缺少紧张的气氛，别人玩手机、吃东西，我还在拼命地学习，这对于有些人来说可能很难坚持。最后一个月我是在考研教室度过的。一进屋子，空气都凝重了，我喜欢和一群有梦的"孩子"在一起，为了自己的梦想而奋斗。你会被所有人的坚持、自信和从容打动。最艰难的日子里，看到别人在拼搏，你又有什么理由放弃呢？

五、研友

研友真的很重要，大家可以一起讨论问题、解决困惑。有时候大家一聊天，发现某一年真题大家都答不对，就会觉得不是自身的问题，是题目太难，也就不郁闷了。当然，研友不一定所有时间都同步，我就不喜欢等别人，不喜欢浪费任何宝贵的时间。所以，我基本上每天都是孤身奋战，但伤心难过的时候会找不考研的朋友倾诉（她们时间充裕）。至于谈恋爱与考研是否矛盾的问题，我个人觉得还是要看双方怎么处理。很多情侣一起考研，一起学习、吃饭、回宿舍，尤其是漆黑的夜里，有个"护花使者"真的很让人羡慕。异地恋也没关系，通过QQ发图片讨论问题也是不错的选择。一方考研，另一方不考研，这样也很好，考研的你终于有了"出气筒"（提醒研友的"ta"，考研不易，且行且珍惜，当"出气筒"也是一种荣耀）。

六、书籍选择

很多考上的同学会推荐自己用过的参考书，这个其实没有最好，只有最适合。无论哪本书，存在即合理，任何一本书，看懂、看透都是好书，一定不要买太多的书给自己增加负担。

七、信息渠道

个人认为只有掌握了所有有关考研的信息，才能更好地取胜。主流的App软件和网站（研招网、学信网、东财研究生院官网）都是很好的渠道，还有考研名师（尤其是政治和英语老师，如肖秀荣、蒋中挺、何凯文等）的微博、微信、QQ空间，可以经常浏览一下。跟学姐学长保持联系，获取东财考研最新的资料也是必要的。

八、身体健康

考研更多的是体力和毅力的比拼。要多吃水果蔬菜，坚持跑步，多喝水，保证充足的睡眠，教室要勤通风。女生生理期一定要休息，不要"玩命"学习，效率第一，身体

是王道。

九、专业课复习

因为自己专业课成绩比较突出吧，所以下面重点说一下专业课的复习。财务管理专业初试有两本参考书，一本是高良谋主编的《管理学》（第四版），另一本是刘淑莲主编的《财务管理》（第三版）。

《管理学》知识点比较多和杂，开始的时候大家会觉得比较"空"，看过一遍后基本上没有什么印象，其实这很正常。我建议大家不要一上来就背书，最好先看两遍，每章看过后梳理出大致框架，结合课后习题掌握一下各章主要内容。然后根据自己的总结找出各个章节的内在联系，在理解的基础上再记忆。一本400页左右的书完全背下来是不大现实的，所以应该掌握大的条条框框，细节内容可以在考场上发挥。那到底应该记忆到什么程度呢？个人觉得，当你看这一句的时候，基本上就知道后一句是什么，到了这样的程度，考场上就能自由发挥了。那你会问《管理学》这么多内容有重点吗？可能你得到的最多的答案是没有重点，所有的知识点都有可能考。这绝对是正确的，可大家还是想走"捷径"，我个人觉得东财喜欢考各种理论，如领导理论、激励理论、目标管理等。大家可以自己把握分寸。

《财务管理》需要理解的东西比较多，可以结合习题多多练习。理论知识和计算相结合，更加有助于理解。比较常考的计算题涉及股价、资本结构、投资项目决策、应收账款收账政策要不要改变等。对于初试来说，后边四章基本没有大题，算是非重点章节吧，看看期权价格、外汇风险和风险对冲这几个问题就可以了，主要会出选择题。前十章都很重要，如果时间不是很充裕，可以重点看计算题部分。

试卷分两部分，前边是100分的管理学，有名词解释、简答和论述，没有案例分析。后边是50分的财务管理。答题时间很紧张，11页答题纸要尽量写满，当然不要只顾着管理学部分，一定要留出足够的时间给财务管理部分。管理学的答案要分条写，每个题目之间可以空一行，一方面显得清楚，另一方面也可以凑字数，一举两得。财务管理有单选、多选、判断、计算，重点还是计算，题目不难，和习题册题目难度相当，但比较综合，大家平时一定要理解，不要死记硬背。

复试专业课有财务管理、财务分析和中级财务会计。财务分析主要就是各种表的垂直分析和水平分析，尤其是资产负债表。财务分析内容不多，重点突出，并不是很难。中级财务会计知识点很多，大家在准备复试的过程中可能也没有太多时间看书，所以建议大家重点看长期投资、收入、递延所得税、固定资产折旧这些知识点，出计算题的可能性比较大。对于财务管理，这时候可以做一下习题册的选择题，再把计算题复习一下。复试专业课考试时间为两个小时，时间很紧张，大家要先把自己会的做完，尽量多写。

我说的都是个人的建议，大家"拣"有用的借鉴。考研不是唯一的出路，但既然选择了，就请坚持下去。我认识的很多考研人，只要踏踏实实坚持下来、心理素质还可以的基本上初试成绩都不错。考研和高考最大的不同在于自制力和毅力很关键。即使你不聪明，没有关系，要相信，越努力，越幸运，你的努力老天看得见。当你努力到感动了身边人，感动了自己的时候，老天真的会眷顾你。

新的一年来了，决定考研的"孩子"也该开始准备了。前方的路看似漫长，但每天三点一线的生活，会让你觉得时间过得很快。很多年后，蓦然回首，在自己风华正茂的年纪，曾经疯狂地、单纯地为了自己的梦想拼搏过，我相信你一定会感动。遇到挫折，忍一忍，暗示自己迈过去就会超越很多人。不知道是不是因为处女座的缘故，我一直有一个信念：选择了就不放弃，越努力，越幸运。希望和大家共勉。相信明年4月，这个春暖花开的季节，你也可以和我一样，面朝大海，大声喊出：东财，我来了！

（李晴，财务管理，专业排名第1）

第四节　　东财欢迎你

首先感谢孙老师的邀请（同时也感谢老师主编的《梦想成真：东北财经大学考研直通车》，考研时对我很有帮助，一方面指引了学习方向，另一方面也给学习中的我们提供了精神食材），在这里我想对东财考研"后辈们"提供一些小建议。

一、整体学习

第一，各科目复习要有节奏，不要一个科目一学就一上午，要穿插着学。

第二，对于数学、英语，个人认为无须报班！数学看往年陈文灯的，英语看新东方的，强烈推荐范猛的考研阅读，有时间一定听听。

第三，要有计划，计划最好量化，细化到每天看多少页，确保每个阶段都能顺利完成任务。

第四，政治报个冲刺班还是有点用的。推荐个"神器"——考研帮，是个APP，最好注册个账号，里边可以找到你的"精神支柱"以及很多视频资源。

第五，实在学不下去了就索性放开玩几个小时。

第六，关于专业课，老师们推荐的资料挺好的，针对性比较强，贴近东财的出题风格。

第七，政治不要盲目听信押题！不必过早开始复习，9月份开始就足够了。建议重点掌握肖秀荣的毛概和时政，徐之明的马原。政治复习一个月足够考60了，如果想考高分很难，所以时间不充裕的同学建议还是把时间放在专业课上，这样可能你的总分提高会更多一些。

第八，如众多"前辈"所说，对于英语，真题就是王道，把真题"弄"得滚瓜烂熟比看什么都管用！英语基础不好的同学注意了，别妄想通过一年的学习让英语有大幅提高！50多分就行了，多了你会付出太多！

二、关于选学校和专业

首先，大家根据自己的实力以及职业发展做出决定就好，但切记不要过高！除非你能付出超乎想象的努力，但很多时候这种努力还是会被无情的考试"冲刷"！也别报得太低，我身边有的同学报低了，学习很努力，多少有些浪费。建议报考比自己本科学校高出两个档次的学校，总体择校原则是综合排名高、专业排名高→综合排名高、专业排名低→综合排名低、专业排名高→综合排名低、专业排名低。太低的也别考了，没啥用的。结合地理位置和学费的择校原则是地理位置好、排名高→地理位置差、排名高→地理位置好、排名低→地理位置差、排名低、学费便宜→地理位置差、排名低、学费贵。就业情况是王道！通过学长学姐介绍以及从官网上获取所考学校专业的毕业去向，对就业情况有个谱！

其次，自己未来想在哪就业就考哪的学校是最好的，当然也要选择专业实力相对较强的，所以大家要在报考前基本确定自己的发展方向，包括地理区域、职业类型等，以选择真正适合自己的好学校。

综合考虑未来就业的区域以及职业类型后，就不要再变了，除非招生政策出现大的变化。东财虽不是"211"，但胜似"211"，其专业实力足以"秒杀"一些"211"院校！会计、金融等专业比很多"985"高校的都要强！

我是东财产业组织与企业组织研究中心的在读研究生，欢迎大家报考东财产组中心！这里有你意想不到的收获！

（刘帅，产业组织学，数学145分）

第五节　云在青天水在瓶——追忆上东财辅导班的日子

如果不是那年9月去大连参加某办学机构的西方经济学专业课辅导班，我的考研之路一定少了最靓丽的一抹风景。想当初，为了伟大的考研理想，冒着被骗钱的风险，只身坐火车南下大连参加据说是东财老师主讲的西方经济学强化班。9月的大连早已褪去炎热，只有明媚的阳光和温和的海风。一切都很美，要不是考研任务在身，真就不想回去了。

我住的宾馆（如果房费25元一天的也叫宾馆的话）虽然设施简陋，卫生似乎也不达标，但考虑到房费便宜，倒也觉得合适。4人一间房，都是和我一样从外地来听课的研友。室友们都很友好，也很客气。常言道，出门在外都得靠"江湖朋友"帮衬。

我们上课的地点在税专的一个大礼堂里。礼堂很空旷，但座位间隔很窄，本来上课的人也不是很多，我们就被窄窄的座位星星点点地挤在大大的礼堂里。

第一天上课，我进入礼堂，目光一扫，前排一美女旁边正好空着。我走上前去搭讪："同学，旁边有人吗？"

"没有。"她温和地回答，并侧身示意我可以进去。

我们来得很早，离上课还有段时间，我左顾右盼，一会翻两页书，一会把手机设成震动，不时还喝口水、嚼个口香糖，可我看到她却始终专一地看着书，给人很安静的感觉。看到人家这样专心，我竟不免老脸一红：都是拿着父母辛苦钱来学习，我还这样心猿意马。可是我想看书却看不下去，目光不时地落到旁边的她身上。片刻，似乎察觉到我在看她，她放下书，转头向我一笑。她比我第一眼从后面看到的样子还漂亮，皮肤很白净，五官精致，穿着朴素整洁又不失俏皮，散发着清馨的气息。

我意识到有点失态，尴尬一笑，忙转移话题道："你好，我叫盖羽。"我在本子上写上自己的名字，算是自我介绍。她莞尔一笑，也在本子上写下"Z昉"。

"哦，你叫fang（三声），明亮的意思。"

"你认识这个字？"她有点不可思议地问我，眼睛里分明露着惊喜的光芒。

我心中暗喜，多亏中学时语文不赖，偏偏学过这字，念得很准，至于字义，是看到有日字旁我就信口瞎蒙的。从她的眼神里我感觉我八成是蒙对了。

我趁热打铁（这词儿用得怎么感觉像动机不纯呢），下一步该套她的学校和家在哪了。直接问她家和学校在哪，太没技术含量。但是想套出来，方法也很简单，于是我接着说："我就读沈阳工业大学，家也是沈阳的。"先介绍自己，一来这样易于和人交流，使她消除陌生感，二来她潜意识里也感觉应该告诉我来自哪，要不然不礼貌。

"我家在哈尔滨，学校是牡丹江师范学院。"

"噢，有一首歌叫'牡丹江'的，挺好听的。"我顺着她说。

"嗯，是啊，南拳妈妈唱的，你也听过啊！"这回她真心地笑了。

"我看你刚才看书那么认真，佩服啊！"天啊，当时我真是昏头了，竟然没经大脑就说这么赤裸裸的马屁话……不过好在她没听出来，一本正经地回答我说："嗯，我们都加油，明年这时候我们就是同学了！"

是的，我们都加油，明年这时候我们就是同学了！我在心底这样说。有了这句话，随后的课我注意力高度集中，聚精会神地听老师讲的每个知识点。在日后的艰苦考研征程中，我也是一直用这个约定做精神支撑。

第二天我早早来到礼堂，来到前一天的位置，等着她，可是直到上课了也没见她来，心中不免有些失落。我又开始左顾右盼，完全听不进老师在讲什么。这时候我收到短信："小羽同学（，）我是Z昉（，）呵呵（，）我在后排（。）前面太挤了（，）你要好好听课啊（！）"（我的电话号码是前一天留给她的，但并没有索要她的，她也没有给我）晕，刚才三心二意那副熊样都被她看到了，太丢人了。她应该是不喜欢和男生坐在一起吧，哎……无比失落地熬到下课休息，她竟然拎着提包、书、笔、MP3走过来在我身边坐下。

"后面录音效果不好，还是回来吧。"她轻描淡写地解释道。

能够说什么呢？对我来说当然是个利好消息了，可她是怎么想的呢？我觉得可能是为了我好好听课吧。她坐后面当然不是因为前面挤，实际上后面更挤，那她回来只因为

录音效果吗？好像发现了我眼神中的尴尬，她笑着反问我："怎么，不欢迎吗？"

"哦，没有，你发信息怎么不打标点啊？"我忙岔开话题。

"呵呵呵……你也发现了呀！"她又开心地笑了，我发现她很容易就被逗笑。就这样我得到了她的电话号码，还得到了她的回归。果然还是她在我身边我能全神贯注地听讲，至于记笔记、录音，都是她的事，到时候我只要"copy"过来就行。

第三天来上课，她的话少了很多，直到晚饭时间她都闷闷的。我终于忍不住问她原因，她说想妈妈了、想家了。这才来大连几天啊，怎么就想家了，那她平时上学怎么办？噢！我恍然大悟，今天阴历八月十五，正是团圆节啊！女孩果然心思细腻，不像我这么没心没肺。吃完晚饭我悄悄到好又多超市买了块蛋黄莲蓉月饼，月饼不大，但不"耽误"它贵，20元/块。

晚上课上完，刚刚走出礼堂，只见一轮碧玉盘似的明月高悬夜空，四周星辰黯淡无光。夜风习习吹来，不免有些凉意，果然中秋了啊！我把月饼拿出来送到她手上，轻轻说了一句："千里共婵娟。"

她接过月饼，默默站在那不动，良久，传来一声："谢谢。"

声音有些颤，因为其他人早已走光，偌大空旷的税专断壁残垣（那时税专好像在拆迁）中只有我们两人，所以虽然颤音很小我还是听到了。借着月光我看见她竟然哭了。

"想家了？"

"嗯。"

"那你上学不也不能回家吗？"

"多羡慕你啊，家在沈阳，学校也在沈阳。对了，你是不是每周都能回家啊？"

"嗯，我每周都能回学校！"我一脸郑重地说。

"哈哈哈哈……逗死我啦，那你岂不是经常逃课了！"

刚才还哭着，转眼就能破涕为笑，这功夫不当演员可惜了。我"晕倒"还没"醒"过来，她已跑开好远，还喊我："快走啦，都没人了！"

"哎，你等等，这又没灯，我掉沟里咋办？这在施工呢！"

"你千里共婵娟呗！呵呵呵……"

月光下她那灵魅的背影，如梦如幻啊！

回到宾馆我早早躺上床，脑中都是她的影子，挥之不去。她也会想到我吧，起码对我的印象蛮好的。明天是最后一天了，之后我们就该离开美丽的大连各自为战了。时间慢点，再慢点吧，真不希望明天到来啊！就这样胡思乱想着，直到很晚很晚。

第四天，课程已经接近尾声了，我还是早早来到税专，这里比昨天更"残破"了。进入礼堂，昉已经安静地坐在那了，还是老位置。

"嗨！"我上去打招呼。

"你来了，挺早的。"她回应我。

"你买车票了吗？要不我们坐一趟车回去，我还能送你一段。"

"不用了，昨天我买好票了，直达牡丹江的……谢谢你。"

"哦……"我心里空落落的。

最后一天的课内容也不多，基本是复习和强调一下重点。下午上完课，我们需要去东财复印西方经济学历年的考研真题，我还要复印她整理好的笔记。我们走在美丽的东财校园中，谁也没急着走快，只是慢慢地走。她发现我又在左顾右盼，就先开口道："喂，看美女呢？"

"啊，没，我旁边不就是美女吗？我找球场呢，东财怎么连个篮球场都没有啊，找了半天都没看见一个，我要是真考到这来都没地方打球了。"

"呵呵，你真像个小孩！"

终于，晚上最后一课也结束了。

"我今天晚上的车，这就走了，拜拜。"她很快收拾好东西就欲起身。

"我送你去青泥洼桥！"难道就这样要分别了？

"不用，你……别送我了，再见！"说完第一个走出了礼堂，头也没回。

最后一天也结束了。

翌日我也搭上北上的列车回了家，到了家我立刻拿出书本在台灯下看了起来。"孩儿，饿没？""孩儿，累不累啊，坐哪趟车回来的？"……我没理会妈妈的连声关心，只管学习，我知道，要再见到她，只有等我们都考上东财！这是我们的约定！

日后的考研路上，我们始终短信联系着，经常讨论些考研的问题，她数学好，而她觉得我专业课好。就这样我们优势互补，逐渐地对彼此都产生了深深的信任。

"昉，我概率学不进去，一点不懂，你能三言两语给我讲明白不？"

"你是在整体上缕不清思路还是什么题不太懂？你让我三言两语讲明白也太考验我了啊！"

"你接听长途要钱不？要不你把你家电话告诉我，我给你打。"我知道这时候她是在家复习的。

"不好意思，我从来不告诉别人家里电话的，除了寝室姐妹和其余几个好姐妹之外，你有什么问题就尽快说，我知道的就发给你。"

"我就是想直接问你问题，又不是要窥探你隐私，怎么整得我像流氓似的？"我有些不服气。

"没有，只是怕你介意。你快看吧，流氓哪有考研的呀？那岂不是太牛啦，哈哈！"

"哎，你性别歧视，我要是女的，你是不是就告诉我了？"

"那也不一定，也有女流氓啊！哈哈，快看吧，加油啊！"

"你在暗示就算我是女的也是个流氓呗？"气死我了！

"哎，你是学文的还是学理的，想象力也忒丰富了点儿吧！别再和我较劲了，快看吧！"

"我学武的！流氓会武术，谁也挡不住！"

"哈哈哈！这是你自己承认的。挺押韵，考试用在作文里试试，哈哈哈……"（她发短信从来没有标点，标点是我加上的）

随后她不厌其烦地把概率最重要的知识点用短信一条条地发给我，真别说，有她的讲解，对平时百思不得其解的内容竟然豁然开朗，让我有了种"人生得一知己足矣"的想法。我们都在各自努力着，各自履行着那个约定，直到考前的最后一天。

"昉，准备怎么样了，有把握吗？"

"嗯，该看的都看了，我想应该差不多吧，而且我报的专业又不是很热。就是西方经济学的简答题，我怕它出得偏。"

事情进展到这，看来我和昉会师东财的约定眼看可以实现了。然而天不遂人愿，越是真实的事情就越出乎人的意料。

时间在备考中过得飞快，转眼间初试就来临了。考完试后，我立即给她发信息问她考得怎样，然而一连几天都没收到回复。有一天突然接到她的短信，她说她现在很忙，姥爷住院了，是癌症。我又问她具体情况，她只说是病危，没再多说什么。

腊月三十，一大早我给她发信息祝她和家人新春快乐，到了下午我收到了她的回复："今天早上4点多我就出门了，送姥爷最后一程，手机也一直关机，现在刚回家，我一会要帮妈妈收拾收拾。"

"你说的我没太听懂，该不会是……"

"嗯，是的，大年三十的，谁也不想这样，可是也没办法。祝你和你家人合家欢乐，万事如意。"

"昉，我也不知道该说什么好，heaven is a place nearby，姥爷并没有走远，不是吗？他也不希望看到你们太过难过吧，好好地生活是给他的最大回报。要是你不介意的话，我做你的哥哥吧。"

"哦，谢谢你，可是你不用这样，我有哥哥，再说也许我还比你大呢。"

……

天啊，我能想象出此时她有多悲伤。正是过大年的日子，她却送走了一位亲人。

又过了没几天，我再次收到她的信息："我想跟你做不成同学了，我爸病了，我决定即使考上也不去读了，有什么适合我的工作机会帮我留意一下吧。呵呵，认识你很高兴。"

"你爸他怎么了？"

"也是癌症，是一种关于肺的特容易恶化的癌，说不好那医学名词，挺严重的。化疗要花好多钱，我想我不能再花家里的钱去上学了，反正大学毕业了该是我给家里挣钱了。"

"怎么也是癌症啊，怎么会这么不幸？什么时候发现的啊？"

"12月份我就陪我爸去附近的医院打针了，但没查出什么。等考完试我说去大医院看看吧，这才检查出来的。没事儿，不用担心，现在状态还不错，尽量积极配合治疗，应该会好的。"

"我虽然不懂，但要动用化疗就肯定不是个简单的事啊，真能治好吗？"

"癌症没有能治好的，用药延长生命，你知道吗？我们也只能这样了啊。"

我能感受到她的焦急和无助，还有……通过这么长时间的接触，我早就能从她无标点的短信中感受到她内心的丝丝讯息。同时，我也强烈地感觉到自己的无用，朋友有这么大的困难我却丝毫帮不上忙。

我们的分数出来了，我英语51分，政治65分，专业课112分，数学48分——数学48分，开什么玩笑，把谁的数学成绩安我头上了？我数学虽不强，可起码也能过百啊，我申请了复查，可是没有用。我总分276分，专业排名105（前80能够进入复试）。我发信息问昉的成绩，没有回复；我又发很多信息问其他方面的事，仍没有回复；我在她的校内主页留言，第二天就被她删掉……从此就再无她的任何音讯。

"嗯，我们都加油，明年这时候我们就是同学了！"那时她的话语至今萦绕在耳畔，然而，我们谁都没有完成这个约定。昉，我会继续复习一年，明年仍然考这个学校的研究生，等你爸爸病好了，我们在东财见！

（盖羽）

第三篇

綜合復习

第九章　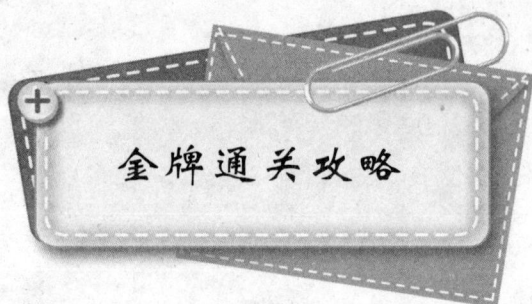金牌通关攻略

第一节　给心中憧憬一个交待

考研之路艰难坎坷，考研辛苦劳累，但心中有梦的人不会因为困难而止步不前，越战越勇的人才会取得最后的胜利。只有三心二意、抉择不定、难以坚持的人才会输给梦想！坚持一年，为了理想一搏，给心中的美好憧憬一个交待！

——送给每个有考研梦的人

经过一年辛苦努力的学习，我已成功考上东北财经大学金融学专业硕士研究生，并且由于初试、复试都是专业排名第一，很多同学都来问我是如何备战考研的。现在，我就将自己的考研经验和心得与学弟学妹们分享。

我认为，考研最重要的是了解自己、了解考研。自己是否能坚持走完考研这条辛苦又漫长的道路？自己想要什么样子的生活？考研意味着什么？考研如何才能成功？这些都是在决定考研之前需要考虑的问题。

开始准备的时间因人而异，但多数都是从大三下学期开学着手准备的，而这距考试不到一年的时间对于我们考研人来说是漫长的、充满艰辛的。这就需要我们坚持内心的想法，忠诚于理想，付诸行动。不论是何种原因使我们站在了考研这条路上，我们都需要坚持不懈，"不忘初心，方得始终"。考研是有代价的，考研意味着放弃实习、比赛，将更多的娱乐时间节省下来用到学习上去，这就要求我们坐得住，忍得了、耐得住寂寞。而且我们必须拥有一套自己能够把握的学习方法和进度安排，端正的态度和有效的方法是取得胜利的关键。

考试是在周末举行的，考试时间安排见表9-1。

表9-1　　　　　　　　　　考试时间安排

	上午（8：30—11：30）	下午（14：00—17：00）
周六	政治（100分）	英语（100分）
周日	数学（150分）	专业课（150分）

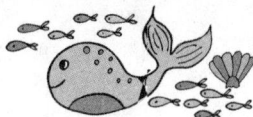

从分值分布上可以看出数学和专业课是很重要的，是能够拉分的，英语和政治则相对来说分值较小，拉不开分。我以数学、英语、政治、专业课的顺序来分享我的考研经验。

首先是数学。数学满分150分，分值大且相对容易拿分。考研数学重视基础，教材是出题老师唯一的参考，所以我们需要重视对教材的学习，夯实基础知识，做到融会贯通、举一反三。在我看来，教材至少需要学两遍，不论是书中例题还是课后习题都是重点，不容忽视。我在看第一遍教材的时候将做错的和不会的课后题标注下来作为第二遍做题的重点，反复琢磨做题思路并锻炼自己的运算能力，抓住细节。在第一遍结束时收获并不是很大，但每个人可能都有这种感受，我们不能因此丧失信心、自暴自弃，要把握复习规律、调整节奏、稳步前进。在看完教材之后，我做了两遍数学讲义的题并以此形成错题笔记，整理概念、定理等基础知识点，这对我后来的学习起到了很大的帮助，然后我开始看《考研数学复习全书》。每个人的学习习惯不同，同学评价我是"慢工出细活"，我是在"做"数学而不是"看"数学，我花费两个多月才"做"完第一遍《考研数学复习全书》，用真题测试我已经是130+的水平了，然后我进行第二轮《考研数学复习全书》的学习，感觉自己对知识点掌握得更好了，能够做到融会贯通，这给了我很大的自信去面对考研。很多人都会提到真题的重要性，我也赞同这种观点，我将每一套真题以测试的形式，严格按照考试时间测验，并批改打分，看着成绩的有利变化，我坚定了考研的信心，有更大的动力去面对考试，实现理想。真题不多，一定要利用好，尤其是金融学这样的专业，有良好的数学基础对于以后的学习大有帮助。

其次是英语。考研英语有难度，不同于CET4、6。首先我们要保证自己能过国家线，在此基础上尽量拿高分。几乎每一个人都是从单词和长难句起步的，熟记单词、把握好长难句句式结构和语法都是再基础不过的了，这样可以为我们打下坚实的基础，为阅读、作文等分值较大的模块打下基础。一定要对自己在做题过程中遇到的一词多义的、高频的词做笔记，熟练记忆。英语最重要的还是做真题，在单词和长难句有了一定基础后，前十年的英语阅读可以帮助我们找到做英语题的感觉，但是前十年的真题难度较低，与考试有一定的差距，所以我不建议将太多的时间用在反复做这些年的真题上。对于后十年的真题，我们一定要充分地利用，因为真题是很宝贵的，我们应反复做后十年的英语真题，尤其是阅读，总结出一套自己的做题方法，对于不同的阅读题型如细节题、主旨题、推断题等都有自己掌握并能熟练运用、行之有效的做题方法，这样就能"兵来将挡、水来土屯"了。作文也要参照真题来准备，关于热点话题的词语要熟记于心，模板的拼凑创造也是必不可少的，这样才能写出有一定难度和精彩度的考研作文来。

再次是政治。政治满分100分，"竞争力"较小。我和我同学的政治分数基本上处于60~70分，没有很强的层次感。考研政治要求两点：一是细节；二是效率。在较短时间内能得到较满意的分数对考研来说是很重要的，善于总结概括知识点是最基本的，我们要对政治事件、人物、时间都有一个整体脉络的相互联系的掌握，不仅方便记忆，而且可以避免知识点的混淆，因为政治的知识点比较分散，容易混乱，我们在记忆的同时还要加强对知识点的辨别、区分。考研中，我们至少要提前3个月来准备政治，否则容易看不完、背不完，而且政治大题的考点往往也可以用选择题的知识来答，所以我们要给政治恰当的时间来达到一个差不多的分数。

最后是专业课。专业课也是150分满分，容易形成较大的分数差距。东财金融学学硕的初试专业课参考教材是高鸿业的《西方经济学》。经济学是一门需要认真学习的科目，因为东财经济学初试的知识点是很分散的，考点遍布全书，掌握知识点之间的联系是非常重要的。我们要认真看教材，并做课后习题，课后题在真题中重现的例子举不胜举，参考资料可以用圣才考研网的那套。在教材中，我们要对公式、计算题加以重视，因为真题中经常出现计算题，而这样的题在作答时不必写下过多的文字，是一种典型的时间短、见效快的题，也较容易拿分。对于一些模型如寡头模型的价格领导模型、古诺模型等我们也要熟练掌握，假设、计算公式、图形等都要记下来，这是高频考点。网上重点的名词解释总结得不错，可以参考。因为我觉得经济学的名词解释、简答、论述不是死记硬背就能掌握的，我们需要仔细地学习、研究分析知识点，在头脑中有融会贯通的过程，只有深刻理解了，才能以不变应万变。在作答时配合图形的解释是"精彩"的，因为数学是经济学的语言，我们用数学能解释明白是最完美的答案。11页的答题纸对我们来说也是一个考验（A4纸正反面算2页），从开始到结束我没有停止过书写，对于纸张的安排要事先就有计划，这样才不至于在考场上慌乱。

我觉得只要下定决心，我们每个人都有实现理想的可能。我对我的考研之路进行总结，得到了一个等式：

坚持+自信+不与别人比进度=考研成功

通过初试，我们还要努力地去准备复试，因为东财金融的复试是很公平的，进了复试的人，即使是排名靠后也有很大可能成为"黑马"被录取，排名靠前的也可能后退甚至被淘汰。复试满分100分，包括三个部分：专业课笔试（货币银行学、证券投资学、国际金融学）100分，占比55%；面试（抽三门专业课的题，选择其中两道作答；英文自我介绍；英文回答（非专业课的）问题）100分，占比25%；英语听力（难度处于CET4与CET6之间）100分，占比20%。认真学习三门专业课的教材，练习听力（建议用CET 6真题），准备英文自我介绍，并在复试时正常发挥就有实现理想的机会，否则一年的努力就有可能化为泡影，成功与自己失之交臂只会给自己留下遗憾。

（张毅，金融学，专业排名第1）

第二节　　状元绝学全揭秘

考研是一场持久的战役，比拼的不仅仅是智力，还包括毅力和良好的心态。准备考

研的过程中，可能经常会被各种消极情绪所困扰，会觉得迷茫，觉得看不到希望，这都是非常正常的，此时此刻，一颗坚定不移的心就显得尤为重要。不论你有多少的英语单词还没有记住，有多少道数学题还未曾做会，都请坚定不移地相信自己，相信自己只要坚持就一定能够胜利，相信自己正在走的路是一条正确的、值得的道路，相信自己终究会凭借自己的勤奋获得一份来之不易的喜悦。

历年考研结果证明，政治和专业课不是大问题，真正能拉开差距的一般是数学和英语，就像木桶理论一样，你所能达到的成功的高度，取决于你"瘸腿"的那门学科。

下面我介绍一下各科的复习。

一、数学

对于经济类考生而言，我们大都考数三，这相对而言比较简单，对于定义和概念的理解不会考得很深，有很多我们学过的知识也是不会涉及的。所以说，大家不要担心，你应该相信自己即使数学的基本功不是特别扎实，只要按照科学的方法循序渐进地学习，也完全可以取得一个较为优异的成绩。数学复习前期我以高数课本为主，看课本、做课后习题、对答案。因为本科学的是数学专业，基础还算扎实，所以第一轮复习数学，我只看了高数上册、下册，线性代数和概率论与数理统计我都没有看，就这样直接开始看《考研数学复习全书》。实际操作中，希望大家根据自己的实际情况选择复习的方法。如果数学基础不是很好的话，复习得又比较早，还是建议把各科课本仔仔细细地看一遍，回顾一下我们本科所学的知识（最好在复习之前下载一份上年的数三大纲，把数三不考的知识点在书中划掉）。

不管你第一轮复习得如何，在我们进行第二轮复习的时候都会觉得很吃力。因为前期看课本我们只是对知识点的回顾，并没有真正开始做题，而《考研数学复习全书》上的题就比较综合了，题型可能也是我们以前没有接触到的，所以一定会觉得看起来有点吃力，这很正常，不要慌张。《考研数学复习全书》没有什么技巧性的复习方法，就是按照书中讲的按部就班地复习，不要光图速度，突突地往前赶进度，这里每一道题必须真正算一遍，不能停留在光看会的程度上。个人建议看两遍最好，第一遍看要最为认真和仔细，每道题都要认真弄明白，最后达到的程度就是基本上除个别题外所有的都能看明白，速度不要太快，每天10页左右比较正常，因为你要是真的看进去了，看得比较认真，勤于动脑思考了，你的速度根本就上不去。在看第一遍的时候也要善于总结相似的知识点，当然复习全书中很多都是给你整理得比较清晰的，不过即使这样，再整理一遍也方便自己记忆深刻。在做题的过程中，要把题型比较重点的和做题过程中比较难的、自己弄得不是特别明白的，用不同颜色或不同符号标注出来，方便第二遍看。第二遍主要就是再看知识点和不会的地方了，对于自己已经掌握得很清晰明白的知识点就没有必要深究了，对于太难的题也不要总是钻牛角尖非要弄明白不可，因为考研真正考的还是比较基础性的知识，对于特别难的题一般都不会涉及。

《考研数学复习全书》看完两遍之后，就可以做做《数学基础过关660题》了，当时我只做了其中的选择题部分，因为时间最后不是很充分，《数学基础过关660题》中的题做错的还是比较多的，感觉有好多知识点都不是很明白，这时候就要对照解析把题目本身掌握好，再对照《考研数学复习全书》参考本题所考知识点把这部分的知识点复习一遍。总之，数学就是这样，要多做题，多复习，多巩固。

11月份就应该开始做真题了，当时做真题的时候总是觉得题很简单，但是就是做不对。每套真题分两天来做，第一天掐时间，从早上8点到11点，为了提高这个时间段的数学兴奋度，第二天对答案。由于对答案很快，用不了一上午的时间，于是我又买了本《数学最后冲刺超越135分》，这本书是分模块的，方便根据做题情况找出不熟练的知识点重点突破，每做完一个模块划一个对号，最后满是对号，觉得非常有成就感，哈哈。数学（一）定要做题，不能到后期专攻政治就把数学抛一边了，这样容易到考场手生。关于模拟题，个人觉得做不做没有多大关系，参考价值不是很强。

二、英语

英语是一门长期投入的课程，不像政治，到最后几个月突击一下就可以，所以英语的准备要趁早。前期比较轻松，可以读读英语，背背单词，做做阅读。这里英语晨读的材料建议选用新视野的课本（后期做真题了直接读真题阅读就好），单词书建议选用新东方的绿皮书，乱序版的（这本书最好不要买新的，到旧货交易市场买学长学姐用过的就好），背单词是件枯燥的事情，很少有什么简单的方法，大家能做的就是多看多巩固，背不下来也不要着急，混个脸熟以后做真题也方便记忆。英语阅读就是看张剑的黄皮书《新编考研英语阅读理解150篇》，这本书比较接近考研英语的难度，个人觉得比较好。一天不用做多，做两篇阅读就好，或者仔细地做一篇阅读也行，但是一定要精读。

中后期就主要是做英语真题了，从后往前做，先是主要攻阅读，其他的可以暂时不要管。阅读一定要精读，对照解析把长难句分析明白，把文章中不会的单词掌握明白，这时的单词一定要记牢，因为真题中出现的单词往往是高频词汇，会在历年考试中反复出现。英语真题不一定只弄一遍，这个根据自己的情况来考虑，如果时间充裕建议还是要弄两遍，不过第一遍一定要非常的精！11月份之后可以看看新题型、翻译和完形填空，主要以真题为主，多做做看看就好。12月份就要着手看作文了，多背背范文，背背经典句型，最后冲刺的时候可以整理出属于自己的模板作文，到考场的时候直接套用。

三、政治

政治大家都不用担心，即使大学"毛概""马哲""思修"学得不好也不是问题，复习不用太早，等到10月份《思想政治理论考试大纲解析》出来就可以着手复习了。建议是看一章《思想政治理论考试大纲解析》，做一章肖秀荣的《命题人1 000题》或者和《思想政治理论考试大纲解析》配套的高浩峰编写的《考研思想政治理论考试大纲解析配套1 600题》也行。第二遍再把选择题过一遍，这时不熟悉的知识点一定要回到书中

对应找到，或者购买"风中劲草"的知识点背诵的那本书，在其中找也可以（个人建议买"风中劲草"的书，因为大家都在用，不要买盗版）。后期冲刺阶段就是跟着肖秀荣做《命题人冲刺8套卷》《命题人终极预测4套卷》。这里强调一下《命题人终极预测4套卷》的重要性，一定要多背背，我们不是指望着能够押中多少题，而是为了在考场中面对类似的题我们有话往上说。

四、专业课

概率论与数理统计很简单，不需要花费太多时间去看，最重要的就是把历年考题都弄明白弄透，假设检验历年都只有一种题型，就是分两步假设，第一步假设两个样本方差相等，在假设成立的条件下检验均值是否相等。所以真题一定要弄透！

国民经济统计学没有特别好的复习方法，就是多看书，要看透，看仔细。真正考试的时候可能会考到好多你没有记住的知识点，不要害怕，把你能想到的和它相关的统统写上去，一定会取得一个不错的成绩！

最后强调几点准备考试时需要注意的问题：

1.房子一定要自己去找，不要相信订房机构，事实证明订房机构很少能如宣传所说真正为学生们着想，再者，自己去订房要趁早，考点一出来可以马上上网搜考点附近的宾馆打电话订房，对于比较偏僻的，第二天也一定要起个大早，一定要起个大早！订房此时就别不舍得花钱了，最好选择快捷酒店，价格也比较公道，如果实在不行，也得选择石墙的，石墙的！

2.要选择一个志同道合的室友一起分担房租哦，这样也好有个照应。

3.考试当天一定要吃好喝好穿好，最好提前备点感冒药拉肚子药，稍有不适就吃药顶顶，不要让自己不舒服。吃饭不要吃太油腻的，最好选择类似蓝白这样的快餐，比较方便。

4.考试当天不要太放松，书还是要看的。吃完晚饭把自己做过的题看一看，尤其是政治和数学，政治翻翻肖秀荣的《命题人终极预测4套卷》，数学最好把上一年考题完完整整地做一遍，让自己心静顺便也练练手。

最后，祝大家考研成功！

附录：各科参考书

数学：同济第六版《高等数学》

李永乐《考研数学复习全书》

李永乐《数学基础过关660题》

李永乐《数学最后冲刺超越135分》

李永乐《数学历年真题权威解析》

英语：张剑《新编考研英语阅读理解150篇》

新东方《考研英语词汇词根+联想记忆法（乱序版）》（绿皮书）

曾鸣、张剑《历年考研英语真题解析及复习思路》

政治：《思想政治理论考试大纲解析》

肖秀荣《命题人1 000题》或高浩峰《考研思想政治理论考试大纲解析配套1 600题》

风中劲草《思想政治理论冲刺背诵核心考点》

肖秀荣《命题人冲刺8套卷》

肖秀荣《命题人终极预测4套卷》

（星期五（笔名），统计学，总分438分，专业排名第1）

第三节　那片荒芜的时光，我独自走过

很高兴应孙老师之邀撰写此文，下面就来说一说我的考研初试经验吧。

数学：主要用到的资料是课本、李永乐《考研数学复习全书》，2000—2014年的真题以及一些模拟题。由于数学和专业课在初试中占有很重要的地位，我3月份最先复习数学，我觉得课本还是需要看一遍，大家可以先去看一下去年的考试大纲，大致了解一下考试的内容，数学（三）不会考到的内容就不用花时间复习了。对于课本要注意掌握原理，不能死背概念和公式。看完书挑着做几道课后习题，熟悉内容，不用把课后题全部做完。我是7月中旬开始做复习全书的，这个难度确实比较大，和看课本完全不是一种感觉，刚开始可能很多都不会，进度特别慢，但这是很正常的。我是每天上午做数学，一上午看十几页，如果你进度快当然是更好的，但是一定要保证质量。在这暑假期间学姐推荐听了李永乐线性代数的视频，我觉得非常好，老师把规律总结得很透彻，知识结构特别清晰，让我的线性代数框架结构建立的很完整，所以感觉线性代数有很大的提升。暑假的时候是把全书的高数部分做完。9月份的时候单独买了李永乐《线性代数辅导讲义》并结合暑假视频笔记开始复习线性，就没有再做复习全书中的线性部分。大家第一遍一定把基础打牢。10月上旬开始第二遍复习，比第一遍要快一些，并且认真总结各种题型，没有光做题。并且要注意考试大纲是否有变化。做完第二遍之后差不多11月中旬了。就开始做真题，上午3个小时，每天一套，反复地练，速度一定要练，否则到考场上会时间不够用，并且自己总结真题中涉及的题型，有些是会重复考的。其实考研题型也就那么几种，做熟练就好，12月份就不用大量做题，把真题按类型再做做，保持感觉，看看错题，略微看看模拟题，考前每天复习一下公式。

如果高数学得不好的话，我推荐大家看下汤加凤的高数视频，讲得很深，题型整理得很好。

英语：主要用到单词书、黄皮书、2000—2014年的英语真题等。英语主要是阅读和作文。由于我英语基础还行，7月份之前就每天下午花一个小时熟悉单词，我觉得并不需要背下来，只要阅读中出现你认识即可，何况在阅读中未必是你背过的意思。但单词每天都要看，直到考试的前一天，这样算到考试能看十几遍，熟能生巧，看多了自然

就记住了。对于阅读，开始做阅读之前，把真题先复印几份，每次都用全新的。我是7月份开始做阅读真题，每天两篇，把不会的单词词组、熟词僻义，以及长难句、阅读中的规律、四个选项的规律都要总结出来。这样做阅读很慢，但效果不错，暑假做了2000—2010年的，留几年放到12月做。9月份后开始做第二遍真题，这个时候，我每天只做一篇阅读，但会进行全文翻译，熟悉文章结构的同时练习翻译。如果你觉得浪费时间，可以有选择地进行翻译，不用全文翻译。当你把十几年的文章做熟后会发现英语阅读其实挺有规律，做题思路大同小异，即使文章没有读懂，答案也能选出来。11月中旬之后就要提升英语作文的地位，背模板，自己写，总结出自己的模板。12月份把留下的英语真题每天三小时进行模拟，把控时间。我觉得对于英语应该报个英语冲刺班，对于英语预测的作文，自己要先练习写一写。我没有做英语模拟题，我觉得做模拟题会打破做英语真题的感觉，总结出来的规律用不到，而且不如真题严谨。英语真题最重要。

政治：主要用到《思想政治理论考试大纲解析》、肖秀荣系列、2005—2014年真题和"风中劲草"系列。政治中的多选题特别重要。我开始复习政治比较晚，等大纲出来之后才开始的，每天抓紧空余时间来看，早晨起来先看1小时，之后复习数学，下午看完英语再看1小时，晚上专业课复习完，做1小时政治选择题。11月中旬才把第一遍看完，这时候开始做政治真题，进行第二轮复习，"马原"、近代史和"思修"的一定要做，因为不会有太大变化，对于"毛中特"就选做了，因为变化蛮大的。只做了真题的选择题，所以很快就能把真题做完，之后看书的同时做"风中劲草"的选择题，这本书也有真题，顺便又做了一遍，这时候主要练习了多选题。快到12月的时候，一定重视政治的论述题和英语作文，因为现在这些很容易提分。每天下午背完英语背政治答题模板以及重点。12月10号左右开始做预测题，像蒋中庭的5套卷、肖秀荣的预测4套卷，把简答题的要点背一背，以及各个老师对于政治的预测都要关注。我觉得有些老师预测的还是蛮准的。

专业课：课本和习题册。我下午看完英语直到晚上都会学习专业课。最重要的是中级财务会计，整本书都是重点，哪一个知识点都不能放过。对于管理会计，前12章内容比较重要。暑假的时候在网上找视频看，并把中级财务课本看了一遍，9月中旬之后，又把书过了一遍。东财对于中级财务会计考得比较综合，所以一定要理解，在复习时一定要多去琢磨其中的原理，多问问，不能只是背背分录就觉得可以了。而管理会计比较简单，但是看第一遍的时候还是比较困难。这时候都11月份了，所以就抓紧看第二遍并且做习题册。自己把简答题、论述题加以总结，对做错的题进行"诊断"，12月初第二轮差不多复习完了。12月10日左右，开始背书中重点以及简答题和论述题的考点。我没有做真题，因为大纲变化很大。专业课没有太多的技巧而言，就是多看书、多理解，进行总结并且加以背诵。

考研整个过程确实比较痛苦，大家一定要把时间分配好，虽说要劳逸结合，但是还是要付出时间的代价。我早晨一般都起不来，所以都差不多8点才起床，8点半到图书馆开始看书。中午在图书馆休息1个小时左右，就不回宿舍了。晚上一般会学到半夜12点，11月份的时候凌晨1点左右。每天要给自己加强营养，学习累了就痛痛快快的出去玩耍一下，放空自己，每周都出去走走。每天保证好心情，才能学得更好，并且要看到自己的进步，对自己有信心，只要自己努力了，就会有回报的。

这就是我的初试经验，希望对大家有些帮助。

（陈园，会计学）

第四节　栀子花开，梦圆东财

考研结束有一段时间了，想把自己过去300多天的经历捋捋，算是对自己曾经的一种纪念，还有就是跟大家分享一些经验，使大家在有限的时间内获得最大回报。报一下初试成绩吧，我专业课140分，数学127分，总分392分，报考的是投资经济专业，专业排名第3。

一、考前准备

前期要对考研有个大体认识，比如专硕和学硕的区别、考研难度、自身能力的确定等。东财考研整体来说难度不是很大，诸位只要肯花时间，再用点心，考上是没有问题的。经济学类最重要的就是数学和专业课。关于考研信息的搜集，考研贴吧、考研论坛是两个很好的平台。在考研贴吧上可以找到同校研友，一起交流问题，还有吧友会分享考研视频，没事可以看一下。我觉得贴吧最值得看的就是那些"大神"的经验贴，大家前期要做的就是多看高分经验贴，然后结合自身情况，制订自己的复习计划。注意这是大体框架，比如每个时间段的各科复习进度，还有各科复习方法。具体细节问题，你自己决定。通过"仰视"这些"大神"总结的经验和方法，你会对自己以后考研过程有个清晰的脉络，不至于茫然无知。

关于研友问题和复习地点。有个要好的小伙伴做研友挺好的，一起学习、一起吃饭。后期冲刺阶段上自习会很晚，每天晚上和研友走在寂静的校园里很让人回味。还可以和研友交流一些考研问题，比如学校、教辅资料的选择，尤其是政治复习。另外，考研自习室最好固定，不要整天为了自习室问题花费精力。

二、复习方法

1.数学

数学（三）重在基础，复习时不要眼高手低，要多做题。你会发现那些经验贴都强调数学重在总结，其实没什么神奇的，就是多记笔记、多做题，笔记要反复看。笔记记什么呢？记例题吗？完全不用，汤家凤文都考研视频里面讲到的全都记下来，大约两个笔记本，从基础班到强化班。汤家凤的高数绝对值得信赖，概率论你也可以看他的（当然也可以看张宇的，他的风格比较诙谐，而且讲得有深度，引发你深思），线性代数看

李永乐的。课本不用看，浪费时间，而且你对重点把握不到位，那些老师会根据近几年出题风格给你最好的指引。另外的重头戏就是《考研数学复习全书》和《线性代数辅导讲义》（李永乐主编）。《考研数学复习全书》至少要看三遍，开始可能会觉得很吃力，但请记住考研的核心就是坚持。另外多说一句，如果数学基础不好的话，可以看汤家凤的《考研数学复习大全》。

总结一下，数学（三）就是看视频、做笔记、练《考研数学复习全书》。后期冲刺阶段要反复翻笔记、看做错的题，《考研数学复习全书》中做错的题要做好标记，每做错一次画一道，着重做。复习得好的话，后期可以尝试做一些难度大一点的题以检验自己的基础和应变力。离考研还有一个月时开始做过去十年的真题，真题价值比《考研数学复习全书》高，至少做三遍，关键是摸清题型和思路。我想强调的是，数学（三）考的是基础，一定要记牢每个定理的证明，汤家凤会告诉你哪个该熟记。

2.专业课

东财801考高鸿业的《西方经济学》，基础但是很经典。我考专业课的时候，重点"踩"得比较好，并注意结合相关章节来回答。希望大家做到将各个章节知识点融合在一起。东财801重点是宏观部分，宏观部分的重点是后面几章，有关各种模型必须烂熟于心。2015年东财801微观部分考的计算题挺基础，是有关MC和MR的，不过每小问都是层层递进的。教材的课后题很重要，一定要加以重视。资料买圣才的就可以，重点总结得还不错，后面的那些名校真题很有价值，对于开阔思路很有帮助，当然不用背下来，因为太多记不住。我还买了主编推荐的资料，有笔记和历年真题等，用处挺大的。

总结一下，多翻课本，形成自己的知识网络，侧重复习宏观部分，认真练习近十年真题（近三年价值最大），多关注财经新闻。

三、补充

对于考研，时间是基础，但更重要的是要有效率或者说要有自己的节奏。大家要把控好复习进程，方法就那些，关键是要有掌控力，整个考研过程要有条不紊。后期考的是心态，要多给自己积极信号。最后，特别感谢孙盛琳主编在考研期间给我的热情帮助。祝大家都能金榜题名！

（刘洋，投资经济）

第五节　拼搏过后，再回首，云淡风轻

前一阵子一直在学校忙着毕业的事，想写点东西一直没有机会，现在受到了学长的邀请，就赶紧写出来了。我报考的是东财的国际商务硕士，初试成绩：数学127分，专业课（国际贸易+国际贸易实务）126分，英语69分，政治72分，总分394分。

我是从3月初开始准备的，从此我和室友便结成研友开始了早出晚归的备战考研的生活。

1.数学：3月开始准备，刚开始每天除了一个小时的晨读和下午的两篇阅读之外，全天都是数学。3月到5月中旬，把数学教材看了一遍，把教材的定理、定义抄了一遍，挑教材的题做了一遍，其实对于我来说数学的学习真的挺痛苦，但还是坚持了下来。偶尔我还会和研友研究不会的题目。截至5月中旬，我已经把教材过了一遍，并开始看《考研数学复习全书》，到6月中旬的时候高数还差两章没复习完（然后就准备期末考试了）。当时《考研数学复习全书》中会的题会标"Y"（Yes），不会的标"N"（No），模棱两可的标个"A"，这样有助于第二遍复习。再开始复习就是7月10号左右了，回家待了十多天，把高数后两章看完了，又复习了李永乐的线代讲义。然后就回大连和研友在离补课班近的地方租了个房子，继续复习。一直到8月，白天上课，晚上有空或没课的时候继续复习数学。9月初开始到10月把全书又看了一遍（全书线代没看，线代只用了李永乐线代讲义），第二遍我只看标有N和A的内容，10月份又把第二遍中不会的内容看了一遍。从11月份开始一直到考前，开始看真题，真题加在一起大概做了四五遍。

2.英语：3月初到6月，早上7点到8点晨读英语，用的是新概念3和辅导班买的晨读材料，培养语感，感觉好的文章可以背下来，考试时作文也可以用到。下午做两篇阅读，不用太计较对错，只要明白对为什么对，错为什么错就可以了。一开始用的是特训88篇，然后是张剑的150篇，暑假开始做2000年以前的真题，2000年以后的真题是9月后才开始做的。9月以后，下午1点开始按套进行练习，前一天做，后一天对答案、分析真题或是准备作文。到最后真题也能研究个三四遍。可以找一些技巧，比如转折词、标点符号等。

3.政治：因为学理科，所以对政治不太理解，但通过听补课班再加上努力其实是没问题的。3—9月，没有看过政治，只是跟着补课班上课，10月拿到任汝芬教授考研政治序列丛书的序列之一，每天下午抽出1个小时，晚上10点到12点看序列之一，大概看了三遍，第一遍用铅笔，第二遍用油笔，第三遍用水笔，总算对政治有了感觉，随后也慢慢开始背了。11月以后，7点到8点就开始背政治，不看英语了。我先后看了序列之一、序列之二、序列之三以及肖秀荣的冲刺卷。

4.专业课：因为本科学的是国贸，所以很多知识都学过。7月中旬到8月，晚上10点后偶尔翻一翻专业课的书。真正复习是在9月之后，每天晚上7点到9点半全是看专业课，用的是东财指定的教材。可以把名词解释写在纸上，既加深印象又方便后面背。专业课要多看多背。

考研过程中心态很重要，一定要有信心，还要加上努力。有一位研友是最好的了，偶尔可以沟通一下，也是个伴儿。偶尔复习累了，也想过自己这样努力是否能换回什么，这种心态很多人都会有的，但也就是发个牢骚，随后还要安心复习。只要有心，天道酬勤。希望学弟学妹好好复习，取得个好成绩。

（马思思，国际商务）

第十章

全程备战锦囊

第一节　效率＋努力＋技巧＝美梦成真

我报考的是东财金融专硕，总分 429 分，政治 70 分，英语（二）82 分，数学（三）134 分，金融学综合 143 分，专业排名第 1。看到这个成绩，可以说意料之外却又在情理之中。意料之外，因为我觉得专业课没压分，很人性化；情理之中，因为备考这一年间，我确实努力了。下面我就跟大家分享一下我的备考经验及教训。

先介绍一下我自己：可以说是"学渣"，理科生，本科是金融专业，成绩很"烂"，英语六级考了三遍才"飘"过。所以，以下经验仅供参考，大家要根据自己的实际情况来制订适合自己的学习计划。

一、前提

1.心态

态度要端正，信念要坚定，我觉得这是最重要的。如果只是抱着试试看的心态去考研，我觉得还是不要浪费这个时间了，赶紧去找工作吧。

2.准备时间

我是从 2014 年 3 月开始准备的，前后一共花了 10 个月的时间。虽然复习到后期感觉有些疲惫（从 9 月份开始，可能是 9 月份各科都开始进入强化和真题阶段了，学习量太大），但总的来说，时间还是比较充裕的，复习起来也算是游刃有余。建议大家趁早开始准备，4、5 月份都行，结合自己的情况制订一个复习计划，然后按照计划严格执行。

二、复习经验及教训

1.数学

参考书：课本（就是最通用的同济和浙大版）、李永乐《考研数学复习全书》（或李正元《数学复习全书》）、李永乐《数学历年真题权威解析》（或李正元《数学历年试题解析》）、李永乐《线性代数辅导讲义》、李永乐《数学基础过关660题》、李永乐《数学全真模拟经典400题》和《数学决胜冲刺6+2》。

进度：3月初到4月中旬把课本和课后题"过"一遍，期间可以有针对性地看看视频。4月中旬到6月初，一边看基础视频（一定要做笔记），一边做《考研数学复习全书》的题，每一道题都要认认真真地做，并在题号前标明自己的熟练程度。6月初到8月初，第二遍做《考研数学复习全书》的题，一边做题，一边看强化视频。8月剩下的时间做《数学基础过关660题》，如果前期基础打好了，《数学基础过关660题》不会错很多，做完之后感觉数学有了很大提高。9月开学后，就开始做真题，留下近两年的真题最后模拟。一定要做套题，像考试一样写在白纸上，标明做题时间，给自己批改打分。还是那句话，如果前期基础打好了，做真题会比较顺，最差不会低于120分，3个小时就可以完成"做题+批改+分析"。真题做完之后，我又做了一遍真题中做错的题，之后就可以根据自己的情况，压缩数学复习的时间，再复习一下《考研数学复习全书》或者做《数学全真模拟经典400题》或者《数学决胜冲刺6+2》的题，这两本书是有些难度的，但是可以拓宽思路，如果数学想拿140+的话还是最好做一下。

特别说明：线性代数我直接做李永乐《线性代数辅导讲义》的题，没做《考研数学复习全书》中的线性代数。一边看李永乐的视频一边做《线性代数辅导讲义》的题，效果还是很明显的。看视频一定要做笔记，而且后期还要复习笔记。

时间分配：6月之前，我在数学上花的时间比较长，每天五六个小时。6—9月，根据自己的情况稍微压缩了一下，把时间让给其他科目。10月，数学复习保持在每天3个小时，也就是做一套题的时间。11月，我每天只给数学分配一两个小时，最后一个月把数学给"扔"了（绝对不应该扔的，我的教训是惨痛的）。

视频推荐：（1）高数，张宇的和汤家凤的。张宇的极限和导数讲得很好，汤家凤的证明讲得很好，其他的章节我看的都是汤家凤的。（2）线代，李永乐的。（3）概率，概率算是最简单的，我没有刻意去找名师的视频，只听了文登考研有个女老师讲的概率精讲。

教训：如果把该复习的书都复习了，视频也看了，我觉得数学拿130+没太大问题，但是最后一个月一定要保持"手感"。我的教训就是最后一个月把数学"扔"了，每天就看几道题，导致最后考试的时候慌了，2个小时答完题，一检查全是错，剩下1个小时就在不断地改错，估计还有些没发现的错。

2.英语

参考书：新东方考研英语词汇乱序版、张剑《新编考研英语阅读理解150篇》、张剑《历年考研英语真题解析及复习思路》、"考研1号英语"《考研真相：历年考研英语（一）真题》、"考研1号英语"《考研圣经：考研英语（二）历年真题超细解》、蒋军虎《考研英语阅读基本功长难句老蒋精解》、蒋军虎《考研英语（二）高分翻译老蒋笔记》、王江涛《考研英语高分写作》、高教社《考研英语（二）冲刺预测密卷6套题》。

进度：单词需要贯穿始终，3—5月每天一个"list"，每天花2个小时背单词，背的

时候要回顾一下之前背的，也就是"一边往前走一边回头看"，50天背完第一遍，逐渐熟练了之后就可以一个小时背3~5个单元，最后要达到基本上全部背熟，挑出一个单词就能马上反应出来的地步。5—6月做张剑的《新编考研英语阅读理解150篇》和2000—2004年的阅读理解真题练手，认真做并分析。6—9月做2005—2010英语（一）的真题，只做阅读理解，平均一篇阅读理解的时间控制在20分钟内，做完阅读理解后把全文翻译一遍，分析长难句、单词、选项的设置以及出题人的思路。这部分真题我做了3遍。9月招生简章出来之后发现英语改成英语（二）了，我就赶紧做英语（二）的真题。其实英语（二）的出题思路跟英语（一）还是有差别的，一开始的时候思路转变不过来，英语（二）错的比英语（一）还多，所以建议大家不要太钻研英语（一）的出题思路，用英语（一）的真题提高自己的阅读能力，着重分析英语（二）的出题思路。10月中旬开始背作文，我只背了《考研圣经：考研英语（二）历年真题超细解》里的作文和MBA英语的真题作文，然后自己写一遍，标注出自己写错的单词。最后两个月用王江涛的《考研英语高分写作》模拟练手，稍微背了一下他的模板。最后一个月做点模拟题保持感觉。

特别说明：单词要一直背到上考场，阅读理解也要一直练习以保持感觉，如果觉得自己长难句或者翻译等比较薄弱的话，可以单独买书来练手，但是最重要的还是真题。

时间分配：5月之前每天2小时单词，5月之后每天1小时单词+2小时阅读理解和翻译或者作文。

3.政治

参考书：高教社《思想政治理论考试大纲解析》（红宝书），肖秀荣《命题人1 000题》《命题人：形势与政策以及当代世界经济与政治》《命题人冲刺8套卷》《命题人终极预测4套卷》，"风中劲草"《思想政治理论冲刺背诵核心考点》。

我的进度：我从小政治就差，考个70分也算知足了。我从9月《思想政治理论考试大纲解析》出来的时候开始复习政治，一边看《思想政治理论考试大纲解析》一边做肖秀荣《命题人1 000题》（只做选择）。这个过程进行了两遍（可以进行到最后一个月，期间可以搭配"风中劲草"系列）。《命题人：形势与政策以及当代世界经济与政治》出来后，就应该开始看时政了，同时关注肖秀荣的微博，上面会有时政的更新。最后一个月《命题人冲刺8套卷》出来后，就要赶紧做，我只做了选择题和"马哲"部分的大题。最后两周的时候《命题人终极预测4套卷》就会出来，做做选择，主要还是背大题，大题必须全部背熟。

时间分配：每天2~2.5小时。

教训：政治选择题应该看到最后的，可惜我最后一个月为了专业课把选择题扔掉了，上考场的时候完全记不清了，选择题只得了34分。

4.专业课

参考书：东财招生简章上指定的三本书：《货币银行学》《国际金融》《证券投

资学》。

进度：因为很早就决定报考东财金融专硕，专业课教材在4月初就拿到手了，5—6月将复习的重点放在了数学和英语上，专业课也就是每天翻翻看看，有时候好几天才看一页。正式看书已经是7月中旬了，我用了大概1个半月的时间把三本教材仔细地看了一遍（每天3小时）。我虽然基础还凑合，但毕竟对于外校的专业课重点不了解，所以中途也是走了一些弯路，浪费了一些时间。从9月份开始，我将重点放在了记忆上，每天背3个小时，背了一段时间才发现理解是一回事，记忆是另外一回事！我根本记不住，反思了一下，觉得是没有系统地记忆，抓不住重点，于是我决定开始整理笔记，我把课后题、考过的真题、觉得书中能考的题全部写下来，把答案分条整理出来，并且自己总结出一套背诵方法，整理完笔记应该是10月底了。在这一阶段，我边整理边记忆，感觉有了自己的体系。11月份，我又把整理的笔记背了一遍，这一遍结束后，应该说我已经具备了"上战场"的水平。12月份，我把真题研究了一遍，做了做模拟题，同时每天翻笔记，加深理解，直到考试。

时间分配：建议每天三四个小时，要合理安排。不要像我一样前期太松懈，导致后期每天大部分时间都花在专业课上。

教训：专业课开始得有些晚，本来打算前期主攻数学和英语，暑假重点学习专业课，但是实际上暑假期间数学和英语也丝毫不能放松，这样复习的压力就大了不少。建议大家5月份可以简单地准备一下专业课，每天固定看半个小时书，打好基础，这样下一阶段学习会轻松不少；笔记应该早些整理，内容还是挺多的。如果你的逻辑能力不强，光看课本可能学习起来不系统，要背的内容还是挺多的，自己整理一遍会加深你对教材的把握。另外，要注意细节，现在考试出题越来越细，希望大家注意。

三、总结

考研是场持久战，它需要坚持+努力、技巧+效率，也要合理安排、劳逸结合。我除了最后一个月，每周都有自己的娱乐时间，看看综艺或者电影什么的，而且我不熬夜，学习时间一般是早上7点半到晚上9点半，最后一个月会根据自己的情况延长时间。

数学和专业课分值比较大，这两门应该尽量拿高分，这样总分才会比较"好看"。

总的来说：能不能考上跟努力程度有关；能不能考高分，跟复习技巧有关；而制定什么样的考研计划跟基础有关。

最后预祝大家都能考出理想的成绩！

（李古月，金融硕士，总分429分，专业排名第1）

第二节　　　　　　　终于等到你，还好我没放弃

本人是地道的"学渣"，还是三跨考生，参加了2016年考研，凭借自己不抛弃、不放弃的精神，终于等到了东财产业经济学专业的录取通知书。在复习过程中，我得到了

孙盛琳老师的不少帮助，因此很高兴应邀为学弟学妹们分享一下自己的心得。

首先说说数学。

所用资料：汤家凤的《高等数学辅导讲义》；李永乐的《线性代数辅导讲义》《考研数学复习全书》《数学基础过关660题》；张宇的《考研数学最后4套卷》；历年真题。

我数学基本属于零基础，都说万事开头难，确实如此。我刚开始复习时不知道用什么资料，还纠结要不要先把教材学一遍，但坐在自习室翻开教材时又觉得晦涩难懂，更加学不进去了，于是我选择报班听课。我听的是汤家凤老师的课，我一直觉得汤老师讲数学比较通俗易懂，更适合基础不太好的考生。后期我听了张宇老师的视频课程，讲得也很好，还做了张宇老师的《考研数学最后4套卷》，觉得难度挺大的，所以没有做完。我的同学也有听别的老师的课程的，这个就看自己选择，适合自己的才是最好的。

听了汤老师的基础课之后，我就看《考研数学复习全书》，按顺序先看高数，开始时做题并不顺利，有时候一晚上只能做几道题，做错的也很多，所以听了课之后还不会做题的同学不要灰心。后来我就听了几遍汤老师的课，接着先把汤老师的《高等数学辅导讲义》后面的题用他所讲的方法做完了，然后做《考研数学复习全书》的题。关于线性代数，我看的是李永乐的《线性代数辅导讲义》，个人觉得这本书很好，书中的题会做了线性代数部分应该没大问题了。关于概率论与数理统计，刚开始我看的是一位师兄推荐的一本书，看完之后觉得收获并不大，所以我干脆就听汤老师的课，然后做他讲义上的题，同时把《考研数学复习全书》的题做完了就没再做别的题了。其实通过做历年真题你会发现，数学（三）概率论与数理统计的题还是挺简单的。

我是在9月末就开始做真题的。大家可以一个星期做两套，认真做，仔细研究自己容易错的地方，接下来的时间我都基本上交给真题了。到12月临近考试的一段时间，我就不再做新题了，只看自己做错的题。

然后说说英语。

所用资料：王江涛的《十天搞定考研词汇》《考研英语高分写作》；历年真题；张剑的"黄皮书"。

我的英语不太好，所以就简单说一下。我一开始没报班，自己背单词，然后做张剑的"黄皮书"上的题，后来感觉进步不大就报了班。这里我强烈推荐《十天搞定考研词汇》。听老师说，自己买别的阅读材料做是没用的，主要还是要"研究"真题。不过我听到这话的时候已经是9月末了，所以之后我就一直做真题，做完后就试着翻译。关于作文，我建议好好背一下历年考研真题，实在不放心的话，也可以看看王江涛老师的预测书，但我建议还是要以真题为主。

最后说说专业课。

因为我是跨考生，所以专业课复习得比较早，3月份就开始复习了，我把《西方经济学》看了很多遍，一开始边看书边做笔记，然后把书上对应的图画一遍。我买了两本圣才的配套辅导书，上面就有课后题的答案，配合着书一起看，一直看到8月。

与此同时，我看了孙老师推荐的东财学姐讲的辅导班视频。她梳理了每一章的框架（先把书看几遍再看视频，这样收获会更大），对东财的考点进行精讲。然后我就根据她所讲的背每一章的重点内容。大家千万要记住，书上每一幅图都要认真记住并且能够准确地画出来，因为在考试答题时图文配合是非常重要的。

我把高鸿业的两本书都背过之后，就开始着手复习孙老师推荐的全套资料。里面的历年真题我都认真做了，记住是"做"真题而不是"看"真题，要自己动手写才可以，最好是掐着时间写。我开始做2001年的真题时发现语言组织得不是很好，得分也不高，但是多做几套真题后就发现自己越来越有话说，因为背过书之后，很多书面语言都可以应用自如，在答题时也就会如鱼得水。在做真题时千万不要把书丢掉，每做完一年的真题都可以将书中对应的知识点找到，然后再加深记忆一遍。案例题一般结合实际，比较灵活，需要大家尽可能将所学与现实结合起来。

关于政治，作为一个理科生，我就不多说了，大家可以去看看政治"大神"的经验，应该会受益良多。

最后祝所有考研的同学都能如愿以偿，圆梦东财！

（王璧雪，产业经济学）

第三节　　我的考研"闯关东"之旅

学弟学妹们好，我是山东学姐，因为考研考上了东财，现在来到了大连求学。我想跟大家说，考研复习是一个漫长的过程，一旦决定考研就要有这个心理准备，在近一年的复习过程中你会遇到各种问题、各种诱惑，所以既然选择了远方便只顾风雨兼程，各位加油！

首先说一下我的时间安排：

3月初，这个时候刚从寒假中回来心还是散的，所以这段时间主要背背单词收收心，看看数学教材。从3月份到5月份我一直在看数学教材做课后题，速度比我周边的同学都慢，但是每个人看书的习惯不同，千万不要跟别人比速度乱了自己的复习计划；英语单词背过一遍之后就买了一本新东方的阅读理解100篇找找做阅读的感觉，其实只是重拾英语吧，并不是要练做题技巧神马的，因为任何一本阅读书跟真题比都有差距；这段时间我只看了英语和数学，没有看专业课，因为英语是一个积累的过程必须贯穿始终，数学是考研中耗时耗精力比较多的且至关重要的一个"大头"，所以前期一定要打好基础。

6月份我的很多同学已经开始看《考研数学复习全书》了，可怜的我仍然还在看数学教材、做课后题，大概到了6月底才真正开始我的复习全书之旅，讲这个并不是让大家跟着我的进度复习，只是想说明按照自己的计划一步一个脚印地复习，不要盲目地跟同学比进度，找到适合自己的复习节奏很重要。

7月份开始，专业课提上了日程，但是政治还不急，这个过程中英语单词仍然要背，英语阅读还是要坚持每天一两篇地做，可能当时你觉得没什么效果，怎么做了这么多篇、背了这么多遍阅读还是错那么多，不要怀疑自己，这只是在积累量变，坚持下去一定会有质变；另外对于复习全书可能啃起来有点吃力，请坚持下去，不要想着后面还有这么多何时才能看完啊，所以看书的时候就只抱定当前看的这一部分认真地搞懂、一点一点地啃的信念，不要把困难放大，要学会把问题缩小，各个攻破。

到了9月底，《考研数学复习全书》我才看完第一遍，不过中间夹杂着把李永乐的线性代数讲义看了一遍；在9月初的时候买了英语历年真题开始做其中的阅读理解，对于英语真题一定要认真对待，总结出题方式解题思路；政治这个时候"红宝书"应该出来了，买回来开始看"红宝书"，不要拘泥于细节，快速地"过"一遍，配合着做肖秀荣老师的《命题人1 000题》，不要觉得枯燥就看不下去，不管怎么样都得看啊，还不如心情愉悦地看呢；这个时候我的专业课还没有看完，还剩两门呢，不过咱不着急，把握好自己的节奏不能乱，当然也不能懒懒散散，要高效看书！

10月份，忘记了什么时候出了"风中劲草"系列，反正刚出的时候就买了一本核心考点，这个可比"红宝书"简略多了，还是那句话，快速地"过"一遍，配合着再做一遍肖秀荣老师的《命题人1 000题》，不为别的，多看几遍就有印象了，像政治这种抽象的科目不能靠一遍就背下来。10月底我的专业课才算是"过"了一遍，稍有成就感，但是对于很多知识都不熟，见了题目还是不会做，所以紧接着就开始第二遍，这个时候就要有所详略了，重点知识重点看，重要的部分题目多做几遍，考研的过程中一定要坚信功夫不负有心人，就像是肖申克的救赎里安迪凿洞那样总会成功的；英语阅读真题做到这个时候应该对于考研阅读的出题方式有了一个清晰的认识，无非就是论点论据题、主题思想题等等，这是要自己总结的；《考研数学复习全书》第二遍还在艰苦地进行中，当然这个时候很多同学已经开始做真题了，还是那句"有自己的节奏就好"；早上的时候开始去外面读读政治了，不必强背。

11月份，一直到11月中旬我才把专业课过了第二遍，下旬开始做了套真题，效果不理想，所以我开始把历年真题的所有考点按年份列了一个表格，大概把握一下真题思路，找找复习重点，所以根据这张表我有所重点地又看了一遍教材，把相应的题目找来做熟练，其实真题我并没有做很多，但是真题上对应的题型都练了很多遍，本人比较笨，做一遍两遍记不住就多做了几遍练习册上的题目；数学到11月中下旬才开始真题，确实比《考研数学复习全书》要简单，保持着每两三天一年真题的速度做着数学真题，对于不熟练的知识点还是回到全书又看了一遍，还特意准备了一个错题知识点总结的本子，又整理了一遍；英语还是只是在练英语真题中的阅读，因为阅读是考研英语的重中之重，而且翻译新题型啥的其实也是阅读，所以一定要重视英语阅读理解，另外总结很重要，一定要自己总结体会，看别人总结的东西印象不会很深，这个时候我也开始做做新题型，做得好与不好都不要焦躁，做新题型就是要耐下心来才能做得好，对于翻

译我一直都没有特意练，前期做新东方的阅读时我会在每个周六挑一篇文章全文翻译，后来专业课比较占时间了就没有坚持下来，后期就只是把真题中的翻译做了一下，我的感觉就是阅读中的长难句，划分句子成分会了，翻译也就不会太糟糕；专业课方面还在重复着上面的方法，反复地看书做题，要很熟练很熟练才行；政治还在看"风中劲草"，反正政治在出来肖秀荣、任汝芬的最后押题卷之前就得不停地看"红宝书"和"风中劲草"，等最后押题卷出来了就要做上面的选择题，背卷子上的大题了，另外还有什么《考研思想政治20天20题》等都可以拿来背大题，之前看"红宝书"主要是准备选择题，到最后了就多背背大题。

12月份，最后一个月开始准备英语作文了，我就把真题的作文写了写，其实没有必要买其他的作文书，只要善于总结把每年的作文归归类，每一类都写自己的一个模板就够了，小作文也是如此，关键是要透过每年英语作文的具体载体看出是属于哪一类的，比如好的社会现象类，然后套用自己的模板写就可以了，不至于没话说；政治这个时候最后押题卷应该出来了，《考研思想政治20天20题》等书也出来了，就得做押题卷上的选择题，背其中的大题了，这个没得说；数学真题应该要做完了，最后一个月查漏补缺，把错题本上的知识点再找点题练练；专业课还是得练题目，另外总结出简答题和论述题重点地看一遍或者背一遍，因为会计的简答没必要死记硬背，把书看熟了自然也就会简答论述了，但是特意地看一遍简答论述会让自己比较心安。上考场前的最后几天，我也没有心情看书，就一直在外边背政治。

另外，在考试的时候要心无旁骛，不要被周围学生影响，也不要被上一场的考试影响，调整好心态，有同学一起更好，在一起说说笑笑就不会老想着上一场考得怎么样，也有利于下一场的发挥。

最后，还是那句话"既然选择了远方，便只顾风雨兼程"，坚持、加油！

（李杨，会计学）

第四节　一次破茧成蝶的蜕变

我叫赵赟飞，来自山西省东南部一个美丽的小城市——晋城市，现已被东北财经大学经济与社会发展研究院财政学专业（公共政策方向）录取，初试总分366分（政治63分，英语（一）60分，数学（三）121分，经济学122分），在整个备考过程中有很多感受，之前也看过《梦想成真：东北财经大学考研直通车》，颇受启发。这次很幸运能够得到孙盛琳学长的邀请，虽然自己是来自普通本科学校的学渣，但我希望自己的一些复习经历能够对今后参加考研的师弟师妹们有一些帮助，谨以此文献给那些正在追梦的师弟师妹们！

一、政治篇

我是从9月份《思想政治理论考试大纲解析》出来后开始复习政治的，其实对于政

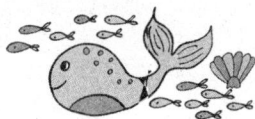

治大家都不用太担心，一般都不会太差的。我在政治上花的时间比较少，所以分数很大众化，当时只在网上买了一本"风中劲草"大纲知识点总结的书，个人觉得这本书非常好，重点突出、层次分明，每天抽出1个小时看政治，每天看一章，再结合肖秀荣《命题人1 000题》，练练选择题，整个过程结束就到11月了。接下来回头总结一下知识点，尤其哲学、世界经济与政治那些答题套路，形成自己的思路，再买点时事政治的资料，练习选择题，等到12月就开始做模拟题，肖秀荣《命题人终极预测4套卷》必须认真做，争取问答题都能背下来，其他的押题一定要亲自做，遇到"陌生"的要到大纲中去看看相关的知识点。到12月每天抽出1个多小时背政治，直到临考前。

二、英语篇

说到英语，很多同学真心觉得痛苦。我从4月份就拿了一本张剑《历年考研英语真题解析及复习思路》附带的单词书，每天上午抽出1个小时背一点。当然一直背会一直忘，但是不能放弃背单词，单词量真的特别重要。我直到7月份才看完单词书，当然这中间每天晚上也做两篇真题阅读理解来检查自己的阅读水平。我从8月份就开始漫长的做真题过程，近十年的真题，每一个句子，每一个不认识的单词，每一道做错的题都要认真分析，每天早晨尽量早起抽出时间来背一下这些真题中出现的单词和句子。还是要强调一下真题的重要性，一定要认真分析真题！个人觉得张剑《历年考研英语真题解析及复习思路》就很好，英语真题最好能多分析几遍，建议大家速度快一点，否则临考前看不完。还有作文，要总结出自己的模板，要达到无论出什么样的主题总能写出文章的效果。等分析完几遍真题后也就临考了，临考前最好找套卷子掐时间练练手，先准备好自己的做题战术，比如正式考试的时候先做哪儿再做哪儿。英语是一门注重积累的学科，但也看临场发挥，考前看看作文，调整一下心态去考就行。考完英语一定不要去对答案，对完答案有可能会很失望，这对第二天两门重中之重的考试科目有非常消极的影响！

三、数学篇

数学对于考经管类专业的同学来说非常重要，我想不用我再重复数学的重要性，它直接决定考研的成败，毕竟是150分的科目，还不可能蒙，会就是会，不会就是不会，所以数学不太好的同学要多花功夫在数学上。从我的经验来说，数学一定要多做题。我从4月份开始看《考研数学复习全书》，基本都是每天上午做数学，这本书很全面，是特别经典的考研书。数学第一遍复习很漫长，因为是打基础的阶段，每一个公式、每一种计算方法最好自己都亲自动笔演练，如果实在是超出自己能力范围的就"放"过去，毕竟基础题占绝对比重，如果简单的都做对，分数也不会很差，所以第一遍一定要注重基础。大概到7月中旬，第一遍复习总算完了，开始第二遍复习。第二遍仍然以《考研数学复习全书》为主，仍然是从高数开始认真往后看，我当时给自己定的目标是每天15页，基本做到了按照这个目标复习，到9月第二遍复习就告一段落。这一过程会遇到很多不会的难题，可以先做标记，或者找同学探讨，必考知识点一定要弄懂。9月开始

第三遍看《考研数学复习全书》，第三遍就要加大做题量，除了总结之前看过的题，还要找其他合适的题来做，我买的是李永乐《数学基础过关660题》和汤家凤《接力题典1 800》，《数学基础过关660题》是跟着复习节奏来做。《数学基础过关660题》果然也是考研经典书目，上面的选择题和填空题都挺经典，各种经典算法都有。至于《接力题典1 800》，我都是在晚上睡之前做10～15道题，因为时间的关系，最后只做完高数部分，所以大家一定要抓紧时间练习。国庆节之后就开始做真题，每天一份，最好掐时间做，当然要留两三份最后模拟练习。真题也就十几份，所以要认真分析每一份真题，把做错的题标出来，准备一个错题本。这样反复做几遍真题后，其实时间就所剩不多了，再拿出《考研数学复习全书》把重要的公式、题型温习一下，还有做错的那些题再做一做，直到临考前。临考状态很重要，要的就是平时做题的感觉，当然考试的状态来源于平时无数次的练习。

四、专业课篇

专业课我考的是801经济学，教材是高鸿业的微宏观经济学，但要告诉大家的是，只看这两本书是远远不够的！可以说，东财考的是第四版到第六版的并集，尤其是博弈论那一块。在专业课上我下的功夫也挺多，最后考了122分，对于跨专业考研来说已经很满意了。东财专业课考得比较细，并且出题老师都是博弈论高手。对于专业课，应达到"广、细、快"的要求：知识面要广，看书要细，答题要快！专业课我"过"了大概5遍，4—7月是打基础的阶段，看得比较慢，每一句都要理解，做好笔记，尤其是那些图，一定要亲自画下来，还有公式也要能推导出来。对于不太好理解的要做好标记，之后再做课后题，我用的圣才的笔记和习题详解，并且买了尹伯成的"绿皮书"，这本书比较旧了，但是上面有许多补充的知识点，真题中一些名词解释这本书上也有，所以有时间可以看一下，并且可以拿其中的选择题、计算题来练练手，考查自己对知识点的理解程度。从8月份开始第2遍，之后的每一遍可以说越看越快。按照自己的节奏复习，看书、画图、理解，直到11月初看完第4遍。接下来开始做近十年真题，做真题就会发现东财专业课从2011年开始题型就基本定型了，并且考查的重点无处不在，所以对于专业课的要求必须达到"广、细、快"。临考前一周要把书合上，对着目录再从头到尾温习一遍，包括每一个图、每一个推导，遇到"卡壳"的知识点要赶紧回到书中重点记忆理解。再次提醒大家，专业课答题一定要既快又准！

五、心态篇

说到心态，经历过后会发现大可没必要为了考研紧张到影响复习和做题，很多同学紧张的原因无非就是怕自己考不上。其实考研没什么，要学会解压和释放，比如告诉自己，退一万步讲，考不上又能怎样，反正研究生在现在社会认可度也没有那么高了，这样暗示自己心里可能会放松点。有一些同学想通过考研证明自己，我就是一个例子，我本科学校很一般，并且从小学习一直都不太突出，总是别人生活里的小配角，老师、同学都没有给予很多期望，所以最近碰到以前的同学或者老师问起我近况，我说准备上研

究生，他们更多的是惊讶。另外，在考研复习过程中有些同学会因为和舍友不同的作息时间或者人生追求的差异而形成矛盾，自然压力很大，我想送给你们一句话：想承受多大的赞美，就得承受多大的诋毁！根本不需要害怕什么，既然选择了远方，便只顾风雨兼程！

六、总结

以上就是我的备考经历，不可能适用于每个人，大家要根据自己的实际情况来安排复习，希望自己的一些经历能够帮助更多想考进东财的师弟师妹们，祝福你们在考研大战中脱颖而出，东财永远为有梦想的同学敞开大门！考研的师弟师妹们，加油，我在东财等你们！

（赵赟飞，财政学（公共政策））

第五节　待我长发及腰，东财你录取我可好？

研究生入学考试结束以后心里轻松了一阵子，然而，轻松了没几天又开始担心起未来，开始预测各种考试的结果，为自己设想着各种可能的后路。得知出成绩了，紧张地翻出珍藏好的准考证，用颤抖的双手输入了准考证号和身份证号，看到成绩时没有太大的兴奋也没有多少失落，比自己预想的低，但也过线了，这个不高不低的成绩暂时稳住了半个月来紧张的情绪。初试过了就开始思考复试的事情，因为排名不是特别靠前，所以便急忙上网找学长、学姐的联系方式，看一些关于复试的经验。在这里特别感谢主编，他特别热心，而且给出了很多中肯的复试建议，让自己至少对东财的复试有了一个大概的了解，包括复试流程以及如何准备专业课面试和英语口语面试，甚至在选择导师方面的问题上，主编也都倾囊相授。回想这半年多考研的辛酸历程，还多亏了学长、学姐和老师的帮助，我才会坚持走到今天。

实不相瞒，鄙人是"二战"，"一战"时，没怎么复习，也就是看周围的人考研，自己也跟着考，每天也是起早贪黑，可就是效率不高，坐在自习室里，学习不到20分钟就想玩手机。尤其是学数学的时候，做一道大题整个大脑里的细胞、神经跟跳霹雳舞似地乱窜，每做出一道数学大题就有一种大伤元气的感觉，不过伤就伤吧，谁让自己平时不努力学习呢。每天都会给自己制订好计划，可是按时完成计划的次数却很少，以至于到后来连计划也不订了，最后破罐子破摔，考了个伤不起的分数，真可谓是无言面对江东父老。看着别的同学工作的工作，上研究生的上研究生，自己着实体会了一把什么叫做一无所成。错过了银行考试，不想考公务员，又觉得民企待遇不好，成了一个高不成低不就、悬在半空中的人，各种纠结之下决定"二战"，毕竟自己也辛苦准备了一年，多多少少还是有点底子的。于是乎我投入了"二战"的大军中，可是"二战"远比自己想象的痛苦得多，找房子、寻"战友"、占座位，各种"一战"时不用考虑的事情一下子都冒了出来。

可是再多困难也只能硬着头皮往前冲了，6月份毕了业没有回家直接在学校里租了一间房，从早上6点半到晚上10点半，给自己安排了满满的计划。可是每当狠下心来认真学习的时候还是很痛苦。英语阅读理解很多生单词，看着看着就想把书给撕了，数学全书密密麻麻的一道题目接着一道题目，做着做着就头大。于是乎开始背单词，看数学课本，因为这些最基本的东西恰恰是最重要的，毕竟有句话就叫做万变不离其宗。话说四年来从没有这么认真地学习过，包括期末考试的时候，万事开头难，坚持了一个星期左右，才慢慢地进入状态。暑假的时候，学校放假了，食堂也关门了，"战友"嫌学校太热回家复习去了，只剩自己一个人孤军奋战了，还好一直不断地鼓励暗示自己无论如何也要坚持下去。大家可别小看暑假这两个月，其实是考研的关键时刻，这个时候一般人都比较松懈，而且由于天气伙食的原因大都不愿意在学校待着复习，可是回家后有几个人真正能看得进去书呢，反正我不能，所以奉劝没有养成在家学习这一学习习惯的同学千万要耐得住寂寞，忍得住孤独，安安心心地利用好这两个月的时间。两个月，你完全可以把《考研数学复习全书》的题认认真真做一遍，英语基础阅读理解做一遍，考研大纲词汇背一遍，专业课看一遍，顺便做做课后题，这就够了，别人两个月什么都没有干，只是在家吹吹空调，喝喝饮料，玩玩电脑，泡个小澡。而你呢，已经完成了第一轮复习，要是3月份就开始准备的同学那就已经是第二轮复习了，差距就是这样一点一点拉开的。这两个月认认真真、踏踏实实学习了，心理上也会有很强的优越感，到9月份开了学，别的同学都会很愧疚这两个月没有好好学习，而自己则已暗暗地直接进入了下一轮的复习。别的同学光调整状态就得一个星期，而且此时的状态是越调整越心虚，一看那么多没完成的任务，不会做的题目，还有那愁人的单词，心里就越发慌了，这个时候别人的心理防线一点点地被攻破，而你的心理状态却进入了极好的时期。这个时候谨记要稳稳地进入到下一轮的复习当中，不可掉以轻心。

第一遍肯定有很多不会做的数学题，没记住的单词，还有专业课里面没有理解的概念和理论。第二遍就要把全书不会做的题甚至是做的时候不那么顺利的题目重新做一遍，一个都不能少，由于第一遍做过了，对题目会有印象，所以奉劝大家最好不要记着答案做题，看过题目以后重新在练习本上认认真真卡着时间做，第一遍的速度每天保持在10页左右，第二遍20页左右。这样第一遍两个月就足够了，第二遍一个月也够了。我见过的很多考研的同学一般都习惯下午和晚上做数学，前几个月这样可以，到最后一个月大家最好还是能够上午卡着时间做一下。有很多同学上午考数学，做了一个多小时了才找到状态，这样在考场上就比较吃亏了。另外数学题目千万要自己动脑子想，实在想不出了也要多想想再去看答案，这样你就会记住自己到底哪里卡住了，思路不对，计算不对，还是定理没记住，等你看答案的时候你就会恍然大悟，这个时候要对症下药。如果是思路不对就把答案的思路好好地记在脑子里，计算不对就要小心，这种失误考试时最吃亏了，定理没记住的话就马上翻开课本认真读一下原定理，包括定理的假设条件、证明方法都要记住，不要想着书上有就行了，书上有不代表你脑子里有，考试的时

候带的是脑子不是书，这样累计下来书上的定理差不多就都搞懂了，而且经过题目的熏陶印象也比较深刻。第三遍边看复习全书边做历年真题，把历年真题卡着时间做两遍，做完给自己打个分数，然后查漏补缺，哪种类型的题目不会的就多加练习，相信这样十多套真题下来分数一定会提高不少（前提是把整本书给做透彻了）。

英语方面，第二遍的时候单词我只背了没几天，背着背着就烦了，张剑的《新编考研英语阅读理解150篇（基础训练）》也没有做，只是又做了一遍真题，最后练了一下作文，背了几个模版，考得分数一般，不过过线够了。建议大家有时间的话多做阅读理解，每天坚持做几篇，保持"手感"，而且单词一定要坚持背，后悔自己今年没有坚持背，要不然分数还会再高点。最后一个月找作文模板背一下，而且自己每天都要写一篇作文，再次强调"手感"很重要。

专业课第一遍复习的时候对于大部分经济类专业的学生还是比较容易的，书上的概念、各种理论，甚至流派最好边看边在笔记本上写一下，这样印象比较深刻。我一般是晚上看专业课的书，第二天早上把看过的章节和做的笔记读两遍，专业课要注意进行理解性记忆，不要死记硬背。这样，算上看书、做笔记、复习也就有三遍了，大家都知道遗忘曲线，所以最好短时间内多重复几遍。下午抽一个小时把课后题做做，以强化巩固一下，第一遍的时候这样复习效果还是很不错的，不信你可以试试。我看得比较慢，两天看一章，不求速度，但求稳固，坚持到底，就是胜利。第二遍的时候就要开始加强背诵这块了，虽说不能死记硬背，但也得适当地抽时间加强式地记忆一下，这个时候对于一些关键的名词比如资本边际报酬递减规律等等都要进行特别背诵，哪怕死记硬背也要背下来，对于复杂的经济理论既要会用文字进行叙述，比如实际经济周期理论，但同时也要能够画图说明，比如蛛网模型。打印出历年的真题，把名解和简答也背诵一下，我第二遍突击的主要是背诵和画图。画图特别重要，首先要会根据书上的文字叙述自己在练习本上把图画一遍，凡是书上有的都要画，不要眼高手低，纵坐标、横坐标各代表哪些变量，曲线是凸向原点还是凹向原点都要搞清楚，并要知晓其中的原因。其次，反过来对于你练习本上的每一个图都要能用文字叙述出图的大意。这样正反双面攻击，图就不是问题了。该背的背过了，该画的也都画过了，第二遍就算完成了。第三遍的时候要开始做真题上的论述和计算，由于名词解释和简答第二遍的时候已经复习过了，论述题一定要自己写写，把能想到的有关内容尽量都写出来，写完再对一下答案，看看遗漏或者混淆了书上的哪些内容，然后把正确的答案顺一遍，印象就更深了。关于计算，由于第一遍做课后题的时候就已做过很多了，那么此时便可以把历年真题做一下，有时间的同学还可以买两本金圣才的做做，我买了两本，但是没做多少。关键是开拓一下思维，多练习一下，找一找"手感"。这两本书上的论述题还是挺全的，就是答案字数比较多，不过大家可以分条记忆，论述题条理性还是很强的，分点记忆效果好，答题的时候思路也清晰。

政治在这里就不多说了，我高中学理的，说实话对政治没有多大兴趣，但是该背的还是要背，我是国庆节后开始复习政治的，做的肖秀荣的《命题人1000题》，看了两遍大纲解析，买了一本"风中劲草"的书，最后肖秀荣的《命题人终极预测4套卷》、任汝芬的《最后四套题》都做了，考了个不拖后腿的分数也知足了。

最后一遍收尾复习的时候，大家一定要查漏补缺，哪里有不会的一定要弄懂，弄不懂的就牢牢记住，看看做好的笔记，这个方法适合于各科。不经一番寒彻骨，怎得梅花扑鼻香。坚持坚持再坚持，苦不苦想想红军两万五千里。改变命运的一年，大家一定要好好把握。

关于休息，一星期可以休息一天，放松放松，打打乒乓球、羽毛球锻炼锻炼身体什么的，但不要进行剧烈运动，考研已经让我们身心俱疲了，做一些简单放松的运动就好。另外营养一定要跟得上，虽说天天坐在那里学习，但是一动脑子，肚子饿得也很快。最后一个月加强背诵的时候一定要多喝水，预防感冒。身体最重要，该休息的时候就大胆地休息，不要休息着又心里愧疚，既没有放松，也没有学习，得不偿失。啰啰唆唆这么多，最后总结一句话，心态是关键，学习是核心，坚持是动力，结果呢，就让它顺其自然吧。

（吉翔宇，世界经济）

第十一章

高分考生谈备考

考研的辛酸苦辣没那么夸张，考上后的世界也没那么让你欣喜若狂，你还是你，而考研收获的是一份宁静、一份坚持、一份对自己的认可、一份对未来的规划与选择。我选择考研是为了改变专业，改变自己的职业路线，从工科跨到了文科，从信管跨到了财税，从合工大跨到了东财，也许有人觉得三跨比较难考，是的，但只是相对而言，因为专业课并没有你想象得难。基础这个东西，说它有并不一定有，说它无并不一定没有，经济学本来就是理解性的，只知皮毛的懂还不如不懂，所以即便三跨，不要怕，把心态放平和，把努力做实。如果你也是三跨，如果你也要报考财税专业，那么恭喜你，努力吧，我身为一个过来人，可以告诉你，这个专业很好，不亚于会计，现在税收对于企业来说越来越实用，而且学好税收的前提就是学好会计，并对法条和国家政策有很好的理解，不论以后你的职业怎样规划，是要考公务员还是进企业，路子都很广。也许说这些对于你们有些早，但知道这些后，考研的路上你们会更坚定，对于考研，坐足板凳比什么都重要。

下面我说说对各科的准备：

一、数学

数学知识点比较多，而且重在理解和运用。我报了个数学暑期强化班（我的本科学校合肥工业大学有个数学辅导班不错），听课加上做题，慢慢就把知识点领悟了。基础打好了，后期做题就感觉心中是有个知识架构的，只是不断充实、不断加深理解的过程，这样学习会事半功倍。我最不喜欢的学习方式就是做很多题，却没有个学习体系，题做完后只有当时有收获，这样学对考试是很不利的。所以，我建议至少到11月份一定要对知识点很熟，看到题能想到题型，能联系到做过的题，并进行贯通和对比，有时间的话最好把知识点总结一下，作为自己复习的依据。

至于看什么书做什么题，我觉得不重要。你喜欢哪本书，觉得哪本书的编排你比较喜欢，哪本书符合自己的学习方式，就选用哪本书。比如我就喜欢题少但题型典型的，就喜欢大家觉得权威的，就喜欢有知识点总结的。重点是选择了就要把那本书看透做熟，这比看好多书效果要明显，也更有效率，如果有时间可以去做模拟题。如果想补漏，可以做做《数学基础过关660题》，但前提必须是知识点系统化并还有时间来做。

二、英语

如果刚开始你做真题只能得40多分，不要怕，我也那样，毕竟考研的题目不简单。后来我考了70分，我觉得并不惊讶。英语是一门语言，它讲究语感，不能急，每天多做做题、背背单词，坚持下来，到考前一个月多做真题，你会发现，真的不一样了。单词书没有什么区别，选一本你喜欢的就可以了。题目的话，我建议把二十年真题做"透"，其实量已经很大了，做"透"要求对单词、语句都弄明白，甚至可以做完就读读背背，找语感，这个过程中也能让你复习背过的单词。

三、政治

政治这门课我重视得不够，准备也不是太充分，这门课对于我来说是唯一一门拿不准、靠一部分运气的科目。我算比较幸运吧，考前看的肖秀荣的《命题人终极预测4套卷》比较给力，猜中了大部分大题目。这个预测卷出得比较晚，如果只指望这4套卷显然不够，政治里面"马哲"部分一定要先理解透并做些题，这个需要花比较多的时间，剩下的部分可以稍微放松些，看看书、做做题。

四、专业课

专业课是经济学，我认为看完书后一定要多背、多理解，真题也要做。东财的801考题重点不在计算，考的论述题比较多，所以复习一定要广，而且学到最后对每一个章节都要有"话"说，图也要画得漂亮。经济学的知识点要经常复习记忆，我的建议是先背书，再做真题，这是对基础薄弱的同学的建议。

考研其实是公平的，我不喜欢那些"腹黑论"，现在你们要做的只是做好自己，考研是自己需要认真准备的一件事，准备不足就会底气不足，到最后就是慌乱。如果周围又有找工作并找到好工作的，也许你就会打退堂鼓，选择放弃，当然这不一定是坏事，可人还是要有计划、要有目标的，总走弯路就会白费劲，考研前一定要想好。

对于考研，我觉得环境很重要，一定要有个固定的教室，教室学习氛围还要好，这样你才会有惯性去努力学习，有惯性去教室，心才能彻底静下来，当然这也和个人喜好有关系。如果考完出了考场，你的脸上露出淡然的笑容，内心不狂喜不焦虑，那么，你就胜了，无论结果如何，你收获的首先是对自己的肯定，这样的结局多半是，你考上了。

我在东财园等你的到来，少年美女们，努力吧！

（王芳，财政学，专业排名第1）

第二节　　　　考研，即刻启程

在准备考研的时候，我就跟自己说过，等考完研一定要写一篇文章记录一下自己的考研心得，希望下届同学能够避免像我一样走各种弯路，也为了记录一下自己多半年来的生活。正巧大过年的闲得要死，就试着写出来。但有句话先说一下，适合自己的才是最好的，我的经验未必就适合大家，还请有志于考研的同学谨慎采用。

先说几个注意事项吧。

首先，考研辅导班一个也不需要报。哪怕是为了求安慰，报辅导班也不如多买几本书看着玩来得实在。

本人报了某知名考研机构的政治全程班，850元，一点用也没有。在最后的押题班讲义上都会出现已经废弃的政治经济学的大题押题，这不扯淡吗。还有，老师们最常见的骗人手段就是：别的老师都不会这个，只有我会！等你复习完之后就会发现，这个方法书上都有，是个人就知道（有点夸张）。

其次，考研并不是多么困难的事，也不是多么神圣的事。

看很多前人们写考完研，经历了半年风雨，守住了一年孤独，坚持下来化茧成蝶。在此想告诫一下，考研就是一个普普通通的过程，政治数学每天重复着无聊的习题和知识点，英语死抠真题。我一个舍友找工作，坐火车从浙江回青岛，赶上晚上下大雨，伞还被风刮坏了，一路淋着走回宿舍，工作还没着落，相信这个经历不比考研难忘多少。

我的考研之路很平淡，每天7点多起床，8点半到自习室学习，期间刷一刷人人网和微博，做做愤青，中午午睡一个多小时，晚上10点回宿舍。"老婆"心情不好的时候晚上7点就回去了，打打Dota散散心。每个月都出去改善几次伙食。但是我坚持了下来，考试之前心态也很平静，没有波动（除了被张剑的《考研英语高分模拟6套题》虐得惨不忍睹之外，此为后话）。我觉得这是考研最关键的地方。

再次，考研目标院校的确定。

要知道自己为什么要考研，适不适合继续读研，这是最主要的。根据自己搜集的院校信息、考研目标和个人能力决定院校。很多人在报名时报好几个院校，最后现场确认时才确定目标院校，这也不失为一种办法。

最后，考研期间找不找工作。

一个考上财科所的学姐告诉我要在考研的时候先找个工作保保底，要不然考不上的话会很被动。可由于我个人条件限制（不留青岛，又要考研，不方便外出），到现在也没工作。也有同学说过"双鸟在林不如一鸟在手"，虽然理经不起推敲，但也可以拿来增长信心。找不找还是看个人，我没好的建议，不过这个问题还是要重视一下。

说说正事吧，我报的东财的会计，专业课没有普适性，在此仅介绍一下数学、英语和政治的复习。

数学：每天上午8点半—11点半。

我用的是李永乐、李正元的《考研数学复习全书》，还有一本李永乐、王式安的《考研数学复习全书》，推荐前一本。其他的还有：《数学基础过关660题》（李永乐、王式安）、《数学历年真题权威解析》（谁的都行）、《考研冲刺最后5套题》、《数学决胜冲刺6+2》、《数学最后冲刺超越135分》、《绝对考场最后8套题》。

数学是从大三下学期开始复习的。看一章课本做一章"全书"，大约在暑假之前"全书""过"了一遍，但基本没什么印象。做这一遍是很困难的，坚持下来就好，问题不求会，求脸熟。课本中，线性代数不推荐清华版，因为编著思路跳跃性太大。暑假的时候开始"过""全书"第二遍，没印象的知识点去看课本，按"会—略懂—完全不会"分层级，标在题目前方。因为期间感冒发烧和拜访"老婆"家，大约大四开始前几周才做完了第二遍。这个时候我已经对数学复习有了思路和信心，接下来需要训练的就是速度和正确率了。《数学基础过关660题》到考前也没做完，不推荐大家在它身上花很多时间。因为题目过分注重技巧和方法，计算量的层级也不是选择填空该有的，可以用来锻炼一下，但不必强求。历年真题在"全书"进行完第二遍之后就可以开始了，但我当时觉得做起来比较吃力，好多知识点都忘了，这时候可以去查"全书"，然后把相关的习题再来一遍。弄完大约10月份。《考研冲刺最后5套题》绝对经典，题目不是特别难，但也不容易，希望有时间的话做两三遍。第一遍最好在历年真题做完之后再开始，大约10月份之后吧。剩下的那些书，《数学决胜冲刺6+2》必备，其他不是很推荐，权当练手。《考研数学复习全书》我只做了两遍，因为后来我发现每套题我不是不会，而是做不对，不是这漏了一个数就是那多加了个负号。这是我一直担心的问题，也在努力改善，方法就是不断地卡时间做套题练正确率，后来导致我做题的时候做一道检查一道，要不然不放心。但考研时还是出了岔子，写错了一个大题的结果，漏了一个符号。后来的模拟题都很打击人，坚持下来就好，真题没那么难。

英语：每天下午2点半—4点。

我用的新东方《考研英语词汇词根+联想记忆法（乱序版）》，张剑的《新编考研英语阅读理解150篇（基础训练）》《新编考研英语阅读理解150篇（提高冲刺）》，"红宝书"《考研英语10年真题》，张剑的《考研英语阅读理解Part B高分突破（新题型30篇）》，新东方的《考研英语拆分与组合翻译法》《考研英语高分写作》，张剑的《考研英语写作高分突破（热点话题80篇）》《考研英语高分模拟6套题》《考研英语最后预测5套题》。

英语也是从大三下学期开始的，千万千万不要做真题，做一套浪费一套，这是真理。单词的复习随意，我背过肖克的，没背下去，新东方的却很喜欢背，个人感觉这本单词书编得不错。先从《新编考研英语阅读理解150篇（基础训练）》入手，按照他的思路进行分析（实质就是死抠）。一天两篇，不求多，但求会。单词什么的不用管，记也记不住（我个人感觉阅读里的单词大部分你没见过的话肯定背不下来，但你要是刚在

单词书里记住，又恰巧看见它在阅读里出现，这就不会忘了），可以记几个很特殊的、影响你对全篇理解的单词。基础过关弄完之后可以开始进行真题的阅读复习。具体英语阅读分析方法我也不知道怎么写出来，看同学们的造化了。英语真题复习资料我不推荐红宝书，但也没做过其他版本，不便多说。接下来就是《新编考研英语阅读理解150篇（提高冲刺）》和新题型，一天两篇，没别的好建议。翻译和完形填空没怎么看，今年考了个"homeless garden"，不知道什么意思。写作在最后一周开始准备的，一个正面模板，一个负面模板，可到了考场上发现基本没用，只好临场瞎编。张剑的《考研英语高分模拟6套题》《考研英语最后预测5套题》，做做就好，看看什么叫模拟题，让你错得无颜再见江东父老。真题的阅读A、B部分和完形填空至少做两遍。阅读重在你懂不懂文章的行文思路和论据论点。

政治：每天下午4—5点、晚上6点半—7点半。

我用的《思想政治理论考试大纲解析》、《命题人1 000题》、肖秀荣《命题人讲真题》、"疾风劲草"三本书、肖秀荣《命题人终极预测4套卷》、任汝芬《最后四套题》、启航《考研思想政治20天20题》。

政治从10月《思想政治理论考试大纲解析》出来之后才开始复习的，配合肖秀荣《命题人1 000题》两天一章，只看客观题。开始会很慢，题目正确率也不高。但不要紧，慢慢来。这时候不要把答案写在书上，因为还要"过"一遍。第一遍全弄完之后大约11月份，这时候配合"疾风劲草"三本书和肖秀荣《命题人1 000题》第二遍，做过之后你会发现客观题基本没问题了。我《思想政治理论考试大纲解析》"马原"部分看了两遍，其他部分只看了一遍，"疾风劲草"全书看了两遍，肖秀荣《命题人1 000题》做了两遍，"疾风劲草"的选择题做了一遍。之后就是等肖秀荣《命题人终极预测4套卷》、任汝芬《最后四套题》，做完它们的客观题就开始背主观题吧，没别的近路。时政我看的是肖秀荣的，直接做题自然后背。在考研最后时刻肖秀荣《命题人终极预测4套卷》、任汝芬《最后四套题》、启航《考研思想政治20天20题》这三本书才会出。政治在最后一个月要多分配一些时间，具体自己定夺。

考研复习其实很快，尤其是大四上学期，没怎么纠结就直接开始准备考试了。在复习期间要找到适当的排解方法，比如打球、打Dota、把妹子，但不能分心。战线不必拖得太长，以免自己坚持不下来，大三下学期开始就好。找几个研友很关键，互相分享信息，互相开玩笑解闷。考研订房机构基本不需要找，在公示考试地点时间的前一天晚上（务必注意），就可以查询自己的考试地点，这时候预订考场周围的宾馆还来得及，稍微有点风险，但比起考研订房机构的行径来要好得多。有个同学晕车，订房机构给订的房间离学校半个小时车程，把他祸害惨了。

先感谢一下舍友们，每天经受我早起的骚扰，为我早睡而牺牲他们自己宝贵的熄灯扯淡时间。最后成绩是数学138分，政治81分，英语79分，总分427分。

"无须证明自己，无须多说一句，你只需要无视和继续。做事是你的原则，碎嘴是

他人的权利，历史只记得你的作品和荣誉，历史不会留下一事无成者的闲言碎语。"让我用韩寒的话来结尾吧，以此祭奠我的大学考研经历。在考研之前我也曾有过各种担心，也许进不了复试，也许后来复试被刷，也许后来还是没找到满意的工作，也许……是啊，有太多的也许，但你已无需犹豫。

（孙枭飞，会计学，总分427分，专业排名第1）

第三节　东财，漂洋过海来寻你

本人一直比较低调，应主编之约，写这篇文章只是为了给学弟学妹们一些启发。我本科就读于山东某"985"高校，考研考上了东财的国际贸易学专业。很多人问我，本科"985"，考研为什么要考东财呢？其实，我选择东财的原因主要是它在经济领域的专业实力，东财在经济领域排名很靠前，甚至比一些"211""985"大学都要好，而且学校就业很不错。另外，虽然现在有少数企业看重"211"牌子，更多的企业还是更注重学生本身的实力，此外，有些单位在招聘时会单列出一些财经院校，比如我一个同学考的是天津的中国银行，银行会有一些类似要求"211"毕业的规定，但同时也加列"东财等财经院校也可以"的规定。写这篇文章只是为了将东财各位学哥学姐对自己的帮助传承下去，希望每个人都能考上自己的理想学校。

一、常见问题

我们在考研中会遇见各种意想不到的问题，我就先把自己遇到的问题做个总结：

1.道路问题。到了大三下学期我想我们每个人都应该认真地想想自己以后的路到底怎么走，对人生应该有个合理的规划。不论工作，考研，还是出国，都应该有个明确的目标。考研不一定是最好的出路，我们应该首先明确自己为什么而考研。如果你选择考研，那么想要成功，就必须一心一意地去准备，千万不要再摇摆不定。踌躇不前只会叫自己分心，只会浪费时间和精力。特别是到了每年的十月份，那时候是毕业生找工作的高峰期，千万不要让这些外界因素扰乱你的学习计划。因此，提前做好人生的规划是很必要的。

2.家庭因素。在关乎我们未来道路的走向的问题上，我们最好是跟家长有个很好的沟通。如果真的决定考研，最好是能得到家里的支持。考研是一个漫长的过程，来自家庭的鼓励和关心会让你在最苦闷最艰辛的时候重新获得信心与力量。

3.恋爱问题。人海茫茫，两个人在这世上相遇不容易，也许恋爱的甜蜜会冲昏我们的头脑，忽略对方的缺点，但是在考研这个问题上，希望大家都能有个清醒的认识。我们需要跟另一半有个良好的沟通，最好是能征得他（她）的谅解。在我看来，大学的恋爱是纯粹而美好的，我们不能因为考研而放弃一段感情，这很让人惋惜。其实只要处理好感情问题，这也能帮助你成功，我的另一半在考研过程中给我很大的支持。她支持我做任何决定，只要这个决定不会让自己后悔。每当我效率不高时，她都

会鼓励我，当学累的时候，她会陪我出去散散心看看电影。并且，她也会经常帮我关注有关考研的信息，帮我搜集一些最新资料。因此，我不赞成为了考研而疏远双方的关系。

4.英语问题。不要感觉自己六级600+，就放松对英语的学习，也不要因为自己刚过四级而六级没过就对英语过分地担心，其实这些都不能说明你的能力。考研的英语风格跟六级有很大的区别。我自己也是六级一直没过，最后考研英语63分，至少我自己表示可以接受。

5.研友问题。一个人的力量是有限的，考研的过程是无味的，我们不可能一直充满激情，总有懈怠的时候，我们也不可能一直是信心满满，失意彷徨也是在所难免。这时候研友的提醒、鼓舞都会起到振奋人心的作用。研友数目不用太多，四五个人足够，有资源了大家也能一起共享，考研的心得也能互相交流。

6.同学关系。考研需要保持一个好的心态，我们总是生活在一个团体中，就很有必要跟周围同学有个良好的关系，尤其是跟舍友之间。我跟舍友的关系处理得很融洽，在最后一个月冲刺的时候，大家每天都很自觉，晚上早早地睡觉，就是想让我好好休息。有时候看我学习比较紧张，周末会请我去吃饭看电影，帮助我缓解下紧张的情绪。同样，我的另一个准备考研的同学宿舍关系就不是很好，大家对他略有意见，每天回来都少有人跟他交流，最后的时候他自己搬出宿舍，租了研究生的房间。

7.辅导班问题。在这个问题上仁者见仁智者见智。我也上过辅导班，就结合自己经历简单地说一下。先说说缺点吧，这会打乱你自己的学习计划，耽误不少自己学习的时间。但有时也会多少起点作用，比如英语，会教你一些阅读的技巧，背单词的技巧，数学能教给你一些解题的常规思路，政治可以理顺一下思路，临考预测试题会有一定的帮助。

8.心态问题。在复习的过程中绝对不能心浮气躁，当你学不进去的时候那就稍微休息一下，略做调整。出去走一走，呼吸下新鲜空气。不要轻易被外界的因素所影响。如果你在图书馆学习，就安心低下头认真看书，不要时不时地抬头张望，要努力克制自己的好奇心。在学习的过程中切忌好高骛远，要脚踏实地。注意学习效率，这就要求我们把心思全用在书本上，不要看着书心里还想着别的事，我不赞成一边看书还一边玩，一心不能两用，安心看书才是王道。

9.作息计划。希望大家能养成良好的作息习惯，每天早上7点起床，甚至可以再早点，晚上11点睡觉，中午可以根据情况在教室或是宿舍小睡一下，充足的睡眠是我们高效学习的保证。每天一定要保证至少8小时的学习时间，如果一天不学习你就会感觉生疏，在最后冲刺的时候10个小时的学习时间都是必要的。

10.饮食与健康。要做到合理膳食，不要暴饮暴食，适当地改善生活是可以的，空闲的时候可以做些简单的运动，要努力保持健康。以前我们几个同学每天晚上吃完晚饭都会在外面踢踢毽子，活动一下，这样晚上学习的时候才有精力。

二、各科所用书籍和资料

市面上关于考研的书籍千奇百怪，质量也是参差不齐，我只能说下我用过、感觉还不错的，仅是个人意见。

1.数学。李永乐、李正元《考研数学复习全书》，李永乐《数学基础过关660题》，李永乐《数学历年真题权威解析》。

2.英语。新东方出的单词书，张剑《新编考研英语阅读理解150篇》，曾鸣、张剑《历年考研英语真题解析及复习思路》，讲得比较详细。

3.政治。肖秀荣《命题人1 000题》，"风中劲草"《思想政治理论冲刺背诵核心考点》，肖秀荣《命题人：形势与政策以及当代世界经济与政治》，启航《考研思想政治20天20题》，肖秀荣《命题人终极预测4套卷》，任汝芬《最后四套题》。

4.801专业课《西方经济学》（微观、宏观），金圣才的《笔记和课后习题详解》（微观、宏观各一本，都是红色皮），名词解释整理版。

选择书籍还是比较关键的，所用书籍不在多，关键是我们要用心做好每一个题目，争取把每道题目都掌握，把上述所用书籍的内容都"吃"透了，基本上就成功了。

三、各科具体学习

1.政治。

重点说下政治，因为对自己政治分数还是比较满意的，81分。政治的正式复习是从《思想政治理论考试大纲解析》出版后才开始的。

第一阶段，从9月中旬开始，花了一个半月的时间把大纲解析看了一遍。因为内容较多，也分不清楚哪些是重点，就都看了。每天稍微拿出一点时间看，权当是看小说了。我自己本身是学文科的，对"马哲"部分理解起来没什么障碍，如果是理科生不懂的话，可以找研友讨论交流。其实大纲解析就像一本词典，在以后的学习中每当遇到不会的问题的时候，我们都需要翻阅它。

第二阶段，10月份"风中劲草"的书就应该上市了，这个阶段以这本书为主，并且这本书是按照大纲解析，把常考内容提炼出来，因此都要看，把往年已考的知识点和重要的知识点用不同的标记标注出来。这个阶段，每看完一章，可以结合着肖秀荣的《命题人1 000题》来巩固知识点，肖秀荣的选择题出得很好，答案讲解得很详细，可以把做错的题按重要程度用不同颜色标注出来，再在错题旁边做一些批注，方便以后看，同时也可以根据答案在"风中劲草"的书上做一下笔记。

第三阶段，"风中劲草"的书再看一遍，有些内容应该是背诵，不是简单的看看。肖秀荣的选择题也不是做完一遍就可以扔掉了，我们要把这本书"吃"透，而不是以做完为目的，对于选择题部分，一本书足够了。只要把这两本书掌握，那么我们的选择题部分就不会出现什么大的问题。其实，考研政治，如果说要出现大的分差，最容易出问题的地方是多项选择题，多选漏选都不得分。所以，我们平时应该重视对一些基本知识点的掌握。

最后一阶段，也就是临考前一个月的时候，这一阶段，我们可以适当地为主观题做一些准备。这时候，启航《考研思想政治20天20题》上市，我不赞成大家拿着这些书，跑到走廊里开始大声地背诵，我们应该理解其内容，然后可以把这本书所涉及的知识点在"风中劲草"知识讲解里用彩笔着重标注，对待后面的任汝芬《最后四套题》、肖秀荣《命题人终极预测4套卷》也一样。千万不要只知道背题目，要多理解，灵活掌握。

至于时事政治部分，我们只能茶余饭后顺手翻一翻了，如果刻意地准备效果也不一定很好。但是对于启航《考研思想政治20天20题》、肖秀荣《命题人终极预测4套卷》、任汝芬《最后四套题》这些资料出现的时事政治大题要掌握，一般都是涉及大国之间的政治经济关系。

2.专业课。

对专业课成绩我也比较满意，119分，就略微说一下复习过程吧。

第一阶段，我是从5月份开始专业课的复习，不过复习的进程很慢，每天也看不了几页，并且到了6月下旬也在准备期末考试，因此看的时间更少，一直磨磨蹭蹭的，到了8月底才看完第一遍。这一遍主要就是了解讲的什么内容，做到心中有数，课后习题也没怎么看，也只看的是高鸿业的两本课本，并没有用什么其他辅导教材。

第二阶段，9月份开始第二遍，这一遍应该看得仔细一些，并把课本上出现的一些图自己动手画一画，基本的知识点都要理解，每天也是固定地看一个半小时到两个小时，到了11月又开始第三遍，做法跟第二遍一样，不过要开始关注每章的课后习题了。

第三阶段，到了12月，开始第四遍的学习，这比较痛苦，因为每看一章都把重点知识整理下来，再结合着金圣才的那两本书，这次不仅仅是简单的理解，而是开始背诵了。因为东财出题很难琢磨，因此，在复习的时候千万不要试图去找什么重点，只要书上出现的内容我们就好好复习就行，不要给自己留盲点。另外，我在网上下载了高鸿业版全部的名词解释，这些一共有20页吧，但是它给的解释还是相对简单。因为东财一个名词解释3分（2016年之前是4分）并且根据往年学长介绍说每个名词解释最好是写三四行，因此我这一阶段看书过程中把课本上和金圣才书籍里关于这个名词的介绍都添加进这份资料，并且在临考试前几天就用这份资料来解决名词解释的问题，最后的效果也是不错的，考试出现的10个名词解释我都背过了，应该不会丢分。

第四阶段，最后还有两个星期吧，在网上下载了"梁园听雪"学长的微宏观经济学重要知识点和模拟题，结果考试的时候有不少知识点是上面的。还有，自己要在心中能把重点复述出来，这样才能取得满意的成绩。

3.数学和英语。

其实，我一直很喜欢数学，高考的时候数学将近满分，因此我对自己数学的学习放松了警惕，最后成绩很一般。我只想告诉大家，合理分配好时间，每天都需要学习数学，越到最后越不能放松。书籍和做题不在多，把前面提到的数学的书籍利用好，对付考研足够了。

至于英语，自己英语从初中开始一直就是弱势学科，因此我自己对英语成绩要求也不高，及格就行，肯定会有英语大神介绍经验我就不赘述了，只提一个背单词方法，有恒心不怕苦者用。我最初用的新东方的单词书，每天背好几个小时，但是效果很不理想，背的过程耗时不说并且效果极差，后来有个老师给我介绍用单词卡片帮助记忆单词。当时也是走投无路，就想尝试下。先去复印店买了几十块钱的名片纸（名片纸质量好），然后做成卡片，一共3 000多张，接下来就开始艰难地制作单词卡。我首先找到了大纲要求的词汇，把自己不会的用笔标出来，全部标出来之后就开始在卡片上写单词，最后记忆效果着实不错。当然我这是笨人笨办法，应该有更好的方法的。

以上就是我在复习过程中遇到的问题以及经验，希望能对大家有所帮助，但并不是适合每一个人，我们每个人都应该找到适合自己的学习方法。

（苏子豪，国际贸易学）

第四节　匆匆那年，我在考研

我本科就读于黑龙江大学金融学专业，考研报考东财的金融硕士（MF），初试成绩：总分402分，政治84分，英语61分，数学113分，专业课144分。4月参加复试并被顺利录取。

我名义上的考研是从3月份开始的，从这个时候起便开始做准备工作，找找学习的感觉。像我一样，许多人都很迷茫不知从何下手，现在想想，都是因为想了太多，政治我是9月大纲下来后才开始复习的，专业课是从8月底开始看的，可是经济学看得很痛苦，后来得知专业硕士这回事，金融硕士又是刚批下来的，思考纠结了一个夜晚，9月18日，走上了金融硕士的道路，按照东财指定的三本教材（《货币银行学》《证券投资学》《国际金融学》）开始复习。所以，8月份之前应该集中精力抓好数学和英语，这才是王道，选学校、选专业和研究方向都不要太着急，到暑假时定下来都不算晚。只有把数学和英语学好，选学校和专业时才会有更多的筹码。

3—5月这三个月，两个重大因素导致我根本没怎么学习，一个是情感，另一个就是睡觉，我特能睡，一趴桌子上就是3个小时，不知道怎么回事，进入6月份就不睡了，开始全身心投入学习，每天学习十几个小时。时间剩得越少，越是感觉时间不够用，最关键的是不要急不要慌不要乱吃药，按部就班慢慢来，计划完不成也不要内疚，经常进行调整。谁也不敢说自己在考试前完全准备好了，总是感觉自己还有很多东西没弄完，其实很多东西都无关紧要，心态一定要好，这是最重要的。

我比较懒，哈尔滨冬天又很冷，所以10个月中，我绝大部分起床时间都在8点钟，晚上12点入睡，中午还要睡将近2个小时，在睡觉的问题上，我从未亏待过自己，我认为休息是为了更好地进行学习……图书馆占座的事情我从未考虑过，因为我有个很好很

好的室友，都是他每天6点起床去占座，后期是他和另一个同学轮流占座。

学习、吃饭、睡觉——考研过程中只能干的三件事，万不可分心，否则什么也干不成，因为考研是个全活儿，不是兼职，不能把为自己找工作当做留后路，或者考公务员什么的，并且对于一些娱乐活动也要坚定地说"不"。吃饭是唯一的娱乐活动，所以大家都会把注意力集中在食堂的饭菜上，以至于大家都觉得食堂饭菜越来越不像话了，天天吃天天骂。

整整10个月，时间过得一天比一天快，后期过得都没感觉了。麻木了，也就感觉不到枯燥了；习惯了，也就感觉不到乏味了。

考研是我唯一的路，只许成功，不许失败，选择了就决不后悔，咬咬牙，挺过去，又是一片新天地，10个月换一辈子幸福，怎么不值？

政治复习经验：专业课的复习经验已经单独列出来了。数学和英语的我就不说了，大家去看"前辈们"写的就可以了。这里我说下政治吧，我高中学文，又对政治很感兴趣，考试时的感觉比较好，所以才能考出这么高的分。

政治在大纲下来后再学完全来得及，但政治基础差如理工类的同学哲学部分要提前下手，不然会很吃力。政治我没报辅导班，我建议哪一科都不要报辅导班，浪费金钱和时间，学习的热情都在公交车上挤没了。我的建议：在淘宝网上买视频，很便宜的，而且可以自己挑着老师买（警告：看学习视频，一定不要用电脑看，应该用MP4看，自制力超强的除外。推荐一个网站：鲤鱼网，上面有许多免费的考研资料，很给力，可以常看看，但不要盲目下载，要挑真正有用的）。政治视频我只看了"马原"部分，李海洋讲得很棒。其他部分，我觉得都是弱智型的，其实只要把那个"红宝书"看五遍，不考70分都难（我一共看了五遍）。所以对于政治复习来说，最重要的就是那个"红宝书"，也是最权威的，教育部亲自编写的大纲解析，里面的每句话都要看到。"红宝书"的排版比较密，所以建议用彩色笔自己画一下要点。政治背诵，我是考前半个月开始的，看得熟了，背起来就轻松些，能想起来大概就行了。你看看政治真题，极少有哪个大题可以在书上直接找答案，按照自己的理解去写就好了。主观题注意：卷面整洁，字迹工整非常重要，要把想到的相关内容都写上，多多益善，注意把答题纸写满。

据说政治主要是客观题的较量，尤其是多选题，大题根本拉不开分，所以大家不要太纠结主观题。我最后做了8套模拟卷的客观题，都是张剑锋编的，很不错，与真题很接近，极力推荐，至于主观题我就没怎么看。

有限的时间内看最多的遍数，这是我在所有考试上的一贯复习经验，我一直把它奉为真理。政治我看了五遍，得分84分；专业课我看了四遍，得分144分。当年我一次性通过证券资格考试四科时也是因为一个多月内看了四遍，所以背是次要的，看熟、理解透才最重要。每看一遍，时间都要逐步缩短，第一遍当小说读，每一个字每一个标点符号都不放过，所以花费时间最长；第二遍比第一遍看的稍粗一点快一点，把重点都画出来，并要潜意识的开始记忆；第三遍，看重点和对重点的解释；然后是查缺补漏，一些小知识点每次都要"过"一下，选择题容易出。

提一下"马原"部分的政治经济学，2009年以前对那部分的要求还是比较高的，现在根本没必要深研究它，看熟就行，计算题不用看，估计也不会出大题了，可以看一下李海洋给画的范围，李海洋给删了好多东西，告诉你背哪儿看哪儿，还是比较爽的。

政治客观题一定要重视，保证40分以上。单选题的特点：许多题不难，但总有人做错，一些题则是很纠结，你总做错。所以，一定要把题目看清楚，一些名词更要看清楚，一字之差，天壤之别。要注意里面的陷阱，不要看见题目简单，一兴奋就昏了头。做题的速度放慢些，180分钟绝对够用。

对于跨专业的同学：很多跨专业的同学想考金融，问跨专业的该怎么复习，尤其是专业课什么时候看，怎么看。因为我不是跨专业的，所以我不认为自己可以很科学地回答这个问题。所以，我就说几点注意事项吧：

第一，信心很重要。不要觉得自己是跨专业就比那些本专业的同学起点低，金融毕竟属于文科类的专业，理解背诵起来还是比较容易的。别老想着自己是跨专业，自己给自己太大压力就不好了。

第二，专业课不宜开始的过早。许多人认为自己跨专业，就把专业课和公共课一起开始复习，这有点太早了，如果安排不好，影响了数学和英语那就乱了大局。专业课什么时候开始看，没有人来规定时间，全都是自己摸索，那就按照自己的想法来。

第三，重视英语。一些理工类的学生数学底子很好，不担心数学，那就要重视英语，因为每年都有很多高分选手因为英语单科不过线而"惨死"。

大胆地进行尝试，发现不对就要改，学习方法没有一成不变的，适合自己的才是最好的。我在学习过程中也是经常变换学习方法，换了一种之后突然觉得学习效果好多了，所以经常换。

关于辅导班：先说说我的情况。我曾经担心数学基础不好而报了一个依托哈工大开设的考研辅导班的数学基础班，由于开课之前我的数学课本还没"过"一遍，老教授讲得也不基础，所以我听起来很吃力，基本都听不懂，去了就是睡觉或者干别的，因为听不懂的感觉实在太难受了。我觉得这个辅导班对我来说一点帮助都没有，还耽误了我很多时间，不过原因多半应该归咎于我自己。后来，我在网上下载了一个蔡子华的高数基础班，讲得比较基础，我看完了以后收获不少，很多不懂的知识点都弄懂了，但后来再去看他的强化班和冲刺班就感觉没意思了，不知道为什么。我还下载了一个李永乐以前在海文录制的线性代数强化班，超级经典，再配上他的线性代数辅导讲义，使我的线性代数最后取得了不错的成绩。

英语，我一直认为英语学习是一个慢功夫渐进式的过程，所以觉得辅导班不可能起什么作用，也就没报班，全靠自己看。

政治，我认为自己的政治还不错，一开始就没打算报辅导班。由于心里不踏实，就在淘宝上买了个文都的政治强化班，下载的内容不少，但只听了李海洋讲的马克思主义

原理部分，因为我觉得这部分是比较难理解的，听了以后收获还是不小的。其他部分，全靠自己看了。把各章大标题背下来，然后脑海里有一个整体框架，这样学习起来显得有条理多了。对于高中理科没怎么学过政治的同学，以及那些政治基础知识不扎实的同学，那就报个辅导班，听老师讲讲框架重点，放松一下心情。如果感觉自己政治还过得去，那就别报辅导班了，花那么多钱还不如买点好吃的补偿自己，记得和研友们多交流，翻翻其他人买的资料。

（王继峰，金融硕士）

第五节　一梦三年，梦圆博学

答应了孙盛琳老师写一下考研的过程，其实初试成绩并不高，也谈不上经验，我只说一下我的感悟和自己感觉应该注意的地方。

首先说一下自己的情况：第一次考研报考西财金融，结果铩羽而归。做了一年销售，本科市场营销专业，不甘心每天过着颠沛流离的生活，想过安稳些的日子，同时对于上次考研的失利心有不甘，于是在6月份辞职，"二战"东财金融工程。

跟考上的东财研究生同学们交流后我发现，有很多都是"二战"的，所以首先想对犹豫是否要"二战"的同学说：想清楚自己到底想要的是什么样的生活，综合考虑各方面的利弊再决定是否要"二战"。对于我自己来说，稀里糊涂地就去工作了，结果发现和自己期望的生活差距太大，白白浪费了一年时间。所以如果没有很好的就业机会，我建议"二战"。

对于"二战"，要做好承受压力和忍受寂寞的准备。周围的同学或者事业风生水起，或者研究生生活有滋有味，而自己却面对着一个毫不确定的未来，这时候的压力主要来自于自己对结果的不确定、家庭的期望以及周围人的眼神。"二战"也是一段寂寞的过程，没有了同学的陪伴，每天一个人学习，一个人吃饭，一个人回到租的房子，很多时间一天都说不上一句话，没有人可以讨论问题，没有人可以谈心唠嗑，所有的一切都要靠自己！其实，选择了考研，就选择了孤独。这是场一个人的战争，无所依靠、背水一战，只能趟出一条属于自己的大道来，让别人向自己依靠！

其次就是专业的选择。个人感觉选择专业也是一种博弈，近几年东财某些专业有着明显的大小年，建议在选择专业时要把近几年的分数线都看一下，不要只看最近一年的。当然，最主要的还是结合自己的兴趣和实力，对于金融、会计这些热门专业，还是要慎重考虑。谁都不希望辛苦一年，考的分数也不少，最后却因为专业选择问题而无缘东财。也不是不建议大家选择热门专业，只是希望能根据自身的实力选择更靠谱的专业。

再就是开始准备的时间，"二战"的话不用准备太早，要不然到后期会感到很疲惫，因为有了第一年的积淀，7月份开始准备，时间就足够了。"一战"的话则需早点

开始，三四月份就应该开始准备。

对于各科的复习，简单地说一下。

数学：在考研的科目中数学是最重要的一科，得数学者得天下，所以在数学上花的时间也肯定要比别的科目多。"一战"时我先看的课本，然后是《考研数学复习全书》，"二战"直接看的《考研数学复习全书》。近年数学题型有些变化，选择题和填空题的难度加大，建议做一下《数学基础过关660题》，后期在时间允许的情况下可以做一下《数学全真模拟经典400题》，这两本书难度都比较大，做的时候要保持平常心，受打击很正常。都说合工大最后五套题很好，我也都下载下来了，但是没有全做，感觉难度太大，或者是我水平太低，有兴趣的同学可以做一下，同样要保持平常心。

英语：个人对英语没有太多的经验，因为英语一直很不错，所以"二战"也没有花太多的时间在英语上面。单词是必须要背得，而且要每天不间断地进行记忆，每天拿出15~20分钟记一下单词。阅读我只做了张剑的《新编考研英语阅读理解150篇》，基础和冲刺都做了，基础难度还可以，但是有些问题设计的就不是很合适，冲刺篇难度就有些大了。每篇阅读大都只是选出了答案，但是没有进行分析，也没有翻译，只是想通过做题来保持语感。作文一定要总结自己的模板，最后一个月再背作文完全来得及。

政治：没有必要买太多的资料，一本"红宝书"，一本选择题，临近考试时一定要买肖秀荣的《命题人终极预测4套卷》，这本书主要是背大题，几乎每年都能压中大题。至于辅导班，个人认为完全没有必要报。

专业课经济学：宏观和微观经济学这两本书切记一定要认认真真地看，每一章、每一节、每一句话都不能放过，这两本书每个地方都是重点。我之前就听别人说过这些，而且也认真看了，但是感觉实际经济周期那一节肯定不能考，内容那么晦涩，放着那么多重点不考，怎么可能考这么偏的知识点呢，于是这一节一眼都没看，这两本书也仅仅只有这一节没有看。但当在考场上看到发下来的试卷时就立刻傻眼了，竟然考了实际经济周期的一道20分的大题，20分！因为一眼都没看，所以编都不知道从哪下手，血淋淋的事实告诉我们一定要把书看全面了，一个知识点也不能遗漏，要不然到时候肠子都会悔青的！

复试相比初试要简单很多，最主要的是专业课笔试，因为这部分占的比重最大，规定的书目好好看就可以，口语和面试成绩都相差不多，老师们都很和蔼的，不会难为我们，听力最好是多练一下大学英语六级的听力，另外听力都是只放一遍，语速正常，不是太快。

既然选择了远方，便只顾风雨兼行，考研这条路上有着太多的磨难和挫折，尤其对于"二战"的同学来说，还要承受着更大的压力，这就需要良好的心理素质。自己选择的路，跪着也要走完，只要勇于付出，博学楼就在我们眼前！

（刘磊，金融工程）

第十二章

学长学姐论得失

复试刚刚结束没几天，在可爱、敬业且为我们这些考研学子付出众多心力的主编的邀请下，我决定和大家分享一下我的这段经历。

我考的是数量经济学，初试成绩中英语和政治考的还算可以，分别是76分和77分。数学没考好，那待会就给大家介绍一下我数学没考好的教训吧。

一、英语

英语的话，其实我除了背单词、做真题之外什么都没做。我大概从3月份开始背单词，然后到考前从没有间断过。刚开始的时候做过张剑"黄皮书"的阅读理解，其中基础训练部分也没做几篇。现在想想，其实在背上一两个月的单词之后就已经可以做做2000年之前的真题了，那个比较简单，而且和近年的真题套路还比较相同，可以从这里慢慢上手进行阅读训练。从7月份的时候开始就可以做真题了，刚开始确实是举步维艰，一篇阅读做下来对不了一两个。我是保持一天做一篇的速度，做完一篇之后先把文章里的生词查完并且记录下来，然后自己翻译一遍文章，接着就自己分析每一道题的每个选项为什么错、为什么对，并且把每一个选项在文章中的相关内容也找了出来。就这样慢慢的我的准确率开始变得越来越高，到最后真正考试的时候我的阅读加上新题型，五篇总共错了两个。在复习英语的中后期我慢慢地做阅读也做出一些感觉，也开始熟悉了出题的一些套路，根据一个学姐告诉我的方法我开始在阅读文章和做题的时候把比如说转折词、中心句、自己认为的某个题目所对应的和正确答案相关的或相反的内容都用不同的标志标记了出来，每一类型我都自己安排了特别且固定的标记，这样做起题来就会觉得很清晰，一旦最后有时间可以进行检查的话也会觉得一目了然。真题我前前后后大概做了三四遍的样子。到10月的时候我就开始卡着时间做全部的四篇阅读，11—12月份的时候就卡着时间整套整套的进行练习。考研英语最重要的除了阅读之外就是作文了，这个是基础分，关于作文，我报了一个新东方的作文班，11月才上的，我报班是因为我觉得这个作文要我自己总结素材准备套路的话还挺费时间的，而且自己总结出来的也不一定好，英语水平如果本来就一般的话那就算自己准备几个月，在那么短的考试时间内也写不出什么太好的文章，所以我就报了班。如果作文准备的晚，那么这个时候同学们也不必着急，我就是这个时候才开始学着写的，并且最后写的应该还挺好的。完形填空和翻译我必须很惭愧地告诉你们我基本上没有怎么准备，就是做了一下真题，这个如果有时间的话还是准备一下吧。

二、政治

政治考到这个分数，其实我自己还是挺诧异的，因为直到考试之前，我在政治选择题上的准确率还都处于中等的状态，结果最后选择题好像得了40分，我想除了运气的成分之外也跟我不气馁的坚持练习和积累有关吧。我在8月份的时候报了一个政治班，那个时候我自己还一点都没看政治，上完课之后新的大纲基本上也出来了，我看了大概两遍大纲，复习资料除了考研班发放的资料之外还用了"风中劲草"的资料，我感觉市面上那些口碑比较好的资料都差不多，只要选好一套坚持做就行了。我刚开始准备政治主观题的时候一头雾水，根本不知道该从何下手，大概是在11月份的时候看了一些大题，了解了一下大概的解题套路和大题内容的分布，然后12月的时候开始进行背诵，早晨大概背两个小时的样子，背的是考研班老师给的资料，后来背了背启航的《考研思想政治20天20题》，我感觉那个挺好的，一个小册子涵盖的内容挺丰富。建议大家可以背一背。

三、专业课

我是跨专业考的，因此我之前没有学过专业课。4月份开始第一次看高鸿业的宏微观经济学，刚开始看的时候一头雾水，看不懂，更别提要记住了，尤其是宏观经济学，现在回过头来想想其实第一遍就是这样，因为刚接触所以第一遍只要留个大概的印象就可以了。到看第二遍的时候我就开始逐字逐句地看了，谨记看不懂的地方一定要反复看，直到把它看懂，并且要着手做每个章节后面的课后题，第二遍力求能够有个好的理解，并进一步熟悉内容。这个过程其实是比较痛苦和漫长的。看完第二遍之后我发现自己理解是理解了但是基本上没有记住什么，那个时候已经到10月份了，于是我狠了狠心咬了咬牙决定开始做笔记，好记性不如烂笔头，刚好还能练练写字的速度。这个期间我用了金圣才的辅导书，我把每个章节的名词解释都总结了出来，然后总结每个章节的重点内容，并且把东财的历年真题都好好地研究了一遍。我还用了一个专门的本子来画图。我在做总结时很多时候都是先背然后用半默写的状态把记住的内容写出来的，这样就更加强化了记忆。那时候几乎天天都用一下午的时间去复习、总结专业课，在紧赶慢赶不知用了多少根笔芯且历时一个多月之后，我终于做完了两本书的总结，这时候已经11月多了，接下来我又用将近一个月的时间"过"了一遍宏观和微观。12月的时候，我开始做东财的真题，刚开始做的时候感觉非常不好，后来做着做着慢慢就好了。12月20多号的时候我自己模拟了几次考试，主要是练练速度，因为你要在3个小时之内完

成11页纸的作答，我买了六张A4的白纸，像考试时一样把第一页空下，然后开始自己试着分配名词解释、简答题、计算题、论述题的大概空间。我感觉进行专业课的模拟训练是非常重要的。做题的时候一定记得要有图必上。我觉得东财的专业课出的确实是比较全面也比较让人猜不着，所以复习的时候一定注意得好好地进行全面的复习，不要抱有侥幸心理。关于宏观部分，东财特别爱考宏观书中最后那些比较难的部分，那部分一定要熟记熟记再熟记。对了，还有一部分内容比如征税等，高鸿业的书里是没有怎么做介绍，当时我是在曼昆的书上了解并熟记这些内容的，至于具体是哪些内容，咱们亲爱的"梁园听雪"学长都介绍过。

四、数学

下面我就来自己分析一下为什么我的数学没考好吧。我觉得一个非常重要的原因就是我做的题实在是太少了！除了李永乐的真题我就没做过别的，相信大家不会像我这样。还有就是我觉得看教材是可以的，但是做课后题就没有必要了，那些题和真题的出题套路都不一样，其实做起来挺浪费时间的，而且基本没有效果，当然这是对本科学过数学的人来说的。看教材应该就是在熟悉大概内容、公式之类的基础上，在头脑中形成一个整体的脉络、整体的逻辑。大家一定要好好准备数学，其实数学（三）真的不难。

我要说的也差不多了，接下来就是希望东财论坛越办越好，学弟学妹们都能考上，祝大家一切顺利！

（周婉群，数量经济学）

第二节　风雨会计路，且行且珍惜

之前考研时得到很多老师和学长学姐的帮助，现在应孙老师之邀，写下一点考研经历，算不上经验，希望对大家有些帮助。

我是一所普通二本院校的工科女生，因为不喜欢自己本专业所以选择跨专业，抱着试一试的想法选择考东财。下面是我的一些经历加感受：

一、数学

数学我觉得最重要的是《考研数学复习全书》。我是看完一遍课本，把上面的课后习题做完一遍之后开始看《考研数学复习全书》的，一共看了三遍。第一遍看的时候基本没有会的题，第二遍做的时候感觉稍微能强一点，但第三遍的时候真的感觉有提升，会的题占大多数，不会的也有点思路。《数学全真模拟经典400题》感觉很难，我只看了看没做，因为我觉得就算照着答案做一遍过几天我还是记不住，《数学基础过关660题》我只看了100题左右，因为暑假我回家复习了，每天学习时间明显不如学校多，为了赶进度就放弃了《数学基础过关660题》。真题很重要，熟悉考试风格和题型，我真题完整做了一遍，后来又把最近几年的做了一遍。现在来看，数学最重要的就是课本、

《考研数学复习全书》、真题，我个人觉得《数学基础过关660题》和《数学全真模拟经典400题》有时间的话看看更好，没时间不看也没大要紧。我考研数学成绩130多分，如果大家的目标是140+的话还是把《数学基础过关660题》和《数学全真模拟经典400题》之类的做做吧。不要觉得自己以前数学不好就把它当作一个心理阴影，我高考数学第二张答题纸只写了个名就交上去了，但考研数学考得也算不错吧，所以事在人为，只要自己肯认真努力，你们也可以的。

二、英语

首先英语单词很重要，要背得很熟才可以。我是先做的张剑的《新编考研英语阅读理解150篇》，这本书跟真题思路很接近，当然也有一定难度，做的时候要用点心，不要只是完成任务那样的一篇一篇过。从9月份我开始做真题，真题一共看了能有四五遍。英语作文建议多背，我觉得只有背的多了才会慢慢自己学着写，词组啊句子什么的也尽量多背点，对做阅读完形帮助很大的。作文最后能好好想一想整理出自己的一套模板，我的英语六十来分，希望同学们做真题时好好揣摩出题人思路，揣摩思路这项工作做好了英语分不会低的。因为专业课太多，再加上暑假在家学习效率很低，暑假一点也没有看英语，是回学校以后开始又拾起来的，希望同学们规划好自己的学习时间，尽量有连续性，英语其实没有想象中的难。

三、专业课

我是从大二下学期开始接触会计的，边自学边跟着我们学校会计本科专业听课，学了中财和成本会计，大三下学期自己学习了一遍审计和管理会计，当时审计是一点不懂啊，一看就走神，第一遍书看了好久。看完这遍书专业课就放下了，9月份出了招生简章以后正式开始专业课的复习，审计看了遍还是觉得什么都不懂，于是我买来了注会的轻松过关，把上面标的重点掌握的东西背一遍，有的实在太长就读熟，这一遍真的很管用，我了解审计了，知道它是怎么一回事了，再看东财的审计教材就看得懂了。习题册很重要，一定要认真做，中财的实在太多，选择和判断我都做了，大题挑着做了一下。对了，我看过注会的会计，只是对应的中财的部分，看完注会再看东财的教材感觉就相对能轻松些，因为我们学校本科用的教材比较简单，我怕直接看东财的太吃力。成本会计相对简单，大家做做练习册，成本的练习册我做了两遍，真题中成本的业务题比较简单，简答题翻来翻去就是那些，背熟了应付考试没问题的。这次最大的错误就是没有按着时间做一遍真题，导致最后管理会计的20多分的题没来得及做，我鬼使神差地记得是17：30交卷，就不紧不慢地做，字认认真真地写，最后16：40时反应过来记错时间了，可是已经晚了，后面空着就这么交了，而这次管理会计的大题挺简单的，这也是我考研最大的遗憾。所以，提醒考研的同学一定要注意做题速度！上考场之前一定要自己严格按照考试时间做做真题，东财专业课题量真的很大！我们考场一个监考老师跟另一个监考老师小声说感觉这么多题我们答不完，结果我还真就被她说中了，悲哀啊。

四、政治

政治肖秀荣押中了一道大题，几乎是原题，当时在考场上就觉得从此多了位偶像。其实我没怎么学政治，就不误人子弟了，你们就把我当个反面教材吧，事实证明一分耕耘一分收获，你糊弄它它就糊弄你。东财同学中有好多政治高分的"大神"，膜拜啊。

就先写这么多吧，我的总分不高，写这些的目的主要是希望可以给以后考东财的同学一点信心，尤其是像我一样想要跨专业的同学，但是我也要提醒想要跨专业的同学做决定之前一定慎重考虑！三跨考研是半自杀行为，这话说得有几分道理，跨专业考研这个过程真的很痛苦，我既要顾及本专业的各种考试还要自学会计专业，跟着人家旁听还要担心自己专业老师的点名，成天担心挂科拿不到毕业证，还顶着巨大的压力，因为经管考研现在这么热，本专业考都不容易，何况我一跨专业的，如果考不上我基本算是一无所有了，本专业没学精，会计专业又没考上，将来找工作人家肯定不愿意要我。其实现在回头看看我真的都佩服我自己，我竟然真的坚持下来了。对了，还要提醒跨专业的同学，希望你们可以把专业课的分数考得尽量高些。

我希望我写的这些可以对考研的"童鞋"起到一个鼓励的作用，尤其是跨考的同学，如果下定决心那就坚持到底吧！我一直用一句话鼓励自己，现在同样送给你们：不是因为有希望才去努力，而是因为努力才会有希望。

（陈伟，会计学）

第三节　　写在夏日的深夜

无疑已经有很多人都倾情奉献了自己的宝贵经验，基本囊括了所有科目的复习思路，在这里我就不作过多叙述了，过多叙述可能会让很多人眼花缭乱，就像当你有各种选项的时候，最后你往往得不到真正想要的选项。我想大致就这个阶段，聊聊我的一些个人感受，希望能够给正在向东财进军的学子们鼓鼓劲、加加油。

又到了炎炎夏日（北方的同学们比南方的幸福），这也是考研开始复习发力的时候，因为没有了课程的羁绊，时间是任由你们自己支配，千万不要在这个极易昏昏然欲睡的季节就那么恍惚而过。

老生常谈之一：身体是革命的本钱。去年的这个时候，包括前年的这个时候，我的劲头很足，在很大程度上得益于在这期间每晚的锻炼，同时这也是在为最后的冲刺作身体上的准备。大汗淋漓，那种全身死寂的状态一下子复燃，顺便还带点他日我定功就名成的幻想，会让你格外地有劲。

老生常谈之二：效率优先，劳逸结合。是的，相信很多人会说，"效率"我也知道，可就是没有效率。这就要建立在每人对自己一个思维活跃度时间分布曲线的了解上，比方说，有的人早上的思维特活跃，那他就可以倾向于进行数学方面的、逻辑性的复习；晚上思绪僵直，那就可以进行些机械性比较强的、轻松些的复习，当然这也是需要一段时间的发掘的。也可以隔段时间进行下调整，直至自己觉得有效率。一定让自己的不管是复习计划还是复习方式，处于不断的调整之中，让效率最优化。这里我仅指小调整、小完善，试想今天目标一天看一本书，复习了一天觉着不行，然后改成了一天半本书，而后第三天……如前所说这是复习发力的时候，而非复习拼命之时。给自己一个适当、合理的复习安排，让生活中不只有复习二字。我的经验是，调节"以团队作战，效果很好，该各自为战时各自作战"（当初我们是三五人约定一个频率打乒乓球。嘿嘿，也重拾了我高中的爱好）。疲劳的频率也会因人而异，在属于自己的那个疲劳点时，可个人调节，调节方式多种，或看电影，或逛街……回过头来，你会发现，你的球技（或乒或羽或其他）大涨，你的信心也大增，而你的复习成果丝毫不比那些成天就在自习室里的人少。

老生常谈之三：心中有计划，目标要合理。战争中最忌讳东放一枪西打一枪，不仅目标暴露了，还引得围剿。前段时间会看到很多帖子，都在说："我只复习到哪到哪，几遍几遍，我急啊，你们呢……"这很正常，在考研形势日益严峻的情况下，不急很难，关键是急后，你要冷静下来，我所谓的复习到哪、几遍，你自己要有清醒的认识。时间还很充足，重点也不在几遍。就拿我来说吧，我的"一战"，还很清晰地记得暑假前我才看完教材（教材后的习题也都基本做了一遍），开始看《考研数学复习全书》，一个暑假结束后也还没有看完，大概9月中旬看完的吧。我估计很多人比较之后应该是很有优越感的吧，嗯，应该有，也不应该有。我这里只是想对那些自认为很晚的人给点鼓励，让你们更加自信从容。其实以上也提到了目标合理性的问题，就是不要好高骛远，我们常听一句话，要设定一个让你站着够不着，但脚稍微踮一些就够得着的目标。这样既不会让你觉得轻而易举，又能够让你适当保持斗志。就我的感觉来讲，数学，暑假能够认真"过"完一遍《考研数学复习全书》就很好了，专业课的话，应该是二至三遍，记住求精而不是求量，课后习题和笔记都不可缺少。英语的话，我就给不了太多的建议，毕竟阅读是大头，阅读训练必不可少，或真题或"220"之类的，单词在这个阶段也是要持续下去的。政治，我的建议是暑假有时间可以跟着任某某的"序列一"听着录音过一遍，没有时间的话到九十月份再开始也行。

老生常谈之四："二战"心态最重要，坚定坚定再坚定。作为"二战"的代表，我比较了下这两次的一个心态，发现有很大的不同。"一战"上财，我抱着一种拼的想法，但很不坚定，考前一个月作了反反复复的心理斗争，上了会怎样的幻想与不上后果又会是怎样的瞎想交织着，结果可想而知；"二战"东财，虽说在难度上有了降低，我觉得最主要的，我从来抱的是我上了的幻想，按着我考上的幻想进行着复习，很坚定很坚定。不过，这也应该是理性之后的结果，"二战"之前，要好好问下自己，自己到底是败在什么地方，可有改进的余地？究竟自己走的是不是一条不归路（很多人走上的是一条盲目考研路）？究竟自己考的这个专业是否适合自己？总之，"二战"不能成为心理脆弱的借口，而应是一种动力，因为你又为着你的理想进行了再一次的奋斗！

各位"童鞋"，以上感想及考研书籍推荐仅作参考，切勿全盘照用，取其合适者用之，不当者直接无视。最后，不管是北方的同学还是南方的同学，祝愿大家在这炎炎夏日里复习都能达到满意的效果。加油！

（徐磊，金融学，总分439分）

第四节　考研，全是套路

本人就读于河北一个普通的二本院校，大学期间学习也不怎么突出。为了接受更好的教育，在综合考虑了多种因素后决定报考东北财经大学。经过将近一年的努力，终于以401分的成绩考取东北财经大学的保险学硕士。综合来说，考研想要成功，你可以有优势科目，但是绝对不可以有劣势科目。如果你有一科不上线，那么即使你单科再"牛"，你基本上也不会被录取。所以，要注重英语、政治这些分值较少的科目，虽然它们相比专业课分值少，可是你如果在这两科上掉以轻心，那么你的结果会很惨的。另外，我没有报任何辅导班，这个可能因人而异。如果你觉得你需要老师拽着走，你就报班；如果你觉得跟我一样，自学能力很强，那就不用报任何班，买套考研视频课程就行。我买了新东方的英语和数学全套视频，成本低，收获却很大。下面我就给大家说一说公共课的复习经验。

一、英语

英语复习资料如下：词汇（N遍）；1994—2005真题（4～5遍）；范猛的难句分析；张剑的《新编考研英语阅读理解150篇》（1～2遍）；《王江涛考研英语（二）满分写作》（背到倒背如流）；2006—2016真题（N遍）。

英语越早复习越好，考前背背模板、"冲冲"阅读，这简直是开玩笑，英语是最需要时间来进行提升的。从3月开始利用2个月的时间来背诵词汇，争取认真"过"一遍，能保证记住70%左右，然后从5月开始做张剑的《新编考研英语阅读理解150篇》，一天做一篇就可以，先认真做一遍，然后对答案，找出错误的原因，能保证再做的时候不再犯同样的错就行。刚开始不必要求只能错1～2个，这是不现实的，错5个都是正常的，重要的是找到错误的原因，扫除解题误区。做完第一项工作后就开始"抠"文章里的单词，把所有的生词都找出来，背诵这些单词在此语篇下的意思，尽量背英语解释。第三项工作就是翻译文章，如果觉得时间有限就2天翻译一篇，一定要动手写，只有真正动手翻译，才能知道误区在哪。经过这么三个步骤，一篇文章就算搞定了。这三项工作可以保证单词、阅读、作文、翻译能力同时提高。这三项工作差不多每天会花费半天时间，不要紧，开始阶段就要花费大量时间在英语和数学上。

从7月开始看范猛的难句分析，当然你也可以看别的难句分析，我只是举个例子，而且我只是觉得好才推荐给大家的。每天看20个句子，自己规划一下时间，争取两个月内看完。这两个月同时做1994—2005年真题中的阅读理解，这10年的阅读理解都非

常经典，建议大家利用两个月的时间把这10年的阅读理解做完，好好分析，尽量背诵，对，你没有看错，就是背阅读理解的文章，因为这些文章中的句子都太经典了，背下来可以帮助你建立强大的阅读语感，而且没准作文可以用上，反正一定要认真对待这10年的真题。

从9月开始真正模拟考试做近10年的真题，自己规划一下时间，争取在考前都做完。我当时每一套是这样复习的：第一天花半天时间"实弹"练习，然后自己给自己打分，作文让同学给找错误并打分。第二天花半天时间分析，分析哪道题做错了，为啥做错了，下次怎么保证做对，作文则背一篇范文。第三天与第四天可以细"抠"里面的单词、难句，翻译一下难句。第五天背诵单词、难句、作文。就这样每一套题花5天时间来搞定。这样两个月就可以把真题彻底复习一遍，等第二遍、第三遍复习的时候速度会快许多，当然质量也没有丝毫影响。

至于作文，建议大家从9月开始每天背一篇，我当时背的是《王江涛考研英语（二）满分写作》，每天都背，背到倒背如流，提起上句就能想起下句的程度。不要想着考前临阵磨枪，那样你等于自己放弃考研作文了。至于完形填空和翻译，大家有时间就看看，没时间就放弃，反正每年平均分都是1～2分，拉不开差距。

考研英语重要的就是坚持以及语感、题感的培养。

二、数学

数学复习资料如下：李永乐的《考研数学复习全书》（4～5遍）、《数学基础过关660题》（1～2遍）；真题（N遍）。

数学资料不用多，主要在于彻底"研磨"透彻。从3月份开始认真看《考研数学复习全书》，这个阶段可能非常痛苦，没关系，挺过去就好了。第一遍可能需要4个月，不要贪图速度，要一点一点看，把所有的知识点都认真"过"一遍，看完这一遍后要心里有个底——数学都包括哪些东西。《考研数学复习全书》几乎包括了所有考点，所以用来复习数学基础知识足矣，大家不要贪多，要好好利用这本书。从7月开始进行第二遍，争取暑假期间看完第二遍，你会发现这一遍明显比第一遍快，当然还是得静下心来看，哪块不会都要好好琢磨，自己搞不懂就问问同学，反正要彻底搞清楚。这个时候可以做《数学基础过关660题》，有人说题太难了，但我觉得必须做，《数学基础过关660题》是很好的提高选择题正确率的工具，还可以找到自己的知识点盲区，能保证真正考试的时候选择题拿到满分。暑假期间争取把《数学基础过关660题》中的高数部分做完，后边线性代数部分可以不做。

从9月份开始做真题，我也是像英语那样一套题分好几个步骤来处理的，我是不碰真题就不碰，一碰我就要彻底搞明白。第一天认真掐点模拟，做完后给自己打分。第二天分析做错的题，搞明白哪个知识点不会，找到知识点盲区。第三天对应盲区到《考研数学复习全书》里找同一类型的题，把此类题都做一遍，争取消灭这个盲区。第四天再看这套题，争取花一半的时间全部做对。这样一套题4天就"拿"下了，第二遍再做的

时候就能保证满分。另外，强化阶段可以顺便再看几遍《考研数学复习全书》，《数学基础过关660题》也可以拿来练练手，但是最重要的还是真题，真题做N遍一点也不夸张。

数学题不在于量，而在于彻底把知识点弄明白。《考研数学复习全书》是最重要的，一定要把它彻底消化。真题要做到每道题都能烂熟于心的地步，一看到题就能想到解题思路。

这就是我的数学复习方法，听起来可能很简单，可是真正做起来会发现过程是非常痛苦的，但是大家一定要坚持，忍人之所不能，才能得人所不得。

三、政治

政治复习资料如下：政治"红宝书"；肖秀荣的《命题人1 000题》《命题人终极预测4套卷》。

从9月份开始看政治"红宝书"，看看基本概念，不需要背，知道大概讲啥就可以了。然后就狂"刷"1 000题，多"刷"几遍，保证政治选择题拿满分。到考前一个月的时候开始狂背各种预测卷，我记得当时把《命题人终极预测4套卷》背得滚瓜烂熟，看见题能立马背出答案。政治就一个字：背。

关于时间安排，基础和强化阶段大家可以主抓专业课、数学、英语，从9月开始抓政治，越到后期，时间越颠倒，即花在政治、专业课上的时间越多，花在数学、英语上的时间越少，但不是彻底颠倒，即不要到后期数学不做了，一定要每天做点数学题、英语题，保持题感。还有，越到后期，越要稳住，不要跟别人比进度，自己有自己的计划。另外，最重要的两个字是"坚持"！

这就是我的公共课复习方法，大家觉得适合你就采纳，觉得不合适可以想办法找到适合自己的方法，毕竟每个人实际情况不一样。适合自己的就是最好的。最后祝大家都能取得好成绩，金榜题名，我在东财等你们！

（李鹏燕，保险学，总分401分，专业排名第2）

第五节　　东财，后会无期？

学的时候就在想，如果我能考上东财，一定要写一篇文章，以帮助后人，并与他们分享成功的经历。但如今愿望落空了，自己成了一个失败者，就不想写了。因为决定不"二战"了，也许自此跟东财一别就是一生。可是转念一想，虽然失败了，不过还是有些话想说，有些经验教训想跟后来人分享。有些弯路自己走了，真的很不希望别人再走，这也是对大家有帮助的事情，就当发挥点儿余热。哪怕看过文章的同学中有一个人从中受益了，也算是值得了。

一、考研最大的敌人是寂寞

如果你天天都是和几个人一起进行学习的话还行，如果是一个人学习，起初没太大感觉，但是越到后面，越会发现，考研真的是一件非常枯燥的事情，非常的无聊。这也是成千上万的前辈们说的，一定要耐得住寂寞，一定要坐得住椅子。有的时候实在忍不住寂寞和枯燥，就跟亲人朋友同学多交流交流，多说说话。也可以找考研的前辈们说说心中的郁闷，因为他们走过，所以很清楚你所处的阶段。

二、一定要真学进去

都这么大的人了，别在那里装相，因为考研的战线长，你总那么装，在那里消磨时间，总有一天你会受不了、很烦躁，最终导致放弃，就算不放弃，坚持到了最后，结果肯定也会不好。不必跟谁说或是对自己说，我今天学了10个小时（其实5个小时都在发呆），没有用。学的时候就不要想别的，切记要真正学进去，这样就算你学了7个小时，那你剩下的时间还可以放松一下。注意，不是让你去打游戏、去KTV，而是多运动，去操场上散散步，和别人说说话，交流一下。

三、一定要有控制力

很多人之所以失败了，就是没有控制力。学了一阵之后就想玩，看别人出去购物、出去玩就想跟着走，即使没有走，坐在那里也学不进去，浮想联翩。克服这个问题的最好办法就是制订计划表，很多成功的前辈都推荐计划表。注意，光有计划表是不够的，最最重要的是你一定要执行。我在这点上做得很不好，所以我劝大家一定要执行，首先这个表的制订要合理，在合理的前提下就是要拼命完成，千万别给自己不完成的理由，否则你会经常找借口的。

四、关于学校的选择

很多考研的人都是因为不满意现在的学校，想换个好的学校，顺便更新一下学历，以便找到好工作才走上这条道路的。这个想法是好的，不过有些人没有切合自身实际，单纯为了一个名校梦，报了一个响当当的学校，结果没有考上。虽然青春就要拼一下，但这是一个很有风险的选择。考研过程中有很多人报的学校都是随着自己的复习越来越深入，目标也越来越低，由名牌大学改成了普通大学。所以，周全地考虑、合理地报考学校是你成功的一部分。

五、关于数学

数学题一定要自己算，千万不要光用眼睛看，觉得这题我会做，然后就只想一下就过去。结果一落笔，就漏洞百出。所以要备好很多纸，不断算，不断写，数学就是一个体力活，熟能生巧。注意不要死抠一道题，有的时候一道题我能慢慢磨蹭很长时间，现在想来很是不值得，实在算不出来就标记上，然后算下一道，千万不要事倍功半。另外还要注意一点，那本很厚的复习全书的题最好在放暑假之前就做，暑假之前做个一半左右是最好的。我就是7月末才开始做的，结果加上基础又不好，到了后期非常被动，占用了别科的时间，而且还非常着急，影响心理状态。

六、关于英语

千万不要参考你以前的英语水平，这是另一个思路，另一种考试模式，尤其是阅读

的思维。其他市面上的阅读练习题做做就行，别认真计较对错，就是随便看看。有很多人都问需不需要会语法，从科学的备考来看，会语法当然是好事，应该学懂。但如果学了很长时间还是不懂也不要认为你就会考得很差。我语法基本不会，可是考研英语成绩还算可以。英语的复习关键是利用好真题，多做，精做。

七、关于政治

9月"红宝书"出了后再看就来得及，后期就是狂背，虽然说是狂背，但不是面面俱到什么都背，一般名师或者考研机构都会有重点提示，抓住重点进行记忆。政治的选择题是要好好练习的，尤其是多选，这是个分水岭，重点加强。至于大题，都是套话。但是大题注意一点，"马原"这道大题不是背了就会的，关键是原理的运用。一旦用错原理，说得再好也是徒劳。

八、关于专业课

专业课的教材看的遍数越多越好，前提是这些遍数还很有质量才行。至于重点，有些学校专业课确实是有重点的，每年都考固定的模块，但是东财的重点真的是不怎么突出，每年考的也都不一样，所以还是踏踏实实地搞懂每一块知识才是王道。

九、关于报辅导班

这个看自己的情况，不要跟风。如果你自己啥都不懂，也有经济能力，那么报个班听听可以。如果不报班，那么自己看书的时间就多了，这是好事。况且现在的网络非常发达，辅导班上有的网上基本都有，所以充分利用网络资源就可以解决很多资料和消息问题。从过去很多人的经验来看，报不报班跟能不能考上没有关系。

最后，希望学弟学妹们都能在心中有个声音在呐喊：东财，后会有期！你们一定能行，祝你们梦想成真！

（李元博）

第四篇

公共课

第十三章

考研数学

数学是在第二天的上午考，东财考数学（三）。考试时间3小时，满分150分。其中高数约占58%，线性代数约占20%，概率论约占22%。试卷题型为：单项选择题8道，每题4分，共32分；填空题6道，每题4分，共24分；解答题（包括证明题）9道，共94分。

考研数学的参考教材，高等数学——同济第四版及第四版以后均可，线性代数——同济第三版及第三版以后均可，概率论与数理统计——浙大第三版。

在数学（三）的备考中，考生一定要注意四点：

一、每天复习不间断

在考研备考阶段，我的数学复习就没有间断过，基本每天都可以保证拿出3个小时左右的时间复习数学。数学靠的是日积月累，但考研的时间毕竟有限，不可能天天泡在数学里，所以要靠每天的短暂时间来复习，这样日积月累，不仅时间不少，而且效果明显。

二、重视教材

数学复习的第一步就是读教材，我在复习过程中，也看到有的同学一上来就是看辅导书，但结果坚持了一个多月之后，他们不得不再次回到教材上，这样不仅浪费了时间，而且容易让自己变得浮躁。教材是基础，是数学复习中必须重视的知识，所以一定要把握好，并好好利用。当通过教材掌握了基础的定理、原理、公式之后，接下来就要认真做教材后面的题目，这是检验你对基础知识掌握的情况，如果遇到不会的题目或做错的题一定要认真分析、总结。准备好一个错题本，它在后期复习中起的作用远远超过你的想象。

三、选择辅导书并进行做题训练

当教材复习到一定程度后，考生应该根据自己的情况选择一本辅导书，并且要做题，而且是猛做。这个时候做起来就比较顺手了，开始基本上70%的题会做，不会的不

要只看一遍答案就过了，一定要自己"会"做，不要一看题目就说"我见过，在××书上，但是不会做"。考研资料都大同小异，过多地追求新资料，不仅在经济上是一种负担，而且还会碰到大量的重复题目和题型，而且因为你见过，所以觉得不难，会给人一种"数学很简单"的错觉。可取的方法是，对一两本书反复研究，总结规律。新的题目是用来检验你的学习效果的。

四、重视真题和辅导班

在考研数学的整个复习过程中，提醒考生一定要重视历年真题，而且最好能通过真题推断出将要考的题目或重点，这样做需要一定的水平和经验，如果考生只靠自己，很可能既浪费了时间，还把握不准，所以最好选个比较有名气的辅导班，靠老师的力量给予帮助，而且最后的冲刺和点睛最好。

第二节　　考研数学满分，你也可以

考研复习，最重要的是坚持，尤其是数学。不管大一、大二的学习基础如何，要想在研究生考试中取得好成绩，那么在下定决心准备考研时，就要告诉自己：坚持就是胜利。

我是考数学（三）的考生，成绩150分。所以说，不要把数学看得很难，每年考满分的人很多。对于数学而言，有（一）、（二）、（三）、（四）之分。在确定自己的考研方向后，一定要看看自己是考哪一种。如果还没确定，就要按照最难的数学（一）来复习，这样就可以保证万无一失。下面我就把自己准备数学（三）的一些经验介绍给大家，希望对大家有所帮助。

第一阶段，复习基础知识。千万别小看这一阶段，考卷里的任何一道题都可以用课本上的基础知识一步一步地解决。所以在我看来，这个阶段是最重要的。好多同学一遍一遍地看课本，既无聊还记不住。但到底该如何复习基础知识呢？我的经验是动手自己总结，形成知识框架，而不是看着课本发呆。对于不喜欢看课本或者准备考研较晚的同学来说，可以参考《考研数学复习全书》中的知识框架，我认为李永乐的《考研数学复习全书》就非常好。由于数学有（一）、（二）、（三）、（四）之分，在复习之前，要先看看数学（三）的考试大纲，把不考的知识点删去，避免做无用功。

在准备考研的中后期有一个现象：经过一遍、两遍甚至三遍的复习后，突然发现把最基本的定理、公式忘了。那时候就有一种受挫的感觉，还得回去抱着课本或者公式册子重新复习，这样是非常浪费时间的。我的经验是，在做题过程中要分析——这道题考了哪些知识点？这些知识是什么？如果记不起来，再去翻看课本。这样既可以节约时间，还可以检验知识的掌握程度。

第二阶段，做复习全书。这个阶段是最难熬的。习题一定要自己亲手去做，这是很重要的。在第一遍复习时，会遇到很多不会的题，不要担心，去分析答案，看自己哪没想到。而且要把题记下来，有时间再做一遍，检验自己有没有掌握。考数学（三）的同学，不要去追求难题。数学（三）的试题都是很基础的，不要把时间、精力花费在出力不讨好的事情上。

在考研过程中还有一个现象：和周围的人比进度。听到有人做了三四遍，就开始着急担心。作为过来人，我告诉你，真没必要。要按照自己的计划来，不要因为别人打乱自己的阵脚。复习全书，不在乎你做了多少遍，在乎的是效果。

第三阶段，练习真题和模拟题。对于数学（三）的考生，一件非常幸福的事就是我们有比其他人更多的真题可以练习。除了数学（三）的真题外，我们还可以做数一的真题。真题最好是按考试的时间段做，形成一种习惯。对于数学（三）来说，模拟题不要选择太难的。

第四阶段，考前。临近考试时，把错题和基本的公式、定理再复习一下。这时就不要求再做新题了，但依然要保持每天做题的习惯，这样在考场上就很自然了。

最后，就是考试，唯一要记住的就是认真、认真、再认真。

（李飒，国际贸易学，数学150分）

第三节　　带你逆袭带你飞，实现数学140+

窗外下起了小雨，去年多少个深夜的学习经历已化作往事，从开始复习到现在整整一年，我经历了充实的一年，在一些方法上还是有话语权的。再次感谢孙盛琳学长的邀请，在这一节谈谈我的一些数学复习方法，给东财考研"后辈们"提供一些新思路（我也买了《梦想成真：东北财经大学考研直通车》一书，它一方面指引了学习方向，另一方面也给复习中的我们提供了精神食材）。

本人也是数学"屌丝"一枚，但2015年考研数学（三）却考出了140+的成绩，所以大家要有信心。首先可以负责任地说数学（三）真的不难，学习方法和信心很重要！

数学复习大致可以分为三个学习阶段（未必对任何同学有效，只要找到适合自己的方法就好）。

第一阶段我跟大多数同学不一样，我在开始就着手看复习全书，选书就是"二李"的那本，这是主流的教材。当然，如果你报班了，也可以用培训机构的教材，但只要一本就好，不要贪多！这个阶段主要是把知识点学好、学全，数学课本建议别看了（当然是对于有一定数学基础的同学而言的），课本的很多东西其实没用，除非你的目标是考满分！这是应试，把考的东西会做了就好，课本有些冗长的证明没啥用，你无须知道这些原理是怎么来的，只要会用会做题就是王道！所以建议有些基础的同学上来就可以看《考研数学复习全书》了，看的过程建议第一遍计划三个月能做完就行，把总页数除以100，得出每天至少要看的页数，用量化的方法督促自己，遇到实在看不懂的可以看配套的视频。陈文灯的就不错，只是不建议全看，选不会的看就行。

此外，《考研数学复习全书》上的线性代数部分建议直接放弃，用李永乐的那小本

的线性代数比较好，概率部分推荐听王世安的视频课，他的视频课很实用，对复习还是很有帮助的。听完概率部分就可以直接做真题里边的概率题了，真题的概率部分挺好做的，一般都是有做题模板的，可能没有真正理解，但是应付数学（三）的概率部分足够了，所以建议《考研数学复习全书》里边的概率部分简单看一下就行，找一些题作为练习用即可，不用全做。《考研数学复习全书》里边的很多内容都没必要掌握，至少没必要掌握到那种程度，概率部分大家可能会遇见很多不懂的地方，但是记住一点：只要会做题就行了，理解不了就记住方法吧！

第二阶段，加紧综合练习。这一阶段各种预测卷都出来了，在做模拟卷之前要做3套近几年的数学（三）真题，这样有助于我们搞清考试的题型及难度，以免后期盲目做，陷入题海战。模拟卷选做两本就可以，不要贪多图快，合工大的模拟卷最好，其次选一本李永乐的，如果做完了就选张宇的预测卷，再做完了也别再做新的了，不断总结做过的题，反复做曾经做错的题。

第三阶段，全力冲刺。所谓冲刺，就是好好做真题，强调一下，真题必须严格按照考试时间来卡，全真模拟时要注意尽量安排在上午，和考试时间对应，预留三四份"临阵磨枪"，其余的按等差数列分散开模拟，模拟完一套要好好总结，利用下次模拟前的几天好好补短板，注重复习做过的题胜过做新题！做真题可以买张宇的那本真题集，但是2004年之前的大家当作检查学习就行了，不必太在意分数，后10年的要认真、认真、再认真地做！我平时模拟也就100分左右，所以大家不要被模拟出来的分数吓到，我们最后的分数比这个要高，但是前提是我们要不断总结丢分点，把需要注意的地方背熟，这样就有可能最后翻盘！注意数学要一直做到考前一天，一直不停地模拟！

总之一句话——生命不息，奋斗不止！东财拥抱你！

（刘帅，产业组织学，数学145分）

第四节　　学长送你"神助攻"

那段将近一年的考研经历，是我一生的财富。

说到考研，我认为，要想考入一个理想的院校，首先，我们要全面发展，英语、政治、数学（有些不考）、专业课不能有明显的偏科，因为即使其他专业课均考满分，英语达不到国家线也是不合格的。其次，要想考出高分，考个理想的院校，一门突出的科目是必不可少的。一来可以提高总分，提升总的名次；二来对选导师也很有帮助，比如说你的数学很"猛"，比如说有一些导师的研究方向需要较好的数学功底，这样的话倘若你对此方向感兴趣，就有可能得到老师的青睐。对于我来说，当时我所报考的是东北财经大学的经济类专业，且数学（三）的分数还算不错，148分，而我现在的导师比较偏爱数学底子好的学生，我想可能正是基于这一点我才能被选中吧。

研究生考试的复习是一个整体，首先我们要了解每一门课程的特点，为每一门课程安排合适的时间，懂得什么时候学习哪门课程效率最高。譬如说吧，英语的学习是一个持续的过程，从头至尾不能放松，要保持高强度的训练，保持语感，所以自始至终每天都要接触一下英语；政治是门记忆的学科，从初中到大学一直不间断学习，大致内容人人都有印象，所以它花的时间最少，开始最晚，但是越到最后越要重视政治的学习背诵，因为它的提分很快；数学是一门注重基础的学科，特别是最近几年的数学考研，题型越来越简单，越来越注重基础，偏难、偏怪的题目几乎消失了，所以数学的复习更要注重基础，到复习至最后的时候，要有意识地减少数学的复习时间给其他科目；至于专业课，要视不同专业课而定，但倘若是跨专业或者是专业课的课本在本科的时候没有学过的，建议尽早开始。以我为例，我转的是经济学，西方经济学之前并未学过，因此我的专业课就是跟数学、英语一起开始复习的。

很多人问我复习考研数学方法的时候，我也会偶尔跟人乱侃几句考研数学的复习步骤，算不上是什么金玉良言，权且是一个考研过来人不算太失败的一点经验之谈吧。

数学，无论是数学（一）、数学（二）、数学（三）还是数学（四），150分的分值，在考研的总分中还是很重要的，稍一疏忽就会丢十几分甚至几十分，所以，对待数学一定要端正态度，引起重视。

一、纵览大纲

不光是数学，其他科目也是一样，首先对本科目即将考什么、考到什么程度有一个初步的了解（一般来说，当年的考试大纲都是在大四的上学期出，可能有点晚，我们可以选择上年的数学大纲，每年的大纲都不会变化太大），防止为了大纲未要求的知识点浪费宝贵的时间，南辕北辙。

二、重复课本

（此阶段还有一个重要的要求，就是总结出最适合自己的学习方法）

对我们大多数需要考数学的人来说，考研数学（包括高等数学、线性代数、概率论与数理统计）在大学生涯的初始阶段都是学过的，无论初学的时候是否刻苦，基础是否扎实，在我们复习考研数学的时候已经是大三下学期了（我是这个时候开始的），对于原先的那些东西，好一点的同学可能还有一个大概的印象，稍微差点的同学可能遗忘得更多。所以，我建议在对考研数学需要考什么有一个大致的了解之后，我们就应该拿起当年的课本（最好是大纲要求的标准课本）重新研读，这样我们可以重新拾起当年学过的内容，并且对课本中的知识有一个大体的框架。

有一些同学认为自己当年成绩不错，底子扎实，于是直接拿起复习全书开始系统地梳理知识点，这一点在我看来实在不是什么明智之举。一来复习全书的顺序不是按照课本上的顺序循序渐进的，而是按照相关程度把课本中所有讲到的相同的知识点归纳起来，这样的顺序当然方便我们加深对知识点的认识，但是对于还未对课本的详细内容进行梳理的同学来说，可能会让本来就不清醒的头脑更加混乱。二是读起来非常吃力，这样容易打击积极性。

考研的人在温习课本的时候，最好是将课后习题也做一下，以巩固知识点。当然，对于课后习题非常多的部分，我们也可以挑选着来做，单双数或者是任选几道，随个人意愿。

我认为复习课本知识——这个步骤一般从大三下学期开学就可以开始了，由于大部分学校在此时还有繁重的课业任务，我们可以在尽量不耽误的情况下学习课本。一般结束时间可以定在暑假之前或者是暑假期间，太晚了后边的过程就不太好开展了。

三、强化学习

所谓的强化学习阶段，就是再把课本浏览一遍，并对所要考察的知识点都温习一遍之后，开始按照知识点进行强化练习，这个阶段主要是注重归纳知识点，大量做题，总结经典题型，积累经验，总结错题。此阶段是以复习全书为主要参考书目，对全书上的知识点要整条梳理、逐个理解，然后做相对应的习题。在做练习题时，特别重要的一点是，对每道习题都要亲自去做，从头至尾莫要眼高手低，看过的题目不等于掌握。复习全书可以多看两遍，如果时间充裕的话。当然，再看的时候速度就很快了。

此阶段的复习要注意心态的调整，倘若前面复习得不扎实，可能会出现复习进度慢、题不会做等种种情况，还有就是复习一遍全书之后，回过头来发现又忘记不少。如此种种都很容易打击我们考研的积极性，并且此时正是各企事业单位来学校举办校园招聘的时间，人心浮动，焦虑不安，看着别人都把工作签了，作为考研人的我们非常容易受到影响。此时我们就要找到一些排解烦躁的小方法，比如给远方的研友打个电话，跟一起考研的朋友聊聊天，互相鼓励；约个朋友出去看个电影，缓解缓解紧张的心情等。

四、冲刺提高

当复习全书上的知识以及题型掌握得可以了，提出一个知识点就可以清楚地说出相关的知识以及相关题型的解答方法的时候，我们就可以进入冲刺提高的阶段了。此阶段真题就开始成为桌上的"常客"了，仔细研究一下历年真题，学习一下真题的答题方法以及完成真题的时间控制是主要的内容。除此之外，以前总结的做题方法要温习，错题要引起重视，做到同样的题目不可再错。此时不能再盲目地坚持题海战术，要讲求效率，同样的题目看一看即可。当然，倘若把真题做得游刃有余了，也可以来几套模拟题，当然，模拟题不要偏难、偏怪，比真题水平稍高即可。在此阶段，一定要真正腾出3个小时做一套数学真题，进行实战模拟，最好要在两个半小时之内完成，留下半小时检查，这主要是因为真正的考研"战场"上做题时由于很谨慎，一般会比平时慢不少，此时留出的半小时主要是考虑到这点。

五、巩固整理

进入到这个阶段的时候，距离考研已经不远了，估计还有半个月左右的时间，此时数学已经不是我们的重中之重了，相应的时间也会减少。此时主要是看原先的笔记、错题、经典题型、做过的真题，以巩固以前取得的成果。数学不像英语，每天都不能间断，但是也不能丢下太长时间，最好是隔一天就腾出点时间看看。此时除了背诵政治，最重要的就是平复心态，保持数学的水平不至于下降，准备迎接真正的考验。

（郭强，国际贸易学，数学148分）

第五节　　　　　　数学这件小事

我报考东北财经大学的世界经济学专业，数学（三）考了147分。我不是一个聪明的人，所以，我想只要努力就会得到好的结果。在这里我跟大家分享一下我学数学的经验，不一定适合所有人，只是给大家提供一个借鉴。

我把学习的时间分成块儿，因为数学考试在上午，所以我复习的时候也把数学放在上午，让大脑习惯上午做数学题。我每天基本都是在上午的8点到11点半学习数学。

没有看过同济的微积分和线代课本以及浙大的概率论的同学，我希望大家在6月之前至少看一遍。因为我把这三本书看了两遍、课后题看了一遍后，发现了解清楚定理的来龙去脉对做题的思路会很有帮助。

在看课本的基础上，我就看了李永乐的复习全书。我把书的内容从头到尾看了一遍，每看一个例题，我都要把题先做一遍。如果不会做，我会在题号处画个星星做记号。下次再看的时候就要注意了，然后再看答案，依次类推。在做课后题时也是如此，不会做的做记号，在看答案前思考一会儿，确实不会才看答案。在看答案时也要注意答案的思路，不能仅仅要求会做而已。这样看了两遍书。再做第三遍复习全书的时候只做画星星的错题，如果不会继续做记号。三遍书差不多花费了从6月到10月约5个月的时间。

11月份，我开始做李永乐的《数学基础过关660题》，就做了整个11月这一个月，能做多少做多少。刚做《数学基础过关660题》的时候感觉有些难、有些绕，有时三个小时就做四五道题，但是一定要静下心来，不要受打击，因为那个题本来就难。但是在做题的时候一定要彻底搞懂，不要追求做题的数量，一定要保证做题的质量。

12月份已经进入冲刺阶段，这个月我只做以前的错题，保证那些错题都会做，查漏补缺。不确定和不了解的定理一定要查课本弄清楚。就这样一遍遍地加强记忆，不留死角地复习。这样把错题做一遍后没有几天就考试了，这几天就把书上的所有定理证明整理出来背，以防考试考到定理证明。

最后，我建议大家在考试的时候遇到不会的题一定不要慌，继续往后做，都做完之后再回头做不会的题。不会也不用灰心，保证会的题不丢分就不会考得太差。还有就是复习的时候不要乱做题，我前面说的两本书足够，不要什么题都做，就像考研班发的题、各种模拟题等，在有精力的时候再做它们，不做也没问题。因为乱做题不容易形成固定的解题思路。

最后，祝大家学有所成。

（田宇，世界经济，数学147分）

第六节	速度与激情——从零基础到142分

一、怎样学习数学

　　数学的学习是一个循序渐进的过程，不管什么基础，你都可以。但是学习数学必不可少的东西有三样：刻苦的精神，或者说保持足够的激情，就是要求你要有足够多的草稿纸，写完足够多的笔，每个星期你都必须给自己定下要求，我这个星期要用完多少草稿纸，写完多少笔芯；善于总结，就是要求你有一个适合你自己的笔记本；最后就是瞬间的灵感，就是要求你平时在做题的时候感觉这个题目有什么需要特别注意的，哪怕是一句话，那句话就是瞬间的灵感，你必须得写下来，写在醒目的位置，我一般是写在资料书的首页，例如，看到指数函数就一定要想到对数化，看到绝对值第一思路就是要去绝对值之类的。时间长了，你的思路就会慢慢开阔。我感觉自己做得很好，从暑假开始一直到考研结束，我把我写完的笔芯都留了下来，一共是78根，当然也包括别的学科写的笔芯，草稿纸的话堆满了一个抽屉。当你看到自己的这些成果时，你就会有很强的信心战胜数学，所以我建议大家把自己的笔芯和草稿纸都留下来，没事的时候看看自己的成果，你就会有更多的激情投入到数学的学习中来，你会把数学当成一种享受。关于做笔记的方法，我的方法是只要不会做的题目，不管再偏，我都会写在笔记本上，有的同学说在复习书上做上醒目的记号也可以，但是我个人认为还是没有抄一遍的效果好，因为抄一遍你就会有更加深刻的印象，下次碰到这种题目的时候，哪怕你自己忘了以前做过，但是思路是潜移默化的，看到题目的时候你会有感触，你会把它做出来！所以题目不怕多，但是你要做，怎么做？再简单你都要亲手做出来，直到算出正确答案为止，眼高手低是学习数学最忌讳的习惯，一定要踏实，不要以为自己了不起。关于第三点我说的灵感，那就要看同学们自己对数学的悟性了。

二、数学（三）到底有多难

　　很多着手准备考研的同学肯定会和我当初一样，连考什么内容都不知道，我记得当初我复习的时候还把空间几何给看了一个星期，后来我看复习全书才知道数学（三）不考空间几何。所以建议大家在着手复习的时候一定要把该弄清的东西全部弄清，有句老话叫"磨刀不误砍柴工"，把所有的常识搞清后着手复习就踏实多了。言归正传，有的同学总是说数学（一）、数学（二）难，数学（三）简单，但是今年数学（三）考完之后我看大家的反应都不好啊，这是为什么？我记得我一个朋友说数学（一）考了一个心形的二重积分，听说对于那道题嘘声一片，大家都说没看过那个东西，根本就不知道怎么下手，这些东西都直接反映出了你的基本功，这说明不管考数几，你的基本功都一定要扎实。没有扎实的基本功，不管考数几，你注定失败。我考完试出来的第一感觉就是真的很基础，而且知识点考得很全面，这些都是考验你平时怎么学习，你看书是否全面，书上要求掌握的公式你是否很熟悉地记得。最重要的就是这些公式的运用了，有的

同学会说记得但不会运用，那我可以下结论地说这是因为你练的题少了，难道你真的承认自己的智商比别人低吗？数学（三）最后一个大题目是一个关于统计的题目，求最大似然估计，那个题型考研近5年都没考，连老师也说那个不会考大题，所以好多同学都"死"在那一题上了。其实那一题只要你平时多做2个统计的题目就会了，特别简单。统计的题目都是老套路，找不到第二种方法。所以这就要求我们学数学（一）定要有扎实的基本功，只要考纲要求你一定要掌握，就不能抱侥幸心态，可能不考就不看或者随便看一下，随便看一下真没什么用，考试的时候你就不会了。最后总结考数学（三），拥有扎实的基本功，这个基本功还得包括计算准确，这个很重要，如果你做到了，恭喜你120分到手了；在这个基础上有一点解题技巧，那么恭喜你130分一点问题都没有；至于140分以上，那就要靠个人的悟性了。

三、关于资料的问题

我认为数学的学习离不开对书本知识的掌握和对辅导资料的练习，以下一些资料还是很不错的：

教材：同济大学高等数学书第五版或者第六版，同济大学线性代数，浙江大学概率论和数理统计。

辅导资料：我用的是李永乐的《考研数学复习全书》、《数学基础过关660题》以及《数学最后冲刺超越135分》（这本资料因人而异，个人感觉做做有好处，我是挑了会出大题目的专题做了一下，因为上面的题目在你没有做《考研数学复习全书》和《数学基础过关660题》的情况下是摸不着边际的），合工大超越考研数学最后五套题（随意做了一下，题目很"变态"，但是选择填空错的很少），最后就是真题（强烈建议买试卷版，一套一套地自我测验，不要买那些什么真题总结归纳的资料）。

四、数学复习时间段怎么安排

首先我得和大家说一下，以下建议是我根据自己的实际情况写的，这个大家就作个对照，每个人自己的学习情况不一样，有自己的习惯，所以你们参考一下就好了。

本人正式学习高数是从大三下学期开学的第二个星期开始的，具体的时间我不记得了，貌似也就元月底的样子。所以同学们回学校找一小段时间调整一下自己的心态，把考研前的准备工作都做好，之后你就真的要全心投入到学习中去了，一直到考研结束丝毫不能间断，这一点一定要做到。当然偶尔的放松是很必要的，但是从你踏上考研这条路开始你就不能在这其中有什么大起大落了，比如一个星期什么都不干，整个星期出去旅游之类的。如果能做到大家就尽量坚持，把学习当成一种习惯，你就不会有别的想法了。如果觉得自己不能够刻苦做到这些的话，那么再多的经验也没什么用。

言归正传，我说说自己的复习安排吧。

对教材的学习：如果你大三下学期开学时数学还是零基础，那么加油，开始努力吧，先把四本教材准备好，把四本教材的目录摆在一起，把考试要求的章节都画上，不考的就打一个大叉号。然后对着要考的知识点做一个总体的规划，我这里说的规划是你

对打算多长时间看完这四本教材的问题做一个总体的规划，这个是很必要的，学习的过程必须要有一个计划，那样学起来才会轻松。本人花了三个多月结束了四本书的第一轮复习。各位可做一个参考，根据自己的实际情况进行安排。我的意见是差不多你也得这个时候完成，当然高质量、更快完成那就再好不过了。对教材的学习千万不能拖，今天拖一点明天拖一点，久而久之你就懒散了，后面的学习计划你就跟不上来了，到最后这是很可怕的。

对《考研数学复习全书》的学习：毋庸置疑，看完教材后你就得开始看《考研数学复习全书》，刚开始看的时候可能很慢，很多都不懂，觉得复习全书比教材难多了，但是不要急，一点一点耐心地看。人的思维有一个提高的过程，慢慢地，你的理解能力就会随着你学习数学时间的加长而提高，第一遍看复习全书时一定要慢、要细，这个很必要，复习全书我是到大四开学后的第二个星期左右才看完第一遍的。当然暑假辅导班上了一点课，中间有一星期左右没有做《考研数学复习全书》，去做辅导班发的资料了。一定要记住，大四上学期开学后你的复习全书一定要看完一遍，不要认为这很慢，只要你看好了，就没有事。

对《考研数学复习全书》的再次复习：看完第一遍复习全书之后就要开始进行全书的第二遍复习，一般这个时候速度就比较快一点了，但是也不会很快。我花了1个月左右的时间，这样就到了10月份的中旬了。

《数学基础过关660题》：这本书的争议很大，好多同学都说不做，但是我的建议是必须做，强烈要求把它看得和《考研数学复习全书》一样重要。做这本资料你必须要求自己每天做完多少，我当初给自己定的要求是一天30题，别看就30题，不花5个小时你是做不完的，当然我是说对每道题都进行深刻理解。这样一晃就要到11月初了。

对《数学基础过关660题》的第二次复习：这个过程比较快，一般都是做做第一遍的错题就够了，一般几天时间就可以了，《数学基础过关660题》上面有的题目确实非常典型，一定要写到笔记本上。

系统总结：做完上面这些工作以后，你对自己的数学水平应该有一点自信了，这个时候我开始回归课本，当然这是小规模的回归，因为在做《考研数学复习全书》和《数学基础过关660题》的时候你肯定会经常地翻书上的知识点，很多重要章节肯定也看了两到三遍了。我说的总结是对着复习大纲把书上的知识点整理一遍。弄完这个之后大概到11月底了。

重头戏真题开始：关于什么时候开始做真题，我和自己的研友们争议很大，有的研友很早就开始做真题，但是我到11月底才开始做第一套真题试卷，我记得当时第一套试卷我花了2个小时，得了121分，那是2003年的考研数学（三）真题。可以这样安排：每隔一天测验一次，这样到12月中旬差不多就可以做完，可以留一套2016年的真题准备压轴。

考研开始的前几天：这些天干什么呢？看看真题中自己做错的题目，翻看自己的笔记本，别的你就必须都丢掉了，这时候你就得以看为主，并且书上的重要公式也得翻一翻。

之前在说参考资料的时候貌似说到了哈工大五套卷和超越135分，但是在上面的复习时间段安排上并没有写这两本资料，主要是因为这两本资料的运用都是在每天主要任务完成以后还有剩余时间的情况下进行的，我想说的是这两本也是很不错的资料。

合工大超越考研数学最后五套题有那么一点难度，我试着对第一套卷测验了一下，选择填空还可以，但是大题有一定的难度，所以建议有机会的话大家把上面的题目当成练习练练手，因为五套卷是一套比一套难，对于这五套卷的利用也是在《数学基础过关660题》二轮复习完成以后再开始的，原因大家都懂得，因为难，所以需要你有很好的基础。

《数学最后冲刺超越135分》这本资料也是有一点难度的，我认为做做有好处，因为只有难题接触多了才能在考场上看到那些题目临危不乱，思路清晰。但是不能刻意的追求难题，这本书也需要在你做完《数学基础过关660题》之后有时间的情况下把重要的章节做一下即可，我是选会考大题的知识点做的，后期时间也很紧，所以有时间就都做，有好处，真没那么多时间就参考一下我的计划吧。当然这本书真不想买也可以，不过做做还是好的。好了，这上面就是数学零基础的我如何考到142分的总体复习时间分割安排，每个人都有自己的情况，大家参考即可。

对于数学，每天的学习时间怎么安排？

我在前面说了数学的学习是一个循序渐进的过程，所以在一开始初期复习的时候不管自己有一个什么样的数学水平，都要保持一颗不骄不躁的心，比如碰到很多的题目不会做，不要急躁，初学高数者最需要克服的一种心态就是高等数学太难了，至于怎么克服，我认为每天保持平常心，按照自己的复习计划每天把该完成的任务完成，好好总结归纳，这样就够了。不知不觉中你的数学能力就会自然提高，数学解题能力的提高是一个量变到质变的过程，前期多做多练，后面你的能力就会自然而然地提高。我最记得以前概率论与数理统计第一轮复习的时候我看着那些符号公式真是各种不理解，连答案过程看着都吃力，那段时间每天在教室看概率论与数理统计到11点半，磨过这段日子之后，你再回头看这些知识点的时候，每回头复习一次你的理解就会深刻一次，这个来来回回的过程，也就是你数学能力逐渐提高的过程。

上面说的这些没有进入主题，只是加入了一些我的感想。那么，我们每天应该安排多长时间学习数学，在什么时间段学习数学呢？我认为对于数学零基础的同学来说，每天保持5个小时的数学学习时间是必需的，有时候甚至要在5个小时以上，大家千万不要嫌这个时间多啊，我提供的是学习数学的经验，不是学习数学的技巧，没有苦干的精神，我这篇文章就对你没有任何用处，希望大家能够明白。为什么要用这么长的时间学习数学，我想原因大家都懂，对于没有基础的同学来说在刚开始学习数学的时候会很吃力，有时候一个知识点要来回想才能够搞懂，记得我刚开始复习函数连续、可导那些知识点的时候，怎么想都想不清楚，每天晚上等教室人都走了，我和研友就在一起讨论，

有的时候甚至到深夜12点多，也正是这些付出给我的数学奠定了很好的基础。5小时的学习状态一直要保持到考前15天左右，因为最后那两个星期有大量的英语作文和政治等着你去背，你也没有那么多的时间去弄数学了，最后两个星期我认为每天保持两三个小时的时间学习数学即可，这个时候主要就是看错题集，看真题，真题一直到考研前一天都不能丢，是你最重要的资源！关于在什么时间段学习数学的问题，我认为主要集中在上午8点半以后和晚上9点以后，上午8点半以后主要是由于数学考试是在上午进行的，我们要在那个时间段让脑子里面的数学细胞活跃起来，而晚上9点以后看数学主要是因为我认为这个时候是脑细胞最活跃的时候，你想想，夜深人静坐在教室里做数学，难道不是一种享受吗？

五、关于教材的复习

数学是一门逻辑思维很强的学科，特别是我们大学学习的数学，它比高中学习的数学更加的深入了，所以对高等数学的学习要求你有更强的能力，高中时我们有老师给我们讲，但是现在踏上考研路的你必须得一点一滴地学习比高中更加难的数学，所以这个时候你就必须更加全面、更加认真了，因为没有人给你讲，你必须靠自己，你必须要有坚强的毅力。我前面说过数学的学习是一个逐渐积累的过程，而在这个过程中，数学的基本功是很重要的，基本功不扎实，而去埋头苦做各种练习题，那样会达到事倍功半的效果，所以这就要求我们一定要对教材的复习好好地把握，这是基础，也是最重要的！

对于教材的复习，我认为应该按照高等数学上、高等数学下、线性代数、概率论与数理统计这个顺序各个击破，这也是最合理的顺序，毕竟考研资料书都是按照这个顺序来编写的。对书本的复习我们应该养成良好的习惯，我们必须做到手脑并用，要准备好足够多的草稿纸，有的东西不写一写画一画，光凭大脑去思考也是不行的，那样做题的时候就会手生，没有感觉。对考研所要求的每个章节，需要一字不漏地看，在看的过程中多思考，对联系比较紧密的章节需要前后多对照比较，想想共同点和不同点，这样比较之后对这些知识点就会有更加深刻的体会。

高等数学：众所周知高等数学在数学里面所占的比重是最大的，而且高等数学中所学习的积分又会直接影响后面概率论的学习，所以高等数学学好也就把你数学（三）的大头给摆平了，后面的线性代数和概率论就不会有什么难的了。虽然数学（三）所要求考的书是两本，但是真正加在一起所要考的内容充其量就一本教材，对于这一本教材的把握显得特别关键。高等数学部分的内容其实并不多，主要包括一元和二元函数的相关知识、定积分和不定积分的相关知识、无穷级数的相关知识（这个是考得最少、最不深的知识点，但是也不能掉以轻心）和常微分方程这些大的知识点（可能不全，好长时间没看数学了），把所有的内容梳理完之后就觉得其实不是很多了，学习高等数学最重要的是要把书上的那些定理弄懂，这些都是你解题的基础，而对这些定理的理解要经过反复推敲才能够一次比一次深入，这也包括在做题的时候对定理的重新理解。书上面要求掌握的公式，特别是不定积分中那些常用的求不定积的公式、无穷级数中那几个常用函数展开成的泰勒形式、常微分方程中求方程解的那几种形式。我认为对这些公式的掌握是一个反复的过程，没事的时候就经常在草稿纸上面默写默写，久而久之这些公式在你的脑子里面就不会混淆了，最主要的当然是在做题的时候对这些公式的灵活运用，这就要求在基本功扎实的情况下多做多练。值得注意的是书上定理的证明有时候也是很重要的，例如罗尔定理、拉氏定理等这些定理的证明，你必须要会证，当然考研肯定不会考这些东西，只是说这些东西比较基础，让你证明出来只是因为这样会加强你的基本功，试问书上重要定理的证明你都不会，那么你如何去应对研究生入学的数学考试，选拔性质的考试肯定考得更有水平，不能抱侥幸心态觉着数学（三）简单。当然你基本功扎实了，数学（三）你是肯定可以拿下的。对于一元、二元函数这块知识点，在你结束一轮复习之后，你就得在做题的时候将这些知识点多做对比，特别是关于函数连续、可导、可微、可偏导之间的比较，毋庸置疑，考研是肯定会考的。而对于这一大块知识点的学习，也是一个循序渐进的过程（我写的这篇帖子经常出现反复和循序渐进这样的词，这是告诉大家数学的学习急不得，你得弄它个来来回回，不怕遍数多，这个一定要记住），在理解书上知识点的基础上，多做题让自己理解的更加深刻，这是一个多思考的过程，可能在刚开始的时候你会觉得很复杂，但是时间长了，就会慢慢地变得清晰起来，也会更加的深刻。其实不只是这块知识点是这么学的，学习其他的高等数学知识点也是差不多的方法。对于课后习题的问题，我认为很有必要做，一题不落，而且是在每次看完一个章节之后立刻就要做，拖不得，这是一个强化知识、加深印象的阶段，前期复习书本知识的时候不要求去对照复习全书看，把书本搞好了就行，哪怕是看了后面忘了前面也没有事，当然不能忘记得太厉害，如果忘记得太厉害你就得考虑原因了，是不是出了什么问题，是否数学要加时间了。最后强调一下，关于数学（三）泰勒公式的问题，虽然数学（三）要求不是很高，但是我认为这个知识点特别重要，因为在求关于自变量趋于0时的函数极限的时候它是一个很好的方法，当你对所求极限不知道怎么做的时候，把它展开成关于自变量的泰勒公式，一般情况下是能够解出来的（乘法的时候用），我考数学（三）时第一个大题目就是一个非主流的求极限的题目，我看到题目第一反应就想到了泰勒公式，几分钟就搞定了，用这种方法一般是不会错的，因为如果你在解答的过程中粗心了，可能就有某两项是化简不掉的，你就可以检查是不是哪里做错了，希望大家能够谨记。

线性代数：对于线性代数这个部分，我可以用一句话来形容它，对于初学者而言，线性代数在你前期学习中是非常难的，但到后期的时候你就会发现线性代数是三部分内容中最简单的，不仅知识点少，而且前后贯通，来来回回复习几遍之后你就会感觉到。关于初学者为什么觉得线代难，是因为我们在高中的时候没有学过线代，在看线代的时候有各种名词感觉很陌生，所以看的时候慢慢来，自己感觉经常不熟悉的知识点要学会经常翻书看，时间长了，这些知识点就会在你的脑子里面有个很深刻的印象。对于线性

代数的学习也要学会前后对照，归根到底考研所要求的线性代数就是研究方程在什么时候有解、什么时候有无穷解、什么时候没有解的问题，按照这么一条大的干线往下延伸就是我们所学习的线性代数。第一章和第二章是学习线性代数的基础，为后面的知识点做了一个铺垫，而第三章和第四章是关于矩阵的初等变换与线性方程组和向量组的线性相关性的问题，只是对一个问题的两种不同描述，第五章可能稍微有些偏离这个知识点，它更加深入一点，值得注意的是，关于矩阵的相似和矩阵的合同你得比较起来看，这个特别重要，对你理解这两个知识点有很大的帮助。

概率论与数理统计：对于这部分知识点的学习我认为和高等数学、线性代数所要求的思维是不一样的，我也比较喜欢这部分内容。关于概率论和数理统计的复习其实前后的联系也是比较紧密的，特别是一维、二维随机变量以及离散型、连续型随机变量，这部分是贯穿整个概率论与数理统计学习的知识点。我认为在复习这本教材之前，大家可以把这本教材所要求的章节抄一遍，通俗地说就是先把目录给记住，这样做之后你就会有一种站在高处"一览众山小"的感觉，把每部分所要求掌握的知识点的大方向弄清楚之后，你看这本教材就会显得相对容易一些，因为这部分内容的各种公式是非常容易混淆的，其原因主要是知识点比较多，而且也比较相似，所以这样做是很有必要的。对书上各种分布函数的掌握也是学好这部分内容的基础，这是非常重要的。当你对概率论与数理统计要求的知识点有一个清晰的理解后，加之对各种公式能够很深刻的理解及运用的时候，那么对概率论的掌握也就差不多了。而对于数理统计这一部分，也主要是一些公式的运用，像期望、方差、协方差这些内容完全就是靠你对各种公式的记忆和理解了。没有别的方法，就是对书上要求掌握的公式多推导，在充分理解的基础上多做题。一定要记住数理统计这部分内容，多抄公式多理解，我感觉就没有什么大问题了。

(石赤，数量经济学，数学142分)

第七节　我的数学小窍门

数学是各科中最值得花时间的一科，而且回报也往往超出预期。

我在数学复习过程中只用了两本参考书——李永乐的《考研数学复习全书》和《数学历年真题权威解析》。另外听了李永乐线性代数的辅导班（网上可下载）。我觉得把一本书看十遍效果会比把十本书看一遍要好得多。所以我把《考研数学复习全书》前后看了三遍，《数学历年真题权威解析》看了三遍，错题看了两遍。个人感觉做题的手感提升了很多。

通过看《考研数学复习全书》，不仅可以巩固基础知识，还可以提升做复杂题目的计算能力。个人感觉《考研数学复习全书》的内容要稍难于真题，所以现在在这个高度上进行复习，面对考试时会格外得心应手。《数学历年真题权威解析》是李永乐书中最值得反复看的，书中对题目的归纳和解析非常到位，而且每做一遍，都会对题目有新的体会。

说下我的复习安排。我是边工作边考研的，所以学习时间会相对短一些。所以我从

· 165 ·

6月就开始看《考研数学复习全书》，用了两个多月的时间看完了第一遍。第一遍的时候，我看的比较仔细，看的时候，我尽量把我能想到的想法都记到书的旁边，对一些错题把心得体会也写下来了。为了防止第二遍看的时候受影响，谨记第一遍的笔记要尽量写得整洁一点，以免影响第二遍的心情。

8月中旬，我开始看第二遍。第二遍我所做的就是把已经非常有把握的题以及没有什么技巧已经会做了的题目划掉，为第三遍复习做准备。这一遍，由于已有第一遍的基础，速度会快很多，基本一个半月就看完了，不会的题目也会少一些，对知识体系也把握得更好，是树立信心的好时期。

10月，我开始看第三遍，并整理了错题笔记。由于第二遍的时候，我把很多毫无技术含量的题目都给划掉了，省下了很多时间，所以大约一个月就可以看完。这一遍很奇怪，会的题目好像还不如第二遍多，感觉比第二遍差很多，并且我和很多朋友都有这个体会。说实话我也不知道这是为什么，我只是安慰自己说，我已经从"看山是山"的水平提高到"看山不是山"的境界了。可能以后考研的同学也会遇到这个现象，我只能说，一定要坚持度过这个阶段，千万要有信心。

《考研数学复习全书》的复习效果直接会影响到做真题的效果，乃至最后考试的成绩。大家一定要踏踏实实地看。

《数学历年真题权威解析》我先按照套题做了一遍，然后按后边解析做了一遍，最后又按照套题做了一遍。套题的做题顺序我是倒着做的，感觉最早那几年的题，做做就好了，不要自己打分，会影响心情。最近五年的题目一定要重视。最近三年的题目，除了看看我们的数学（三）之外，我还打印了数学（一）、数学（二）的题目，也都看了看，因为考试时或许会有意外之喜。

其实，我周围认识的人，有好多早就看完了全书和真题，然后又做了《数学全真模拟经典400题》之类。个人感觉没必要，《数学全真模拟经典400题》难度太大，考前做这个不利于自信心的培养。对于这个问题，大家复习时自己斟酌好了。

最最关键的一点差点忘记了，好多人在最后考试的半个月内，每天抱着各种政治书，从早背到晚，以致忽略了数学，这是万万不可的，数学的学习是一天也不可间断的，每天的做题时间就算到了最后几天也要保证在三个小时左右，千万不可放松。不然，辛辛苦苦准备一年，可能就因为最后这几天的放松白费了。

（周洁，会计学，数学142分）

第八节　　从数学的全世界路过

我们学院的数学课可谓惨淡，只有微积分是必修课，讲得比较全面但很简单。线性代数和概率论是选修课，所以授课结果可想而知。我看网上"前辈"都说数学要早准备，于是在大三上学期考完注会就开始"修身养性"，一直到"十一"之后一段时间。听说想拿高

分要信仰陈文灯老师，于是买了本陈文灯的参考书，在几乎是数学零基础上自己看、自己做题，做了几章发现几乎是题题不会，必须看答案才行，就把参考书扔到一边，下了陈文灯的微积分基础班听了一遍，晕晕乎乎过了几个星期，又开始准备会计从业资格证，于是把考研放到一边，考完从业证又开始了期末考，等到后来再开始学数学时发现所学到的微乎其微。

寒假我完全是吃喝玩睡，完全不想考研的事。所以回校后对于考哪所学校，报不报考研班纠结了好长时间，不得不上网查，还跑到考研机构咨询。最终在吉大报了三科，又由于数学只有强化班，以自己的基础够呛能听懂，于是又在同学的帮助下报了我们学校的一个老师办的数学基础班，报了这个班真是万幸。老师讲得很好，而且由于讲的是数学（三），所以不会像外面的考研机构那样数学（一）、数学（三）一起讲，难度、内容都不容易把握，并且老师清清楚楚地告诉哪里重要哪里难，哪里可以选择性放弃，每一讲都会出一套题让我们参考着去做。老师出了一本书，总共35讲，同时我还买了李永乐的《考研数学复习全书》，两本书结合着做。最终到上学期期末考前，整体复习了一遍数学，做完了两本书。在此期间，对于难的题，我保持着现在攻克的是基础，难的能看懂理解就行，先不要求能自己做出来的积极心态进行复习。本来我还有吉大的数学暑期强化班，但由于觉得听老师讲得也差不多了，以后主要是自己做题、总结，而且觉得暑假留校是件很痛苦的事，再加上上外面的辅导班太浪费时间，每天在班车上就得浪费两三小时，容易丧失学习热情，就把听课证给卖了。

暑假我不敢怠慢了，坚持每天7点起床，8点左右开始学数学，学到中午12点左右。任务量是每天一章，看《考研数学35讲》和《考研数学复习全书》，争取把知识点看一遍，把题做一遍（到后来又觉得书太厚以后没必要总翻书，于是每天都把该章重要的知识点整理到本上，结合两本书总结该章的出题思路、题型、答题思路、典型例题）。有时候碰到较难的章节就分两天分别看《考研数学35讲》和《考研数学复习全书》。如此到快开学时又把数学看了一遍。此时觉得数学学得差不多了，就想做做《数学基础过关660题》，每天20道微积分，剩余两科10道。该书有说难有说易，我觉得对于我来说微积分比较难，自己做出来后还须看答案。线代和概率论还行，能开阔一下解题思路。等到做完选择题时，就不太想再做填空了，一方面是觉得思路开阔得差不多了，另一方面是想把时间分配给其他科。我又觉得不能把数学停下，于是开始做真题，此时做真题好像有点早，但我觉得真题是王道，而且不想再去攻难题，因为考研数学一般微积分会出些难题，其他就比较正常。每天一套真题，从做题中找出自己不熟、薄弱的地方再去看书。在距离考研还有将近两个月的时候把真题做完了。再往后又看了一遍《考研数学复习全书》，此时隔一两天看一次数学，每天看的量记不清了，只是看一上午，具体是能看多少就看多少，完了之后又把真题"过"了一遍。后期不知道该做啥了就做了《数学全真模拟经典400题》，做了两套就放弃了，太难，不符合考研水平，万一再打击自信心就不值了。考试前两天大概把真题上自己做错的或重要的题型、知识点看了看。

考试时，感觉整体还行，可能有些题思路活了一些，需要稍微换换思路，所以平时理解、总结题型、琢磨出题角度、解题思路还是有好处的。最终考了138分我也挺满意的。

简单来说，我的数学是大三上半年上了个基础班，做了一本《考研数学35讲》和一本《考研数学复习全书》，暑假又把两本书认认真真看了一遍，并且总结题型、出题思路、解题思路。到学校后又做了《数学基础过关660题》的选择题。之后是一遍真题，又大致"过"了一遍全书，再来一遍真题，临考前两天看笔记，看一遍真题中重要的题以及做错的题。

（赵晓晓，会计学，总分416分，数学138分）

第九节　　数学杂议

推荐书目：同济版《高等数学》、同济版《线性代数》、浙大版《概率论与数理统计》
《接力题典1800》《高等数学辅导讲义》（汤家凤）
《线性代数辅导讲义》（李永乐）
《概率论与数理统计辅导讲义》（曹显兵）

一、关于报班问题

我报了文都的数学辅导班，汤家凤老师的做题思路以及计算技巧都很灵活。大家可以看以前年度的数学辅导视频课，差别不是太大的。我报班是因为面授课大家一起听，学习会有劲头，中途不会开小差，而且我一上数学课从来都不困，越听头脑越兴奋。报班最大的一个好处是督促作用，因为面授课的进度超级快，可以促进你加快速度，时刻有紧迫感。自制力很强的同学，可以考虑不报班，看视频课即可。

二、关于数学（三）

数学（三）的考题考查的是最基本的概念、原理，所以大家一定要夯实基础。认真领会"夯实"基础这句话，考场上你会很欣喜的。数学（三）不难，只要基础打好了，加上勤奋、细心，考130+是完全没问题的。只要打好基础，到后期做真题时，就能找到做题的感觉，这就是好的征兆。

三、关于时间安排

暑假是复习的黄金时期，这个阶段应该再一次打基础。可能有考生到暑假还没有把三门公共课的基础部分"过"完一遍，但是，不用着急，暑假期间还是应该静下心来打基础，还不算晚。个人认为汤家凤老师的考研数学《接力题典1800》是打基础的好工具书，在这一过程中大家也可以把基础题、提升题、高分题都做一下，其实高分题并没有想象的那么难，细细观察，你会发现，它有很多原型在基础题里，这也说明所谓的难题是好几个基础知识点的组合。在打基础时，大家顺便可以做一下《数学基础过关660题》，或许刚开始做题会让人崩溃，但是要坚持，自己不会的就是自己没有注意到的细节，建议将选择题和填空题的相应章节题目一起做。最好有自己的改错本，在改错的过程中，从潜意识里便加深了对基础知识的理解。对于题目，大家第一遍做的时候可以用

不同的符号进行分类，比如将易错题、还需加强计算的题目、暂且不会的题目、看了讲解也不懂的题目都用不同符号标注在题目旁边，等待第二轮复习的时候多留意、多思考。

到10月份就可以开始做真题了，每个星期做3份真题，2000年之前的真题考得比较简单，大家可以在基础阶段复习完之后练手。我用的是李永乐的《数学历年真题权威解析》，这本书比较好的一点是既有一整套真题的实战训练，又有各章考点的组合。这样可以充分利用真题从两个方面来检验自己的水平。2000年后的题目要卡好时间做，评出自己的分数，然后认真分析常考点、易错点、最优方法。到冲刺阶段，大家可以适当做一些模拟题，如李永乐的"6套卷"、合工大的"5套卷"等。我做了李永乐的6套卷，发觉前两套虽然有难度，但是感觉出题很到位，既有基础知识的体现，又有技巧和思路的体现。

四、关于参考书

我选择了"前辈们"认为不错的书组合在一起，汤家凤的高数、李永乐的线代、曹显兵或者王式安的概率论与数理统计讲义。可能很多人会用李永乐《考研数学复习全书》，我也用过一段时间，说实话，这本书的线代部分还是不错的，与李永乐单独的那本线代讲义相比，又有新的东西，所以建议大家把这两本书都看一看。《考研数学复习全书》的一个优点就是每章知识点讲解得全面详细，但是对于例题，我觉得起点难度太高，对于打基础的同学来说，"啃"起来比较吃力，不过强化阶段可以拿来练习。

数学估计是除专业课外占用时间最多的科目，一定要合理利用时间，打好基础，多多练习，这样考试成绩是不会差的。

（任佳乐，财务管理，数学137分）

· 169 ·

第十节　用坚持，等下一个天亮

我是东财2016级会计学硕士研究生，考研初试总分386分，很开心在这里分享一下我备考数学的心得。

我的建议是，数学的复习可以分为三个阶段：基础阶段、强化阶段和冲刺阶段。

基础阶段（3—7月）：主要任务是复习数学教材以及做课后习题，掌握全部基本知识点，一些容易混淆或者遗忘的知识点可以专门记在笔记本上。

参考书有同济版的高等数学，同济版或清华版的线性代数，浙大版的概率论与数理统计。如果大家基础知识掌握得比较好的话，复习完教材之后就可以着手做《考研数学复习全书》的题了。

强化阶段（7—11月）：主要任务是搞定一本考研数学的综合辅导参考书，比如《考研数学复习全书》。

我是报了辅导班的，所以我基础阶段和强化阶段一直是根据辅导班的进度来进行的，做的题目主要是辅导班的辅导讲义中的题，8月份才开始做《考研数学复习全书》的题，因为要上课，所以进度很慢。到8月底的时候我发现好多同学都已经要进行《考研数学复习全书》的第二遍复习了，辅导老师也建议我应该提点速了，但是我并没有在意，因为我觉得每个人都有自己的复习计划以及复习方法。我在这里要跟大家特别强调的是，不要贪图快，要注重效率，每"过"一章你都要有收获。要制订自己的复习计划，比如这一个月要完成高等数学和线性代数的复习，并给每天都分配任务，完成了，你就可以适当地放松一下，比如听听音乐，去操场跑跑步，不仅可以锻炼身体，还能减压，精神一直处于紧绷状态未必是件好事。

9—11月，我主要进行的是《考研数学复习全书》和辅导班讲义的第二轮复习，并做了张宇的《考研数学题源探析经典1 000题》，因为时间关系，我没有全部做，而是挑出一些典型题做了做，大概做了60%的样子，并总结出一些常考题型。这个阶段我建议大家一定要做笔记，把基本知识点、常考题型，以及易错题和典型题都要记下来，很多同学都会觉得做笔记很浪费时间，其实不是那样的，大家一定不要嫌麻烦，做笔记会让你受益颇多。

冲刺阶段（11月—考前）：主要任务就是做套卷了。

11月初我就开始做真题，一天一套试卷，做完之后给自己打分，然后接下来的两天时间就是分析试卷，看看是怎么失分的，然后在卷面写上整个试卷因为马虎错了几分，因为知识点遗漏错了几分，并在因为马虎做错的题后面给自己一个红色的警告，把做错的题全部在试卷上改正，反复做两遍。其实试卷中没有太偏、太难的题，常考知识点以及题型都是固定的，所以大家一定要保证每一道题目都会做，并且有些选择题、填空题你可能做对了，这个时候也要看看参考答案是怎么解的，看一下参考答案的解题思路是否更好、更快。

真题做完之后，我就开始做张宇的《考研数学命题人终极预测8套卷》，个人觉得跟真题相比，这个试卷是偏难的，大家不必过于在意，不要因为这个试卷而否定了自己之前的努力，做这个试卷只是为了练一下手，找一下感觉。其他一些模拟题，大家也可以多做做，但是不要太钻牛角尖，试卷中那些太偏、太难的题目可以大胆"放"过，考研不会考的，即便考到了，你不会大家也不会。

除此之外，大家也可以做做其他的一些模拟题，锻炼一下做题速度，但切记不要被模拟题带偏。还有一点，做真题的时候要留出两份试卷，2016年的和2015年的就可以，然后在考前一周自己严格掐着时间来做。2014年之前的真题也可以掐时间做，保证两个半小时之内做完，做完之后还是要好好分析。

另外，在考试之前一定要把自己做的笔记"过"两遍，检查一下自己容易遗忘的知识点现在是否还记得。

在考研的整个过程中，心态很重要，不要去想结果如何，你只管义无反顾地去付出就好，要相信一份付出一份回报，加油！

（连明月，会计学，总分386分）

第十四章　考研政治

政治在考研中所占的分数是 100 分，其中选择题 50 分，论述题 50 分。在选择题中单选题 16 道，每题 1 分，多选题 17 道，每题 2 分，多选题最少 2 项正确答案。分析题 5 道，每道 10 分左右。政治考试是在第一天的上午。

马克思主义基本原理概论占比约 24%，毛泽东思想和中国特色社会主义理论体系概论占比约 30%，中国近现代史纲要占比约 14%，思想道德修养与法律基础占比约 16%，形势与政策以及当代世界经济与政治占比约 16%。大题基本是一部分一道，也可能结合起来考察。

政治官方参考书目是考试大纲解析与考试大纲分析，一般是每年 9 月份上市。不过 2017 年考研的政治考试大纲解析上市时间提前到了 8 月 26 日。

我想在这里特别提醒大家的是，相对来说，英语和数学每年的考点都相当固定，为了减轻经济负担，有些往年的书籍资料仍然可以用来参考，但是由于学科自身的特点，每年的考研政治大纲中列明的具体考点都会出现一些明显的变化。

先以 2015 年为例。因为要与 2013 年修订版的本科公共课教材全面对接，2015 年政治大纲做出了近年来变化最大的一次修订。分科目来看，"毛中特"的变化最大，其次是"思修"。"毛中特"的章节主要出现了三处的合并和新增，从具体内容来看更是有至少 12 处改动，而改动的主要原因是为了符合时效性——要在政治考试中体现最新的党的十八届三中全会和习近平总书记讲话精神的重要内容。因此大家在购买辅导书和模拟卷的时候要尽量购买当年推出的最新版本（而且一定要注意在当年考试大纲公布以后出的才算最新版本），千万不要为了省一点买书的钱而导致政治复习不对路，最终影响考研大局。

再看 2017 年的情况。表面上看 2017 版大纲变动不小，共有 85 处变动，其中"马原"部分变动最大，达 52 处，但变动多表现为拆分、合并、调整说法等形式，内容上的实质性变动并不是很大。肖秀荣教授就表示，实际上这次大纲修订是近年来最小的一次，可以说对复习几乎没有影响，完全不必担心。相对于前几年动辄进行章节结构调整来说，今年的修订只能称得上是微调。

考研政治复习，总的原则有以下三条：

其一，以纲为纲，以本为本，夯实基础，注重基础知识的学习。

纵观历年考研，虽然考题很灵活，时政材料广泛而庞杂，但万变不离其宗。历年考研都是以教育部颁布的《考试大纲》为出题依据，以本科思想政治理论教材为基本范围的。因此，刚刚进行考研复习的同学一定不要好高骛远，一定要踏踏实实地复习好基础知识，包括基本概念、基本观点、基本理论。

其二，关注时政热点，理论联系实际。

考研试题很灵活的一个表现就是以当下时政热点为背景材料，考查考生运用基本理论解决实际问题的能力。当考生把基本知识掌握到一定程度时，就要关注近几年的时政热点，并结合所学基本理论加以解释。特别提出的是，考生一定要关注党每年召开的各大会议，从历年考题来看，党的历次代表大会都是政治理论课考查的一个重点、难点和热点。希望考生能够从马克思主义基本原理的角度深入解析十八大文件，这会起到事半功倍的效果。

其三，构建知识框架，灵活运用基础知识。

考生的必修课之一就是在复习过程中搭建自己的知识框架，比如一提到辩证法就会联想到联系、发展的总特征，对立统一、否定之否定、质量互变等三大规律。当考生拿到试题后能够还原到自己构建的知识框架中，考研的基本分数就已拿到。总之，做题也好，关注时政热点也罢，最终的落脚点都是用自己已形成的知识框架去说明实际问题。

因此，对基础知识的注重、对时政热点的持续关注、对党代表大会的关注成为贯穿整个考研的热点。

很多考生问我，孙老师，政治到底从什么时候开始复习最好？是不是不用下很大功夫，简单看看就能考个不错的分数？

我的看法是，政治的复习计划还是要因人而异。但是，总的来说，考生还是应该大体了解政治这门科目的学习难度。

考研复习之前，大部分考东财的同学在政治这门课上都可以说是零基础，但考研政治对绝大部分考生来说确实又是考研各门课程当中最简单的一门，很多考生对政治的复习开始的时间较晚，用力也最少，最后却取得了不错的分数。一般考生都在暑假的时候才真正开始复习政治，不过很多考研辅导班的政治老师都建议从三四月份就开始准备。笔者觉得，对大部分同学来说，很早就开始复习政治不是必需的，但是学有余力的同学较早开始复习肯定会取得更高的分数。在平时的复习过程中，大家也不必花费过多的时间去学习政治，因为历年的情况表明，政治拉不开分数，大家的政治成绩普遍都差不了太多。而且政治达到70分的水平以后，想再提高一分都很不容易，需要付出比之前更多的精力（学经济的同学都知道边际收益递减）。每年都有同学觉得政治是自己的强

项，或者对政治这门课很感兴趣，每天都把过多的时间投入到政治上，甚至比其他三门课程投入的时间还要长，结果虽然政治考了80分左右的高分，但是数学和专业课的成绩却惨不忍睹，各科相加后的总分很低，遗憾地落榜。

但是这并不意味着可以不重视政治这门课的学习。历年都有不少报考东财的同学，觉得政治平时根本不用看，考试之前花一两天突击一下，或者干脆买一本考前出版的押题小册子背背就行了。这样的同学最后政治往往都考了五六十分甚至更少的分数。要知道，考东财的很多同学都有很深的文科功底，政治的分数都考得比较高，普遍在七八十分，这就和不重视政治的同学拉开了较大的分数差距。而从五六十分到七八十分的提升，是不需要花费很多时间的。

因此，对政治的复习的投入要适当，既不要过多，也不能太少，以用最少的时间达到你满意的分数为宜。而且时间上应该遵循先松后紧的原则，因为政治毕竟有大量需要短期记忆的东西，所以越临近考试，在政治上投入的时间比重就要越大。

另外一点需要大家注意的是，投入的时间不是衡量政治复习好坏程度的标准，最关键的，还是对你自己在政治上的复习方法和学习能力（包括个人理解力、记忆力、之前的日常生活中对政治知识和新闻的积累、独立预测考题的能力等）上有一个恰如其分的评估，然后选择一个最适合你自己的复习方法和长远、具体的时间规划，并决定你应该在政治上投入多少精力。我在这几年辅导考研同学的过程中发现，很多同学很早开始就每天花好几个小时背政治，结果分数很低；而有很多同学很晚才开始复习政治，每天投入时间也很少，分数却很高，这些同学有的是具有很高的天分，有的是之前对政治就有很深的了解，还有的是拥有自己独到的学习方法。

复习政治应该看哪些书呢？俗称"红宝书"的《思想政治理论考试大纲解析》每年在考生中都是卖得最火的，但是笔者却觉得它有个缺点，那就是内容虽全，却不够有条理，翻开每一页都是黑压压的满满一面文字，而且重点不突出，详略也不够得当。所以用它复习往往效率较低。

除了"红宝书"以外，市面上还有很多考研政治的辅导书，有的走"高大全"路线，有的走"小而精"路线，同学们可以根据自己的实际情况个性化地进行选择。

每年都有很多同学问我政治要不要报辅导班，我建议大家，条件允许的话，可以选择报一个口碑好的辅导班。好的老师可以在最短的时间内用言简意赅的语言给你讲明白考研政治的重点和难点，并传授给你很多高效的学习方法，让你事半功倍。而如果你在政治上没有足够的自学能力，学起来往往会不得要领，或者看不懂教材，或者抓不住重点，或者看完教材了却发现自己什么也没记住……

大家要特别注意考研政治历年真题的重要性。每年的真题都是由很多资深专家花费大量时间编写并经过层层把关才确定下来的，对于考生的复习具有很强的指导意义，所以大家一定要认真做，并尽量去揣摩命题人出每道题的意图和思路。如果有时间，大家还应该多做几遍。而其他的练习册大家在日常的复习中可以少做甚至不做，在考前倒是可以考虑做点口碑好的模拟题练练手。

还要提醒大家的是，每年考前20多天的时候，市面上都会有好几种政治押题的小册子出版。由于编者都是多年来专门研究真题的专家，有的甚至之前是考研政治命题组的成员，所以这些小册子押中题目特别是"大题"的概率较高，受到广大考生追捧，往年的考生几乎人手一到两本，大家到时候也应该多关注一下，选择性地购买，并认真记忆小册子上标注的重点部分。

如果你报考的是东财的热门专业，政治争取考70分以上甚至更高是比较保险的。

下面是我请到的几位东财的学哥学姐专门为大家撰写的他们取得政治高分的学习经验，相信大家阅读后一定会有很多新的收获。

第二节　考研政治"大圣归来"

首先，说一下我的个人情况，我是"二战"的考生，加上我本身就是文科生，所以在政治方面会有一点优势。我"一战"的时候，政治考了76分，"二战"的时候考了83分。

下面我就跟大家来分享下我对政治这门公共课的看法以及一点建议。

一、早点准备

在考研四门课中，政治的分数是最容易提高的，也是最容易短期见效的。但也正是因为这点，政治往往又成了大家最不在乎的一门课。我在"二战"的时候，看到很多学弟学妹们，都是到了10月，甚至11月才开始复习政治。结果到了12月份，就开始抱怨时间不够，书没背，匆匆忙忙地上了考场。诚然，有些人确实可以通过突击考个不错的分数，但是毕竟是少数。所以，我还是建议大家早点准备政治，不用每天花费太多时间，但每天都要有一定的量、一定的质。

个人觉得，可以暑假就开始准备。那会儿可能大纲还没下来，但是政治有些东西年年都是考点，你多看看也不会吃亏。比如，"马哲"部分（主要指前面的唯物论、辩证法以及认识论），这是政治学习的基础，你说基础部分有哪个不重要？其次，就是"毛中特"里面的关于中国特色社会主义政治、经济（重中之重）、文化、社会、生态建设部分，以及思修里面的道德跟价值观。

尽快把书（用书接下来说）看两遍，如果你是理科生，更要早点准备，多看几遍。

二、分清主次

政治分为"马哲""毛中特""史纲""思修"四个部分，其实大家都知道前两个是重点，所占分数超过50%。所以大家复习的时候要多看几遍这两部分，看的时候尽量能够联系实际，党一直强调一切从实际出发，主观联系客观嘛！比如国家最近出台的政策，或者这几十年采取的行动，多思考国家这么做的理由，即使猜不透其中的奥妙，想想就当加深印象、深化理解了。刚刚也说了，大家可以早点背这两部分里面的一些重要的知识点，相信多背点肯定是有好处的。

大家在看书的时候，要配本习题册，一本就足够了！我用的是海天的《考研政治专项试题》，当然你也可以用别的书。一本书要做透也很不容易，所以大家最好多做几遍选择题。

三、多思多想

我觉得很多人学政治都有个误区，就是把政治完全当成一门记忆课去准备，导致政治学习越来越乏味。其实，背书也只是政治学习的基础部分，要想政治考高分，选择题要能做得好，还得多思考，将知识点吸收了，无论题型怎么变，你都可以做出来。

我这里所说的多思多想，指的是要将政治的四门课联系起来去学习，之前也说了，大家要打好哲学的基础，原因也就在这。大家有没有想过为什么要学"马哲"，为什么要考"马哲"里的这些部分，而不是其他的部分。我个人理解，"马哲"作为党的理论基础，同时也是党的一切政策的指南。为什么要一切从实际出发，理论联系实际？因为要解放思想，改革开放，不能按以前的来。为什么要关注民生？因为人民群众是历史的创造者、变革者。为什么要知道认识过程中的反复性、前进性？因为实践决定认识！这种例子，太多太多。如果哪天你能这样联系起来，你的政治一定能考得不错。

四、参考用书

我用的基本上都是海天的书，只是因为报过海天的辅导班，所以不需要买其他的书了，而且个人觉得海天的书还是比较不错的。

《考研政治考点解析》这本书很厚，比"红宝书"还厚，也许会看得比较着急，但是我想说，这本书内容比较全面，还有很多"红宝书"上没有的补充知识。当然，如果你想只复习考纲内容，还是买《全国硕士研究生入学统一考试思想政治考试大纲解析》吧。

关于习题册，我用的是海天的《考研政治专项试题》，也可以用《考研思想政治理论考试大纲解析配套1 600题》，或者《肖秀荣考研政治命题人1 000题》。后两本相信大家都有耳闻，我"二战"的时候看过《肖秀荣考研政治命题人1 000题》，这也是同学"一战"后留给我的。其实都差不多，所以真的希望大家不要买太多的书，这三本买一本就可以了。

最后是冲刺阶段，我只推荐两本，一本是海天的《考研政治重点剖析28题》，还有一本是肖秀荣的《命题人终极预测4套卷》。

这两本押大题足够了，海天的《考研政治重点剖析28题》会在考前20天左右出来，肖秀荣的会在考前10天左右出来。所以大家可以看出来，如果你前期不好好看，不早点准备，你后面根本没有时间去背这么多的政治题，我见过太多人最后都是手忙脚乱，这个背一点，那个背一点，最后没有一本是完完全全背完的。最遗憾的是还没有形成自己答题的思路，看到题目还是傻眼。考研政治的时间也挺紧的，而且你也很可能会遇到一道你不熟悉的题目，完全不知道怎么下手。

我个人比较偏好《考研政治重点剖析28题》，背了两三遍（很多人都说我背书很快，其实只是我之前早就背过了，所以后期从容许多）。等肖秀荣的题出来后，第一遍

完全拿它练手，看看自己的答案跟标准答案差多少（顺便说一下，肖秀荣自己都说过，他的答案都是简化的，你要是考试只写这点东西在上面，很难拿到太多分）。然后再背一遍重点题目。

最后，我还是得强调一遍，不要那么大方，买那么多书！其实都只是求个心里安慰，真正懂了、记住了才是王道。到了冲刺阶段，大家压力都很大，专业课要背，数学要做，英语要练，但是更主要的还是多花时间在政治上，政治考好了，也可以拉别人几十分！而且这些分远比其他的科目好拿得多。

在这个时候，千万不要自乱阵脚，不要搞太多题目，这个时候会有各种各样的最后押题出现，题海战术远没有多看几遍书来得实在！将一本押题的书好好地、反复地背熟了，再形成自己的一套答题思路，遇到这类题目就这么答（比如政治、经济、文化、社会、生态建设都准备一份自己的答案），无论题目怎么变，你都可以很从容地写在试卷上。

以上就是我对政治这门课的一些拙见。希望大家都能金榜题名！

（张强，产业经济学，政治83分）

第三节　双剑合璧解码政治82分

对于政治学习，我有自己的心得，而且我男朋友考研政治考了82分，我将经验整理在一起，分享给大家。

一、关于复习时间

政治的复习要从政治大纲出来开始，大概9月中旬。政治每年变动都很大，尤其是"毛中特"，2015年是变动最大的一年，但是"史纲"几乎没有变动。"史纲"可以在暑假或者9月份顺带看看，耗费不了多长时间，大家都学过历史，饭后看看好多东西就想起来了。刚开始政治每天花费时间至多一个小时，不宜过多，否则会影响英语和数学的复习。

大纲出来后，就应该开始好好复习政治了，把教材和肖秀荣的《命题人1 000题》结合进行复习，这样的话，考点在哪、怎么考等这些问题就能弄明白。政治的前期复习要扎实一点，这样到后期才不会太慌张。

复习进度也没必要太关注，因为10月份后好多参考书的面市其实就是一个复习进度的信号，大家看又流行什么参考资料就知道该到哪个复习阶段了。在买肖秀荣的《命题人1 000题》时，会了解到肖秀荣考研系列书的预计出版时间，大家可以参照那个进度安排复习。每天看书，虽然很枯燥，但是要讲究效率，不能看完脑子里面什么都没留下。

二、关于参考资料

我用的资料全是肖秀荣的，从刚开始的《命题人1 000题》，到最后的《命题人终极预测4套卷》。切忌存在侥幸心理，单纯认为某种模拟题会押中很多题而孤注一掷，最重要的还是要自己掌握，那些题目只能做个参考。到了冲刺阶段，大家可以多练一些模

拟题，主要是客观题的练习，因为政治拉开分数主要靠客观题。基础打好的话，客观题得分就不会很差，不过复习内容毕竟很多，建议大家可以刻意用彩色笔划出那些标志性话语，如果时间充裕，可以把它们总结下来，留着以后翻看背诵。

三、关于背诵

政治其实需要背诵的东西不是太多，像哲学部分，不需要背诵，理解那些原理，知道唯物论、辩证法、认识论以及历史唯物主义都有哪些原理以及方法论，知道什么时候用、怎么用来答主观题就行，可以参照历年真题的第一道大题来理解。

"毛中特"需要背诵，"思修""法基"也要熟记，"史纲"不需要背诵，可以去记忆。到后期，模拟题以及一些参考书的考点精讲提到的考点，大家可以去背诵，进一步夯实基础。另外，时事政治是需要后期了解并背诵的，因为毕竟最后一道大题10分是完全关于时事政治的，如果你背过，那就是捡到分数了。

四、关于历年真题

政治的历年真题参考价值不大，因为政治的考纲每年都会发生很大变动，但是客观题可以用来练习，哲学、史纲的主观题也可以用来参考。到10月份可以买肖秀荣的《命题人冲刺8套卷》来做做，看看自己客观题的得分水平，进一步巩固基础知识。至于主观题的做法，书里面肖老师会有说明。

政治最近几年的考题越来越灵活，但是万变不离其宗，掌握海量的基础知识就是王道！

（任佳乐，财务管理）

第四节　　　　　　　倾听花开的声音

2016年考研早已落下帷幕，回想自己为期近5个月的备考经历，感触颇多，我觉得围绕整个考研复习过程来说，离不开两个核心——方法和效率。政治科目也不例外，政治虽不是考研的重头戏，但其地位也不容小觑。作为考研的过来人，我非常愿意将自己复习政治的一些经验、方法和心得介绍给学弟学妹，帮助大家少走弯路、高效复习，助力实现考研梦！

一、考研政治复习资料的选择

"工欲善其事，必先利其器"，政治复习资料无疑是政治复习的关键武器。政治复习之初，很多同学都会面临这样一个困扰：选择什么样的参考书更有利用价值？有人干脆把网上推荐的五花八门的热销版统统买回来，桌子上堆成一摞，光是看着都倍有压力，更别提一本一本地去仔细推敲琢磨了。在此，强烈提醒大家对于资料要做到重质不重量，精选政治资料很关键。跟大家分享一下自己的参考书目：

★肖秀荣《命题人知识点精讲精练》《命题人1 000题》

★《思想政治理论考试大纲解析》（红宝书）

★ "风中劲草"《思想政治理论冲刺背诵核心考点》

★ 肖秀荣《命题人冲刺8套卷》《命题人终极预测4套卷》

理由：复习前期，《命题人知识点精讲精练》主要帮助大家把一些史实、知识点回顾一下，对整体的知识框架有大致了解，这一步对政治基础薄弱的理科生来说至关重要。建议通读完每章节内容之后，加以《命题人1 000题》练习进行巩固记忆。对于要不要报政治辅导班，说一下我的想法，不要过度夸大辅导班的作用，它只是引领大家复习的一个向导，正所谓"师傅领进门，修行在个人"，更多的还是需要自己课后的投入与努力。是否报班要综合自己各方面因素来考虑，比如政治基础、自学能力、各科的复习规划等。复习中期，借助"红宝书"和"风中劲草"进行知识点的提炼记忆，忌遍地撒网，要根据自己的薄弱点有针对性地记忆，"风中劲草"很有特色的是考过的和可能会考的知识点会用不同的颜色标记，精简突出。到了复习的冲刺阶段，在我看来，《命题人冲刺8套卷》和《命题人终极预测4套卷》就够用了，尤其是《命题人终极预测4套卷》，当然，两本书有很多重复的内容。建议以真正坐在考场上答题的心态去完成这几套卷，同时查缺补漏，有针对性地记忆薄弱知识点。

二、主客观题的复习策略

在细分主、客观题的复习策略之前，我想跟大家强调一点——整理体系框架，梳理知识结构。政治分为"马原""毛概""近代史""思修""形势与政策"这五大板块，每个板块都是一个庞大的体系，充斥着大量的内容。建构每个板块的体系框架，通过框架把整个内容连接起来，你才能做到心中有数。在此以线索性和多维性较强的中国近代史为例，以1919年的"五四"运动为界限，它可以分为旧民主主义革命和新民主主义革命两部分，贯穿这两个部分的主线便是列强对中国的侵略以及中华民族各个阶层为了抵抗侵略所做出的努力。旧民主主义革命又分为侵略与抗争及近代化的探索两个部分，新民主主义革命可分为第一次国内革命战争时期、国共十年对峙时期、抗日战争时期和解放战争时期。

先谈一下客观题，即选择题。很多同学一开始会很惆怅——大题怎么办，政治语句写不出来，我在此要强调的是要以选择题为重，尤其是多选，要仔细斟酌，错6~8个的人不在少数。我在选择题上的应对策略就是看书做题，前期看《命题人知识点精讲精练》，书特别厚，没看完，之后"转战""红宝书"，进度控制在一天一章左右，"马原"部分较难理解，进度要慢一些，灵活控制就好。做错的题我会用不同颜色标记出来，并把原文出处的页码标在旁边，便于查找，在开启新一章复习之前我都会浏览一遍之前做错的题目，巩固记忆。在做题的过程中，你会发现，有时2~3个题目反复考一个知识点，相似度很高，无疑这就是重要考点，一定要做标记，注意总结归纳系统性的知识点。这样，在做题的过程中你就会养成一种"重点"意识，在看书的时候也就清楚易考点在哪了，既高效又省时。到后期可以用《命题人冲刺8套卷》和《命题人终极预测4套卷》中的选择题来检验自己的水平，建议严格按照考试时间来做。开始做错的题比较多，不要紧，看懂看会解析，知道考点在哪，牢牢记住，下次不再犯相同的错误，那我

们的目的也就达到了。

接下来说一下主观题。我主要看了《命题人冲刺8套卷》和《命题人终极预测4套卷》中的大题，而且《命题人终极预测4套卷》中的大题一定要背下来，说到背，并不是死记硬背，我会在浏览一遍大题后把自己的答题思路逐条罗列出来，然后对照答案比对自己遗漏了哪点，做上标记，熟记于心。卷中给出的参考答案也应按照这样的思路来记忆，先记逻辑框架，再往里边填充内容。其实，如果大家自己整理出理论知识的体系框架之后，主观题做起来就不会觉得困难了。主观题的答题思路无非包括提出理论依据和联系材料两点，发挥理论框架的储备作用，在大脑中快速回忆题目考的是哪章哪部分，将与其有关的理论依据都列出来，如果拿不准具体是哪点，建议写多不写少，多多益善，然后联系材料写一两句即可。这样，一道10分的大题得六七分没有问题。《命题人冲刺8套卷》和《命题人终极预测4套卷》有很多重复的内容，如果时间精力有限，建议把重心放在《命题人终极预测4套卷》上。

三、考研政治的复习误区及答题技巧

误区一：很多同学认为政治复习不宜过早，考前一两个月开始复习即可，以免记得快忘得快，到头来不划算。但有一点千万不要忘记，考研考的不仅仅是知识和背诵，更重要的是能力和态度。能力的提高需要一个日积月累的过程，而非临时抱佛脚。

误区二：将押题视为必胜的法宝、考研政治过关的全部赌注。押题神话无非就是利用了人性中懒惰、投机的弱点，永远都不要忘记，踏实勤奋才是必胜的主旋律。

技巧一：政治选择题中会设置很多陷阱，比如偷换概念、鱼目混珠、以偏概全。最常见的命题陷阱就是以偏概全，出现一些绝对化的选项，所以大家审题答题一定要仔细，擦亮眼睛，高度警惕出题陷阱。

技巧二：主观题一定要分条回答，这样不论从形式上还是从逻辑上，思路都比较清晰，如果再加上字迹工整漂亮，一定深得阅卷老师喜爱。

以上所言皆是我对考研政治的一些经验之谈，提到的复习思路和方法可供大家借鉴，但也因人而异，还需大家灵活掌握拿捏。希望各位同学能根据自己的实际情况制定规划、选择方法、认真执行，不辜负自己大学生涯中这段宝贵的青春时光。

东财每年复试和录取的日子，都是校园里春光明媚、樱花烂漫的时节。预祝学弟学妹们在经历了考研复习的含苞待放后，届时能够金榜题名、旗开得胜，与我们一道徜徉于东财校园内，倾听花开的声音。

（张丽杰，翻译硕士（英语笔译））

第五节　　　　　　　　　**运筹帷幄"拐子马"**

首先大家必须意识到一个问题，数学、专业课决定你是否能考上东财，但是政治和英语也要保证不错的成绩，你才能在东财的专业排名中有不错的战绩。对于东财这个梦

想，要想实现，我必须回到北宋，去看岳飞和完颜兀术的精彩对抗。金国最著名的大将完颜兀术有一个最经典的战术，即"铁浮屠和拐子马"。铁浮屠是重装甲骑兵，在中路和对手对抗直接用最强大的火力和攻击力去突破；拐子马是轻骑兵，负责两路包抄，轻装上阵，兵贵神速，在敌人侧翼迂回。在考东财的过程中，作为"铁浮屠"，最大的火力就是数学和专业课，你必须靠足够的硬实力，中路强攻。政治和英语就是"拐子马"，投入的时间无法和数学、专业课相提并论，但是你必须懂得巧劲，有方法，这样才能快速迂回，兑敌制胜。

下面谈谈政治复习中我所总结的一些方法。

谈到考研政治，必须强调一个核心思想，即"选择题决定成败"。因此，在考场上，对于选择题，一定要谨慎、谨慎、再谨慎！

对于政治的学习，一定要学会"两分法"，即选择题和大题一定要分开学习。

先谈选择题。对于选择题，首先要学会排除法。在做选择题的过程中，有两个基本关键点：第一，在你没有读懂题目的时候千万不要看四个选项，如果没有读懂题目，又直接看了选项，那么你会直接跳入思维的误区，一定要对这个问题有了基本答案的判断，再去看选项。第二，一定要用排除法，做选择题最佳的方法就是排除法。选择题决定政治的成败，多选题决定选择题的成败。如何运用排除法，我以最难的多选题为例。首先，多选题一共4个选项，最少选2个，最多选4个。也就是说，如果你判断出2个错误选项，那么这道题你就果断选择其他2个选项。排除什么呢？第一，选项本身的说法是错误的。比如，某个选项说"外因是事物发展的根据，内因是事物发展的条件"，这个就果断排除，说法本身就是错误的。这种选项是小儿科的，最难排除的是说法本身没有问题，但是与题目无关，这就要靠你的知识储备和能力了，还要求你在学习的过程中注意数字的概念。比如，有些知识点包括3点，或者是4点，或者是2点，这种知识点非常容易考多选题，你就要注意了。强烈推荐蒋中挺老师编写的《客观题应试宝典》，我认为这是考研政治前期学习最应该看的书，知识点、内容以及学习方法的思想是极其丰富的。我考研报的是文都的全程班，政治是蒋老师上的课，这里感谢蒋中挺老师，不仅仅教会我如何学习政治，也潜移默化地灌输了我思考问题的方式和讲课的风格。蒋老师冲刺班会有预测，预测的题目对于我没有更大的意义，我想说我从蒋老师那里学会了预测的方法——"从热点中捕捉考点"。

对于主观题，其实拉不开太多的差距，同学们后期会发现大家水平都差不多。对于主观题，强烈推荐肖秀荣的《命题人终极预测4套卷》。这是必备的，也是考前才会出的，这本书的含金量是非常高的。细节决定成败，我重点想谈的不是什么书重要，我要谈的是如何使用好这本书。很多人都知道这本书重要，但是并没有多少人能够用最短的时间从这本书中获得最佳的效果。我主要谈大题。第一，别浪费时间自己瞎测试了，老老实实拿出答案，你要做的是把每一套试卷的答案准备好，对应试卷的题目，去分解答案。比如一道大题，答案一大段，很多人都是从头背到尾，浪费了大量的时间，最后到

考场上什么都不记得了。要知道,政治的主观题是"踩"点给分,大量的定语是没有用的,需要的是核心关键点。比如一大段答案,你现在要做的就是分解答案,然后将分解的答案分成几个小点,抄到试卷上,因为一直到考前,这都是你的第一手复习资料。比如一大段的答案你可以分解成这样四点:(1)科技创新;(2)转变经济发展方式;(3)市场在资源配置中的决定作用;(4)中国梦。然后你拿着四个关键点,在考试的时候加上优美的定语就可以了,比如第(4)点,你在考场上可以扩展成:"2020年全面建成小康社会,为实现中华民族伟大复兴的中国梦而奋斗。"当然,如果你感觉一本肖秀荣的《命题人终极预测4套卷》不够,你还可以看蒋中挺的预测题、任汝芬的预测题等。

奋战一年,对我帮助极大又充满感情的是以下资料:蒋中挺的《考研思想政治理论客观题应试宝典》、肖秀荣的《命题人1 000题》、蒋中挺的《考研思想政治理论真题预测百分百》、肖秀荣的《命题人终极预测4套卷》。当然,如果你文科基础不是太好,政治还是要花时间的,不能大意,最好报一个全程班。如果你文科基础超级好,那就不用报班了,自己学也差不多。

最后,祝你们好运,这几天东财樱花绽放,无数情侣流连忘返,今年同学们好好奋斗,明年你们复试的时候,正是樱花烂漫的时节,希望我在东财遇到你!

(牛壮,世界经济,总分专业排名第1,政治79分)

第六节　　政治狂飙进行曲

在考研中我政治考了77分,其中客观题36分,主观题41分。

我觉得报个班很有必要,尤其是对政治不敏感、不太懂马克思哲学的同学。我原本根本理解不了那一堆哲学名词,也是听老师讲过后才明白。同学们可以下载一些视频看看,网上都有的。

经典参考书:

《思想政治理论考试大纲解析》(红宝书)、肖秀荣的《命题人1 000题》;

"风中劲草"系列、任汝芬的序列丛书之序列三、《启航考研思想政治20天20题》;

肖秀荣的《命题人终极预测4套卷》、任汝芬的《最后四套题》。

这些书是陆续出版的,什么时候书店有卖的,大家就赶紧买了吧。从9月份开始,先大致翻一下政治大纲,再仔细地看一遍,把重要的地方标记出来,同时开始做肖秀荣的1 000题,只做选择题。把做错的和不确定的都标记出来,以方便以后再看(做肖秀荣的选择题也不用特意的抽时间,大三下学期一般也有课,上课的时候做就行了)。这个时候会大致知道哪些不会,从网上下点视频,重点看不会的,一定要理解了。

11月份要开始背书了,先粗略地背一遍政治大纲解析,再看一遍肖秀荣的1 000题,接着背"风中劲草"("风中劲草"只买核心考点那本就行了)。之后会有时事政治出版,要赶紧买了看。

从9月份到11月份，要多看书并理解记忆。到12月份时，如果上面介绍的书没有看完背完，那也别看了，赶紧放下，心里也别害怕，你背不完别人也背不完，这个时候要紧张起来，但千万不要焦虑。进入12月份后，就开始狂背书了，每天要有2个小时以上的背书时间，随着"20天20题"的上市，重点猜题的相关书籍也出来了，一定要把"20天20题"背三四遍，这本书特别重要，背完后基本上重要的概念就理解得差不多了。

快考试之前，会陆续出来"肖四""任四"，这时候不要怕花钱，市面上有猜题的资料都买了，尤其要重视那些所有资料都有的大题，谨记都背。今年的大题基本上是猜到了，就是我通过把几个不同的资料进行整合总结出来的，要多和报辅导班的同学交流，各个辅导班最后都会押题，总会有中的。

考试技巧：在考试的时候，要把握好时间，以前的经验贴说政治时间足够用，但今年我一个同学没有合理分配时间，前两道大题写得特别多、特别满，用掉了很多的时间，使得最后两个题都是粗略写的，那些题他都会，就是没有分配好时间。我觉得答题时写80%就差不多了，这样卷面看着也舒服。可以先把自己确定的写完，再做不确定的，这时候先把知道的概念写上，实在不会也有很多套话可以用，很多政治老师都会总结的。比如蒋中挺、李海洋、石磊等，他们到最后10天都会总结知识点押题。他们都有新浪微博，关注他们，把他们最后几天发的微博尽量记住背下来。那都是精华！

最后提醒：考研的同学们多逛逛考研论坛，多关注一些考研辅导老师——宫东风、何凯文等。人人网和新浪微博还有考研网，它们会随着时间给出建议和公共课资料，也会每天发布剩余的考研时间，合理分配复习时间，打好基础，重点复习。还有尽量锻炼身体，很多同学在冲刺阶段身体素质下降，开始出现头晕、发烧、营养不良的症状，一定要注意！

（孙素雅，财政学）

第七节　考研政治"华丽冒险"

作为一个考研过来人，政治分数不算高，但还是有几点经验可供大家参考。

说起政治，对于准备考研的考生来说，还是会有很多问题的，我就对考生最关心的一些问题进行解答，对于这些问题我也和许多考研人交流沟通过。

对于刚开始着手准备考研复习的考生来说，面对铺天盖地的考研辅导班宣传，大家想必都会纠结要不要报辅导班。我当初报了政治辅导全程班，但感觉效果不明显，在上百人甚至数千人的礼堂上课，老师也只是围绕发的参考书来讲，无论从时间还是金钱上来说回报率都不高。辅导班起到的最大作用就是心理安慰。对于自学能力强的人来说，完全可以不报辅导班，如果实在不放心，借报辅导班的同学的资料看一下就足够了。辅导班的宣传一般都会有命中多少大题、辅导班的老师有多么厉害，这其中还是有很大的夸大成分的，对于政治辅导班一般都会有冲刺班，都会涉及"绝密押题"之类的，其实

到后期市面上会有多种押题的书，足够你复习了。

接下来就说一下政治复习的参考书问题。对于公共课，许多参考书都有很好的口碑，李永乐的《考研数学复习全书》、英语的"黄皮书"等，基本都是把一本或几本书"吃"透就可以取得好成绩。而对于政治的参考书，选择就很多，如"红宝书"、"风中劲草"系列、肖秀荣的系列书、任汝芬的系列书、蒋中挺的系列书等。要想取得好成绩，就得在有限的时间内，充分利用有效的资料。我个人认为政治可以选择的参考书有"红宝书"或者"风中劲草"的知识点详解、肖秀荣的1 000题或"风中劲草"的选择题、肖秀荣的最后冲刺题以及考研辅导班最后冲刺题（完全可以跟研友借来复印一下），也可以买市面上可以看到的各种冲刺题。其实资料的选择虽然关键，但要想取得好成绩还得靠自己不懈的努力学习。

政治的学习不用开始得太早，8月底9月初开始就行，由于大纲一般9月中下旬出，对于政治学得较好的同学来说可以等着大纲出来再复习，但是政治学得不好的同学得笨鸟先飞了，可以看以前年份的大纲解析，基本不会发生太大变化（比如2017年的大纲变动就很少，当然也不是绝对的，像2015年的大纲较2014年发生了大约15%的变化）。第一遍就看知识点讲解，把一些重大事件、重要年份弄清楚。政治也是应该做笔记的，可以先记一些重大事情、重要年份，到后期分析大题的时候就知道可能涉及哪几个知识点。当然第一遍以看为主，可以配套做肖秀荣的《命题人1 000题》，答案不要标在书上，把做错的题标出，完善笔记，用于以后复习。第二遍再看时，可能觉得第一遍看的没什么印象，放轻松，这种情况比较常见。这一遍就要把政治每一章的大框架整理出来做好笔记，还是以选择题的方式来记，不要着急背大题，结合"红宝书"和肖秀荣的1 000题。不要忘记真题，真题至少表明了考题的方向。差不多11月中旬进入第三遍的复习，结合笔记、"红宝书"，可以看着目录想一想这章都有哪些知识点，着重看选择题做错的地方以及涉的知识点。进入12月，各种冲刺书开始在市面上出现，可以以"肖四套"为主，选择其他的冲刺题也可以，不要贪多都背下来，因为会浪费时间，要把这些题结合起来看，都考了哪些知识点，这些知识点的答案是怎样说的，用自己的话说出来就好，不需要死背。这时候把肖秀荣的《命题人知识点精讲精练》再"过"一遍，时政也要开始看了，近几年考试都有许多最新的时政题目。

以上观点，结合了我的研究生同学对政治考试的准备的感想，还是有一定借鉴意义的。无论什么复习方法，只有适合自己的才是最好的，所以大家在复习政治的过程中一定要找到适合自己的复习方法。

（曲雅楠，资产评估硕士）

第八节　　考研政治平凡之路

我的政治成绩不是很高，之所以要写，主要是和大家说下我复习过程中的教训。

考完试，对答案就知道政治会很惨，因为选择题只得了 24 分。不过幸好主观题答得好，得了 47 分，不然政治很有可能受限。

客观题应该是政治考试中最最重要的，尤其是多选，好多人可以得到 40 多分，这样总成绩自然会很高。

我复习政治的时间特别短，大概只有一个月的时间，所以没有什么机会把书看一遍，只是做了一些套题的选择题，剩下的就是背肖秀荣的《命题人终极预测 4 套卷》和《启航考研思想政治 20 天 20 题》。

对于政治的复习，我希望大家一定要重视客观题，千万不要走我的老路。多问问学长们是如何准备客观题的，然后下点功夫。我只把我主观题的复习方法和大家说下。

对于大家选择最后背题的资料，我个人特别相信肖秀荣的《命题人终极预测 4 套卷》，命中率极高。这个可以说是必备的。至于任老先生的，我只能说大家自己看着办吧。《启航考研思想政治 20 天 20 题》，背诵量非常大，不过我背东西蛮快的，就都背了。

建议大家背完了《启航考研思想政治 20 天 20 题》和肖秀荣的《命题人终极预测 4 套卷》之后，把题目归下类，打印出来。在每道题后边注明涉及的知识点、关键词，以及有几个要点。然后对照这张题目表，每天背诵。我就是这么做的。考试的时候，当然不会有你背过的原题。这样做的目的就是让你看到题的时候，脑子里能迅速明了会用到哪个知识点，这个知识点在你背过的哪几道题中。这样答题的时候自然要点清晰，不重不漏，得分也就会很高。

最后，我还是建议大家，一定重视客观题，这才是考试拉分的关键。如果把所有的希望都放在主观题上，风险太大，万一考试的知识点你没有背到，就太惨了。大家加油吧，政治相对英语来讲还是很简单的。

（周洁，会计学）

第九节　　政治向前冲

我们学院没给开政治课，一科都没有，并且我高中的时候是理科生，所以政治是"赤裸裸"的零基础。自己又不喜欢政治，所以一拖再拖，直到"十一"之后才开始复习。我政治报的是吉大的班，有的老师讲的还不错，但有的就不敢赞扬。上完课我真觉得没啥收获，于是又在网上找了相关视频（网络真是个好东西啊）。至于书，我刚开始买的是任汝芬序列一、二。看了两章实在是不行，也没个重点、可出什么类型题啥的，而且练习题几乎是序列一的句子中去除几个字，真没啥意义，还只有几个题有答案，被我果断放弃了。后来买了"风中劲草"系列，一看就喜欢，有重点，有可考题型。

网上授课我最喜欢蒋中挺老师，讲课幽默又有逻辑，省去自己不少力气。我听了他的"毛中特"和"思修"，感觉每天听他讲课就是一种享受，可惜他不讲"马哲"，"史纲"也只有面授班。好多内容经他一讲就记住或理解了，对于政治来说我觉得理解是必

要的，而不能靠死记硬背。一是多选题不理解很容易做错，理解之后再做题时经过自己的思考推敲就比较容易做对。"马哲"我听的是阮晔讲的，还行吧。"史纲"听的是谁的我忘了，只能说一般。

　　最后的模拟题我做的蒋中挺、肖秀荣和田维彬（TWB）的。考前最后两个星期时，由于要期末考了，图书馆座位被疯狂占满，所以我打破了无论什么考试都7点起床的规律，每天5：10左右起床，5：30出发去图书馆，不过正好可以用这段时间背政治大题，大概从6点背到8点。我刚开始背的是"20天20"题，等我几乎背完时才得知情报有误，该资料不该是用来背的，拿来看看就行，主要是背模拟题。欲哭无泪，只能用多背些也是好的来安慰自己受伤的心。最后我又把模拟题大题看了看，没死背，只是做到能用自己的话说出来就行。

（赵晓晓，会计学，总分416分）

第十五章

考研英语

　　考研外语类分为英语、日语、俄语。英语又分为英语（一）和英语（二）。英语（一）难度高于英语（二）。就东财考研来说，学硕全部采用英语（一），专硕中的国际商务硕士、法律硕士（法学）和法律硕士（非法学）也采用英语（一），其他专硕则均采用英语（二）。

一、英语（一）简介

　　试题分三部分，共52题，包括英语知识运用、阅读理解和写作。

　　第一部分：英语知识运用。

　　该部分不仅考查考生对不同语境中规范的语言要素（包括词汇、表达方式和结构）的掌握程度，而且还考查考生对语段特征（如连贯性和一致性等）的辨识能力等。共20道小题，每小题0.5分，共10分。

　　在一篇240～280个词的文章中留出20个空白，要求考生从每题给出的4个选项中选出最佳答案，使补全后的文章意思通顺、前后连贯、结构完整。考生在答题卡1上作答。

　　第二部分：阅读理解。

　　该部分由A、B、C三节组成，考查考生理解书面英语的能力。共30小题，每小题2分，共60分。

　　A节（20小题）：主要考查考生理解主旨要义、具体信息、概念性含义，以及进行有关的判断、推理、引申和根据上下文推测生词的词义等能力。要求考生根据所提供的4篇（总长度约为1 600词）文章的内容，从每题所给出的4个选项中选出最佳答案。考生在答题卡1上作答。

　　B节（5小题）：主要考查考生对诸如连贯性、一致性等语段特征以及文章结构的理解。本部分有3种备选题型。每次考试都从这3种备选题型中选择一种进行考查。考生

在答题卡1上作答。

备选题型有：

1.本部分的内容是一篇总长度为500～600词的文章，其中有5段空白，文章后有6～7段文字。要求考生根据文章内容从这6～7段文字中选择能分别放进文章中5个空白处的5段文字。

2.在一篇长度约500～600词的文章中，各段落的原有顺序已被打乱，要求考生根据文章的内容和结构将所列段落（7～8个）重新排序，其中有2～3个段落在文章中的位置已给出。

3.在一篇长度为500词的文章前或后有6～7段文字或6～7个概括句或小标题。这些文字或标题分别是对文章中某一部分的概括、阐述或举例。要求考生根据文章内容，从这6～7个选项中选出最恰当的5段文字或5个标题填入文章的空白处。

C节（5小题）：主要考查考生准确理解概念或结构较复杂的英语文字材料的能力。要求考生阅读一篇约400词的英文文章，并将其中的5个画线部分（约150词）译成汉语，要求译文准确、完整、通顺。考生在答题卡2上做答。

第三部分：写作。

该部分由A、B两节组成，主要考查考生的书面表达能力，共30分。

A节：题型有两种，每次考试选择其中的一种形式。

1.考生根据所给情景写出约100词（标点符号不计算在内）的应用性短文，包括私人和公务信函、备忘录、报告等。

2.考生根据所提供的汉语文章，用英语写出一篇80～100词的文章摘要。

B节：考生根据提示信息写出一篇160～200词的短文（标点符号不计算在内）。提示信息的形式有主题句、写作提纲、规定情景、图、表等。考生在答题卡2上作答，共20分。

二、英语（二）简介

英语（二）与英语（一）类似，但又有区别。

考研英语（二）题型总体与英语（一）非常相近，考试时间180分钟，满分100分。试卷第一部分是英语知识运用，即常说的完形填空，总共10分，20题，每题0.5分。第二部分是阅读理解，这部分英语（二）和英语（一）的考试方式略有不同。英语（二）阅读理解分两个部分，第一部分是常见的4选1的选择题，共4篇文章，每篇5道题，共40分。英语（二）阅读理解的第二部分是新题型，对应的是英语（一）的新题型部分，5道题共10分。这部分可能出现3种题型，由易到难分别是：判断正误题、7选5简化版题型及搭配题。

整体而言，从单词量上可以看出，虽然英语（二）大纲要求的阅读理解单词量与英语（一）相同，但在大纲中英语（二）的阅读理解没有说明有超纲单词，而英语（一）明确说将有百分之三的超纲单词。可以判断，英语（二）的阅读理解的单词量起码不会超过英语（一）。这在大纲样题中也有反映，考研英语（二）样题比过去历年考研英语真题难度要低。

第三部分是翻译，主要是英译汉。考查方式是翻译一个含有 150 个单词的英文段落。我认为难度比考研英语（一）小。首先，虽然翻译总量同英语（一）相同，但在一个英语段落中，句子有易有难，有过渡句和解释成分，这些比较好翻译。而考研英语（一）是从 400 个单词段落中抽出 5 个长难句。英语（二）在难度降低的同时，翻译题所占分值却提高了。所以提醒各位考生，抓好 15 分翻译题，这是拿分关键点，抓住这一点，总体分数可以提高 2～5 分。

最后就是写作。分别是小作文和大作文，小作文要求一样，一种是书信，如感谢信、求职信等。同时提醒考生注意，在英语（一）和英语（二）大纲都出现的一种形式是英文摘要，这在以后研究生学习中非常重要。它主要考查大家词汇量及拼写的问题，而对于语法问题要求不高。小作文也是大家准备考研英语（二）的重点，它要求 100 字左右，但分数达到 10 分，大家可以多做练习。大作文的样题是图表作文，字数要求低，为 150 字以上。而英语（一）要求是 160～200 个单词，要求比英语（二）高。根据这一判断，我个人认为英语（二）的大作文考提纲式作文或图表式作文的概率大些，比英语（一）的图画式作文可能要简单。

整体而言，从主、客观两方面来说，我判断考研英语（二）比考研英语（一）要简单些。首先从客观来说，英语（二）是大家考专业学位硕士所需要考的英语，毕竟不是学术型研究生，它对英语的要求和理解稍微低些，要求看懂专业型文章和科研论文即可。从主观上来说，考研英语（二）的大纲附的样题难度比英语（一）小。

三、备考策略

下面我从过来人的角度来谈谈考研英语的复习经验，仅作为一家之言，供学弟学妹们参考。

首先要说，大家不能对考研英语掉以轻心，每年都有很多人因为英语成绩不够好而与研究生无缘。东财虽然不自主划线，但是与理学、工学等不同，经济学、管理学等学科门类 A 区的国家复试线还是相当高的，像 2013 年经济学的线为 49 分，管理学的线为 51 分。每年都有不少同学总分过了东财的复试线，但由于英语不过线，而遗憾地与东财说再见。

考研英语要求的词汇量是 5 500 个左右，量还是很大的。很多同学问我这 5 500 个词需要背下来多少个才够用？是不是最好把这些词全部都背下来？

这是一个复杂的问题。理论上来说，当然是认识的单词越多越好。单词认识得越多，阅读英文遇到的障碍就越少，阅读速度也就越快。但是考研的单词中有相当一部分比较生僻，也比较难记，把它们都背下来还是很耗费时间的。而且有的同学虽然词汇量较小，但是有着很强的阅读技巧，虽然阅读英文时遇到很多不认识的单词，答题准确率却很高。由此大家应该明白，功利点讲，背单词不是最终目的，只是提高考研英语分数

的众多手段中的一个。

所以我的观点是大家应该采取这样的策略：把最常用的"核心词汇"尽量都背下来，而且要尽量掌握其用法，剩下的比较生僻的单词，如果还有时间，能背多少是多少，可以不去掌握其用法，做题时看到这个单词知道是什么意思即可。

因此，我推荐大家使用"有重点"的单词书，这些单词书或者是按照单词在历年真题中出现的频率——"词频"排序，或者是将核心单词和一般单词进行了划分，这样即使大家没有时间将整本书的单词都背下来，背过的也都是最常用的单词。这样的单词书市面上有很多，大家可以选择自己用起来最顺手的。

我个人的经历也许很有参考价值。我考研时英语考了70分，还算可以。在东财读研期间，我又参加了英语专业八级考试（TEM-8），得了74分的高分，但是我要跟大家坦承的是，因为事务繁忙没有精力背单词，直到上考场，我的词汇量也没有超过5 000，虽然专八对词汇量的要求是13 000。我的经验很简单：把核心词汇都拿下，包括延伸含义和用法等等。所以我想诚恳地告诉大家，如果你有时间和精力，记住的单词一定是越多越好的；但是就考试来说，词汇量积累的重中之重，不在多，而在精。

另外，如果觉得背单词十分枯燥乏味，大家可以考虑在电脑或者手机上使用背单词软件。现在流行的这类软件有很多，功能也越来越强大，特别是其具有的趣味游戏、各类即时评分测验（看中文选单词、看单词选中文、拼写、听写等）、随机乱序排列单词、艾宾浩斯记忆曲线、智能错词本等功能，大大突破了传统单词书的局限，可以让背单词变得轻松有趣，并显著提高记忆效率。在这里我推荐一个自己亲测好用的软件——新东方背单词，在考研和考专八的过程中我一直在使用，感觉效果不错。当然如果大家发现更好的或者更适合自己的背单词软件，也都可以拿来为考研英语服务。

还有很多同学问我，背单词时应该制订什么样的时间计划？因为在这个问题上，各个辅导班的老师和各种单词书推荐的方法都很不一样：有的建议"疯狂突击"，集中一两个月时间全力把单词拿下；有的建议"细水长流"，每天背一点，通过长期积累达到目的；有的建议很早就背完；有的建议先不要背单词，先去做题，通过做题来背单词，最后有时间了再集中去背。

我认为具体采用何种方法要因人而异，要看哪种方法最适合你。首先要考虑你一贯的英语学习习惯，其次要看你已有的词汇量多大，再次要看你是否较早就开始复习，从而有充裕的时间集中背单词，最后要看你的记忆力如何，记忆特点是擅长长期记忆还是短期记忆。不过不管采用什么计划，有一点都是不能忽视的，那就是不能因为一味贪多、只顾着追求背的单词的数量，而忘记了多回头去定期复习巩固背过的单词。背单词最重要的就是进行多次重复，否则很难形成牢固的记忆，除非你记忆力超群。

除了单词，学弟学妹们还都很关心考研英语对语法的要求。现在来看，考研英语中，语法知识不再像过去那样作为专项考试形式来考。按照我的理解，由于非英语专业的考研英语考试更注重考察考生在实际的专业工作中能用得上的英语技能（这一点和四六级比较类似），比如阅读英语文献的能力，所以最看重的还是考生能否"看懂"英文，也就是"被动"理解英语的能力，而非"主动"运用英语的能力。这一点在翻译上体现得尤为明显：考研英语只有英译汉，没有汉译英。纵观考研英语各题型，除了完形填空，其他的题型，和语法的关系都不大。

还有，大家都知道，英语语法知识我们在高中都已经学完了，大学英语课程不再介绍新的语法知识了，主要是扩大词汇量。因此，如果大家的基础还可以的话，没有必要专门跑书店去买本所谓的"考研语法"的书系统学习。如果发现有的语法知识出现遗忘的现象，翻一翻以前买过的高中语法书对应的章节就可以了。

但我还要强调，这只能说明，考研英语对语法的要求基本上可以概括为，主要注重考生被动理解语法的能力，而非主动运用语法的能力。可是这并不代表语法就不重要了，至少你要能运用自己的语法知识来读懂英文文章，特别是其中的长难句。如果你对从句、倒装句、强调句、虚拟语气、时态等知识都没有概念，以至于严重影响对文章的理解，那么，有针对性地复习一下语法还是有必要的。

说到考研英语，不得不强调一下历年真题的重要性。大家一定要做近年来的考研英语的真题，如果你发现对自己来说有必要的话，还要多做几遍。真题体现了命题老师的出题思路，是指导复习最有含金量的资料。特别是每道阅读题的设计，都大有讲究，真的值得你去好好揣摩。

有的同学喜欢把真题留在最后做，希望通过真题模拟一下自己的成绩。这是不太好的习惯。考研英语阅读的文章内容千变万化，但出题思路非常非常的单一且固定，而研究掌握这单一的出题思路的最好教材就是历年真题。对于真题，一定不仅仅是要做，而且是要仔细地研究，一定不仅要研究文章单词，而且要仔细地研究出题思路。那些把真题留到最后做的同学，他们能做的只是做真题，而不是研究真题。如果想进行考前模拟，可以将两年的真题留到12月中旬左右来做。

关于考研英语，有一句非常流行的话——"得阅读者得天下"，还是很有道理的。相比于四六级考试，初试中的考研英语不考听力，阅读也就占了很大的比重，大家在平时的练习当中，一定要多进行阅读题目的训练。也就是说，大家平时不仅要多读文章，还要多做标准的阅读试题。因为光看懂文章是不够的，能做对文章后面的题目才算成功，而这些题目往往设置了很多很隐蔽的陷阱，如果没有认真进行研究很容易做错。这就需要大家在平时勤加练习，在练习过程中不断增加经验、提高技巧、总结规律。而且大家在平时做题的时候要尽量按照考试规定的时间做完，这样才能训练答题的速度。

除了40分的阅读，分值最大的就是作文了，大小作文加一起占了30分之多。要想作文拿高分，一要速度，保证在有限的考试时间里自如地写完；二要像样，写出来的东西起码要像是英文文章，而不是汉语的翻译；三要有特色，能让考官一眼扫过去感觉与众不同；四要整洁清楚，把考官手上那两三分的印象分彻底拿过来。作文可以早做打算，比较理想的进度是11月就开始背作文，背完了就默写，把作文书的20篇左右的范

文背到滚瓜烂熟，脱口而出。之后就是仿写，自己找一个适当的题目按照所背作文的模式来写，大概每周写两篇左右，最后两个星期每天写一篇，以找到考试感觉。

剩下的三个部分是完形填空、阅读B（新题型）和翻译。

完形填空不需要特别准备，即使在考场上你有时间做完整套卷，平时做做真题上面的也就足够了，因为这部分的投入产出比实在太低，把时间花在这上面不值得。

至于新题型，还是要重视真题，其他的模拟题往往无法得真题之精髓，形似而神不似，价值不大。主要还是将真题多做几遍，并且看一些这方面的技巧介绍，认真归纳总结，最终掌握一套适合自己的行之有效的方法。

翻译也是这样，由于是英译汉，主要的答题思路和技巧很固定，可以先认真学习辅导班老师或者辅导书上传授的好用的方法，然后做一做真题的翻译，考试基本也就够用了。如果你把其他该做的工作做好后还有时间，那么可以再去多练习翻译。

总之，考研英语最重要的是阅读和作文，这两项很关键，一定要高度重视，平时要多花一些时间，常练一练。其他的题型，做做真题即可。

大家还要注意考试时在各题型上的答题顺序和时间分配，并在平时有针对性地进行准备。考研英语的考试时间很紧，很多考生都做不完，只能先做分值大的与得分率高的题型，这种情况下完形填空往往就被牺牲掉了，一般都会留在最后去做。如果你也是这种情况，那么在平时你可以干脆不练完形填空，而把时间省下来练别的题型。

考研英语和政治满分同为100分，不过考生的英语得分普遍低于政治，而且经常听说某考生因为英语单科没有过国家线而无缘读研，倒是几乎没听说过有人因为政治不过线而落榜的，这都说明了考研英语的难度，因此大家一定要重视英语。在这里我还想提一下2015年的考研英语，因为题目偏难，能考65分以上就算是高分了，所以大家在为初试总分制定目标时要做好心理准备。但是纵观近年来考上东财热门专业的考生，很多年份英语超过70分也是很普遍的现象，考80分以上的学霸也是有的，所以期望大家不要仅仅满足于英语成绩能够"过线"。

关于考研英语，我想到的就这么多，下面是我请到的几位东财的学哥学姐专门为大家撰写的他们取得英语高分的学习经验，相信大家阅读后会得到很多启发。

第二节　英语（二）通解

知彼知己，方能百战不殆。在怀揣满腔热血、摩拳擦掌做题前，只有对英语（二）进行一番了解，才能"深入虎穴""直击病灶"。

一、英语（二）与英语（一）的不同

英语（二）与英语（一）在诸多方面存在差异，归纳如下：

1.难度不同

英语（一）的难度要高于英语（二），体现在词汇量、写作、翻译等各个题型上。

题型之间的差异，会在后文提及。

2.思维方式不同

对于英语（一）而言，单词很重要，而对于英语（二）而言，逻辑才是王道。

打个比方，做英语（一）的阅读，哪怕不认识单词，只要回文定位，大概也能选对选项；但是做英语（二）的阅读，就算每个单词都认识，通过回文定位也找到了位置，但是仍可能选错答案。英语（二）更注重对逻辑思维的考查，不仅仅体现于阅读，翻译、写作也与逻辑思维密切相关。

二、英语（二）题型与分数分布

英语（二）的题型及分值见表15-1。

表15-1   **英语（二）的题型及分值**

题型	数量	分值
完形填空	20个	20×0.5分=10分
阅读理解	20个	20×2分=40分
阅读新题型	5个	5×2分=10分
英译汉	1个	15分
写作（小作文）	1个	10分
写作（大作文）	1个	15分

三、各题型分析

1.完形填空

完形填空主要考查考生对英语的综合运用能力，知识点繁杂，备考不易。另外，完形填空的分值低、题量大，性价比不高。所以，对于完形填空，我的建议是没有必要投入过多精力，考试前做几篇真题练练手就好了。在考试的时间分配上，也不要投入过多，应多留出时间给后面的题。对于完形填空，要勇于舍弃。

2.阅读理解

40分的传统型阅读，可以说是英语（二）的"大头儿"，必须引起大家的重视。阅读理解是最能考查逻辑的题型，如果方法不正确、思维出现偏差，即使有强大的单词量，也不能保证较高的正确率。当然，这并不是让大家放弃背单词，而是给单词量薄弱的同学一颗"定心丸"。

上文曾提到，对于英语（二）的阅读，即使回文定位正确，也有可能选错答案，这与它的题目、选项的设置有关。很多情况下，我们总是在两个选项之间徘徊，而根据主观的判断，我们往往就会选择错误的那个答案。这时候，就需要更细致地分析原文中的个别词汇、个别句型。

阅读理解的问题可以划分为主观态度题、段落主旨题、词汇推断题等类型，每类题

目自有它独特的解题之道。就拿主观态度题来说，原文中的情态动词，因为带有强烈的主观态度，往往就是意想不到的"题眼"。而对于段落主旨题，段落的首句、尾句、特殊句（如倒装句、强调句等）通常就是正确答案的出处。

备考阅读理解，要注重"质"而非"量"。平时多练习以保持语感、题感是好的，但是不能盲目追求题海战术，应更重视题目背后的逻辑，要明白这道题为什么要这样考，正确答案是怎样得到的。

在这里向大家推荐蒋军虎老师的书籍以及视频课程，他的思路很有效，"拯救"了很多单词量薄弱的考生。

3.阅读新题型

阅读新题型有两种备选题型：信息匹配题、小标题对应。

（1）信息匹配题。

试题内容分为左右两栏，左侧一栏为5道题目，右侧一栏为7个选项。要求在阅读后根据文章内容和左侧一栏中提供的信息从右侧一栏的7个选项中选出对应的5项相关信息，类似于六级题。

（2）小标题对应。

在一篇长度为450～550单词的文章前有7个概括句或小标题。这些文字或标题分别是对文章中某一部分的概括或阐述，要求考生根据文章内容和篇章结构从这7个选项中选出最恰当的5个概括句或小标题填入文章空白处。

两类题目，更像是传统阅读理解中的段落主旨题，要把握好首句、尾句、特殊句。总体来说，难度不大，一般来说只要细心就不会出现大问题。

4.英译汉

让我们先来了解一下英语（一）翻译与英语（二）翻译的不同。英语（一）的翻译较难得分，它是从阅读理解中摘选出5个长难句，要求考生进行翻译，很多同学吐槽，翻译完了也不晓得在讲什么，因为科教性很强。而相比之下，英语（二）的翻译就要简单得多，给出一段话，这段话与之前的阅读理解没有关系，完全独立。在这段话中必然会有一些长难句，也会有一些生涩难懂的单词，但是毕竟这段话中前后句之间都是有逻辑关系的，也许是时间顺序，也许是前因后果，某句话不懂，没有关系，可以根据前后句的逻辑进行猜测、判断。整个段落翻译通顺，重点单词翻译八九不离十，句型也能通顺，基本就能拿到10分以上的分数了。

英译汉重点考查的是长难句的翻译、词汇的理解。建议大家在备考期间适当关注长难句，对于英译汉、阅读理解都是有好处的。

5.小作文

小作文考的是应用文，可以分为书信、通知、摘要等类型。近年来主要考的是书信，应重点关注书信的写作，但其他类型的应用文也要学习。其实书信、通知、摘要这三类应用文实质性的东西并没有变，只是格式换了，都是"换汤不换药"。

下面详细说说书信。

首先，我们要学会书信的格式，格式不正确也是会扣分的。

其次，在书信的写作格式上，建议大家分为3段：第一段，写信目的；第二段：主要内容；第三段：寒暄之类的话语。

再次，从书信的类型入手，分类准备。书信按照内容、收信人、目的，可以分为自荐信、推荐信、求职信、邀请信、致歉信、投诉信等，不同的类型，写作的风格有细微的不同。虽然书信类型多，但是准备起来还是有技巧的。拿第一段"写信目的"而言，总结好自己的模板，面对不同类型的书信稍加改动就可以了。第三段"寒暄"也容易准备，很多句子都是"万能"的。第二段"主要内容"的准备就要稍微下点工夫，但是不难发现，有几类书信之间也是有关系的，比如，自荐信、求职信的第二段要写自己的品质，推荐信的第二段也要写所推荐的人的品质，可以将这几类书信放在一起准备。

最后，向大家强调的是，模板一定要用自己总结的，要有自己的亮点，不可盲目抄书。

6.大作文

大作文的备考形式有：图表作文、图画作文、文字作文。近些年基本考的是图表作文，但并不能排除考图画作文、文字作文的可能性。这三类作文中，图表作文是最容易写、最容易拿分的。下面咱们就来分析一下。

所谓图表作文，就是给出一张图表，也许是折线图，也许是柱状图，在图中标注了纵横坐标。对于图表作文，首先要看懂图表，弄懂它要反映的现象，之后考生再根据现象写原因、对策。

图表作文也可以分为三段：

第一段，描述图表，比如下降趋势、上升趋势、最高点、两者对比之类的；描述过后，写出你所发现的现象。这段容易准备，因为描述图表的单词、句式基本是通用的，但仍建议大家在平时的积累中总结出有自己风格的模板。

第二段，阐释该现象的原因。在写原因时，可以从社会维度、经济维度、个人维度出发，平时多总结这类的表达。

第三段，可以给出对策。又是展示模板的时候了，仍需强调，模板不要人云亦云，一定要有自己的风格。

7.总结

英语（二）的各类题型均对逻辑思维进行了考查，小伙伴们一定要重视逻辑。

关于模板，多说几句。有些同学用了模板反而得分更低，这是不动脑子、生搬硬套所致，人云亦云还算小事，拿来就用甚至造成语法错误可是致命性错误。平时一定要总结出专属自己的模板，多积累些亮点词汇、亮点句型。

四、英语（二）备考用书推荐

我在备考英语（二）时，是全程跟着老蒋（蒋军虎）走的，听他的视频课程，买他

的书籍，效果很显著。老蒋课程每年的第一讲就是分析英语（二）的题型，以及提出复习方法，上文中的一些思想也是来源于老蒋。强烈建议大家去听听他对英语（二）的分析视频，很有帮助。

大家买视频可以去淘宝买2017年最新的，一直持续更新到临近考试。书籍推荐买蒋军虎的《长难句老蒋笔记》《历年真题老蒋详解》《老蒋4套卷及考点预测》，其他的单词书、阅读书根据个人实际情况来买。

五、问答汇总

汇总一些学弟学妹经常问的问题，希望可以解答大家的一些疑惑。

Q：能不能按照复习英语（一）的思路去复习英语（二）？

A：对于英语（二）的复习，我的建议是，不要按照英语（一）的那套来。

首先，难度不一样，英语（二）的难度确实要小一些，比如，阅读的单词量会少，单词难度也会低。翻译（英译汉）也是英语（二）的简单，是翻译一段话，这段话里面有难句，也有简单的句子，按照汉语的逻辑，把这段话"猜"通顺，怎么着都能得不少分。英语（一）的难度就大了，是翻译文章里的5个长难句，这5个长难句都很难，甚至到了那种你能完全翻译对汉语，但是不懂汉语是什么意思的地步，类似于科教文章的水平。还有写作，英语（二）的写作搞懂了很好写，但是英语（一）就难了。

其次，不能按照英语（一）的思路来的原因还有，思路不一样！对的，就是思路不一样！英语（二）更注重考查你的逻辑思维，好比做阅读题的时候，那些选项，有很多逻辑的技巧。还有翻译，蒙一蒙也是逻辑思维的体现。我同学是这样说的："英语（二）是看懂了选项，选不对；英语（一）是看不懂选项，但是能回文定位选对。"英语（二）就是这样，你完全能够回文定位，但是选不对。

Q：可以推荐一下英语（二）的参考书吗？

A：英语（二）的复习，我们很多考生都是跟着蒋军虎走的，在淘宝上买他的视频课程，买2017年的，都是同步更新的，一直更新到考前，有词汇班、基础班（讲语法）、加强班（讲阅读题技巧）、串讲班（讲作文）、模考班等。这些课程都是有视频、有讲义的。

蒋军虎的书也值得买。他的书出了很多，有词汇、阅读、长难句、写作、翻译、真题详解、模考（又叫预测卷）什么的，强烈建议你买长难句、写作、真题详解的书，其他的自己按照需求确定。

Q：英语（二）的复习时间如何规划？

A：蒋军虎建议的时间规划，我觉得很不错。首先，你按照他的视频班来就好，跟着听课。

暑期的时间，要好好把握住。这一阶段重点放在单词、长难句、语法上（可以跟着老蒋的视频课程学，跟上进度就可以），阅读可以每天做1篇，保持题感。每天一口气做4篇，我认为没那个必要。一是，你的实力还达不到，因为有很多的单词你还不认识；二是，在暑期，老蒋还没有讲阅读的思路，等他讲了思路之后，你再按照他所教的来做阅读，如有神助。9月，就可以着手阅读了。写作的准备可以放在11月中旬，此时距离考试还有一个半月，搞定大小作文，时间刚刚好。写作的准备，不光光是背过，一定要自己默写，默写完之后，让小伙伴帮你检查错误，因为自己通常看不到自己的错误。到了12月，可以每个星期抽一套真题，严格地卡住时间来做。

Q：英语（二）的真题很少，没有大量的阅读练手，怎么办？

A：做题在精不在多，暑期的时候，每天做一篇练手即可。进入9月，就可以做一做蒋军虎的《高分阅读老蒋80篇》，很多人都说这本书简单，就不怎么重视，但是你应该更关注书中的解题思路，就是那些深层次的东西。真题因为少，所以很宝贵，留在最后最关键的时候做吧。前期千万不要动真题，因为太宝贵了。英语（一）的阅读，你可以在有余力的情况下拿来练手，如果时间紧张，或者英语（二）已经把你搞得焦头烂额了，那就不要动英语（一）了，没有必要。

对于英语（二）各个题型的详细备考指导，大家可以去搜搜蒋军虎的视频，每年他的第一个视频就是关于这方面的说明。

以上建议，希望大家能"取其精华，去其糟粕"，每个人的情况不同、学习方法不同，不可全盘盲目接受。

预祝大家在考研中取得优异成绩，圆梦东财！

（马霄雪，会计硕士）

第三节　　用尽你的洪荒之力

本人英语基础并不是很好，六级是险过，所以在整个考研过程中我最担心的就是英语，但是后期对英语的复习并没有占用我很多时间，我把大部分时间用在了数学和专业课上，最后能在2016年考研英语中取得76分的成绩，已经是出乎我的意料了，算得上超水平发挥了。下面是我的一些英语复习经验，希望能帮助那些英语底子不是很好的同学：

跟所有的考研科目一样，英语的复习也大致分为三个阶段：前期（3—8月）、中期（8—11月）、后期（12月至考前）。

一、前期（3—8月）

这段时间的主要任务就是背单词！考研英语要求我们掌握5 500个单词，其中有1 000多个单词是低频词汇，考试几乎不会涉及，这部分单词可以忽略，也就是我们只需掌握4 000多个单词就可以了。

我当时用的是新东方的红宝书（顺序版），其实乱序版或顺序版两者都可以，只需要用一本就可以了，其他的一些单词书也是可以的。我们需要做的就是把这一本单词书反复背几遍。从3月份开始，一周5个list，一天1个list，第一遍可能背起来比较吃力，

大约每天需要1个半小时来记忆，然后第二天再复习前一天背的list，第六天和第七天复习这周背过的5个list。因为记忆曲线是呈螺旋状的，因此只有不断去复习以前的知识才有可能完全记住。第一遍背完之后，接着就要背第二遍，这时候就会感觉轻松好多，而且背的遍数越多越有成就感。背单词是贯穿于整个考研过程的，千万不能背一遍两遍之后就完全放弃单词了，这样就会前功尽弃，背的东西全忘了。

二、中期（8—11月）

这段时间的主要任务就是做真题！对于英语而言，复习的资料无非就是单词和真题，而单词只是打基础，要想取得高分还是要好好复习真题。

考研英语历年真题的重要性不言而喻，而重中之重则是对阅读真题的复习。考研界有一句流传很广、得到公认的"谚语"，那就是"得阅读者得天下"，可想而知阅读是多么重要。我当时用的是张剑的考研英语"黄皮书"（很厚的那本），这本书比较适合基础薄弱的同学使用。每天两篇阅读，做完之后好好分析，把每篇阅读中出现的生词查出来记到笔记本上，文章中的长难句也一定要弄懂，书中有长难句分析，大家一定要好好看。最重要的是把做错的题弄懂，搞清楚为什么会做错。可以利用每天早晨的时间多读读阅读，不用花太长时间，每天半小时即可。刚开始做阅读的时候都是惨不忍睹，一篇错好几个是常事，因此不必太在意，我们主要是利用真题掌握出题人的思路以及答题技巧。

完形填空复习的性价比不高，有时间的话可以简单看看，时间不够就忽略。如果有同学觉得真题还不够，也可以做做张剑《新编考研英语阅读理解150篇》，比真题要难，练练手即可。

三、后期（12月至考前）

这时候英语的阅读水平差不多已经定型了，而提高英语成绩的另一个关键就是作文。复习作文的"性价比"其实是比较高的，主要工作是自己总结出一些作文模板，市面上有很多作文类的书籍可供参考，但是建议大家在参考模板的同时添加一些自己的特点，不能跟模板一模一样，否则不但不会提高作文分数，还会起到相反的作用。平时一定要掐点儿写几篇作文，把模板练习得非常熟练，达到不用思考就可以写出来的程度。

另外，在考试之前可以再买一套全新的真题试卷，自己掐点完成，可能有些题目已经记住答案了，那么我们需要做的就是思考为什么选这个选项。对于英语的复习而言，单词、真题和一本作文书就足够了，不需要再去买其他资料，也不建议大家去做模拟题，因为模拟题跟真题相差太大，经常做会被带偏。

长难句和翻译虽然也比较重要，但是很难在短时间内提高水平，所以不用专门花时间去复习这两部分，当把阅读好好分析完之后，这两部分的水平自然而然也会有所提高，而且这两部分每年得分率很低，所以即便翻译水平不太好也不用担心。

概括起来，其实我的心得就是：考研英语是一个长期积累的过程，前期可能比较痛苦，也可能比较枯燥，但是每天复习一点点就会进步一点点，要相信一份付出就会有一份回报。祝大家考研顺利！

（连明月，会计学，总分386分，英语76分）

第四节　珠联璧合超越英语76分

对于考研英语学习，我有自己的经验，同时我男朋友也和我一起参加了考研，英语考了76分，我们将经验整理在一起，分享给大家。

英语学习顺序一般都是从单词、长难句，到翻译、阅读，最后到写作的，下面我就按这个顺序谈谈考研英语的复习。

一、单词

英语单词一直到考前要不停地温习。我用的是何凯文老师的《必考词汇突破全书》，里面收录了3 000个左右的单词，个人认为足够了。因为考试还是注重核心词汇的一词多义，不是考查词汇量。我认为那种砖头似的考研单词书，或许到考前你都没有记住里面的一半单词，或许中途你就误认为考研单词太难而放弃背单词。所以，"抓重点"的效率还是会高一点的。

单词的积累一方面要靠单词书，另一方面要靠平时阅读。平时阅读时，可以把不会的、稍微重点的词汇积累下来，方便日后记忆。

二、长难句

对长难句断句以及句型的把握对于阅读理解很重要，所以长难句的功夫跟单词一样，要下在平时。自我决定考研以后，大概从3月份开始，我每天关注何凯文QQ空间的"每日一句"，一直坚持到考研之前。每天早晨到教室后第一件事情就是上网看前一天发布的"每日一句"，觉得不错的就抄下来，抄的过程既锻炼了对长难句的理解，也锻炼了翻译能力。

三、翻译

我是从暑假开始练习翻译的，每天中午花费一点点时间，做一年的翻译真题，先把自己的翻译结果写下来，然后把答案附在后面，进行对比，就可以看出自己差在哪里了。这个习惯很好，所以我在考场上也没觉得翻译难。

四、阅读

暑假之前可以把2004年之前的考研真题的阅读理解做一做，积累重点词汇，有时间的话可以背诵这些真题，有些句子可以用在写作上。初期还可以用张剑考研英语《新编考研英语阅读理解150篇（基础训练）》，每天做2篇，提高自己的做题技巧，同时顺便积累自己的词汇量。9月份之后就可以做2004年之后的考研真题的阅读理解，不要追求速度，要注重质量，每做完一篇要分析对错，认真揣摩出题人的思路，这在考研英语阅读中很重要。因为阅读理解的答案太具有主观性了，所以训练以真题为主。

考研真题的阅读理解要"过"好几遍,第一遍自己做,第二遍分析出题人的思路,多"过"几遍慢慢就会有所领悟了。

五、写作

到11月份开始准备作文,大作文一定要有自己的模板,不要照抄辅导书的模板,可以先背诵辅导书上的作文,慢慢总结自己的模板。对于小作文,要求内容讲清楚,格式正确即可。大家一定要注意积累一些英文书名、歌名、电影名等,2015年的小作文就考到了书名。

最后,英语考试答题要注意顺序和效率,一般先做阅读,再写作文,再做翻译,最后完形填空。一定要掌握好做题速度,这个需要在平时的练习中养成。尤其是阅读,在平时的练习中要将时间控制在每篇15分钟之内。

(任佳乐,财务管理)

第五节　奏响英语欢乐颂

首先说说自己的英语情况,四级426分,六级447分,都是擦线"飘"过。如果你是英语"大牛",可以跳过这部分的学习方法,如果你跟我水平差不多,那可以借鉴一下我的英语学习经验。今年英语(二)比去年难,所以对于2017年和2018年考研的同学们来说要引起重视,考英语(二)的同学越来越多,难度可能会有所加大。不管怎样,认真准备就不会有问题。

第一个是单词的问题。对于单词的重要性我就不多说了。我买了新东方的红宝书,前前后后背了五六遍。我下载了一个APP——百词斩,很好用。对于考研基本词汇,自己按时间分任务"刷"至少两三遍,高频词汇从11月初开始就要反复地"刷"。记住一点,单词每天都要花时间"刷",一天不"刷",第二天的任务就会加重了,长此以往就没耐心往下背了。除了利用APP背单词外,还需准备三个单词本。第一个记录你做历年真题Part A部分积累的单词,这个是最重要的单词本,后期反复拿来背。第二个记录你做历年真题除了Part A部分剩余题型所积累的单词,这个次重要(主要记忆完形、翻译部分的单词,新题型部分的单词看看即可)。第三个记录你在看外刊、《阅读理解精读80篇》、《高分阅读老蒋80篇》、长难句时积累的词汇。

第二个是长难句的问题。长难句的复习建议在3—6月完成。我的长难句复习用书是屠皓民《考研英语工具书语法长难句》,同时关注了一个微信公众号:屠屠老师。上半年,他会每天推送1句长难句,直至100句完成。所选的长难句有一部分是历年考研的翻译原题,还有一部分是比较经典的句子。这对于后期阅读、翻译的练习有很大帮助,两者结合起来复习长难句就没问题了。

第三个就是真题的问题。关于真题的利用,我必须强调,重视真题。英语(二)的真题比较少,但是也要仔仔细细地"过",研究出题思路、解题方法。我推荐蒋军虎老师的历年真题详解。

1.对于真题我建议采用三遍法。英语（二）真题从2010年开始，只有7年的。第一遍做真题，差不多一星期完成两套，四篇阅读两天做完，翻译、完形填空、新题型一天做完。每次做真题，一定要精读，每句话、每个单词都不要放过，还要将核心词汇摘抄到我之前说的单词本上。不仅要对文章进行分析，对于题目、选项也要认真对待。这一轮一定要细致，非常关键。

2.第二轮复习真题建议在10月中旬前完成。这一遍会比第一遍快一些，这一遍主要在于口头翻译文章，加深对单词、句子的理解。对于选项的设置要有大致的把握，比如一些选项是无中生有或者拼凑的，感情色彩要把握规律，如"indifferent"这样的词不用考虑直接排除。作文这个时候可以开始动手练习了，推荐王江涛老师的《考研英语高分写作》，虽然有一定难度，但可以通过范文把握文章结构以及积累亮点词汇、语句。

3.第三轮复习真题从12月开始，尽管你已经记住了选项答案，但还是要认真做。对于翻译，建议拿几张A4纸，把翻译都练一遍，平时可以结合蒋军虎老师的《高分翻译老蒋笔记》加强练习。新题型不太稳定，多练习真题就可以，也可以买些资料适当练习。完形填空着重记忆选项意思。

4.对于作文来说，一定要形成自己的一个万能模板，虽然现在"反模板"厉害，只要不是完全模式化就没太大问题。所以，对于每一种类型都要把握，建议在考前将小作文所有文章的格式都"过"一遍。大作文则没有什么技巧，就得反复去练习，从积累功能句、亮点语句开始，到仿写、背诵，直到逐渐形成自己的模板（如果是自己的万能模板就更好，意味着大部分主题的作文都能够用这个模板去套用）。既然模板这么重要，我们在形成自己模板的时候，一定要精雕细琢，具体到每一个单词，通过反复修改、替换直至形成终极模板。甭管你英语水平有多高，考场上你是很难在短时间内写出一篇漂亮出彩的文章的。

最后，我想说的是，每份试卷的难度都是平衡的，在考场上不要太紧张。今年英语（二）的阅读有两篇较难，但是不要怕，你会发现后面的翻译、新题型都很容易，完形填空也简单，所以要放平心态。

（燕鑫，新闻与传播硕士，总分403分，专业排名第3）

第六节　英语"湄公河行动"

很高兴和大家分享一下我的考研英语备考规划。由于时间紧、任务重，在进行考研英语复习时，纵使前方腥风血雨、惨烈异常，大家也要雷厉风行、激流勇进。

一、3—5月

开始背单词，我背的是徐绽老师的《考研英语词汇速记宝典》，个人觉得这本书贯穿性很强，便于记忆和归纳。背单词的时候没必要规定每天到底背几页，因为大三下学

期课程很重，所以几乎都是利用闲暇时间背的单词，但是每日必背，既灵活又显得具有规律性。背单词时，每一轮都要拿出不同颜色的笔进行标记，下一轮即可着重背诵重点单词，此外熟悉的单词迅速浏览即可。

其间，买了张剑老师的《新编考研英语阅读理解150篇》，练习情况不好，一般一篇做对两三个算是很好的了，做了两个月，一点进步都没有，后来做了考研真题，发现出题思路相差很大，个人不建议使用这本书。如果真的想要练习阅读，我推荐何凯文的《绝对考场五套题》，这套题的命题思路和考研真题很像，做过很多考研机构的模拟题，个人觉得这套题最好。如果有条件，可以听听何凯文老师的阅读课或者到网上下载他的视频，他对于历年真题的讲解很是独到。其实，很多同学做过何老师的模拟题后都感觉比真题简单许多，但是何老师出的模拟题的精华所在是它可以按照真题的出题思路定制题目和选项，做这套题一定要注重了解考研命题思路和模式。

二、6月

进入期末复习，大家开始备考期末考试，这时我只是简单地做了一些准备工作，比如买了英语的历年真题，看了很多考研论坛的文章，在头脑中大概制订出了到暑假之前的计划。

三、7—8月

我买的是张剑老师的真题解析，我是从前向后做的，因为前面比较容易，容易给考生树立信心。

第一遍：做考研真题的时候，我对阅读题是一篇一篇练习的，做题后自己先翻译了一遍文章，然后对照答案解析进行翻译。弄懂文章意思后，又对答案进行了分析，均具体到了A、B、C、D四个选项，必须弄明白选项错在哪里，而且要知道各个选项采用的是哪种出题模式，真题解析上面都有讲过各种阅读的正确和错误选项的出题方式，一定要深深体会，认真总结。

新题型：做题的时候找出主谓宾，略去修饰性的词语句子（解析书上具体写出来了，应当仔细学习）。读完文章后，浏览选项，再返回去读文章，注意代词、主语、段落的首尾句，将目标选项代入题中，最好按次序做，不要空着，填好选项后，如果时间充足，通读文章，修正选项。

翻译题：迅速浏览文章，由于文章很长，了解文章大意即可，然后具体翻译句子，方法书上写得很清楚了，做完题后，通读文章，进行翻译，落实到每句话。

作文：此时还没有进行练习。

完形填空：20道题，10分。只是通过做真题进行练习。

四、9—12月

进行第二遍复习，遵循第一遍的思路，查漏补缺。至于作文，背诵徐绽老师的作文30篇，里面的基本框架要记住，然后练习历年真题上的大小作文。我在考试中很受益，因为大小作文都练习过，路子都在徐绽老师的作文书里。并不是为徐绽老师做广

告，没什么可说的，我很推荐这位老师。

最后，希望大家不要完全相信考研机构的押题之说，基本功扎实才是硬道理！

（高欢，国际贸易学，英语75分）

第七节　　莫等闲，白了少年头

英语是考研四门考试课中"不大不小"的一门，说它"大"是因为不少考生因为重视程度不够结果在这门课上马失前蹄，说它"小"是因为相对来说，英语不用像数学、专业课一样需要每天付出大量的时间。

根据我的经验，只要能在大学通过英语六级考试的同学，每天拿出一两个小时的时间去记单词、读文章、做阅读，不断积累词汇量，不断培养语感，保持状态，过50分是没有问题的。

考研英语的题型无非也是大家熟悉的题型，也要靠大家平时积累词汇量，并且考研英语还少了大家普遍比较薄弱的听力这一项。大家一定要有战胜考研英语的信心，以积极、乐观的心态去学习英语能起到事半功倍的效果。

跟大家谈谈考研英语的一些特殊之处以及学习方法。考研英语跟大家平时考的四六级考试是有一些不同的，大家可以拿两篇六级考试和考研的阅读理解放在一块做，做完之后大家会明显地感觉到，六级考试可以说是有一点不求甚解的，只要能精确地找到问题所在的段落位置，答案往往是显而易见的，甚至有的直接在文章中就能找到答案。但是考研英语是大不相同的，考研英语的问题要求你对文章有一个整体的把握，有时候一个单词不认识可能就会影响到你对答案的判断。这就首先要求大家在词汇量上要跟上考研的要求。再说说我是如何记单词的，大家考四六级和考研的时候都会有一本单词书，我也不例外。我用的是一本新东方出的正序版的考研单词书。除了每天背这本书上的单词之外，我还会把每天做过的题中出现的而这本书上没有的单词记在书上，就按照正序的顺序用笔记在单词书的空白处。这样每天背单词的时候不单背书上的单词，还会把做过的真题里出现的单词也记一遍，久而久之坚持下来，就会积累不少的单词量。阅读理解是考研英语的一个重难点，也让很多考生感觉如雾里看花始终琢磨不透这类题的解题之道。关于阅读理解，我想说三点：第一是词汇量，这个不必多说，词汇量是阅读理解的基础。第二是语感，也是需要大家靠平时大量的阅读积累出来的，就像大家电视剧看多了，一个类型的电视剧中演员说了头一句话我们就可以猜到他下一句会说什么，阅读量上去了，作者的言中之意我们也一样会了然于心。第三是认真谨慎的态度。比如考研阅读理解需要大家对涉及答案的每一句话甚至每一个单词都有准确的理解，可能一个单词就会有好几重意思，如果有一重意思你不知道而恰好考的又是这重意思，那你的理解可能要差之毫厘失之千里了。最后再说一下作文，到考研后期，大多数培训班都会给出各种题材作文的模板，我想说一句，大

家有精力还是要在平时就注意积累一些作文素材，英语是一门非常优美的语言，不要一味地依靠模板生搬硬套。

作为考研的过来人，深知考研的酸甜苦辣，个中滋味只有自己品尝过之后才能明白。所谓的学习方法，不管别人讲了多少，自己听了多少，我们还是要摸着石头过河，摸索出适合自己的方法，适合自己的才是最好的。三十功名尘与土，八千里路云和月，莫等闲，白了少年头！最后祝大家考研成功！

（刘如宁，国际贸易学，英语76分）

第八节　　　　　　除夕之夜忆考研

大年三十晚上，别人都聚在一起看着春晚，或者兴高采烈地放着鞭炮，而我却优哉游哉地趴在床上写写自己考研的一些经历，希望可以给同学们一些参考。

先说一下我自己的基本情况，以便大家更容易了解我所写的东西对你们的可参考性。我是一名二本的学生，数学在大学几乎可以说没学，政治是压根儿就没给开课，专业课学的几乎是"双语"（可学到的东西大家懂的），英语一般。还好，经过将近一年的准备终于取得了自己很满意的成绩：政治72分，英语75分，数学138分，会计学131分，总分416分。

由于我大学学了好几门双语课，而且阅读基本功也还行，所以英语没花太多时间，最终的结果也非常令我满意。下面说一说可供大家参考的经验：

建议大家主要针对单词、阅读以及作文下功夫，至于完形填空和翻译，可以不去专门复习。

首先，单词是很重要的，我单词量就不行，所以在大三上学期就开始背单词。我并没有像大多数同学一样去买一本厚厚的单词书，然后从头背到尾。我没有这种毅力，同时我自认为我也没有这么多时间：考研要学习的内容很多，上课也占据了不少时间。所以，我的解决方法就是看讲单词的视频课程，看的是刘一男的课程。这样相对于自己背就多了些趣味性。这套课程不仅单词涵盖范围很大，而且还讲了单词在考研文章中的应用，这些应对考研足够了。

在背单词的同时，我练习张剑的《新编考研英语阅读理解150篇》，感觉还行，结果导致暑假期间犯了个很大的错误，单词完全放弃了，阅读理解也只做了四五篇。到开学开始做真题，结果错得一塌糊涂，于是我又回去背单词，一直到临考前都没敢再忽视。

此外，我在手机里下载了有道词典，它有个按记忆曲线记单词的功能，于是我用它把阅读理解里的生词背了背，感觉还是有效果的。

结合我的经验和教训，建议大家背单词一定要坚持下去。看单词视频课程的时候，每天坚持看一两节课，这样花一个多月就能看完第一遍。大家最好边看视频边做笔记，每天再花费一些时间背诵几句跟这个单词有关的句子。这个过程每天只需要2个小时。然后，大家就可以开始看第二遍。第二遍会明显比第一遍快许多，接下来就是第三遍、第四遍……就这样一遍遍"过"，会发现越来越快，单词背得越来越快，语感也越来越好，这就为后期打下了坚实的基础。

当然，如果你觉得可以把一本厚厚的单词书来回看好多遍的话，你就继续坚持自己的方法。但是我想提醒你，"过"完一本厚厚的单词书花费的时间会很多，而且只看单词不利于语感的形成。

关于阅读理解，要重点说一下参考书的问题。做完真题后我又做了张剑的《新编考研英语阅读理解150篇（提高冲刺）》，结果惨不忍睹。综合网友意见和自己的教训，我感觉阅读理解的模拟题真是没必要做，比真题难太多了，思路也不一样。后期本来还想找些模拟题做，但看网上大家都说模拟题基本都不行，还得做真题，于是又找了几套真题练了练。

关于完形填空，我主要也是做了历年真题，快考试时，好赖找了别的题做了做。关于翻译，我也只做了历年真题，没怎么练。

可以说，考研真题是最重要的复习资料。其他资料你甚至可以不用去看，但是1994—2017年的真题必须彻底搞懂。1994—2007年的真题你可以拿来当打基础使用。2008—2017年的真题是最有价值的，很适宜强化提高，必须实战演练，不要看完文章不做题直接翻答案。每一套真题都是特别珍贵的，没有充分做好准备，建议不要碰真题，否则每做一套就是白白浪费了一次练兵的机会。

至于作文，我是离考试大概还有3个星期时才找了新东方英语作文强化班的讲义背了几篇，找了找写作的感觉，简单写了几篇。我没有背模板，一是讨厌背，再者万一用不好还会起反作用。

希望以上所述能对大家有所启发。

（赵晓晓，会计学，总分416分，英语75分）

第九节　英语不NG

首先要说的是，我的英语复习方法只适用于英语期望分数在65～70分并且不想背单词的同学。

这个方法是我自己总结的，经过高考、四六级考试的证明，我发现它还是比较适合我的。

我实在是不爱看单词书，所以我连四级单词书都没背过，更别提新东方那本好厚的考研英语词汇了。在备考期间，我的英语学习只围绕两件事进行——阅读和写作。简单说下方法，供大家参考。

阅读的复习，我分以下几步走：

1.把近15年的英语真题的阅读部分用两个月的时间，通读了一遍，把不认识的单词查了查，并记到了书的上边和下边的空白处（不要记到文章里）。然后利用早读的时间，读文章，我也不记得读多少遍了，反正有些都快背下来了。

2.在第一遍的基础上，再从头开始做题。每道题目的A、B、C、D四个选项都要知道出自文章的哪一段、哪一句，以及为什么不选、为什么不对。大家可以打印一下网上的一篇新东方学员考90多分的个人的经验文章，对照着他的方法做题。可能开始不习惯，但是习惯了之后正确率就会很高。这一遍，大家每天早上要做的还是读文章。一遍一遍的读，读得多了语感也会好很多。所谓语感好，在我看来，就是蒙题的时候，十有八九能蒙对罢了。

3.第三遍，可以自己把每一句话都翻译下来，对照真题解析看看，哪里翻译得不好，修正一下，这样，不仅练习了阅读，加深了对文章的理解，更练习了翻译，一举两得。这一遍你要了解题目的考点是考细节、概念，还是考观点、推理。自己总结出做各种类型题目的方法，去习惯每看一道题，先在脑海中反应出题目的类型，马上想出做题方法，像做数学题一样，这是提高阅读成绩最重要的一步。

4.至于第四遍、第五遍，大家就根据需要强化下自己能力不足的部分，比如我在做科技类文章的阅读题时正确率比较低，所以我就会经常找一些科技类的题目进行单独研究。

关于写作的部分，没有别的办法就是背和写。小作文靠背，大作文靠写。但是大作文的写也是要建立在背的基础上。

小作文自己看下大纲中要求哪些应用文体，找出模版，然后背诵熟练，考试就没有问题了。

大作文，我把近15年真题上的作文全部背了一遍，熟练程度达到了你从15篇文章里随便说一句，我就能背出全文的程度。自己也经常分析一下，为什么这是范文，它好在哪里。分析得多了，背得多了，写的时候自然也就会向范文靠拢。

至于大作文要不要总结模板，我觉得应该自己总结，不要用辅导班给的或者是网上下载的。自己总结出独特的"模板"是很有益的，切不要和别人千篇一律。模板痕迹不要太严重，类似"这个问题是我们社会上普遍存在的一个问题，所有人都十分关注，并经常引起广泛的讨论"这种话，一看就是废话，虽然一句话占两行，句式变化多，词汇语法也"高级"，但老师一看你后边出现的低级写作错误就知道这句话根本不是你写的，这样反而不好。自己准备的模板一定要用心思考，多分分类，那种辅导班里说的一个模板就能应对所有题目，你信吗？

我之所以背了好多范文，就是怕万一考的题目不适合我的模板，我也能有的发挥。事实证明，这样的确比较保险。你背得多了，写的时候脑子里的句子也会比较多，句型变化也比较多，分数也会高一点。

其实做到了这些，英语中除了完形填空，就都准备得差不多了。如果期望分数不是

80分的话，应该没什么问题。

(周洁，会计学)

第五篇

专业课之学硕

第十六章 主编解读

第一节 最新考情分析

东财学术型硕士的考研专业课为东财自主命题，其中哲学、法学、外语、社会学、行政管理、教育经济、社会保障等为2门专业课，每门150分。经济类、统计学、管理类、管理科学与工程为按大类学科命题，专业课1门（数学（三）算另一门专业课），计150分。

需要提醒大家注意的是，从东财学硕的考研专业课历年真题来看，总体有以下几个显著特点：

1.跟同一档次的高校的考研科目对比，东财指定的专业课考试科目往往较少（比如经济学类专业不考政治经济学，管理学类专业只考管理学一门课等），而且考题难度不是很大（比如除了会计学等个别专业，几乎没考过有难度的计算题）。这也是很多想考研的同学最终决定报考东财的原因，因为这个特点使得东财成为一个性价比很高的选项（低投入高回报）。

2.东财的专业课考试以侧重于考查背诵记忆类的内容为主，这也决定了名词解释、简答、论述、案例分析等文科类考试最常见的题型成为东财专业课试卷中的绝对主角。一般来说，谁记得牢固、记得准确、记得全面，谁就能拿高分。当然，近年来东财的命题越来越注重知识的灵活运用，相当比例的题目都结合了时下的热点话题，这使得单纯的死记硬背不再是备考东财的首选。

3.东财专业课中的考试"重点"较为模糊，各专业的考题对于考试科目包含的知识点的考查十分全面，很多大家都认为不是重点的甚至是非常"偏"的冷门知识点，也会时不时地在真题中出现，有时甚至是分值很高的"大题"。每年都有大批抱着侥幸心理、盲目"押题"、没有面面俱到地复习的考生因此遗憾落榜。

4.东财专业课的判卷较为严格，"压分"的情况比较普遍，相比于很多高校专业课140分以上的动辄一大片，对于东财学硕的很多专业来说，专业课能考120分以上甚至

110分以上就算是高分了。从另外一个角度来看，同一位考生（报考专业要考数学）在数学（三）和东财专业课上下了同样的工夫，难度不可小觑的考研数学可以考140多分，但是专业课有可能就是过不了120分。这就造成了这样一种现象：很多报考东财的同学在考完专业课后自我感觉良好，觉得按照本科期间学校期末考试的标准考个一百三四十分没问题，实际分数公布以后却发现只有100分左右，直接有一种申请复查分数的冲动。其实这也是官方从招生的角度考虑采取的一种策略，通过压低专业课的分数，使报考东财的同学们的考研总分整体明显下降进而复试分数线下降，考研的后来者们都因为东财分数线的偏低而觉得东财很好考，于是纷纷踊跃报考东财。

5.东财专业课历年的考试内容较为稳定，题型也相对固定，有较强的规律可循。有的知识点甚至会意想不到地在历年真题当中反复出现，最典型的例子就是管理学的专业课考试。这也使得历年真题成为广大考生备考的头号"神器"。

6.每年东财各专业指定的考研参考教材往往是新出的版本，但是不再出现在招生简章中的旧版本包含但新版本删掉的内容仍然会在考试中出现。最典型的例子是经济学和管理学。自从经济学的参考教材换成高鸿业的《西方经济学》第五版后，每年还是会考第四版有而第五版没有的内容；而现在参考教材换成了第六版，仍然可能会考到第五版和第四版独有的内容。管理学的教材从卢昌崇的《管理学》第三版换成高良谋的《管理学》第四版后，还是会考到第三版独有的知识点。很多只看了新版本教材的同学因此在考试后怨声载道，但是却并无道理，因为东财的招生简章中早已经说得很明白了："参考书目仅供考生复习备考使用，不作为考试的唯一依据。"

说到参考教材，想起来两年多以前的一件趣事。2014年9月16日上午，东财研招办公布了2015年的招生简章（文件编号为20140916095100），其中本来对公共管理（二）指定的参考书目是陈振明的《公共管理学》（中国人民大学出版社2013年5月）。但是我发现买不到这一版本，于是赶紧通过有关渠道告诉了研招办。研招办在听取了反映后很快就上传了修改后的招生简章（文件编号为20140918101957），把参考书目改成了陈振明的《公共管理学原理》（中国人民大学出版社2003年第1版，2013年5月第15次印刷），而且没有对考生们做出任何关于"换教材了"的提醒。这也从一个侧面说明，很多考生也许还真是把参考书目的地位看得太过重要了。

第二节　学霸养成计划

要想能够高效地应对东财考研的专业课考试，我建议大家首先要了解上节中我所讲过的东财命题的特点，吸取相关的经验教训，比如对考试范围内的所有知识点都要无遗漏地全面"地毯式"复习，重视历年真题，对参考教材的旧版本也要找来看一下。然后，大家就要有针对性地确定合适的复习方法了。

针对东财专业课考试内容以大量的记忆类题目为主且考试重点不突出的特质，我们参考多位考研辅导老师和高分考生的经验，制订出了一份比较详细和科学的复习计划："五轮复习法"。这一方法对于东财专业课备考是很有帮助的，同学们可以借鉴。

第一轮　把指定书目大概通读一遍，熟悉其体系框架和主要内容。这一轮主要是7月份之前进行。在通览参考书的同时可以扩展一下知识面，这对于加深理解和逐步形成自己的观点十分有帮助。

第二轮　把书本上的东西转化成笔记，按照书本上的结构体系把知识点一一总结。这一轮从暑假开始。在总结笔记时可以同时做两件事：一是把往年的考题在笔记中标明；二是把扩展阅读中获得的相关知识也补充到对应章节中。这样总结出来的笔记不仅是书本内容的精华版，还是试题库和知识的延伸版，这个阶段的工作做扎实了，对于以后的复习会非常有利。

第三轮　把笔记概括成纲目，即每章用一个简明的网络描绘出来。这其实是整理笔记框架的过程，框架整理出来后对整体知识有了宏观把握，每看到一个标题就会立刻联想出一串内容。这轮花费的时间不多，但仍然要用心，要自己动手动脑，不能简单地把书目照搬。

第四轮　对照整理出来的框架回归笔记。前三轮复习其实是把书本从厚到薄的过程，而后两轮则相反，是要把简化了的东西重新充实起来，看着章节的目录背框架，把框架背过之后按照框架背笔记，要仔细回忆笔记中的每一个细节，最佳的效果是在脑海里有笔记每一页的模样。这是一个十分艰难但有效的方法，背过之后会有种"柳暗花明又一村"的感觉。五轮复习（虽然事实并非如此）最关键的阶段正在于此，这个阶段结束后你会觉得书上的知识基本上全知道了，因此也是信心最强的时候。

第五轮　带着脑海里已经背过的笔记回归书本。此时，脑海里已有书本上的大体内容，这时再看书本的感觉会和以往任何时候都不同，会发现以往从未发现的一些细节，同时一些看法和观点也会在这个时候冒出来，以这种状态去迎接考试自然胜券在握。这个阶段大约需要两周的时间。

东财的专业课复习，讲究一个持续性，一种坚持，反复看书，反复回忆，工夫越深，记忆越牢固，自然分数越高。很多东财专业课拿了高分的同学，都是把教材或总结出来的全书知识点反复看了5~8遍，达到了倒背如流、烂熟于心的地步。这个看似最笨最"粗暴"的办法，恰恰是应对东财专业课最有效的办法。

还想提醒大家一点，专业课考试的时候一定要合理分配答题的时间。比如很多专业课考卷的第一部分都是名词解释，分值跟后面的简答题、论述题、案例分析题相比低很多，但是很多同学因为缺乏经验，总是担心答的字数不够，所以每个名词解释都写了好多句话上去，写的答案的篇幅甚至比简答题都大。结果名词解释答完了，发现考试时间过去了一半，后面的大题因为时间不够了只能简单写两笔，结果丢了很多分。

这种本末倒置的做法一定要在考场上避免。大家可以在平时给自己专门来进行模拟考试，严格按照3个小时的考试时间进行，试卷采用往年的一套真题或者是模拟题都可

以，答题纸也尽量找真正考试时用的那种尺寸的。模拟演练的次数不用太多，只进行一两次也能积累到宝贵的经验。

最后说一下答题时的书写问题。因为专业课的答题纸全部是空白的，每道题占用多大的空间都是完全可以自己来掌握的，所以大家在考场上答卷时，可以在答题纸上写的每道题的答案之间留下适当的空白。这样不仅能让阅卷老师一目了然，更大的好处是如果你在答完某道题后继续做后面的题时，突然想起来这道题还有可以补充或者需要修改的地方，你可以在留好的空白处方便地书写。如果没有提前布置留白，真的就很难办了。特别是像名词解释这类题，很多同学把该写的概念都写出来了以后，还是总觉得写得不够，怕丢分，想多答几句又担心后面的大题没时间答了，于是患得患失，严重影响了答题效率。这个时候你把每道名词解释的后面都留点空白，就可以放心大胆地去答后面的题了。如果所有题都答完了还有时间，就可以回过头来在空白处补充一些内容；如果时间不够了，名词解释的答案就这么放着不再添加内容了也并无大碍。同理，其他所有类型的题目也都可以采取这种策略，以备不时之需。反正多留空白答题纸的页数也足够用的，即使不够用了也可以向监考老师额外申领。

此外，东财的专业课考题基本都是需要考生长篇大论写上一大段文字的，答案书写的视觉效果就成了一个比较重要的细节。考试时，大家可以考虑使用蓝色中性笔，据说蓝色会给阅卷老师更清爽舒畅的体验。考研专业课的答题纸全部都是空白的，没有横线，再加上答题区域空间太大，根据我个人的经验，从左到右写上长长的一行文字很容易写偏。因此，大家可以准备较长的直尺、细铅笔和橡皮，在答题纸上轻轻地划上直线，然后书写答案，待字迹风干后，再用橡皮擦去直线（时间来不及了不擦也行），这样答案就会显得非常整齐。当然，不建议写字速度慢的同学使用这个方法，毕竟要花费一些时间，但至少要保证字迹足够工整。

下面是我们编写的东财学硕各专业课的复习方法与经验，涵盖了东财绝大部分专业的专业课考试科目。限于篇幅，其他招生人数很少的专业的专业课复习指导我们会在随书的增值服务中免费提供，请大家留意下载。

第十七章

经济学类

第一节　东财经济学最新考情变化详解

一、复习关键

1. 课本（看 5 遍左右）。

2. 总结。在理解的基础上总结，在总结中加强记忆。

3. 试卷要表达的实质是态度和思维，不是文字。

二、个人考研经历

本人本科院校是河南大学的独立学院，受益于河南大学老师和学长等"前辈"的精心指导与精神鼓舞，决心考研，选择东北财经大学也是经过深思熟虑的（东财应用经济学全国学科评估 2008 年第七，2012 年第十）。我最终在数学 88 分（十分不理想）、专业课 119 分（此成绩算是高分）的情况下进入了这个理想院校。讲这一点是希望大家学习的过程中一定不能忽视专业课，同样的 150 分值得你去花更多的时间和精力去学习。在专业课的学习上，我是从 9 月份才开始的，这个时间是很晚的了，但是本人对西方经济学总结花的时间比较多，理解得还可以，最后考的分数还不算低。

三、最新考情变化

要提醒大家注意的是，根据最新的东财招生简章，在经济类专业中的数量经济学考的是经济学及概率论与数理统计（经济学 100 分 + 概率论与数理统计 50 分），指定教材：高鸿业第六版《西方经济学》（微观部分、宏观部分），茆诗松、程依明、濮晓龙第二版《概率论与数理统计教程》。其他经济类专业考的仍然是经济学，指定教材：高鸿业第六版《西方经济学》（微观部分、宏观部分）。

从近几年经济学考题来看，还是有一定难度的，高鸿业版教材中未详细讲解的重要知识点也进行了详细考查，比如卢卡斯总供给曲线的推导、内生增长模型等知识，其中有几道计算题略有难度。

实际上，我们也能够看出，从 2011 年经济学题型出现变化以来，东财专业课考试

难度也在逐年增加，考查内容更加全面。从历年考试题目可以看出，专业课的考试范围不仅仅限于高鸿业第六版《西方经济学》（微观部分、宏观部分）的全部内容，特别是高鸿业第五版、第四版《西方经济学》包含但是第六版删去的内容也会考到，甚至对于曼昆或平狄克的《西方经济学》以及国际贸易、国际金融等学科的重点概念或内容都可能涉及。因此，对各位考生的复习安排来说，把握好指定教材是重中之重，时间充裕也要看看其他教材中的重点内容。尽管我备考时也学习了其他教材较为重要的概念，但是考试的时候还是有两个名词解释完全没有概念。总之，在学好课本的基础上也必须掌握重要经济学常识，这是需要平时积累的，毕竟学习其他经典西方经济学教材（包括曼昆、萨缪尔森、平狄克等人的）能够花费的时间是不多的，当然，本质上各种教材的重点内容相差不大，所以首要的任务还是把指定的教材多看几遍。

四、复习建议

第一阶段：建议从 7 月份开始，首先是看 3 遍课本，课后习题仅作为参考，不同的考生视自己的情况而定，可以浮动一个月左右，毕竟跨考的也不少。注意一定要以课本为基准。

9 月中旬或 10 月开始进入做题阶段，真题要做两遍，尤其是近三年考过的要熟记在心。把考过的题在课本上画出来，标明哪年考过。再看看其他名校考题，掌握出题方式。

第二阶段：10 月中旬或 11 月开始系统总结，对知识点进行对比总结、重点读背，主要包括：

微观：产品市场与要素市场对比总结；完全竞争与不完全竞争对比总结（三类）；寡头市场类型对比总结；市场失灵是重难点。

宏观：宏观经济三大模型：AE-NI 模型、IS-LM-BP 模型、AD-AS 模型，新古典、新古典综合、新凯恩斯供给曲线对比总结；需求曲线对比总结；各个劳动力市场对比总结；凯恩斯理论框架，IS-LM 曲线推导。

第三阶段：考前对宏微观系统框架整理总结，把握全书内容，翻看真题（包括其他名校经典真题），进行模拟测试，结合真题和课本发现本校命题规律，可适当猜题。

五、高鸿业教材第六版变动说明

很多同学都对教材第六版的变动之处很关注，所以最后为大家附上这一部分内容，供大家参考。

1.微观经济学部分。

（1）第五版第三、四、五章的标题分别更改为"消费者选择"、"生产函数"和"成本"，合并和调整了一些节。

（2）对第五版第四、五章的内容进行了调整。第四章的长期生产函数部分保留等产量曲线和规模报酬分析，"成本最小化"、"产量最大化"以及"扩展线的分析"内容进入第五章。在第五章，增加了利用扩展线，从成本最小化的角度来推导和理解生产总成本的内容；此外，增加了"干中学"的概念，要注意学习效应与规模经济的比较（类似于供给的变动与供给量的变动）。

（3）第六章增加了第八节"完全竞争市场的福利"，包括完全竞争市场的福利最大化，以及对价格管制和销售税的福利效应分析，注意"无谓损失"的概念，会分析各种政策干预下的无谓损失。此外，分别介绍了短期生产者剩余和长期生产者剩余（李嘉图租金）的概念。

（4）第十章"博弈论初步"中删除了"二人同时博弈的一般理论"和"混合策略博弈的一般模型"等较为复杂的内容，并增加了关于"纳什均衡稳定性"的论述。博弈论是近年考研热点，建议两版教材都掌握。

2.宏观经济学部分。

（1）对第五版的第十二章的内容做了一定的修改和补充：增加了"宏观经济学的基本理论框架"的内容；补充说明了微观经济政策和宏观经济政策的共同点和区别；增加了"关于失业和物价水平的衡量"一节；补充了国际、国内关于国民收入核算体系更新的内容。

（2）将第五版第十三章的内容进行了调整：主要是将原来的"关于消费函数的其他理论"整合到后面的"宏观经济学的微观基础"一章当中。

（3）将第五版的"宏观经济政策分析"和"宏观经济政策实践"这两章内容合并、整合成"宏观经济政策"一章，并放到"总需求-总供给模型"和"失业与通货膨胀"两章以后。"宏观经济政策"这一章保留了原来两章的主要内容，增加了泰勒规则的介绍（注意掌握泰勒规则的概念和公式），还增加了关于"总需求管理政策的争论"和关于"供给方面的政策"的相关内容，注意结合当前的供给侧改革掌握供给学派的思想和政策主张。

（4）对第五版第十八章"失业与通货膨胀"的部分内容进行了调整，如增加了牺牲率（通货膨胀与GDP的关系）和痛苦指数（掌握公式）的概念，还增加了菲利普斯曲线的推导（掌握推导过程和图示）等内容。

（5）将第五版第二十章"经济增长和经济周期理论"调整为现在的第十九章"经济增长"。

（6）将第五版第二十二章"宏观经济学在目前的争论和共识"调整为现在的第二十一章"新古典宏观经济学和新凯恩斯主义经济学"。

（丁胜，产业组织学）

第二节　　定好西经"小目标"

复习关键词（句）：

（1）课本（6遍左右）；

（2）理解着背诵；

（3）思维缜密，考虑周全，下笔如有神。

魂牵梦绕，每每想到当年考研那段经历都会为自己鼓掌，成为激励自己不断向前的动力。特别是经济学专业课，我考了 134 分，成为东财全校唯一分数超过 130 分的考生。当然还会慨叹哪来那么大的勇气和毅力坚持了整整 10 个月，从春天走到了另一个春天。

我是在河北一个很普通的二本上的大学，从大三开始就坚定了考研的信念，并且向往大连这座美丽的城市，向往东财这所能实现人生梦想的大学。所以，我在 3 月份刚开始考研的时候就立志要坚持到最后，每晚都会给自己写一张鼓励的小纸条，激励自己。每天生活是挺单调的，可是我会给自己定一些小目标，这些目标包括月目标、周目标、日目标，每次实现这一个个小目标的时候都会给自己一些奖励，比如可以多休息 10 分钟，多吃顿"硬菜"。我不是那种靠时间取胜的人，我一直坚信效率永远是最重要的，在整个考研过程中我学习时间最长也就每天 9 个小时，基本维持在每天 6~7 小时。虽然我每天花大量时间睡觉、吃饭、休息，可是我的效率是非常高的，我每天都能完成自己定的任务，可以说比一些每天学十几个小时的同学掌握的知识还多。其实最重要的是要坚持，每天都要学习，不要三天打鱼，两天晒网，脑子保持一个做题思考的惯性是很重要的。这就是成功的关键：每天都实现自己的目标并坚持下去。

还有一点我觉得重要的就是，一定要有一个积极的心态。前期基础阶段心态要放平稳，要在枯燥单调的生活中找到学习的小惊喜，让自己不至于坚持不下去。当后期做真题的时候，要正确认识自己的能力，模拟成绩好不要骄傲，不好也不要气馁，要永远对自己说"太好了"：模拟成绩好就说"这段时间复习得不错，太好了"。模拟成绩不好就说"哎呀，找到了这么多遗漏知识点，幸亏在考试前，太好了"。永远让自己以积极的心态度过每一天。到了后期冲刺的时候要更加有条不紊，心态放平稳些，无论周围人复习得多好、进度多快都不要理他们，自己有自己的计划，自己有自己的安排，要保持自己坚定的信念。在整个考研过程中要有不同的心态调整方法。

以上是我觉得对考研至关重要的两点。下面给大家具体说说东财经济学专业课的复习方法：

4—6 月，基础阶段，这个时期以课本为主，看 3 个月左右，尽量熟知课本各个章节主要讲的内容。这个阶段如果看不懂是正常的，可以结合辅导班的视频课程或者纸质版资料来帮助理解。自己顺便做做笔记，画画框架结构什么的。

7—8 月，强化阶段，这个阶段建议以背诵和做题为主，可以做真题。跟公共课不同，专业课可以提早看，越早看越能提前记忆更多的内容。也可以做一些其他学校的历年真题，做题的目的就是帮助查看自己对课本知识的理解程度，如果题不会做说明课本没有掌握透彻，这个时候就需要再去翻看课本。在这样的过程下，不断加强对课本的熟悉度，随着理解的加深，课本记忆只是随之而来的事情。我一向不强调死记硬背，西方经济学是一个整体，只要理解透了，知识点之间的联系掌握清楚了，整个课本会很容易在脑中根深蒂固。

9月—考前，以做考研学校的真题为主。认真研究历年真题并加以总结。总结的过程是十分重要的，包括框架结构、可能的出题方向、答题的要点等。当然不必像公共课那样每一套都掐点模拟，模拟会浪费大量的时间，其实可以花1个小时左右认真写写每道题的答题要点，这个过程也能很轻松检查出知识点的掌握情况。如果没有可写的，或者一点思路都没有，那么这道题就是知识点盲区，需要花大量时间去补习。当然在临考前建议掐点模拟一套，真真正正地练一套，这一套的目的已经不是查漏补缺了，而是检验对考试时间的安排情况是否合理，只有真正模拟一次，才能保证上考场的时候时间够用。

这是整个考研阶段对专业课的复习安排，当然每个人具体情况不同，学习计划也可能不同，但是只要能让你的时间安排得刚刚好，知识点能全部复习完就是好的学习计划。还有个建议是，如果经济条件允许，可以看一下东财经济学专业课的最新考研课程，对提高复习效率、突破重点难点、把握出题趋势都很有好处。

另外，给大家简单总结一下重点，每年可能会有些差异：

微观部分：产品市场与要素市场对比总结；完全竞争与不完全竞争对比总结（三类）；寡头市场类型对比总结；市场失灵章节是重难点。

宏观部分：理解宏观经济三大模型：AE-NI模型、IS-LM-BP模型、AD-AS模型；新古典、新古典综合、新凯恩斯供给曲线对比总结，需求曲线对比，各个劳动力市场对比总结；凯恩斯理论框架，IS-LM曲线推导。

西方经济学复习需要注意的问题：

（1）要学会自我总结，自己巧妙联系每一章之间的关系，一定要把握章与章之间的关系。

（2）要勤画图、勤记忆、勤描述。对书中所有图都能自己画出来，所有重要概念都要记忆，所有说明性文字都要会用原话描述。

（3）要学会联系实际。现实生活中所有的经济现象其实都可以用经济学语言进行描述，只是受到知识能力的限制不能全部作出解释，但也要培养这种分析的能力，有时候发现现实经济与所学西方经济学的联系会让你兴趣大增，而兴趣是记忆最好的老师。

（4）要养成没事翻书的习惯。学习累的时候、不想学的时候、闲散时间多的时候等，你都可以翻翻课本，不用刻意翻到哪一章节，只是随便翻就行，如果翻到的那一章节正好是你掌握得不好的章节，那就做个标记，以后抽时间着重看。

（5）要学会在自己脑中形成课本框架，即手上没有课本的时候能够想起每一章的主要内容，如果你想不起来，说明你没记住，那么就得想办法去掌握了。

最重要的一点是：把课本彻底装进你的脑子里！

（李鹏燕，保险学，总分401分，专业排名第2，专业课134分）

第三节　独家心得，让你一秒变学神

一、关于辅导书

首先，请大家记住一句话，非常重要，那就是教材的每一章都是重点，每一节都是重点，不能忽略书上的每个知识点。配套辅导书，我当时只用了金圣才的笔记，微观和宏观两本。其实辅导书不在多，认认真真看了就一定有收获。金圣才的笔记是先把每章的重点内容进行梳理，然后列出本章中曾经出过的考研真题，当然这些真题是所有大学的，比如说其中会有北大经济研究中心的考研题，对于没听说过的知识点和很难的题，我的建议是，直接跳过就行了。

二、课后习题的重要性

回顾专业课的复习过程，其实辅导书对我的作用不大，在做完笔记之后，我开始做课后的习题，当时买金圣才的笔记也是因为上面有课后题的答案。下面来说说课后题的重要性，翻翻东财历年的考研真题，会发现竟然考过很多课后的原题或者相似题，并且课后的习题都很经典，也有助于理解所学的内容。

三、考试答题

答题的方法：如果有图一定要先把图画上，然后把图解释一下，再说说它在实际中的应用或者影响其变动的因素等等。总之，与题目相关的、能想起来的都写上。

关于答题时间的分配：卷子发下来，迅速浏览完题目之后，就开始拼命写吧。我没仔细计算过时间，因为即便计算好了时间，没写完还是没写完，无形中成压力了。

答题要答多少页：我觉着这个没有硬性的规定，把所考的知识点都写全面了，图画好分析好，就行了。之前看有的同学说发的是三大张纸，一共是11页，他们建议最好是11页全写满，至少也要写9页。我不知道是不是因为每个省不一样，我是四川的考生，当时我们的答题纸是两大张，除去卷头一共7页。可以加纸，可是我没加，所以最后只写了7页。

字数分配：看分给版面。考试前就想好了关于版面的分配，这样做到心里有底。可以说我是带着写11页的勇气上了考场，卷子发下来看到只有7页，当时不知道能加纸，监考老师也没提醒，所以只能迅速地在脑子里重新分配了版面——10个名词解释写了2页，每页5个。剩下的大题写得很"挤"，就是胡乱安排的了，会的就多写些，不太会的就写得比较少，但每道题都在半页纸以上。

我的建议就是，不管发了几张答题纸，在包含知识点的基础上尽量写满，没错的。

四、专业课的难度

东财的专业课相对是比较简单的，因为所有的题目都是紧贴书本的，答案都能在书中找到，所以好好看书就没问题。有很多其他学校的专业课自我发挥的内容成分都比较大，个人觉得东财不是这样，题目看起来出得活，实际上找到了知识点，直接拿书上的内容写上再适当加上自己的理解（有时甚至不用）就能拿到全部的分。另外，东财很少考计算题，如果考也是很简单的，注意到课后的计算题就没问题了。

五、个人的复习策略（仅供参考）

个人很强调笔记的重要性。笔记是把书按照你自己的思维精简了一遍，而且整理笔记的时候整本书的角角落落也自然被你"光顾"过，在仔仔细细写过一遍笔记后，它相当于以你自己的思维方式对书本的全面把握，梳理框架也就显得得心应手了。我当时做了整整四本的笔记，笔记做得很详细，做完笔记之后就基本没翻过书了。没必要去死记硬背，一遍一遍"过"笔记就可以了，后期把笔记看了七八遍后，基本所有的东西都理解了，不知不觉中就全背下来了。

先把课本翻一遍，我的习惯是边看书边做笔记，这样虽然看得慢了点，但基本上能让你把每个知识点都涉及。东财专业课考试的特点就是全本书都是重点，而且考了这么多年，众所周知的重点都考得差不多了，虽然偶尔也会重复考以前考过的内容，但毕竟还是占少数，所以看书仔细才是王道。

我本科是学国贸的，学过宏微观经济学，但都是大一时学的，基本都已经"还"给老师了。从8月份开始，我当时差不多用两个月的时间，把宏微观的笔记全部做了一遍。每天下午从两点开始，到五点半去吃饭，先微观后宏观。刚开始做笔记可能会不太上手，速度会比较慢，写几章就开发出自己独特的做笔记方法了，如鱼得水的境界就来了。

做完笔记后，我开始做课后的习题。大概用半个月的时间，把习题做了一遍，心里就比较有底了。然后开始做真题，做真题的目的在于补充知识点，也让你对东财的题目有个了解。没记住的，没懂的，都再好好记一遍。

做完这些工作后，就是11月了，心里可能还是没底，别慌就行了，剩下的两个月就开始看笔记，看上个七八遍。一开始可能会比较慢，我记得到后来基本上两天就能"过"完一遍，因为知识在脑子里都已经成系统了。

在这里跟大家分享我的几点心得：

（1）把前后的知识拉成线很重要，这是复习很重要的一个方法。

（2）一个好的计划不可缺少。给自己安排好，比如复习的时候，我的方法是，想要一个月复习完微观，那么一天要复习多少，复习几节，把这些计划用笔标注在课本的目录上，严格去完成。有安排就不至于慌乱。

（3）图很重要，一定要不厌其烦地画图，边画边理解。这个很重要，不仅有助于理解，而且因为答题的时候图文并茂会有加分。

最后，祝大家都能实现自己的梦想！

（张悦，产业组织学，总分387分，专业排名第3，专业课122分）

第四节	做个安静的经济学人

一、经济学高分规划

首先自我介绍下，我报考的是投资经济，初试407分，专业课140分，就给大家说说我的专业课复习方法吧，不可能适合每个人，毕竟每个人都有自己的学习方法，这里只是个人的方法，大家可以"取其精华，去其糟粕"。

本科我学的是金融，当时微观、宏观经济学学得比较好，所以我从7月放暑假开始复习。先看微观，再看宏观。

第一遍的时候先把两本书通读一遍，在有疑问的地方不要太纠结，做个标记就好，一个半月到2个月基本可以看完一遍。

第二遍可以看一章然后做课后习题，不要以为课后习题太简单了，其实课后习题是检测你对基础知识到底掌握了多少，课后的简答题包含了这章的一些基本问题，计算题也是很基础的，不难但确实具有代表性。这一遍估计要一个半月到2个月。

第三遍开始复习，快的大概10月，慢一点的11月。这遍我开始自己整理笔记了，可能由于我是文科生，我喜欢将书上的内容精简，自己做笔记，经济学我做了3个小本子的笔记。自己对每章的重要问题进行总结会加深印象。这一遍不能局限于课本的课后习题，我用的是尹伯成的绿皮书，我承认这本书可能有些简答或者论述题目比较"老"了，但是其中一部分题目还是相当不错的。经济学换了题型，虽然选择题换成了名词解释，但是名词解释其实也是概念性的问题，所以看一些辅导资料对一些对比性问题的理解还是有帮助的。尹伯成书上的题有一些超出了高鸿业那两本书的范围，可以跳过，太难的也可以不看，看辅导书主要是看一下人家的答题思路，知道面对一道简答题或者论述题应该怎样理清自己的思路，让老师一眼就看出来你想表达哪些方面，运用哪些模型。这一遍我用了快2个月的时间。

PS：我弄完这一遍已经到12月中旬了，觉得时间有点紧，所以建议把总结的工作提前，比如第二遍看书的时候就可以整理笔记了，到了12月可能心里会比较着急。

到了12月中旬我基本不再看新题，反复看书，你会有一种感觉，书越看越薄，越看越快。比如原先你可能要一个月才能看完一遍，后来你会发现可能半个月就可以结束一遍了，再后来一个星期，最后三四天就能把一本书翻完。这种工作可以一直保持到考试那天，不停地看书，不放过每个可能考到的知识点。

这就是我复习专业课的方法，再说一些考试答题上的技巧和备考的小方法吧。

1.个人觉得宏观的难点在后面（好像是废话），尤其那些流派的思想，当时我被折磨得不轻，不过这些最好整明白，那些模型推导的过程自己要会，不要只记住式子。

2.关于图形：微观、宏观有很多的图形，我建议最后用A4的白纸把每个图都画一遍，旁边可以简单写点说明，最后做到看到图形就能把相关的内容至少说个90%

以上。

考试的时间安排很重要，名词解释一个200字左右，大概5分钟一个，一个小时内必须写完。简答一题10分钟，一个小时内完成。论述或者案例分析一题20分钟。答题前一定要想好思路，毕竟写了再划掉卷面不是太整洁，时间也被浪费了。而且一定要标明1、2、3、4，每道题老师的阅卷时间有限，一定要亮明观点。

（刘玉青，投资经济，总分407分，专业课140分）

二、你不是一个人在战斗

1.指定参考书

指定参考书是高鸿业的两本宏微观，鉴于东财近几年的考题都是很全面的，甚至可以说有点偏，基本没什么重点可言，要想考高分，两本书全要读透，千万不要抱有侥幸心理。举例来说，每章后面的结束语也要看看，有助于知识点的理解，对于解答试题也是有指导意义的。课后习题就更不用说了，是最基础的了。读透的最终目的是在头脑中形成宏观、微观的知识体系，各个章节的连接点，以及宏微观交叉的知识点等，有种"打通任督二脉"的感觉就"OK"了。

如果非要让我说重点的话，一定非宏观的经济增长和经济周期莫属了，近5年都考大题。这章较难理解，我大概看了不下10遍，不仅能文字描述，还要会画图。如果实在不能理解，那就死记硬背吧。总之，一定要拿下这章！还有微观的生产论与成本论的关系是解决计算题的基础，近几年的计算题都涉及它。

2.关于额外的辅导书

我用的是金圣才的《高鸿业〈西方经济学（微观部分）〉笔记和习题详解》《高鸿业〈西方经济学（宏观部分）〉笔记和习题详解》，里面有课后习题答案和好多重点院校的真题，答案太详尽了，没必要背下来，弄清解题思路及原理就行。还有人用尹伯成的《现代西方经济学习题指南》，其实用一套就行，就是个辅助作用，太多辅导书反而浪费精力（跨考教育也出了辅导书，个人认为对于东财经济学不太实用，题也较少）。

3.关于专业课复习时间以及次数问题

对于本科专业是经济学的学生可以晚些看专业课，但对于我这种跨专业的学生，一定要提早看，暑假就着手。理解是个过程，"书读百遍，其义自现"，第一、二遍可能比较慢，以后速度会越来越快的，千万不要因为遗忘而气馁，每个人都是这样，沉住气，最多到第四遍时就大多都能记得了。宏观我大概看了七遍，微观五遍，宏观较难些。

4.冲刺阶段的复习

其实到复习后期，专业课就要拣自己的薄弱环节和考试重点来复习，并结合真题（尤其是2010年之后的），这样效率更高。离考试还有一个月或半个月的时间，就应该开始背各种名词解释（如通货膨胀螺旋、败德行为、挤出效应等），不光是背，而且一定要默写出来，写出来的效果更好，不仅仅是为答名词解释做准备，更重要的是为简答题、论述题（案例分析题）提供语料。最后一个星期可以拿出近4年其中一套真题计时

做模拟训练。

5.答题技巧

最需要强调的是画图问题，只要涉及曲线或者自己熟悉的图都要画出来，画一个图比说10句话更直接，让老师一看就知道你对知识点掌握得很好，无论是名词解释还是大题，答题时能画图就一定要画。回答问题时一定要趋利避害，不会的或者模糊的知识点不要瞎写，答题时要有条理，给老师留下思路清晰的印象。做题的大概时间是名词解释5分钟/题，简答题12分钟/题，论述题或者案例分析题20分钟/题。千万不要在名词解释上浪费太多时间，写一小段要点就行，重头戏是后面的大题。最后强调一下书写，不要求字多漂亮，但一定要清晰，字写大些，行距也大些，方便老师判卷，老师也会在分数上"方便"你的。

立志考东财的你们并不孤单，路上有家人、朋友的支持，还有各地"战友"们的陪伴，真心希望我的心得体会能够对你们的复习有所帮助。借思思老师的一句话送给每位考研人："今天的挥汗如雨是为了明天的挥金如土。"貌似有点拜金主义，却是最直接、最有效的动力。最后祝每位挥洒过汗水的考生都能梦想成真，考上东财！

（陈晨，金融学，专业课126分）

第五节 你若盛开，蝴蝶自来——经济学指南

我是东财金融工程的研究生，初试取得了总分414分（政治72分，英语71分，数学143分，专业课128分）的成绩。下面跟大家谈谈经济学的复习。

一、时间规划

1.基础阶段（7—8月）

本阶段的主要任务是"吃"透课本内容，对课本上涉及的各类知识点进行地毯式复习，掌握一些基本概念和基本模型。无论是跨专业还是本专业的考生，都要认真对待这个阶段，温习东财指定书目（高鸿业宏微观第六版以及第五版、第四版），为下一个阶段的复习做好准备。

2.强化阶段（9—11月）

本阶段，考生要配合教辅对课本进行深入复习，加强知识点的前后联系，各个击破重难点和课后题。尝试自己建立整体框架结构，分清重难点，强烈建议进行笔记整理和难点标注。

3.冲刺阶段（12月到考前）

总结所有重点知识点，包括重点概念、理论和模型等，查漏补缺，回归教材。在做历年真题的过程中，弄清考试形式、题型设置和难易程度等内容。反复加强专业课笔记的复习，但不要脱离课本。如果最后还有时间，可以做两三套专业课模拟试题练手。调整心态，保持状态，积极轻松应考。

二、学习方法建议

1. 教辅的使用方法

教辅是课本之外辅助你深入理解课本知识的工具，要放在强化阶段。基础阶段最好不要使用参考书，基础阶段完全以课本为主，到冲刺阶段必须再回归到课本上。总之，要以课本为主，教辅为辅。推荐金圣才配套教辅（红皮）。

2. 学习方法（推荐使用）

（1）目录法：先通读目录，对知识有初步了解，了解书的内在逻辑结构，然后去深入研读书的内容，两者相结合进行仔细研读，强化对知识的理解与记忆。

（2）体系法：为自己所学的知识建立起框架，否则知识内容繁杂，容易遗忘，最好在闭上眼睛的时候，眼前能够出现完整的知识体系。

（3）问题法：将自己所学的知识总结成问题写出来，每章的主标题和副标题都是很好的出题素材，尽可能把所有的知识要点都整理成问题。

3. 如何做笔记

（1）做笔记的任务要留在强化阶段，对照课本和教辅的重点内容开始做笔记。在刚开始做笔记的时候可能会影响看书的速度，但是不要着急，其实做笔记的同时你也在记忆，而且这样可以强化你的记忆，有助于你更好地理解。慢慢的，你会发现笔记对于整理思路和理解课本的内容都很有好处。

（2）做笔记的方法：

①对于每一章，首先要构建一个总体的框架，对全部知识进行梳理（实在不会的话，可以选择抄一遍目录）。

②在此基础上，不是简单地把书上的内容抄到笔记本上，你可以看着课本的内容多问自己几个问题。如怎么来的、为什么、结论是什么、怎么应用。

③把相关的内容放到一起，但是不要十分复杂和详细，能把问题说清楚、自己能看懂就行，要有条有理、有章可循，主要目的是便于自己复习记忆。

④每个课本出现的知识点都要做笔记，因为东财的专业课涉及面很广。

⑤有些内容，需要理解记忆；有些内容，背下来即可。

4. 真题的使用方法

（1）真题的使用，我建议放到冲刺阶段。认真研析历年试题，做好总结，把握规律，这对于考生明确复习方向、确定复习范围和重点、做好应试准备都具有十分重要的作用。

（2）做真题没必要每个字都写，如果时间很紧，我推荐可以把真题涉及的知识点用红笔画在自己的笔记上。全部画满之后，会发现有一些是高频考点，需要引起关注。

（3）在冲刺阶段根据真题涉及的知识点对所有知识点进行筛选，分出一、二、三等，一等需要理解，二等需要记忆，三等能写上几句话就行。这样做有一定的风险，但是对于想拿120分左右的同学来说最合适不过了，可以节省大量时间并且重难点分明。

5.模拟考试

（1）考前可以拿近两年真题来模拟一下，主要是学会处理如何分配时间的问题。

（2）时间分配：每年的题型都有可能有所不同，不过大家可以掌握一个简单的原则，就是题目所占分数和所耗时间应该差不多有个正比的关系（名词解释应多给点时间）。在拿到试卷的时候，可以先拿出5分钟来合理分配一下每个题目的时间，做到心中有数，心态也能更平稳一些。

（于一飞，金融工程，总分414分，专业课128分）

第六节　数量经济学复习指南

本人是2015级东北财经大学数量经济学（简称数经）专业硕士研究生，在此有一些心得与大家分享，希望能够帮助正在考研道路上奔跑的你，使你更加明确要努力的方向。

东财数经专业课考试试卷结构从2015年起进行了一个很大的调整：由原来150分的西方经济学转变为100分的西方经济学加50分的概率论与数理统计。概率论与数理统计本是复试科目，忽然调整到初试部分，从而稍微加大了初试的难度。

由于专业课结构有所调整，因此相应的复习策略也应随之而变。考生在备考过程中不能只抓西方经济学的复习，概率论与数理统计这一模块同样重要。

个人觉得经济学知识重在理解。许多考生连最基本的名词定义都没有理解透彻，甚至完全不理解就直奔题海，这么做肯定是徒劳的。学习西方经济学的关键是要先弄明白、搞清楚经济学的思想，书中所包含的各种概念以及原理。在考场上，考生即使想不起来具体的推导步骤，也可以用文字把解题时涉及的思想原理描述出来并且分析清楚，这样也是可以得到不少分数的。任何事物的思想就相当于它的灵魂，抓住了灵魂，就不怕在解决问题的时候南辕北辙了。因此，我建议跨专业的考生在备考初期可以选择一本比较浅显易懂的辅导教材来看，或是阅读一些通俗易懂的专业期刊。推荐给大家两本不错的辅导资料：《大学教材全解：西方经济学》（梁纪尧、刘梅主编，延边大学出版社）、《西方经济学全程辅导及习题精解》（汲欣欣主编，中国水利水电出版社）。当然，一些比较经典的入门经济学教材如曼昆的《经济学原理》、萨缪尔森的《经济学》等，大家也可以参考。但由于备考时间很紧张，很多考生不可能对这些初级教材进行很详细的解读。依我个人的经验，大家在备考西方经济学时，手里一定要有除了指定教材之外的辅导书，只看课本是万万不行的。辅导书是对教材的解读，要求全面详细。当大家在看指定教材遇到比较抽象难懂之处时，可以翻阅辅导教材或者类似的书目，这样大家在备考时遇到难题不至于手足无措。

西方经济学中涉及很多模型，特别是宏观中模型更多。我个人认为对于这些模型并不是所有的细节都要牢牢记住，但是如前所述，模型的思想、涉及的基本公式及公式推导过程、模型框架一定要弄明白并且深刻记忆。这就好比数学中所学的三角函数，只要弄明白了三角函数的定义以及推导原理，那么任何三角函数之间的转换与展开不需要死记硬背就能够掌握了。另外，一些常见的经济函数与图像也要掌握，要达到可以看懂并且可以画出这些函数图像，如消费函数与消费曲线、恩格尔曲线、菲利普斯曲线。在考场作答时，假如遇到不会做的题目，但是知道题目中涉及的经济函数及其图像，那么写出函数，画出图像，依照图像来分析问题也可得分。

至于概率论与数理统计部分，虽然只有50分，但是其难度比西方经济学要大。东财从2015年开始把这部分安排在初试，也是为了在选拔学生的时候多一点专业性质的题目。虽然这部分难度比西方经济学稍有提高，但只要大家掌握住要领，把握住重点，拿高分还是不难的。在这里要提醒的是：数学专业跨考数经的同学万不可轻敌，不要觉得自己是数学专业本科生就可以万事大吉了。我一个"战友"本科就是数学与应用数学专业，因此对概率论与数理统计这一部分就没多上心，结果到了考场就完全傻眼了。最后，据她估计50分最多也就拿到了20分。因此，无论是否是数学专业的学生，概率论与数理统计这部分，大家一定要认真对待。

经济管理类研究生考试考数学（三），其中也包括概率论与数理统计内容。但专业课考试中概率论与数理统计不会考数学（三）那样程度的考题，可以说二者完全是两码事。数经专业课考试中，概率论与数理统计部分偏重于"统计"而不是"概率"，因此考生有必要在备考时多注重巩固自己的统计学知识。在此给大家几个关键词：重期望公式、契比科夫公式、假设检验、F统计量、三大抽样分布、中心极限定理、线性回归。特别需要注意的是：这部分测试题目的类型几乎都为证明题。因此，大家在备考时要掌握好课本中重要定理或推论的证明过程。

下面给大家列一下2015年概率论与数理统计部分的考题、知识点：

1.A与B独立，$C \subset A$，$D \subset B$，则C与D独立吗？给出证明过程或举出反例。

2.考试成绩X服从正态分布$X \sim N(\mu, \sigma^2)$，求在比平均分高的条件下的分布函数与概率密度。

3.中心极限定理（CLT）的相关证明。

4.置信区间的构造方法与步骤。

5.一元线性回归模型$Y_i = \beta_1 + \beta_2 + \mu_i$，其中$\mu_i \sim N(0, \sigma^2)$。

（1）μ_i为什么服从正态分布？

（2）求β_1，β_2的极大似然分布。

再来说说教材。招生简章上指定的参考教材是茆诗松、程依明、濮晓龙的《概率论与数理统计教程》（第二版），这本书中包含许多定理的证明以及公式的推导，大家可以好好看看。对于非数学专业的考生，或许复习这部分内容稍显吃力，我个人推荐给大家的参考书是古扎拉蒂的《计量经济学精要》（中文版）以及《计量经济学基础》（第五版），希望可以帮助大家更好地理解这部分内容。初试参考这两本书的时候并不是全

看，而是看一元线性回归部分。

有了复习应对策略，但是备考时间很紧张，特别是应届考生，白天还有课要上，那么该如何合理安排好时间呢？下面就我个人的备考经验与大家分享一下。

首先，基础复习阶段。这段时间一般是2月份到6月份。可以看出，这个阶段时间较长，这是因为基础复习很重要，根基不牢，后患无穷。在这一阶段，针对专业课考生需要做的就是：每天都安排合理的时间用来复习，一般可以安排2~3小时。基础复习要求考生不能够走马观花，所谓"心急吃不了热豆腐"，因此这时候大家要"坐得住冷板凳"，静下心来仔仔细细、认认真真地复习每一个知识点。复习过程中，结合参考书，可以适当做一做课后习题来检测一下自己的掌握情况。这个阶段讲究的不是速度而是质量，当然速度也不能太慢，最低的要求是这阶段结束，专业课至少复习了一遍。复习过程中可以定期安排一些时间用来回顾，比如每周的周一到周六按时复习，周日就对之前复习过的章节进行回顾。这样不仅可以反复记忆，还可以加深理解。

其次，强化提高阶段。这段时间一般是7月份到9月份。这一阶段是记忆知识、提升学习效果的阶段。每年的9月份左右是招生单位下发招生简章的时期，因此考生这时候要经常关注所报考院校的最新招生信息。这一阶段的复习不能够像基础阶段那样全方位、无死角地进行了，而要突出重点，构建知识框架。第二遍复习，是对第一遍复习效果的验收和提升。这个时期要关注的信息比较多，考生容易出现厌烦心理。因此，考生在这个时期不可轻心大意，而是要沉下自己的心，按照自己的计划坚持走下去。

再次，突破阶段。这段时间一般是10月份到11月份，是进行第三遍复习、大面积撒网、查漏补缺的阶段，也是运用真题模拟以便掌握解题技巧的阶段。个人认为，真题是考生进行模拟的最好题目，因此，考生要认真对待真题。建议考生在做完一套真题后认真分析一下，找到自己的薄弱点，然后有针对性地加强训练。真题的年限不宜太靠前，因为越向前越没有参考价值，建议大家搜集到近十年的即可。

最后，冲刺阶段。一般这段时间是考前一个月。建议大家抽出专门的时间进行模拟考试，模拟时间要和正规考试时间一致，这样才能营造考场的氛围，达到模拟的目的。学习能力比较强的考生可以翻看一下平时做的笔记，回忆知识点，由点及线，由线到面，回归教材。这一阶段考生的情绪波动一般都会比较大，建议大家在这一阶段不要太紧张，可以适当地做一些户外运动进行放松，加强营养，调整作息时间，这样才能以最好的状态迎接未来"真枪实弹"的战斗！

行文至此，顺便提一下公共课的复习。关于公共课，都说"得数学者得天下"，千真万确。数学（三）的复习要一直不间断，8月之前每天要有3个小时的时间用来复习数学；8—9月，每天要有不少于5个小时来复习它，8月底数学至少复习完一遍；10月中旬至少两遍，11月中旬至少三遍。英语是要靠日积月累的，因此每天都要抽出时间来复习它，切记不可间断，否则前功尽弃。到后期政治会占用大部分时间，因此数学与英语的复习就需要在前期打好基础，中期加强训练，后期尽管每天缩减了复习时间，但

还是要每天都练习。关于政治，并不需要花费太多时间，主要是靠最后一个月的背诵，强烈推荐大家看肖秀荣的《命题人终极预测4套卷》，考场上你会有惊喜的。

总之，考研是一场没有硝烟的战争，只要坚持下来，并且真的去努力了，相信自己，回报一定会有的！整个备考的过程中，心态是最重要的。调整好心态，剩下的就是时间与汗水的问题了。耐得住寂寞，才能守得住繁华。预祝各位金榜题名！

（王燕娇，数量经济学）

第七节　　财政学报考指南

本节开篇，特别需要向大家介绍的是，东财的财政学贵为国家重点学科，属于应用经济学大类，其在东财学硕招生中又具体分为三个方向：财政、税收、公共政策，而且三个方向在考研中各自分开招生（招生计划人数独立，分数线独立）。

为了让大家对东财的财政学专业有直观的认识，我想先请大家看看它的辉煌"履历"：2007年财政学（含税收学）被教育部确定为国家重点学科，税收教学团队2008年被评为国家级教学团队，"中国税收"课程同年被评为国家级精品课程；财政学专业和税务专业分别于2008年和2009年被教育部评为国家级特色专业，近5年来共承担国家社会科学基金、国家自然科学基金、教育部人文社会科学研究项目25项，其他省市级纵向课题100余项。公开出版学术专著26部，编著教材24部，在国内外有影响的学术刊物上发表论文500余篇……

那么，学生毕业后的去向怎么样呢？我可以告诉大家，大部分毕业生都去了政府机关、各类企事业单位，会计师事务所、税务师事务所等中介机构，高等院校和科研院所，前景一片光明。如果让我用更为通俗的语言来阐述，就是财政学具有很强的综合性，财政学的毕业生既可以应聘那些招经济学专业的"对口"职位，也完全可以和会计专业的毕业生一样胜任财务会计类的工作。再加上东财在该专业上的强大实力，毕业生们自然根本不用愁找不到好工作了。每年全国各地的国税局、地税局等单位招录公务员，东财的财政学毕业生们更是成了它们的首选。

看到这里，也许你会想了：既然东财的财政学这么好，招生简章上写的每年的招生人数又比较少，那么考研分数线一定很高吧？我要告诉大家的是，近几年东财财政学全部三个方向的初试分数线大多数时候都是国家线！你想到了吗？

这让我一直坚持一个观点：财政学是东财考研中性价比最高的专业，没有之一。可是其分数线为什么这么低呢？究其原因，主要是因为历届考生们选择报考专业时的盲目性：有意向报考东财经济学类专业的广大同学都对东财的财政学专业缺乏了解，特别是众多跨专业考经济学的同学，都不假思索地把目标定在了东财的金融、国际贸易等耳熟能详的"热门"专业上，甚至很多人都不知道应用经济学里有个叫"财政学"的专业。这让我不由地感叹，信息的有效获取在考研中是多么重要啊。知己知彼，方能百战不

殡。这也正是我想出版这本书的初衷。

那么，如果想报考东财的财政学，如何选择具体方向呢？其实从就业的角度来看，三个方向的差别真心不大，在很多场合都可以完全忽略掉，那我们也就只需从考试难度的角度来分析。所以，要回答这一问题，需要我们来看一下这三个方向的专业课最新指定的科目是什么。

2015年，东财的财政学税收方向的专业课改为考802经济学（经济学100分+中国税收50分），指定教材为《西方经济学》（微观部分、宏观部分）和马国强的《中国税收》。另外两个方向则沿袭往年传统，还是只考西方经济学。2016年以后，故事又回到了最初的起点：三个方向又都是只考西方经济学。而今后，也不排除税收方向再次"不走寻常路"。

我想提醒大家，财政学的三个方向不排除今后分数线会有超过国家线的可能，而且即使仍然是国家线，所在方向的专业排名仍然是奖学金评定、导师选择等的重要依据。因此，不能因为现在三者都是国家线，就在确定报考方向时不加思考地"任性"选择。财政、税收和公共政策三个方向，从各方面来看均没有明显不同，最大的区别也就是财政、税收隶属于财政税务学院，而公共政策隶属于经济与社会发展研究院。而从报考的视角来看，由于信息不对称，财政方向一直受到了更多考生的偏爱，潜在的竞争激烈程度也会略高一点（很多知道财政学这一专业的考生也只知道财政这么一个方向，而压根儿不知另外两个方向的存在；另有很多考生单纯从字面上看，认为财政方向在财政学专业中似乎是最"正统"的，因为直接就叫"财政"两个字，而财政税务学院这个教学单位的名字，听起来也似乎比经济与社会发展研究院这个"不明觉厉"的机构名称更加"正规"。在《金榜题名：东北财经大学考研黄宝书》里，我就做出了这个推断，而后来出炉的2016年复试线，财政方向是339分，其他两个方向是国家线，证明了我所言非虚）。

一旦今后某年税收方向的专业课考试再次采用经济学100分+中国税收50分的模式，则对于彼时考研的同学有如下建议：如果你是本科非经济学的跨专业考生，不建议报考税收方向，因为多考一科专业课会明显加重复习负担，考税收方向想"过线"肯定比另外两个方向要难，而且要跟本科就是财政学专业的考生"同场竞技"也容易处于下风，另外两个方向则是很好的选择。反之，如果你本科就是财政学专业，专业知识基础也不错的话，报考税收方向无疑会增加你的优势。

第十八章

会计学

　　我是东财会计学硕在读研究生，本科在山东一所二本学校就读，专业也是会计学，大一的时候我就觉得应该通过考研考出去，否则是心有不甘的。平时一直在关注各个学校的考研信息，也经常和考出去的学长学姐交流，最后考虑到自己的能力和学校是否有"歧视"，我决定报考东财的会计学硕。

　　就专业来讲，东财的会计在全国的排名应该在前三名，这也让我有了更大的动力。另外，2014年以前，推免生的比例也很低，这对广大考生来说绝对是福音。但是从2014年开始东财的推免生比例有了很大的提升，当然不会超过50%（教育部的规定）。我觉得大家应当放宽心，这种学硕招生人数的减少是所有学校的趋势，不是东财一个学校存在的现象。

　　就专业课考试科目和内容来讲，自2015年起东财会计学硕发生了重大变化，在2014年及之前几年，一直都是初试四门专业课——中级财务会计、审计、成本会计和管理会计，复试三门专业课——中级财务会计、高级财务会计、财务管理，2015年以后初试变更为两门专业课——中级财务会计和管理会计，复试科目变更为成本会计、审计和高级财务会计。初试专业课满分150分，2015年—2017年的试卷结构都是中级财务会计90分，管理会计60分，两科分开考，不混在一起。这种专业课安排应该还会持续几年，所以建议2018年、2019年的考生就按这种模式复习专业课。同时提醒大家注意，9月份应当去东北财经大学研究生院网站查一下招生简章，看看是不是有新变化。

　　我算是有经验的"前辈"了吧，尤其是进入东财学习后，自己也同时兼任考研辅导班的专业课辅导老师，而且通过和其他同学的交流，再加上对东财出题的教授们的逐渐深入地了解，可以说总结了经验和教训后，能够更好地指导大家如何准备专业课的复习。

　　我正式开始进入考研复习的时间是3月初，我认为，这是一个非常合适的时间，既

不会让战线拉得太长，又有充足的时间准备公共课的学习。我在暑假前就开始复习中财了，在开学前完成了中级财务会计第一遍的学习，开学后又进行了第二遍的复习（毕竟中级财务会计更重要），这个阶段我减少了公共课的学习时间。而管理会计我从10月中旬开始花了一个月的时间就很快看完了。我采取的方式是把管理会计所有的公式都记在笔记本上，一直到考试我就再也没打开过课本，每天都只背公式，这种学习方式导致我在考试的过程中发现大部分管理会计的问题我都还是能轻易应对的。这种只记公式的复习方法只适合时间不够时使用，希望大家还是要安排好自己的复习时间。复试科目中高级财务会计基本只考前四章的内容，复试整体难度不是很大，对于难度太大的，大家就不要钻牛角尖了。大家可以关注一下网上的复试题回顾，基本上每年变化不大。

针对将要报考东财会计学的你们，我提几点小小的建议。

一是安排好会计学专业课的复习时间。有中级财务会计和管理会计基础知识背景的同学在9月之前都可以先不复习专业课，将所有的精力放在英语和数学的学习上，打好基础后，在后期就可以把大量时间让给专业课和政治了。当然，没有基础的同学可以早点开始看专业课。推荐大家利用专门针对东财会计学考研的辅导班视频来学习，可以节省很多时间。书上很多东西自己看是看不懂的，而且容易理解错误，白费工夫不说，以后也很难纠正过来，利用教学视频可以理解得更快，掌握得更深入，对东财的考试重点也能准确把握。

二是要注重专业课的第一遍复习。第一遍复习一定要细致，每一点内容都不能放过，可以说第一遍复习是时间最充足的，所以要尽可能地多记忆东西，考东财会计的很多都是"二战"的考生，可以说是强劲的竞争对手，所以大家要注重自己的专业课学习，不能存在短板。

三是两门专业课时间的分配。中级财务会计考试分值占比高，内容也多，因此应该将大部分的精力放在中级财务会计的学习上，管理会计比较简单，可以说是得分项目，只需要记住公式，往题里边套公式就行，所以要注重公式记忆。

四是早点开始准备复试。东财现在这种初试两门、复试三门的安排，就是为了在复试中筛选出那些专业知识比较扎实的学生，复试中专业课笔试的比重是最高的，为55%，所以要注重复试专业课的学习，等出了成绩再复习的话显然时间很紧张，所以我建议大家应该在2月份甚至1月份就开始准备（东财一般在3月底组织复试），成本会计多注重计算，高财主要关注前四章的会计处理，审计要记的比较多，一定要把复试重视起来。

五是关于联系导师的问题。在复试成绩出来之前都不需要联系导师，东财是在开学一个月后才开始选导师，所以最好的联系方法就是在暑假给心仪的导师发邮件确认导师意向，有些会直接拒绝，有些会直接接受，有的会态度模糊不清，对于态度模糊不清的要等到开学后再发邮件确认，这时候一般会给直接的答案，不要"死"等一个不回信的导师。选导师的时候联系一下学长学姐，问一下导师的脾气秉性什么的，主要是要根据

自己是否想搞学术来选择导师，以后不想走学术道路的最好选择一个任务不是很多的导师。

考研过程必定是累并快乐着的，关键是无愧于心，三分天注定，七分靠打拼，愿大家梦想成真！

（陈园，会计学，总分402分，专业排名第3）

第二节　　对会计谜一般执着

相信大家都知道，东财的会计学专业在全国排名前列，所以说考东财的会计学专业研究生还是有一定难度的，但只要按照系统的方法去复习就会取得成功。

本人对会计有着谜一般的执着，曾在本科期间就开始准备注会考试，所以会计专业知识扎实，复习考研时并没有投入太多精力到专业课上，最终在2016年考研中专业课拿到了124分。我来东财读研后一直从事专业课辅导，因此对东财的出题规律有了更为深入的研究，相信我下面的文字会对大家有所帮助。

东财会计学硕初试专业课指定教材有两本，分别为《中级财务会计》和《管理会计》。从分值上看，专业课满分150分，中财占90分，管理会计占60分。跟管理会计相比，中财占的比重大也是相对来说比较难的，所以大家在复习的时候对中财要有足够的重视。参考资料包括教材和配套习题以及历年真题。

关于中财：

中财的复习主要围绕参考教材展开，习题册可作为检验巩固的工具来查漏补缺，建议复习的时候看一章教材，做一章习题。对于习题册后面的跨章节练习，建议大家做一下，里面的有些题型跟考研真题很类似。

关于中财的题型，在课本上大多是以分录和计算的形式出现，但是在试卷中并非如此。东财会计学对专业课的要求是理解掌握，也就是说，我们不仅仅要掌握会计分录，更要掌握每笔业务的处理原则和规律，以及每笔业务对资产负债表、利润表等四表的影响额。所以，在看书的时候，我们要多去思考为什么。

中财的整本书都是重点，最常考的考点主要有金融资产、长期股权投资、存货的确认和计价、固定资产折旧和处置、收入的确认、债务重组、非货币性资产交换、借款费用、现金流量表、会计政策和会计估计等，需要掌握透彻，这些知识点是重点也是难点。大家也可以看看注会中的相关部分，东财这两年的考试题型越来越接近注会了，所以看看注会会有很大帮助。这里列出重点，但是并不代表其他知识点不重要，中财教材的每一章都有可能出题，所以还是应该全面掌握。

关于管理会计：

管理会计最令人头疼的是许多方法和公式，建议大家整理出一套自己的笔记和框架，方便记忆。整理的过程就是背的过程，也是集中精力的过程，因为你要从文字中提

炼，就要思考怎么安排、怎么方便对比，所以也是思考的过程。有些公式看着无章可循，其实课本上的公式都是推导完的公式，一般而言是难以记住的。最好是根据原理找到原始的等式或者方程式，再代入已知量，便可以解出未知量。

管理会计的题型其实并不多，只是有些题型稍显复杂，但是每种题型都不会有太大的变化，最好的办法是多做几遍，理解加记忆，连续几遍就能将各个题型轻松拿下了。

管理会计的重点相比于中财还是比较清晰的，比较重要的有变动成本法、本量利分析、预测分析、短期经营分析、长期投资决策、成本控制和责任会计。其中前八章内容是非常重要的，考点都在前八章里，所以一定要熟练掌握。成本控制和责任会计这两章有可能会出选择题或判断题，分值为 1～2 分，这部分知识大家浏览一下即可。建议按照习题册上的学习要求来确定重点，学习要求在一定程度上代表了出题老师的关注点。

个人认为，专业课与基础课一样，最重要的还是计划性，看几本、看几遍，都要计划好。每天完成多少量，先细致地分好，每天努力去完成。此外，第一遍看的时候要看完一本再看另一本，这样才能集中精力想通和理解，但是第二遍开始一定要两本同时进行，这样才不会生疏，并且形成体系。至于具体的遍数和每天需要花费的时间，我想每个人天资各异，不能统一而论，只要做到透彻理解和掌握就可以了。

考研很辛苦，但还没辛苦到让人难以坚持，所以，正在追梦的你们，好好加油吧，一切皆有可能！

（连明月，会计学，总分386分）

第三节　化身会计"旋风少女"

终于一切尘埃落定，我考上了自己心仪的东财。正好借着主编老师向我约稿的这个机会，我可以对我考研复习专业课的过程做个总结，也希望我的经验对学弟学妹有所帮助。

我参加了 2016 年考研，其中会计学专业课考了 122 分，不算特别高，还算可以。因为我本身就是会计学专业，所以我是从 5 月份才开始复习的，学弟学妹可以根据自己的基础确定开始复习的时间。

总的来说，东财的专业课考得并不简单，但也不是十分困难。我相信只要认认真真准备，最终的成绩一定会让你满意。

首先说初试，初试考中级财务会计和管理会计。

中级财务会计：

学会计的都知道整本书都是重点，东北财经大学在中级财务会计方面也考得十分全面，所以在第一遍、第二遍复习的时候，要争取每一个知识点都复习到。我的建议是专业课的复习可以摘抄笔记，虽然开始很慢，但是你的笔记会提高你后面复习的效率。要记住你的笔记只为你自己服务，你可以只记你不熟练、不理解或者总是记不住的知识点，而不是全面地摘抄，这样反而会影响效率，并且作用不大。

虽然我们说整本书都是重点，但是其中的重中之重和难点仍然很突出，只要你翻看每年的真题就知道，能考大题的也就是那么几章。如果对于长期股权投资、所得税和会计调整觉得学起来有些困难的话，我建议可以在网上找注会的课程来听听，我相信会对你有很大的帮助。

东财比较注重理解，而不是会计分录，所以在复习时一定要多去琢磨其中的原理，不要只是背背分录就觉得懂了。东财配套的习题册我都做了，但是它跟初试的题比较还是太简单了，还是要认真地做历年真题，市面上许多真题的答案都存在或多或少的错误，所以一定要靠自己把真题的每道题"吃"透，不会的可以去问班级里的"大神"或者专业课老师。自己要总结出课本中能够出简答或论述的知识点，在考前应当适当地背诵。

管理会计：

刚复习管理会计的时候你会觉得很头痛，因为有许多看不懂的地方，而且有许多看起来比较复杂的公式。我的建议是一定要耐心地看下去，并且整理出重要的公式，这些一定是不可避免要背诵的。

东财的管理会计考得并不难，而且分值也没有中级财务会计多。可以做配套的习题册，并且认真做历年真题。第二、四、六、七、八章可能会出大题，第一、三、五、十一章也是重点，如果时间充裕的话，尽量不要放过每个知识点。

然后说复试，复试考审计、成本会计和高级财务会计。

会计学的复试整体来说专业课考得并不难，毕竟给大家准备的时间也不长。复试的准备可以突出重点，但是一定要重视复试，今年就有一个初试390多分的学霸最后没有被录取。所以说，不管你的初试分有多高也不能不重视复试。

最后，希望学弟学妹都能考上东北财经大学，加油！

（郜雨菲，会计学）

第四节　会计学初试权威指导

对于考东财的同学们而言，最重要的是一心一意对待初试的科目，关于复试、关于导师，那都是初试通过之后的事情。

本人读研以后，先后在多家考研机构担任东财会计学的专业课老师，再加上自己的考研经历，积累了比较丰富的经验，因此很愿意在这里跟大家分享一下专业课的复习思路。

先说中级财务会计（简称中财）。

中财的复习主要围绕参考教材展开即可，习题册可作为检验巩固的工具，来查漏补缺。个人觉得习题册最后的跨章节练习题挺不错的，能够检验出很多不扎实的地方。习题册本身没有答案，但是在网上能下载到全套答案。

关于中财的题型，在课本上大多是以分录和计算的形式出现，但是在考卷里却并不尽然。东财会计对专业课的要求标准是理解掌握，也就是说，并不是叫你把分录背下来，而是应当掌握业务的处理原则与规律。所以，看书的时候，应该去理解那些文字的内容，探寻其中的道理。

中财是所有科目里重点最多也最没重点的一科。或者说，整本书都是重点。最常考的考点主要有金融资产（交易性金融资产和持有至到期投资）、长期股权投资、存货的确认和计价、固定资产折旧和处置、收入的确认、债务重组、非货币性资产交换、借款费用、现金流量表、会计政策和会计估计等，需要掌握透彻。但是这并不代表其他的考点不太重要甚至不重要，中财的教材可谓是处处藏考点，每一处都马虎不得，哪怕是基本概念。

中财的综合性很高，知识点也容易混，一个解决的办法就是列表格，相同点、不同点分门别类、对比分析，这样就容易记忆得多。

再说管理会计。

管理会计这门课进入东财会计学考研初试相比中财晚了不少年，题量不是很大，也并没有什么规律可循，当然以课本和习题册为中心一定是最保险的。

管理会计最令人头疼的是许多的方法和公式，应对的建议还是画表格，用表格的形式将它们归拢在一起。

管理会计的重点其实并不明晰，我认为比较重要的有变动成本法、本量利分析、预测分析、短期经营分析、长期投资决策、成本控制、存货控制。建议按照练习册上的学习要求来确定重点，学习要求一定程度上代表了出题老师的关注点。

真题里大部分题型在教材和练习册里一般都能找到并联系起来，只有简答和论述很多同学觉得无从下手。我觉得大致思路应该是这样的：首先，要把2008年以后的真题里的简答题和论述题全部掌握。其次，把与真题里类似的教材里的内容掌握。比如，真题里考过一次交互分配法的步骤与特点，那就把所有的辅助成本分配方法的步骤和特点都掌握。最后，自己要按照这个思路猜测教材里会考的内容，并且在无法全部背下来的时候会用自己的语言表达出关键的点。比如，要考你存货的期末计价方法，你首先得知道什么叫做成本与可变现净值孰低法，然后得说清楚成本是如何计量的，计划成本还是实际成本，可变现净值是如何计量的，是合同价、市场价还是预计未来净现金流量等等。最重要的是，你理解了所有的知识点，即便你无法充分准备，到了考场上你依然可以写出来跟答案贴近的东西。毕竟每年出题的重复率有限，还是会考到很多你准备不到或者教材里都没有明确给出答案的题目。

关于很多同学询问真题有没有答案的问题，我的观点是这样的，真题的作用主要在于研究出题思路，而且会计准则一直在变，以前的标准答案现在也未必标准。特别值得一提的是，从2017年开始，东财会计学初试的中级财务会计参考教材改成了第五版，新版最大的变动其实就是依据最新的"营改增"做出了相应调整的那部分内容。真题的知识点在教材上都有，类似题目也都有，只要把教材相关内容掌握好就可以了。

当然，随着时间的推移，出题人在变，思路和要求也在变，自然重点与非重点的区分也在变。以上只是个人在复习过程中一些经验，未必始终适用，也不敢说完全适合所有考生，只希望能使后来人看了稍稍安心罢了。

最后祝福正在奋斗和准备奋斗的考生们，梦圆东财！

（战相颖，会计学）

第五节　历尽天华成此景——领悟会计学

一、会计学高分策略

东财会计学初试专业课考两门：中财和管理会计。其中中财难度较大，管理会计相对简单一些。

我是4月份开始到暑假前的时间全部用来复习专业课。

1.中级财务会计

对于中财，我觉得出题风格真的和注会的风格很像，但是比注会简单一点，所以我一开始用的就是注会的教材，没买指定的东财教材。

注会的会计比中财内容多，可以对照着看，配套的用"轻松过关"，从网上下了一些注会的音频，第一遍听着音频看教材，把"轻松过关"很认真地做了一遍，做错的做了标记，难的知识点也按照自己的理解做了笔记。期间有很多别的事情打扰，所以这一遍速度很慢，但是很扎实，以前薄弱的部分都基本弄明白了。到暑假的时候开始看数学和英语什么的，专业课时间就少了，不再看教材了，每天用两个小时的时间做"轻松过关"的题，到暑假结束基本完成第二遍的习题练习，然后会计就"歇"了一个来月。因为10月要考注会，我9月底又把"轻松过关"翻出来把第一遍和第二遍做错的题做一遍，中财基本就这样复习的。我从暑假开始就把课本扔了，到后来蛮担心简答题和论述题的。东财真题的论述其实我觉得挺像实务题的，比如有一道题是问具有商业实质的非货币性资产交换业务中的换出资产如何处理，就和写分录是一样的。简答题和论述题倒是没丢分。但是后来还是觉得这次是侥幸，到最后一两个月还是要准备一下简答题和论述题的。中财我觉得常考的其实和注会的差不多，比如金融资产、长期股权投资和所得税等，但是东财的题量很大，我从开考到结束都马不停蹄使劲地写，到后来有一个论述题只写了一两句话，每一小问都涉及一个甚至几个知识点，要得高分真得所有知识点都要复习到，但是我觉得按照注会的难度和详细程度来复习很充足了。

2.管理会计

管理会计的复习就比较简单了，认真看课本做配套练习册。我想提一下的是，管理会计中短期经营决策和长期投资决策常考计算题，论述题、简答题什么的其实也没有什么需要特别准备的地方，但是我觉得管理会计比较重要的也就是那些各种各样的方法了，计算题、论述题也差不多就围绕这些知识点了，背背练习册上的简答题就差不多了。

考卷上两门是分开考的，不会把知识点融合起来考，所以只要把每一门各成体系、融会贯通地复习便可。

（贾萌，会计学，专业课139分）

二、会计学解决方案

东财考研会计学专业课我用的辅导书是课本和习题册。我花费了很多时间在专业课上，上午看数学，下午看完英语后直到晚上都会学习专业课。

初试涉及的专业课中最重要的是中财，整本书都是重点，哪一个知识点都不能放过。东财对于中财考得比较综合，没有简简单单写分录的题目，几乎是整本书的知识点糅合在一起进行考试，所以一定要理解，在复习时要多去琢磨其中的原理，多问问，进行总结，不能只是背背分录。

我是7月份开始学习中财的，暑假的时候在网上买了东奥的会计视频，老师讲得非常好，我只听东财课本涉及的内容。由于配套的习题册没有答案解析，所以我先把东奥的"轻松过关"中的选择题认真做完并仔细钻研提供的详细答案。此外，我经常抽出时间看审计，因为感觉很抽象，成本会计和管理会计我认为比较简单，没有看。这个过程虽然耗时间，但感觉自己已经基本掌握。

10月初我趁热打铁开始认真看中财课本并做配套的习题册。第一天看书，第二天做题，并把做错的题进行总结，周而复始。11月中旬结束对中财的第二轮复习。

与此同时，10月初我着手学习管理会计，对于管理会计，相对于中财要简单些，主要是把公式熟记，其中前12章内容比较重要。由于自己以前没有学过管理会计，所以在网上买了辅导视频，按1.2倍的速度听课。管理会计比较简单，没有特别多难理解的内容，主要是公式和一些计算方法，听完一章，就做配套的习题册，熟练计算方法。

还要提一下，管理会计的课本不用全看，我只看了前12章。

这时候差不多11月中旬了。我抓紧看第二遍，并把简答题、论述题可能涉及的考点进行总结并加以记忆。

12月份我找了几份模拟题简单练习。考前一周开始与政治一样猛背书中重点以及简答题和论述题的考点，直到考试。

东财以前的真题还要不要做呢？这是个仁者见仁智者见智的问题。我就没有做真题。当然如果你有足够的时间，翻翻历年真题应该也是有利于把握东财老师出题思路的。往年具体考了什么知识点也许并不重要，关键是领会东财老师喜欢出什么样的题型，倾向于考查的重点是什么以及命题的风格。

总之，东财的会计学专业课没有太多的捷径可言，就是多看书、多理解，进行总结并且加以背诵。

（陈嘉励，会计学）

第十九章 管理学类

第一节 东财管理学最新考情变化详解

说起来我和孙老师也算颇有渊源，考研的时候看过他主编的《梦想成真：东北财经大学考研直通车》，又在远在南京的本科母校的图书馆书架上看到了他主编的散文集《青春不留白》。读完这两本书，我受益匪浅，对自己的学习和生活有了更多的思考。所以，这次受到撰稿邀请，很开心，也希望自己的分享能对大家有所启发。

一、关于复习时间计划

建议暑假期间把管理学教材看一遍，了解课本的基本结构框架。我当时是每看完一章就把这一章的框架结构图画出来，以备到后期冲刺阶段拿来快速回顾知识点。同时利用历年真题资料把以往的考点在书上标注出来（标注方式参考：××年考××题型），这样在以后背诵阶段就可以适当掌握重点以及背诵的详略程度。

到9月份开始背诵记忆教材。推荐的教材为：高良谋《管理学》（第四版）和卢昌崇《管理学》（第三版）。第一遍背诵起来很痛苦，但一定要认真详细地去背诵，不要担心自己的进度，注重效率而不是速度。因为第一遍的背诵很重要，第一遍背得牢会有利于以后几轮背诵，而且往往第一轮背诵虽然耗时长但印象是最持久深刻的。每次背完一章，可以将所背内容以问题的形式写下来，不要写答案，这是用来检验自己背诵效率的方法，哪些背得比较熟，哪些还需加强记忆可以用不同的记号标在书上，以备后期重点排查模糊点。第二天背诵前最好先把前一天背诵的内容温习一遍，这样加深印象。由于教材一共有16章，背完第一遍前面几章估计会忘很多，这时不要太沮丧，不停地重复才是王道！

我当时每天背一章左右，有的章节比较多，要背两天，第一遍背完后接着开始背第二遍。为了提高效率，我建议第二轮倒着背，不要每次都从第一章背，然后第三轮再从第一章背，这样效率高一点。每天抽出至少3小时来背书，一直到考前。不能中断，中断的话就会忘很多东西。

到冲刺阶段，很多科目需要复习，会经常忘记之前背过的内容。解决这个问题的方法是每天不间断背诵，课本来回背4遍以上，到后期，一天可以背好几章，这样就会缩短周期，记忆也会更加深刻。考前一定要把课本用最短的时间"过"一遍。

二、关于考点与考试

一般情况下，考试考查得蛮细的，你认为不会考到的，试卷就有可能出现，所以要全面复习。重点章节一般会出简答题、论述题，一般章节会出名词解释，但是这只是一般情况，也有例外。我认为管理学的命题规律是：之前年份考过的简答题或者论述题的知识点会放到名词解释来考，名词解释考过的点可能会放到简答题或者论述题里面来考。所以，这就要求大家平时背诵时就养成抓住历年考点的习惯。我总结过，第二章管理理论、第七章组织设计、第十章领导行为、第十一章激励均为出题分值较高的章节，必须做到内容非常熟悉。其他章节也要认真详细地背诵。

考试时，用课本的话来答题得分相对高一些，所以理解背诵时，不能脱离课本太远。而且据说东财的管理学会按"面积"给分，意思就是写的文字多一点，得分一般会高一点。这需要平时在背诵时多总结自己的想法以及会对观点进行详细的阐述。

另外，招生简章指定教材是第四版的《管理学》，但是第三版现在还是有可能会考到，比如2015年考题有一道简答题完全是第三版的知识点。所以，为了以防万一，我建议大家在熟悉第四版的基础上，了解第三版的内容，将第四版没有而第三版有的知识点总结一下。

三、题型以及答题技巧

考试题型包括概念题、简答题、论述题、案例分析题，这四种题型的答题技巧不一样。

概念题要给出定义、特点等内容，写到三行左右就行，不宜长篇大论，影响其他题目的作答时间。名词解释每次考试都会出现几个不常见的或者书上没有固定定义的名词，这就需要将课本烂熟于心。

简答题，首先要抓住关键词给出定义，然后再结合简答题目进行回答，每答出一个要点，对其进行简明扼要的解释。答题注意条理性。

论述题的答案详细程度是建立在简答题基础之上的，同样是抓关键词，写定义，然后写特点、具体内容，评价其优点与缺点，针对缺点再提出一些改进的方法。论述题最好写出自己的一些看法，这种题目一般出题比较灵活。

案例分析题一定要结合案例，跟管理学的有关知识点"挂起钩来"。

（任佳乐，财务管理）

第二节　　　　　　　　　　认准命题新趋势

首先，无论大家在本科是不是学过指定教材《管理学》第四版，一定要以一个踏实

耐心严谨的心态来面对这本书的学习。管理学的东西并不是很多，但既然初试只考这一本书，就决定了一定会考得很细、很全面。所以，同学们在复习的过程中一定不要马马虎虎，更不能心存侥幸，以为到临考时押几个题就能解决问题，事实证明，唯有认真把这本书"过"好几遍的人才会取得最终的好成绩。

　　然后想跟大家谈一谈复习资料的问题。东财管理学的辅导书市面上几乎没有，然而一本课本足矣。可能很多同学会说，这本书好枯燥啊，看不下去背不下去怎么办？这是正常的。这时候千万不能产生抵触的心理，因为它会直接影响你后期的复习效果。我的建议就是自己把知识点串联起来，提炼出提纲，并且按章节做成笔记复习，必要时可以看一些案例，如此即可，亦不需要其他复习资料。当然同学们在复习时不必拘泥于形式，适合自己的才是最好的。

　　接下来结合我自己的情况谈谈复习时间安排。我是从7月份开始看课本的，到考前大概"过"了有五六遍。可以说前三遍完全都是在熟悉和理解内容，所以前面的基础一定要打好。我每天的安排是晚上学习管理学，因为时间比较完整充足，睡前背完早上回忆，效果特别好。大家可以找一找自己最适合的记忆时间，来达到最佳的效果。

　　对于我的复习方法可以给各位同学详细地说一说，供同学们参考。东财初试管理学的题型包括概念题（即名词解释）、简答题、论述题、案例分析题，详情大家可以参考往年真题。前两遍看书重在理解，理解也是为了方便记忆。可以在书上勾画一下，但不要弄得特别乱。然后结合真题看书，并把真题考过的知识点标注在书上，想一想真题是怎么考的，知识点之间是怎样结合的。历年真题非常重要，它可以给我们的复习指明一个方向，特别是最近5年的真题，既然考过了，就说明这部分内容非常重要，而且有时候考过的知识还会重复考。大家还可以留一份最近3年的真题，到最后阶段用来模拟，体验下考场的感觉。到第三遍时尝试着自己梳理知识点，按章节列下提纲，让复习更加清晰明了。比如第一章管理和管理者，我们可以这样列提纲（见图19-1）：

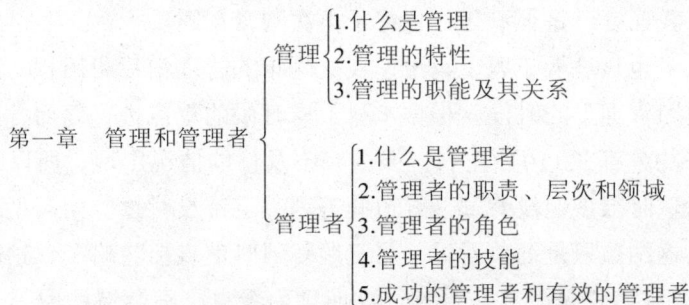

图19-1　第一章列提纲示意图

　　然后结合着提纲详细整理下面的内容，方便以后的背诵。还可以把一章章的内容按章节整理成一个个问题，也是非常不错的方法。第四遍大家可以根据自己整理的资料并结合课本来背诵，这个阶段大概在10月份，一定要坚持每天都背，循环着背，千万不要背了后面就忘了前面的。可能开始比较痛苦，但是随着越来越熟，感觉也就慢慢出来了。坚持下来，就是胜利！最后阶段，也就是临考前，再按照提纲和笔记过一遍，按目录在脑海里串联一下知识，做一做真题学着安排一下时间，就可以上"战场"了。

关于如何答题再跟大家啰唆几句。可能大家看真题比较迷茫，不知道怎么答，下面说说我自己的经验。名词解释这几年考得非常细，这就要求同学们看书一定要仔细再仔细；虽然叫名词解释，但是答题的时候一定不要一两句就完事，最起码要写个三四行，否则老师会扣你分。但是一定记得不要乱扯，不然也是白写的。简答题的话不多说，按小论述题写吧，毕竟一道题 10 分呢，最好把你答的知识点一个个标上一二三四，清晰明了，后面再做出阐述。论述题一共有三道，分值非常高，近些年还考到了一些课本上没有详细说明的问题，这就要求大家平时多多注意思考和理解，答题时如果不会一定不要慌，好好想想可能涉及的知识点，把能答的都答上。可以自己发挥，但千万别扯得太远了。对于案例，好好分析，联系知识点作答就可以了，注意语言最好规范些，要有管理学的范儿，不要写太多的大白话。

考研已经结束，回首过去，有欢笑也有泪水，有欣慰也有痛苦，还好，一切都坚持过来了。我一直坚信，天道酬勤，每一个努力的人终有一天都会得到属于他自己的辉煌。希望大家都能实现人生的理想，梦圆东财！

（王雅茹，企业管理）

第三节　不忘初心，方得始终——本校生感悟

复试结束，两年的奋斗终于有了一个满意的结果，现在就说说我对于管理学复习的一些感受吧，希望对大家有所启发。

先来个简单的自我介绍，本科东财工商管理学院，第一年管理学只考了 85 分，和东财研究生擦肩而过，这也成为我大学期间最大的遗憾，"二战"管理学 114 分，不是什么高分，于我而言已是很满足，也终于再次圆梦东财。

扯了这么多也该进入正题了，说说我这两年的管理学复习历程。因为本科就是东财的，第一年复习管理学的时候就根据本科上课时候的重点进行复习，而且根据往年的情况，管理学平均分都在 110 分左右，很少有不及格的情况出现，所以对这一科感觉信心满满，虽然考试时很多题没背过（五道简答题一道都没背过，学习型组织、成功管理者和有效管理者这两题只是简单看过，另三题复习时就直接忽略了，论述战略的那题一点感觉都没有），或者说是没有认真背过，而且由于自己写字慢的原因，题没做完，最后只写了 9 页，即使这样，考完试时我都感觉还不错，觉得肯定没问题，直到查成绩的那刻，看到管理学 85 分时我真的蒙了，做梦都没有想过自己只考了这么一点分，就这样第一年考研以失败告终。

毕业之后因为工作的关系留在了大连，整个 7 月都在忙入职的事，从改派到报到，再到入职培训，就这样进入了 8 月份，因为第一年数学考得也不怎么好，就把大部分的

精力放在了复习数学上，只是偶尔看看管理学。8—9 月这个阶段管理学我就只是看了一遍课本，也没背，就当看小说一样一字不落地看了一遍。进入 10 月之后就开始背诵的阶段了，经过第一年的失败，我知道东财管理学是没有重点而言的，整本书都是重点，唯一的诀窍就是把这本书都背下来，虽然第一年背过一遍，但是经过了那么长时间，我发现自己一点印象都没有了，而且可能随着年龄的增长，我的记忆力也减退了很多。因为上班的缘故，白天没时间看书，只能抓紧晚上不多的时间，由于还要复习别的科目，我只能三天背诵一章，就这样到了 11 月中旬，我终于把第一遍背完了，这个过程真的很痛苦，哪怕只是短短一小段话我都要费很长的时间背。当我开始背第二遍的时候我发现第一遍背的东西基本都忘了，背第二遍依然很痛苦，速度也没有丝毫长进，每当我背完下一章回过头来看前一章的时候，我觉得它真的很陌生。遇到这样的情况，而且已经进入 11 月份了，我真的很着急，第一年的低分给我留下了巨大的阴影，曾经的自信已经荡然无存。后来，一个"战友"教我了一个方法，就是每背完一章就回过头去再背一次前一章，而不是继续背下一章，这样虽然影响了整体的进度，但是效果真的好了很多，印象也更加深刻。就这样一遍又一遍地背，一直到了 12 月底，圣诞那天向单位请了 10 天的假，再次回到了东财，进入了最后的冲刺，这 10 天我毕生难忘，巨大的压力压得我喘不过来气，这也导致了背书背不进去，越这样心里越着急，越着急越背不进去，进入了一个恶性循环，也曾经因为这个还在自习室偷偷地流过泪，虽然看不进去，也曾想过放弃，即使这样我还是坚持尽可能多地看书，一直到上考场前我都还抓紧最后的时间看看自己觉得重点的内容。当拿到试卷的时候，看了下内容，悬着的心终于放下了一半，哪怕还是有一部分没背过的内容。我抓紧时间拿起笔就埋头写，用自己最快的速度写，到考试结束时候，终于写到了 12 页，走出考场的时候手都快没感觉了，但是我知道无论如何，我走到了最后，无论如何，我也算是胜利了。考试结束后，又浑浑噩噩地上班上到了年前，在回家的当天，东财成绩公布了，查到分数的那一刻，我没忍住泪水，一年的汗水和泪水终于浇灌出盛开的花朵。

1. 东财管理学没有重点，每个角落都要看到，但是我还是偷了点巧，第十三章、第十五章只看了一遍，往年都没有考过这两章的内容，但是这不代表未来不会考，所以提醒学弟学妹在时间充裕的时候还是好好看一看、背一背。

2. 我背管理学的时候除了背那些条框，还背了一些课本上扩展的、我觉得考试时能用的句子。比如说影响组织结构的因素，除了背战略与结构外，我还背了下面的话："组织结构随着战略的变化而变化，战略重点的改变必然导致组织结构的更新……"我个人认为背这些内容能节省我在考场上思考的时间，直接把这些内容写上去能节省很多时间，而且还能多凑一些字数。还有人建议可以先背条框内容，建立起架构之后再往里面填充内容，这也是一个很好的方法，个人可以根据自己的情况选择适合自己的方法。

3. 课本上的每一个概念都要背，因为有些冷门的知识我也没背过，考试时只能凭借自己的理解写一些，这样的结果就是不够准确，影响得分。虽然有些概念只是在某个角

落提过，但是依然要给予足够的重视，比如说法约尔桥、愿景等。

4.一定要重视往年的真题。我听一个学姐说每年历年真题的重复率大概是20%，而且根据往年的真题可以了解出题老师的思路，以此作为复习参考。就像2012年成功的管理者和有效的管理者作为简答题考查了一次，2013年又以论述题出现了一次，企业的社会义务和社会责任2012年和2013年都有考查，2013年霍夫斯坦特模型在2011年时考过概念题。所以一定要重视往年真题，这也是我们复试时唯一的参考。我把历年出现过的内容都标在了课本上，每次背诵的时候就更加注意了。

5.我把历年的真题按照章节统计出来，这样可以看出老师出题的重点章节，比如说第六章战略、第七章组织结构、第十一章激励是每年都考的，所以这些章节一定要重点背诵，2012年之前第一、二章考的内容很少，但是从2012年开始第一、第二章考的内容比较多，尤其是2012年第一章考了30多分，这更加说明东财管理学没有绝对的重点可言，每章都是重点。

6.在东财出题老师的字典里面没有不可能。我曾经根据老师讲课重点复习，我天真地以为有些老师上课没讲的内容不会考，比如说2012年的网络计划法、2013年的决策树等，但是它们还是出现在了试卷上，所以管理学每个角落都要复习到。

7.找到一个适合自己复习的方法，如同我上文提到的循环背诵的方法，复习完一章不要着急复习下一章，一定要再次巩固复习过的内容，这样才能让你印象更加深刻，一个正确的方法能让你的复习事半功倍，错误的方法只会让你事倍功半。

8.在复习时，除了背诵最好加上自己的理解，而且最好能想一想这一段在什么情况下可以使用，要学会活学活用。东财有的考题在书上并没有明确的答案，只能依据自己对相关知识点的理解作答，这时你就要把背过的相关内容都往上写了，不管对不对，只要沾边老师肯定会给你分的。除此之外，理解也能让你加深记忆。

9.答东财管理学时要尽量多写，有些可能并不是答案，老师并不会因为你多写而扣分，但往往因为写得比较少，而相关知识点没答到，导致得分较低。还有一个传言，可能不太靠谱，而且写在这里也不太负责，但是我还是想告诉大家，有老师会按照"面积"酌情加减分，哪怕这不是真的，至少也会给你辛苦分。

10.学弟学妹在复习之余可以练练字，不仅要加快写字的速度，还要尽量把自己的字写好看了，从那么多试卷中老师看到漂亮的字体心情肯定愉悦，每道题能多给一两分。可千万别小看这一两分，管理学那么多题，每题多一两分总分就高了10多分了，而且如今总分高一两分甚至可能改变你的命运。

（赵星宇，物流管理）

第四节　你必须非常努力才能毫不费力——管理学真相

先把我的基本情况说一下，我本科专业是软件工程管理，就是一个纯粹的工科生，

因为实在对本专业没有兴趣就决定跨考东财的财务管理专业。这个专业我考了两年，这两年的分数给大家报一下，供各位学弟学妹参考。"一战"：政治77分，英语76分，数学126分，专业课104分；"二战"：政治76分，英语72分，数学142分，专业课107分。可以看出东财复试同样很重要，这是后话，先不提，我主要说一下我的管理学复习过程。

我先给你提个醒，你不要以为《管理学》这本书很简单，我考了两年，对这个比较了解。有不少人初试都是栽在管理学上了！

我第一年是在5月左右就开始着手准备的，找学长买资料，到网上搜寻有用的信息等等，8月中旬也就是暑假的时候开始看书。说句实话，东财的《管理学》课本条理性并不完美，你需要先自己列一个大纲，对每一章有一个大体的了解。刚开始看书的时候用的是从一个学长那买的管理学初试资料，边看书边看资料，到9月底左右看了两遍书，不过我没啥感觉，那时候我就有点急了，就开始每天拿着冲刺班资料照着课本开始背。10月份每天背4个小时左右，到11月份时，一天6个小时左右，到12月时，一天基本上接近10个小时！其实到最后你会发现，不管你有什么资料，最后背的都是课本！一本书我最后背了80%以上，不过我第一年比较"悲剧"，那年的卷子有最少30分考的是我没背下来的那20%。所以说，你不要以为不重要的就不考，重要的就考，真不一定。就像2012年考过一个简答题，就是关于成功管理者跟有效管理者的区别，肯定绝大部分同学会认为2013年不会考，2013年这道题却成了论述题！你说谁还敢掉以轻心。

再说一下我"二战"的时候是如何复习管理学的吧。这一次，我是从9月份开始的，其实经过八九个月的间隔，我都忘得差不多了，特别是复试被"刷"后那几个月有点颓废，所以说我对管理学基本上相当于从头复习。这一次我吸取了上一次的教训，先将课本从头到尾一字不漏地看了三遍。在看的过程中，我将整本书的大纲整理下来，又买了一本罗宾斯的《管理学》对照着看，因为有许多东西东财的《管理学》课本讲得太少、太抽象，而罗宾斯的书上一般都有详细的解释。看完这三遍之后，我就是直接拿起课本背，边背边理解。我想了想，包括"一战"这本书我至少背了十遍吧。没有别的办法，不是本专业，只有背，再说了，你想理解的话，不背下来咋理解？当然你也不能纯粹地死记硬背，最后考试考的论述题跟案例分析题往往涉及好几章，你在背的过程中一定要梳理清楚思路，将整本书联系到一起。

东财的管理学你不能只是理解就够了，有时候你就算理解了，用自己的话答题分也不会高的，一定要多用书里的话，我估分估了125分，最后107分，应该就是有这方面的原因。

不管你是"一战"还是"二战"，我送你四个字——天道酬勤，只要你努力了，成功不过是水到渠成的事。过程布满荆棘，但是终点的花香值得你付出。加油吧，等你成功后，你会发现，选择东财真的很不错！

（郭龙飞，财务管理）

第五节　　　　　　　　财务管理最新复习指南

东财财务管理专业的专业课始终是重头戏，但是需要大家注意的是，自2015年开始财务管理初试专业课由之前和其他东财管理类专业一样只考管理学一门课，改成了考100分的管理学+50分的财务管理，更凸显对报考学生专业知识的考查。因此，财务管理这门课的复习大家一定不要忽视，下面来谈谈具体应该如何复习。

一、复习时间计划

虽然财务管理只有50分，但是考查内容非常全面，而且题型丰富，单选题5个，多选题5个，判断题5个，简答题1道，论述题1道，计算与分析题3道。这就要求大家不能轻视这门课，同样从暑假开始就着手看第一遍教材。财务管理这门课在复试时也同样会考，因此打好基础，掌握要点也是很重要的。

建议暑假开始看第一遍教材，每看完一章就要把这章的知识框架画出来，同时注意总结公式，因为财务管理的公式相对较多。每看完一章，要做相应的练习册题目。练习册后面的案例与分析题也做一下，因为考试难度必然高于练习册难度！练习册用来打基础。在第一遍复习时，还应该注意从自己做错的题中总结易错点、从课本中总结自己不会或者不理解的地方。教材中的MM定理有难度，最后三章内容也有难度，所以大家看这些内容时千万不要急躁，也不能放弃，毕竟期权以及资产剥离的知识点都考过。对于教材中的例题，首先明白其基本的知识点，然后自己独立做一遍，再与书上的解答对照，发现自己的漏洞。在平时做题和看教材过程中，要多进行思考，看到一些结论时，要思考为什么是这样。多问几个为什么，对结论的理解就会加深，同时运用起来也不会有差错。

9月下旬应该开始第二遍，要记忆公式。公式是最基本的，要记牢。对于第一遍没有看懂的知识点可以上网找资料或者看视频讲解来理解。我第一遍没看懂第十一章的知识，我就去看了注会的关于这部分的视频，然后理解教材就轻松许多了。到冲刺阶段，随着对课本的熟悉程度的增强，大家可以做一些注会《财务成本管理》的题目，练练难度，但考试难度比注会难度低。

二、关于考点与考试

财务管理虽然加入初试没几年，可供参考的真题数量有限，但大家可搜集历年复试中的考题回忆版来把握如何考以及怎么考。财务管理的第三章货币时间价值是基础，一定要分清楚各种年金，后面章节都会用到第三章的基础知识。第五章投资决策与风险分析、第六章风险与收益、第七章杠杆效应与资本结构、第八章股利政策是常考点也是必考点，无论在客观题还是计算与分析题中都会涉及。其他章节的知识点也会涉及，所以全书除了第一章很少考到外，其余内容都必须认真对待。

关于后三章，东财本科教学没有涉及，但初试中一定会涉及，因为难度较高，所以

一般只出现在客观题中。学后三章要有耐心，尽量去理解。

　　考试时，应当先作答管理学，后作答财务管理，尤其是管理学作答是文字性的，很容易控制不好时间，导致财务管理只能草草作答，所以合理分配时间很重要。作答时，首先抓题目关键词，然后联系相关知识点进行作答。财务管理题量比较大，题型丰富，稍有难度，所以平时要把教材熟悉3～4遍，基本知识必须牢牢掌握，公式记忆必须准确无误。考场的高效率主要靠平时的努力来实现。

（任佳乐，财务管理）

第二十章

行政管理类

第一节　终究你会璀璨自己的夜空

　　本人"一战"，行政管理专业，总分401分，政治84分，英语70分，专业课一125分，专业课二122分。当我看到这个分数时还是很欣慰的，因为我属于跨专业考研，暑假生病住院耽误了一个月，而且我是9月份临时换了学校，专业课是9月份才开始复习的。说这些并不是为了炫耀，只是希望告诉师弟师妹：考研并不可怕，只要有毅力，肯努力，你就可以实现你的考研梦。在这里我希望与你们分享一下我的考研心得，希望对大家有所帮助。

　　重点谈谈专业课。对于跨专业的我，在没有任何学科背景的情况下，想复习好专业课还是有一点困难的，尤其是只有3个月复习时间的情况下。在这里我尤其要提出的一点就是跨专业的同学不要想着拿着书先看一遍做个大概的了解，这是完全没有必要而且是浪费时间的。我建议第一遍边看书边做笔记，笔记是非常重要的，通过做笔记的形式就可以对各章节直至整本书的内容有个大致了解，而且关系到你后期的复习效率。笔记要做得尽量详细，我采用的是大框架的形式，因为这样可以对各章的内容一目了然，有助于记忆。记忆是一个不断重复的过程，所以我建议第二遍就直接进行背诵，背诵的时候先借助笔记记住大体的框架，然后再添枝加叶。这一遍一定要背得十分详细，因为任何地方都可能出题。第一遍背诵所用的时间最长，也最重要，然后接下来要根据你自己的复习时间合理安排进行第二遍、第三遍的背诵，一定要不断地重复记忆。前期可以课本结合笔记一块记忆，后期直接对照笔记回想记忆，一方面是对前期复习的检验，另一方面可以查缺补漏。

　　现在东财行政管理的专业课分为两门，四个科目。两门即公共管理（一）和公共管理（二），每门150分。其中，公共管理（一）包括公共政策分析导论和公共经济学两个科目，其分值大约各占75分；公共管理（二）包括公共经济学和政治学导论两个科目，其分值同样大约各占75分。也就是说，四个科目各自的分值大致相同，因此在复

习过程中绝不能"厚此薄彼"。

两门专业课的题型一样，都是名词解释（10道题）、简答（4道题）、论述（2道题）、案例分析（2道题）。进行复习之前最好先看一下近几年的考研真题，了解一下专业课考试结构和往年出题的一些规律。

《公共政策分析导论》这本书，相对来说容易记忆。本书共分五部分，比较重要的是政策系统篇、政策过程篇和结论。绪论是非重点章，主要是对政策分析基本情况的介绍，可以简单记忆。政策分析方法篇中涉及计算的具体方法简单了解即可。

公共管理学是行政管理专业的核心课程，重点内容也非常多，因此复习过程中要加以重视，对重点章节的内容复习更要全面和细致，很多内容历年来反复考查，更要重视，不要以为考过就不会考，这样的内容一般都是出题的重点和热点。对重点内容要不断地深化和理解，同时强化练习和运用，同实际问题相结合时能够解决实际问题，才是最关键的。同时，本书的很多内容条目很多，很难记忆，因此复习过程中要注意总结和归纳整理，方便记忆。总的来说，本书每一个章节都是比较重要的内容，都是有可能出题的章节，任何一部分内容的复习都不要忽视。另外，案例分析比较灵活，需要平时多关注时事，培养结合理论解决实际问题的能力。

《公共经济学》和《政治学导论》这两本书，在2015年之前东财都是不考的，现在虽然考了，但考得也都比较基础，大家不要担心，只需要把书上的重要考点背下来。比如《公共经济学》书中有很多模型，很多同学本来考行政管理就是想避开数学的，一看这些模型就脑袋大，其实模型基本都不会考的，即使考难度也很低，不会考很复杂的尤其是涉及数学的模型，大家可不要把劲使偏了。这两科还是要以在理解的基础上进行背诵为主，如果遇到实在看不懂的地方，直接背下来即可。比如《政治学导论》是一本观点比较中立的教材，前面意识形态、西方政治思想、民主理论比较复杂，后面的部分简单一点，整体来说这本书不是很容易理解，比如第五章讲到国家目的矛盾性时，诺斯悖论就不太好理解，考研时间紧张也实在没空去深究，类似这样的知识点能做到考试的时候遇到了能背着写下来基本就够了。有的同学一遇到看不明白的章节就如临大敌，又去图书馆查文献专著，又去上网百度、发帖求助，又去办公室问老师的，这样一圈折腾下来，备考时间已经所剩无几，就得不偿失了。

还要提醒大家注意的是，复习的时候要关注中国最新的热点问题、政府刚发布的红头文件和中国当下在公共管理领域各方面进行的改革。一定要学会结合这些现实，因为东财指定的参考教材的版本相对"老"一些，而专业课所考的大题特别是材料题基本上取材于现实中国刚发生的新闻背景。比如，2016年的考题中就涉及了一带一路、绿色GDP、网上查询身份证信息这样的热点话题。

总之，专业课的学习没有捷径，需要重复记忆。考生往往都有这样的心态，一直想赶进度，不愿意复习背过的。但是，你如果不复习，过不了几天就忘，所以反复背、反复复习，看起来是最笨的方法，却也是最好的方法。到最后的理想状态就是，能独立地

把书中的框架"顺"下来，然后根据框架想起书中每个问题，知道每个问题下面分的小点都是什么。同时，政治、英语也十分重要，同样不可忽视。

考研其实是你与自己的斗争，不要去想别人的底子比你好，这些都是借口，你要做的就是踏踏实实地拼搏一次。

（边海玲，行政管理，总分401分）

第二节　东财行政管理类最新考情变化详解

本人报考了东财行政管理专业，现已顺利被录取。还记得4月底，那时候刚刚定好要考东财行政管理专业，正好拿到了《梦想成真：东北财经大学考研直通车》这本书。其实当时这本书于我来讲，"打鸡血"才是最大的作用。我一直很羡慕书里分享学习经验的学长学姐，心想着自己大学荒废了不少时光，是时候该好好努力一把了。我暗暗下着决心，等录取的时候一定要把成功的喜悦用文字传递给学弟学妹。现在回想考研这道坎，我很庆幸自己跨了过来，此时此刻，我想把这份幸运和祝福带给你们。

一、专业选择

其实很多人选择行政管理这个专业，就是因为它不考数学。不过也正因为这个，行管在大部分学校都是很热门的：报考人数多，录取分数线高，所以依然不可掉以轻心。既然决定了考研，不管你的选择是什么，请一定拿出报考北大、清华的决心和毅力，不打折扣地付出才有成功的可能。

二、专业课的学习

相信大部分学弟学妹已经拿到课本了，第一感觉是不是书好多？自2016年起行政管理考研专业课课本一下子由两本增加到四本，难度陡增，更考验大家的学习效率了。

第一阶段一定是仔细看课本，我们要做的就是踏踏实实先把课本"过"一遍。我不建议大家一开始就依赖一些笔记讲义，总感觉有点速食的味道。有学弟学妹要用我的课本，我的建议是：买新书，看书不自己勾勾画画真的会难受，而且一定会影响自我学习效率，别人的东西不要直接拿过来用，有害无益。至于四本书先看哪本看你心情，这个没多少讲究。

重要的是第一遍看课本时，一定要认真仔细，不遗漏每一个知识点。最初接触公共管理的知识，你会觉得特别苦涩，一天可能都翻不了几页，别上火，人人都有一个接受、消化和融会贯通的过程，只要保证读书时用心就可以了。注意自己圈点，比如用不同颜色的笔把遇到的名词解释圈起来，把简答题的一二三四要点都标注出来。这样"过"完一遍课本，成果就是你把一本书的大致知识点都整理了出来，当然这个时候你可能处于"看过的都忘了"的状态，别急，才刚刚开始。

第二阶段是重点，要做的就是认真参考自己手里的复习资料，再读课本。对照资料里归纳好的知识点，有侧重地去学习，然后和自己第一遍"过"课本时的成果进行比较，注

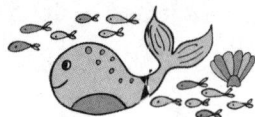

意自己遗漏了什么，读过的哪些重点是需要加强的，以此起到自我强化和完善的作用。在第二阶段就要注意记忆了，每天有安静阅读课本理解贯通的时间，也要抽一部分时间来诵读，口笔共用。第二阶段踏踏实实走过来的同学，后期需要反复记忆时会省不少力气。因为行管毕竟是需要大量记忆的一个专业，而记忆则建立在对知识的理解基础之上。

另外，我想强调一下真题的作用。不少考过的东西还是会考的，真题大家一定要做，最好做题时找到题目出处，标注在课本的对应位置。最后你就会得到一幅"考题分布图"，标注越多的章节自然越重点，而且你会发现部分章节考试很少涉及。这个工作需要你自己来完成，会很有成就感的。

三、应考策略

前面讲的是学习，学习说白了就是为了12月的那一场考试，考试如何拿高分有另外的要领。首先，行管确实是一个需要大量记忆的专业，东财的考题也偏简单，都在课本范围内，有人说，我全背会不就行了吗？我想说如果考研仅仅是考记忆力，国家要这么"水"的研究生干什么？其次，考题既有名词解释也有简答题，课本很多话读起来相当拗口，你说学校老师就全背下来了吗？肯定没有，因为他们没有"笨"到这种地步，但人家一定有判断你答案对错的能力，因为整个专业课的知识框架早已烂熟于心，并可以从中自由提炼归纳自我观点，这就是学习的精髓。其实我要说的就是答题一定要灵活。同样一道有关"政府机构改革"的题在不同的年份出现，它们的答案很可能是不一样的，因为时事在变化。等你上考场的时候答什么需要你自己平时积累，如果你想拿高分的话。如果你死板到非要对应课本的话，那这道题的答案自然这辈子都不会变。千万不要害怕"我答的不是课本内容是不是就得分低"，没有这个说法。文科这种主观的科目，从来不该拘泥于课本，阅卷老师永远喜欢有自己思想的孩子，切记！

当你踏踏实实学进去之后，你也可能在备考的前一天觉得自己好像很多东西忘记了，这太正常了。只管好好休息，上了考场尽自己最大的努力，做到"言之有理"即可。上天永远不会辜负足够用心的孩子。对了，试题纸总共12页，尽量写满一点。

四、以考研致青春

你们即将走上考研这条路，我来时看过的风景也都等待着你们。这一路，你可能会遇到挫折，会有沮丧到想放弃的时候，你要记得，每一个走过来的孩子都曾有过。你也许还会收获友谊抑或爱情，它们会绽放一路陪你幸福地走到末尾。

不管你是从哪里出发，请一定珍惜这一次让你脱胎换骨的成长机会。愿东财成为你我学生生涯里心满意足的终点站。

最后，有句话陪了我一路，我想送给你们：

青春，不应该在云端上，它属于每一个人，有泪水，有痛苦，有思考，有和现实的碰撞。

考研是一道坎，跨过它，希望将扑面而来，如春风，清新而怡人。

（张文军，行政管理）

第三节　　　　　行管感悟，姗姗来迟

3月末，依然春寒料峭的东财迎来了2016级研究生复试。抬头看博学楼前悬挂的巨大红色条幅，我才蓦然发觉时光已经默默漂移了这么久。成为东财人之后，其实很久没融入东财的生活。研究生的心态和本科时期是很不一样的，处处能发现自己苍老疲惫的心，几乎很长的时间里我对任何事情都没积极性。考研之后有很多学弟学妹们来问我怎么学习，但是总觉得词穷，支支吾吾地说不出来啥。加上有点"闭关锁国"的心境，闷着头自己也不知道都干了什么。不止一次地回忆总结自己的考研经历，但是都没写出来过，一是不敢，不敢回想当时自己那股子执著劲儿来自何处；二来觉得自己不够格，比起世界上那么多牛人，我真心觉得自己是个无名小卒。经验这个东西很多人都问过，但以前总觉得矛盾具有特殊性，个人经验永远不能完全贴合另外一个人，直到现在受到孙学长的邀请，才憋出来这篇分享，希望能帮助大家少走弯路，如愿以偿地考上自己理想的专业和学校。学姐现在一定知无不言，言无不尽。毕竟真的能帮助大家少走弯路是很好的事情。

我就先总结一些平时学弟学妹们问得最多的问题吧。

一、考研时间安排

考研这场硬仗真正地全面爆发一般是从暑假开始。很多同学会选择大三暑假留校考研，的确，这段时间是不能浪费的，算是考研的黄金时期。当然你要觉得你自己底子好又聪明，那就可以按自己的节奏来。我也是从暑假开始着手专业课的复习的。

第一轮复习用时最长，结束时都到9月份了，说实话有点晚。话说我只看不记，走马观花地将课本看了一遍。因为暑假学习比较懒散吧，看一遍用了我将近两个星期。想一想在教室里坐着酷热难耐，真心觉得根本就是浪费时间。

所以，各位拿起专业课课本的第一步就是开始背，千万不要像我这样试着去了解书的内容。根本没用，反正你很快就忘了。

我一开始的安排中没有政治，一般都是上午以英语为主（我坚持将英语的阅读每天"研究"一篇，每篇抄两遍，所以每天花费的时间较长）、专业课为辅，下午专业课，晚上专业课或者偶尔英语。

到9月我才背完第一遍，不建议大家像我这样，因为到最后我真的特别紧张，尝到了时间被浪费的后悔滋味，觉得自己准备得一塌糊涂。所以，各位一定要赶早不赶晚，注意进度。这里给大家一个建议，比如你看书本一共多少章，把所有的小节加起来看看共有多少节，然后安排到每天的学习里。最好结合自己背书的快慢来安排。不要急于求成，第一轮复习必须扎实。因为有两门专业课，而且政治也是需要背的，所以每天分给一门专业课的时间也就几个小时，轮换着背可以放松大脑。

提到政治就插一句，我是从"十一"国庆假期开始准备政治的，我自认为政治基础

还行，但到最后12月末居然没背完。这是个很严重的错误。最后投入给政治很多时间就必然导致专业课所占时间减少，结果就是感觉什么都抓不住。所以，各位暑假后期就必须开始复习政治，一定不能觉得政治最后背背就够了。

二、专业课的答题技巧

我也曾疑惑过到底要写多少才够这个问题，因为看过很多带答案的真题，答案简直长篇大论。名词解释当成简答题，简答题当成论述题，论述题当成作文……事实上根本写不完，名词解释和简答题占用时间太长的话后面你根本没时间写。答题纸是12页白纸，从开考的第一秒写到最后一秒，一直不停笔你也会觉得"意犹未尽"。

东财的题目有两个特点：一是很细，这在复习中需要注意，很多你觉得不会考的小知识点也有可能考。二是主观能动性不大，都是书上的知识点，肯定能找到原话。所以，东财的行政管理专业考试中，不必大答特答。如果你能确定名词解释只有一句话，那么你只需要写一句。但是有一点需要提醒，有些名词下面有"我们可以从以下几个方面把握"，那么这部分也要答到名词解释里，对于它的评价也答进去。这也许会使这个名词解释写起来很长，但是必须写。

同样的题目，你和别人掌握同样的知识点，那么请问老师判题时为什么有高有低？一来取决于你的卷面是否整洁美观；二来就是我要说的技巧了。例如，简答题论述优点和缺点，你和别人都能答上优点和缺点，但是你还可以写一些定义、由来和现状等，这样就能使答案很丰满。

行政管理专业课的出题一般都是书上有现成条框的知识点（私下猜测是因为老师这样方便给分吧），所以，即使某些知识点不是条框的，也最好形成条框，这样会给人思路清晰的印象。

我以前从一个帖子上看过一位学长的经验，觉得他说得挺好的，事实上我也的确是按他说的做的。一行一分钟，这个可以应用于简答题和论述题，大体上能将时间利用得比较合理，不至于太紧张。

三、时刻记住专业课才是重头戏

我一路走来的感受最深的是自己时间不够用。也许对于很多学霸来讲，他们也会说时间不够用。但我这里想强调的不是"逝者如斯夫，不舍昼夜"的意思。

我感觉我有些舍本逐末了，具体一点就是，想看政治的话就一直学政治，能连续学将近10个小时的政治。但是大家千万不要任性，即使背专业课背到要"吐"也要坚持。

最后，送给所有考研人以最真诚的祝福和支持。无论如何，你都会发现，考研经历一定会是人生中一段值得去浓墨重笔的故事。

（杜常镯，行政管理）

第二十一章　统计学类

东财考研中的统计学考两门，其中国民经济统计学占100分，题型为名词解释、简答题、论述题；概率论与数理统计占50分，题型只有计算题，在试卷的最后。

一、国民经济统计学

《国民经济统计学》教材主要是文字叙述，依靠理解和背诵。

第一章总论贯穿其余七章，为基础部分，也是重要出题点，讲述国民经济统计学的概念、重要性、研究对象、研究范围、国民经济统计指标及基本分类，将国民经济统计内容分为了资源统计（第二章）、总量统计（第三章）、过程统计（第四章）、动态统计（第五章）、结构统计（第六章）、国际经济关系统计（第七章）以及国民核算体系（第八章）。其中前三章为重点，知识点繁多；第四、五章其次；第六、七章也有几个重要知识点，但是指数计算不必掌握；第八章了解国民核算体系的结构——几个账户即可（备用）。

国民经济统计学的出题比较出乎意料，但又不能说不是重要知识点，所以建议准备时应该尽量广泛，认为有可能出题的比较重要的知识点尽量都涵盖到，在考试时就可以应对了。但是那些人尽皆知的概念常识之类比如国内生产总值的定义等应该不会出题，这两年没有计算题，所以计算公式等不必记住，但是有些重要的计算思想以及定义应该掌握。本人从12月份开始背诵，之前画出了自认为可能涉及的知识点，晚上从6点半到9点半，最多两天解决一章，由于时间仓促只背诵了一遍，考试时有些模糊（此时"理解"就发挥作用了，所以建议要理解着记忆），建议提前开始，至少背两遍。

附上本人总结的各章知识点，建议你再自行添加或删减。

第一章，共七节，第二、三、四节为重点。第一节国民经济统计学的定义、五大需求者及其需求原因（了解）；第二节国民经济统计学的研究对象、国民经济统计学与经济理论实证研究的关系、外生发展和内生发展、国民经济的概念、社会再生产的运行过

程；第三节国民经济统计指标、指标体系、国民经济分类概念及理解（重点）、国民经济核算与工商会计的区别、估价原则、市场价格形式（重点）、信息处理的专用方法；第四节经济存量、经济流量（掌握）、交易类型、其他经济流量（包括物量变化、持有收益的具体内容，都是重点）、机构部门及单位（重点）、产业机构及单位（重点）；第五节统计平衡关系类型、统计平衡分析方法；第六节学科地位；第七节 MPS 与 SNA 的对比。

第二章，共四节，均是重点。第一节人力资源定义及特性、劳动力资源定义、经济活动人口定义、就业人口及失业人口（重点）、劳动力资源数量增减变动的原因；第二节职位定义、非正规部门及非正规就业、灵活就业定义及类型（重点）、失业原因（重点）、隐性失业和显性失业定义（重点）；第三节水资源定义、年降水量、年径流量、森林覆盖率、环境价值评估方法及具体几个方法（生产力变化法、人力资本法、旅行成本法等）、环境污染及环境保护（重点）、废弃物排放量统计、排放密度统计、排放强度统计、综合利用率及处置率（重点）；第四节经济资产、资产与负债统计的意义、永续盘存法（重点）、非金融资产、固定资产、固定资产投资额（重点）、存货、储备资产（重点）、国民资产（重点）、国民财富（重点）。

第三章，共四节，其中前三节为重点。第一节生产观的变化、货物及服务定义、经济生产、生产核算不排除非法生产及地下经济成分的原因、家务劳动被排除在生产核算统计范围外的原因、生产核算的范围、物量总量的局限性、价值总量定义；第二节最终产品、中间产品、在经济总量统计中采用国内生产总值而不使用国内生产净值的原因、三方等价原则、中间投入、计算中间消耗应注意的问题、如何区分实物性收入及中间消耗、固定资产折旧概念、最终消费（重点）、行业增加值的基本计算方法；第三节收入分配区分为两阶段的原因、财产收入、SNA 中把国民生产总值改为国民总收入的原因（重点）、初次分配的定义；第四节经济总量指标的局限性、经济净福利。

第四章，共四节。第一节作为生产成果的货物与服务的四个使用去向、最终消费的两种计算口径、政府和非营利机构是如何作为非市场生产者运作的、社会消费品零售总额与最终消费在口径上的区别；第二节货币定义、货币服务指数的优点、中国货币供应量的三个层次、MFSM 关于货币统计的基本思路、FIR 定义（重点）、金融结构与金融发展类型、金融稳健指标的核心指标只包括存款机构的相关指标的原因；第三节财产收入、预算外收入、财政支出、政府运营表；第四节资金流量核算的特点、资本转移及其不同于经常转移的两个特征、通货、直接投资。

第五章，共四节，第一、三节为重点。第一节价格统计的概念、价格统计的原则、价格指数、我国编制的主要价格指数；第二节通货膨胀、预期通货膨胀、通货膨胀形成的原因；第三节经济增长及其与经济发展的区别、平均增长率、采用几何平均法计算平均经济增长率的原因、潜在经济增长率、TFP（掌握）、经济周期及四阶段；第四节经济景气指数分析指标的标准、先行指标（重点）、同步指标（重点）、滞后指标（重点)、扩散指数的基本思想、扩散指数法的优缺点。

第六章，也是四节，重点是第一、四节。第一节度量市场集中化程度指标的四项原则、集中比（重点）、市场绩效、勒纳指数；第二节消费结构；第三节看一下即可；第四节投入产出表结构、部门工艺假定、产品工艺假定、直接消耗系数、完全消耗系数、影响力、感应度。

第七章，也是四节，需掌握国际贸易、国际服务贸易统计范围，购买力平价计算的一般思路，"一价定律"的三个条件，综合国力（重点），国际竞争力（重点）。

第八章，国民经济核算体系，简单看看就可以了。

二、概率论与数理统计

本人没有买指定教材，用的是高等教育出版社茆诗松等著的教材，主要内容应该一致。对于概率论与数理统计，主要是应对计算题。

第一章随机事件与概率中概率的定义、性质、确定方法为重点，全概率公式、贝叶斯公式等在计算概率的应用上也起着至关重要的作用。第二章随机变量及其分布中要掌握分布列、概率密度及分布函数的转化、期望方差的计算、常用分布（二项、泊松、正态、均匀、指数分布，重点是正态分布性质、标准正态分布性质）、随机变量函数的分布。第一、二章都是概率论的基础，应该熟练掌握。第五章统计量及其分布中经验分布函数及统计量的分布为重点，三大抽样分布应掌握其性质。第六章参数估计为重点，进行矩估计和最大似然估计以及区间估计。第七章假设检验的正态总体参数假设检验为重点。至于习题，只要挑选课本中比较典型的每章练习题做做即可。

虽然各科均有重点，但本人建议还是全部知识系统掌握，然后突出重点比较好。上面只是个人见解，希望对各位有所帮助。

（赵芹，统计学）

第二节　　　你离东财，只有一步之遥

开篇想跟大家说的是，考研首先教材要买对，这个很关键。因为我第一次把教材买错了，结果在11月中旬的时候做专业课真题，发现好多知识点书上都没有，后来才明白是书买错了。

《国民经济统计学》我看了大概一个半月，每天大概四五个小时，有的时候更多。最后我专业课考了137分，有点出乎意料。在只剩下一个半月的时间里，我是怎么突击专业课的呢？首先，网上近几年的专业课真题都是可以找到的，然后研究一下出题规律，国民经济统计学占100分，概率论与数理统计占50分。其次，题型是固定的，数量一定，分值一定。

国民经济统计学有三种题型，其中8个名词解释、6个简答题和2个论述题，而且几乎所有的答案都是可以在课本上找到的。最后得出一个结论：好好看课本，细看，仔

细看。名词解释是没有规律的，每一章的每一节都有可能，所以我就把每一节的每个概念都画出来记了一遍。简答题复习也要多记忆书上对应内容，近几年的真题已经够用，你多看几遍就会发现出题规律，然后你就可以尝试着针对自己看过的章节自己出题，并且有可能出现重题，不能掉以轻心，越是考过的越要记住。论述题也可以自己尝试着出一下（当然论述题的答案会比较多，不是所有的知识点都适合出论述题），然后根据自己的理解，概括出一些考点，基本可以覆盖考题。因为我本科学的是数学，所以我认为这门课好像没有什么需要理解的，基本就是靠记忆。记住就会，就能得分。最后复习的时候，从第一章到最后一章，我把认为有可能考的名词解释、简答题和论述题写在了白纸上，然后自己尝试着在不翻书的情况下把答案写出来。在考场上假如遇见在你复习时没有作为重点的地方出到考题了，而你的大脑对这部分一片空白的话，那么也要根据自己的理解填上答案，切记不能空着。另外，这门课是没有重点的，几乎哪里都可能考到，所以一定要看全（如果时间充裕的话），不能有侥幸心理。比如我就没有把国际服务贸易的范围作为重点，只是粗略地"过"了一下，我认为那部分太乱了，不会考的，结果就考到了，后悔当初没有仔细看一下。参考资料的话，课本就够用了，当然有课件的话会更好。

对于概率论与数理统计，数学（三）的概率论与数理统计学好的话只需要再看看所给参考书目的第六章假设检验就可以了，然后做做后边的习题，看看相应的参考答案。这部分内容比较简单，或者历年真题做做就可以了，因为题型几乎是一模一样的。

专业课的题其实还是挺简单的，国民经济统计学就是记忆性的内容，记住了当然就会做。3个小时的时间绝对绰绰有余，依次答题就可以了，遇到不会的，跳过去做完后重新回来思考。

（stella_yao（笔名），统计学）

第三节　步步为营学统计

我初试成绩407分，排名第6，其中专业课132分，下面和大家交流一下专业课的复习心得。

首先我简单介绍一下概率论与数理统计吧。概率论与数理统计50分，考得比较简单，我当时就是照着复习数学（三）来复习的，最后再看一下假设检验那一块，就是记下公式。

国民经济统计学就是靠看书记忆的功夫了。我专业课复习开始得比较晚，快10月份才开始，不过最后证明时间还是很绰绰有余的。第一遍一定要看课本，不要自己想当然地认为什么是重点什么不是重点。而且第一遍时要慢，细细理解，这样以后背的时候就会轻松。国民经济统计学是不考计算题的，所以背书是关键。

具体点说，前五章我当时是全部背诵的，实在太长的地方不能背下来也是要理解的，理解不了的就还是背下来。我觉得前五章所占比重还是很大的。对于第六章，当时我觉得指标N多，都是小概念，没有大问题，所以我就默认只考一个名词解释，就没怎么看。确实考试的时候考了个名词解释，我也就放弃了。第七章、第八章，把大的问题把握一下。我当时就是这么复习的，觉得还不错。

国民经济统计学的题型就三种：名词解释、简答题和论述题。准备名词解释时你就把书中的重要概念背下来，也没多少，可以参考每章后面的本章重要概念。历年真题考的概念大部分应该会。简答题、论述题就发挥推断力，我觉得一般也可以大致得出个范围。

对于国民经济统计学，我觉得不需要其他资料了，看看书就行，看的遍数多了，自己心里也就有了大致轮廓。总体来说，也就是宁可多看几遍，不能漏过一点。国民经济统计学出题还是有些偏的。

最后我想说一下真题的问题。真题的话，概率论与数理统计的参考价值还是很大的，因为翻来覆去也就是那些题型。但是，国民经济统计学的复习千万不能以历年真题为参照。因为国民经济统计学的题目变化比较大，所以只能将真题作为参考。国民经济统计学的出题点太多，不管以前考没考过都有可能考。关于第五章、第七章的内容，简答题这么多年都没考，我当时就认为不是重点，结果就考到了。还好，其中一道复习的时候虽然没背下来却也是看过的，凭着印象回答。

总之，概率论与数理统计正常复习没问题，国民经济统计学的话，看书一定要细，不能放弃任何点，能答多少答多少。

（牛瑞雪，统计学，专业课132分）

第二十二章　法学类

"逆袭"民商法

首先，我的成绩挺一般，真的挺一般，小学是第一第二的，初中就十名以内了，大学上的是辽宁师范大学一个二本的专业。三年半以来，民法和宪法都挂科过，也就是说法学考研专业课的四科中两科都是挂科过的。所以，我的考研历程应该是一个标准的逆袭的过程了。当然，因为种种原因，分数不是很高，但是我觉得我的方法还是没有问题的，只不过实施的时间有点短。

首先，我准备的时间不太长，因为9月末参加了司法考试，"打了个酱油"，之前一直准备司考来着，然后就放了个"十一"的假期，放松了一下。参加过司法考试的同学应该知道那种连续两天考试面对几百道选择题的压抑感觉，结果一放松，一不小心就放松到了11月份，11月份前半个月因为一些个人原因，也基本上没怎么太看书。我是从11月中下旬正式开始看书的。

我对于司法考试觉得是"打酱油"的，准备考研的时候，虽然时间不够，但是也算很用心了。当时压力很大，学法学的没有司法证，又没读研究生，真的没太大的出路，尤其是女生，因此压力还是不小的，但是当时心态特别好，想这辈子也就考这一次了，所以就算是拼尽全力也"死"不掉的，就死马当活马医呗。

最开始的时候精力不太集中，看书看不进去。我是从民法开始看的，民法还特别杂，最开始看书特别容易走神。这个时候不能烦躁，每天尽可能规律地去上自习，每天给自己好好地打气。

每天早上，给自己规定50页书的任务，折好页脚，然后朝着50页的目标开始努力。慢慢看，尽可能地认真，像看故事一样，用自己的语言和方式去理解，尽可能地联系自己生活中的事情，用水性笔画出自己觉得有用的地方（这样如果有时间看第二遍的话就可以跳过那些没用的部分了），而且像介绍历史背景的发展过程的这种内容我都跳过了，然后准备那种彩色的白板笔，名词解释用一种颜色标出来（就画名词不画具体的解释）、简答的问题用另一种颜色的笔标记出来，这样以后再看的话就特别明显了，可以很明显地看出来哪个是简答哪个是名词解释。最开始的时候自己挺拿不准的，不知道有些题会不会考，所以尽可能准备详细一点的题目"清单"，每一页都认真地"过"一遍，发现自己走神了就再回去重新看一下。

这样最开始看书一定是很慢的，习惯了速度就上来了，我到后来就是给自己按照章节来规定数量了，最多一天看120页。我个人的习惯是晚上回寝室以后或者找一天下午或者中午把最近看的书整理出来。

我习惯看电子版的，而且个人打字速度还可以，所以就逐页地看自己画出来的简答题和名词解释，整理成电子版的，顺便再在脑子里边"过"一遍，加深一下印象。当然，如果有人喜欢一边看书一边手写整理的话也是可以的，民法的一小部分我就是手写的，但是要注意，不要太过于注重书面，要注重质量，更要注重数量，不能把太多时间浪费于整理题目上，自己能看懂就好。

民法比较杂，最开始看有点费力气，也理不清思路，但是一定不要慌张，慢慢地看，稳稳地看，看到足够多的时候就会慢慢在脑子里边形成比较完整的轮廓了，这个时候也慢慢地找到感觉了，就大概可以判断出一些不重要的题目了，因为毕竟一张卷子就那么几道题，所以太过于偏的题目是不会考的。但是自己觉得不重要的也要看一下，有个印象，用自己的方式理解一下。

民法一定要多看，尽早开始看，因为民法比重相对大一些。我的习惯是把民法每一部分分开整理，民法总论、物权法、债、人身、继承等。将每一部分都分开来整理放在一起，这样复习和记忆起来更有明确的目标，也更有明确的框架。特别提一下名词解释，名词解释真的很多，我整理出来也是密密麻麻的，背的时候把重点的画出来，把属于一个框架内的用大括号连起来，然后不要死记硬背，用自己的方式去理解一下，用自己的话去形容一下，来回多看几遍，不需要死记硬背，考试的时候也是可以写出来的，因为已经变成自己的话了。

我个人比较喜欢刑法，所以看的时候就联系实际，想想一些电影情节、一些生活中听到的事情什么的，甚至有时候想想自己身边的事情联系起来来看书，加入自己的理解，也是像之前看民法那样去整理，整理的时候会发现有一些简答题是很相近的，这个时候不要烦躁，不要着急，多看几遍，实在记不住也别放弃，要知道考试前几天的短时间记忆力是绝对无敌的！书一定要稳稳地看，不要着急，一字一句地背题目，要有大概印象，什么时候忽然灵光一闪想到某道题目的时候一定要去书上查一下，这样记忆会特别深刻。

宪法和法理，我因为时间太紧所以有点敷衍了。宪法我就是一直看书，主要看书后面的习题，来回地背，所以宪法书后面的习题背得很仔细。我是从考试前十天开始背的，所以记忆特别深刻。而且我在后期这十天里重点背其他科的题目的时候也是会找时间"过"一遍宪法。法理因为时间真的太紧了，所以就上网找了个讲义，没看书，直接背讲义，考试的时候法理的讲义背了一半就那么赶赴考场了。这个不太可取，有点投机

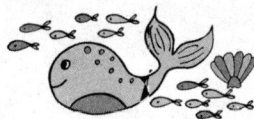

取巧。所以有两个月以上复习时间的同学一定也要好好看宪法和法理。也是因为我不太认真对待这两科吧，所以我这两科才得了94分，总分被拉下来了。复试时商法也是按照我整理电子版题目的方法背的，我的笔试成绩还不错。

总的来说，我的刑法和民法都是自己稳稳地看书，画重点，然后整理电子版的简答题和名词解释，原本的想法是第二遍的时候还是看书，就看之前画的觉得有用的句子，以及书上画的简答题和名词解释。第三遍的时候再抛开书，直接看自己整理的打印版的题目。但是因为实在是太偷懒了，所以看完书的时候时间已经很紧张了，只能直接进行第三遍了。

我看打印版题目的时候有个习惯，用彩色的白板笔把打印版的简答题的题目画出来，这样比较明显，防止自己在看题目的时候忍不住偷看答案的第一点，这样会容易记不住的。而且背的过程中，在空白的地方写下自己的一些感觉和一些自己总结的记忆方法，把一些重点的词语圈出来，一边画一边背，当然这个只是个人的习惯，有强迫症不喜欢乱画书的人可以用自己觉得习惯的方法。

第三遍开始直接抛开书背整理的题目，当初整理得很详细，所以有一些不是重点的题目，这个时候，潜意识里就可以大概地判断出一些题目是不会考了的，但是对于这种题目也不要完全地不管不顾，也要认真地看一遍，有个印象就好。像我初试的时候，就遇到了一道题目，甚至在自己整理的题目里边也没有，但是当时看书的时候觉得特别有意思，就是侵权责任的归责原则那一块，当时自己对于高空坠物归责很感兴趣，所以就认真地看了一下，虽然当时没有整理，但是还是有印象的，考试的时候遇到了就写上了。

如果有一定的准备司法考试的经验的话，当然是更好的，但是我是个很懒很懒的人，司法考试完全就是抱着试试看的心态去考的，也没怎么认真准备，总想着玩，我不是个适合长线战斗的人，所以我司法考试都没到300分，挺惭愧的。

既然我可以做到，那么一个月的时间大家不要觉得短，一个月以前我也是比较空白的，每学期期末考试都是考前突击的，但是我相信自己可以做到，一直也没去考虑过考不上怎么办的问题，当然也没给自己太大的压力，就是一种放空了心的感觉，包括最后的一个月，我也是看会儿书觉得看不进去了就玩会儿游戏看会儿小说什么的，放松的时候就很认真地放松，看书的时候就一定要认真看书。

最主要的是自己的心态，要放下很多东西，不要有太大压力，做真实的自己就好，中间实在是想要忙里偷闲做点什么，就去做吧，做完以后就可以安心、专心地学习了。我就是这样做的。

考试之前的十天因为之前想做的事情想吃的东西都"完成"了，所以也没有什么太大的执念了，特别安心，也因为真的知道着急了，我的第三遍直接背打印版的题目是在这十天内完成的，甚至在初试第一天考完试回到寝室，民法还没有背完。最后十天我几乎都是凌晨两点睡的，初试那两天都是凌晨三点睡的。当然，这个方法是不提倡的，能够有两个月以上的时间的"孩子",一定要好好珍惜时间。不能像我一样贪玩不知道着急,这样最后十天是特别辛苦的。

我最后十天真的是一种机械式的状态了,每天都在寝室,早晨起床就洗漱,然后看书、背书,中午订饭吃,下午困了就趴在桌子上睡一下,然后继续背书。当然这个也是我个人习惯,我晚上会背书到凌晨两点,但是早上可能八点半才起床,这样才有精神,而且我晚上的效率比较高。这个时候寝室因为五个人都考研,所以大家也都不说话、不聊天,都很努力,这种气氛很难得。

最后十天真的是记忆力特别特别好,不要怕麻烦,一定要稳稳地、认真地看自己认为应该看的东西,不要投机取巧,而且要有绝对的自信,不要慌张、不要着急。

上考场之前,尽可能地将整理的题目"过"一遍,这个时候就不要逐个题目地背了,迅速地看一遍默读一遍,一定要经过大脑,多看一道题可能就多一分!然后就拿出自己绝对的百分之一万的自信上考场去吧!告诉自己,我是最棒的、独一无二的、绝对的、无敌的!

话说我在考研期间这一个月里准备了个小本子,每天都记一下当天的事情、当天的心情,给自己鼓励,告诉自己,今天看了100多页,好厉害啊!要继续努力啊!类似的话,每天都写,不会用很多时间,然后自己鼓励自己,并且找一页,写一下自己考研的动力,比方说换新手机啊,比方说自己大学太平淡了,通过考研来弥补一下大学生活啊,把一些可以成为自己动力的事情写在一起,平时看书看累了的时候,就翻翻那个本子。我在本子的第一页写着:不要让我重新看这个本子的时候觉得后悔!不一定有逆袭的命,但是绝对有嚣张跋扈的逆袭的心!当然这个也许只是小女生的做法,但是我觉得别人说什么都是鬼扯,只有自己知道自己想要的是什么,只有自己知道怎么才能激励自己热血沸腾。

复试的时候因为我考的是民商法,所以复习商法也是用整理的电子版。复习商法时果断地跳过了证券法、海商法,其他一些分别整理,商法总论整理放在一起,公司法整理放在一起,然后把每一部分里边相近的简答题放在一起进行记忆,这样效率会很高。而且复试没有名词解释,这样就减小了一定的难度。

答题的时候,初试和复试都一样,多写是肯定的,但是也不能瞎写,老师会认真地看,但是你也要认真地对待老师,不能一口气写很多,让老师自己去找正确答案。要尽可能认真地去想,按照自己的话来写也可以,这就显示出了之前看书我说的要用自己的方式去理解的原因了,也许你的回答不是书上原原本本的答案,但是因为你的理解是对的,所以按照自己的话表达出来当然是没有太大问题的。书上的知识不能死记硬背,用自己的方式理解,才能为自己所用。这一点表现在名词解释上更为明显,毕竟名词解释太多了,没办法一个一个地去记忆。答题的时候一定要相信自己,绝对不能中途放弃。很多时候你不会的题目,别人可能也不会。只有自己做到最好、最努力了,那么即使失败了才可以说自己是无悔了,不是吗?

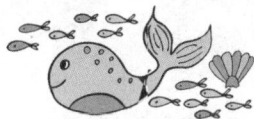

　　我觉得我没有资格写这种考试复习经验，但是既然受托让我写了，我就很认真地写了。我自己整理的那些电子版的东西也上传到论坛了，有什么问题如果觉得我可以帮忙的话也可以联系我。因为我当初考试的时候也遇到了很多学姐学长，他们都很热心。

　　最后要相信自己是世界上独一无二的那一个，不到最后一刻谁都说不好谁胜谁负，不是吗？当初考试的时候太多的人不看好我，我不是一样考上了吗？套用一句歌词："冷漠的人，谢谢你们曾经看轻我，让我不低头，更精彩地活。"

（林丹玫，民商法）

第二十三章  外国语类

第一节　　　　　　　　　　　　　　　　　　迈入英语文学殿堂

终于拿到调档函了，可以唠叨唠叨了。自己在备考的过程中，从以往的"前辈"那里获得了许许多多宝贵的经验，在这里道一声感谢！为了延续这一良好传统，让以后的学弟学妹们少走弯路，也写写我的经验。

首先，开门见山说两点重要的：第一，东财的外国语言学经常变题型，不按套路出牌，所以在备考的过程中，往年出现过的题型都有可能再次出现，这样就在无形中扩大了复习范围，考得广而不深，所以想要拿高分的同学要多下功夫了。第二，真题极其重要！大家一定要把真题看了又看，翻了又翻，这样才能了解出题偏好和大致范围，还有各部分各题型的分数范围，能事半功倍。下面说说我具体的初试体会。

我想提醒大家，初试一定要上心，复试后的排名基本浮动不会太大，所以想要稳妥，初试一定要拿高分。我那年的复试办法里是这么说的：总成绩=初试总成绩（折成百分制）×70%+复试成绩×30%。复试成绩=专业课复试成绩×0.5+二外听力水平测试成绩×0.2+二外口语水平测试成绩×0.1+综合情况面试成绩×0.2。

一、语言文化与商务英语

1.语言学

首先打个预防针，以往有些经验里会提到重点章节，但从2013年起，没有所谓的重点章节，每一章都有可能考大题，一定不能存在侥幸心理。

东财真题的题型为名词解释（20分）、论述题（20分）、简答题（20分）。为什么先说语言学呢？因为这是我那一年最"坑"的科目。名词解释还好说，大家好好背指定参考书配套的练习册。但注意，只背练习册上的是不够的，仔细看过历年真题的同学都会发现，有些名词解释在练习册上是找不到的，但它一个就占4分，而且这送分的题，怎么能轻易丢掉呢？大家就要翻指定参考书了，英文的那本上有好多名词都是大写的。没错，就是它们，主要集中于语音部分，velar/affricate/lateral之类的，后面还有case/

number/gender 之类的也考过，这块儿也要翻书。我的做法是把练习册上没有的但在书中大写并做出过解释的名词都抄到一个小本子上方便记忆。论述和简答可算是"坑"死人了，往年出题范围都是在前 5 章和最后 1 章，结果出乎意料地出在了其他章节，比如 why do we need to teach culture in our language classroom，又如 what's your view about the relation between MT and human translation，再如 what is contrastive analysis，这 3 道大题一共 25 分，前些年几乎不考这些章节的，要考也就一两分，结果这次一下占了一半比重。反正我是栽在这 3 道题上面了，专业课比预期低了 20 分就是被语言学拖了后腿。学弟学妹们可要赶快调整策略，中间几章无论如何都丢不得啊。

语言学就这样，名词解释和大题主要参考练习册。前些年还考过选择，不过都不难，能练的话尽量也练一练。经历了考试之后，觉得一切皆有可能，不要留任何死角，往年的题型一定要熟悉。

2.英美文化

这块题型也比较多变，选择、填空、判断、翻译、名词解释和论述都有可能。这块比较简单，主要就是书上的内容，选择、填空、判断基本都是原题，大家下功夫多看几遍书。重点是英美文化，大题会从这两个国家出。其余题型各个国家都有可能出题。

关于名词解释，我看了之前某位学姐的经验，自己总结了关键词写到一个小本子上，能串起来就行了。论述我是下了大功夫的，后来证明也比较有效，就是参照着《朱永涛〈英语国家社会与文化入门〉笔记与考研真题详解》，把每个单元能独立出题的主题都总结出来，比如美国宗教信仰的特点、美国的宗教自由、英国的外交政策等。举个例子，我那年复试再次考到了撒切尔的私有化政策，可总结为三部分：第一，背景，工党在任期间通胀高、英镑贬值之类的；第二，内容，精简官僚，经济私有化（当然后者是重点，多说点儿）；第三，结果，虽然控制了通胀，但失业率飙升，然后再扯扯保守党的政策偏向保护个人而不是大众福利之类的。这个模板并不适用于每个主题，但大致思想是相通的，就是一定要有条理，这样避免了死记硬背，很容易就能串起来，也有利于举一反三。

总的来说，这块分数比较散，要看的东西多，好在比较有趣，看起来没有语言学那么费力。

3.商务英语

关于商务英语是不是初试的重点，我个人持保留意见，因为从分值上来看，名词解释就占 30 分，还有 10 分阅读（完形填空），10 分论述。书看得遍数再多，有提升空间的也就那 10 分论述，而占大头的名词解释是很好拿分的，所以从大局出发，我建议这块没必要花过多的时间，不用觉得没学过这本书就一定要翻烂，要比另外两部分花更多的时间，当然你时间很充裕就是另一说了。首先，30 分名词解释是重点，10 个名词解释，每个 3 分。我是先把相应的英语翻译（教材配套的光盘里有）打印出来，对着把原文看一遍，然后再把每章的名词解释总结出来。这个当然要自己总结，看着像能出成名词解释的都把它抄下来，宁可错杀，不可遗漏，备考后期你背这个就行了。然后，10分阅读，难度不大。有可能是让你给段落排顺序，或者把句子插到合适的位置，或者给你几个问题，你从文中总结出答案，都不难，不用专门练习。最后，10分论述，比较棘手。我那年东财换了新版的参考书，里面更新了4章，本以为会从新的章节里面出题，结果出了个我认为挺偏的题，在 cultural environment in international business 这章里，在 adopter categories 下有个 early adopter，就考了它的概念和特征。大家要多看书、多动笔、多总结，把每块知识总结成一个个小体系，做到心里有底。历年的论述考得都不是很"大"，都是一小块一小块的，所以没必要串太大、太宏观的知识点。

二、法语

法语也是七十二变，题型多样，可参考往年的真题。我那年的题型有根据画线部分提问，根据上下文进行动词变位，反义词，句子中译法，最后一道大题是法译中，没有作文。总体难度不大，但翻译不能轻视，句子中译法的难度要大于《法语2》里的习题，主要是词汇。法译中难度也不小，碰到好几个词不认识，好在最后老师给分比较慷慨。

指定的参考书主要看《法语1》和《法语2》就行了，《法语3》的话没时间看也没啥大影响。书后的习题一定要反复练习，考试的题型大都出自这里。

备考的同学一定要多读文章，扩大自己词汇量才是王道。语法方面只考基本的，没必要深究。东财法语貌似喜欢考同反义词，大家平时多注意一下。

三、综合英语与翻译

这块也没啥可说的，题型就那些，综合英语100分，翻译50分，考的就是你的英语功底，想要短期内大幅提升也不现实，所以尽量早早准备，每天都看看，也花不了多少时间。

单选主要考词汇量，复试的时候也有同类题型出现，我没有专门练，也没有背任何单词书，就是多读文章，反复"激活"，个人觉得比背单词书强一万倍。注意，完形填空是没有选项的，所以平时要多读，培养语感。阅读难度不大，我用的是星火的专八阅读，考试的文章没有专八难，不用紧张，注意不要太慢就好。改错练的是专八，也不用做太多，每天做一两篇，有感觉了就行。作文的话，东财每年就给个主题，然后你就写吧，所以比较自由，大家平时多练就行了，不要上场了才发现手生。我那年的题目是plagiarism，比较好写。老规矩，300字。

翻译，2013年考了三部分。第一部分翻译成语习语，五十步笑百步，一朝被蛇咬，十年怕井绳，千载难逢，就记得这些，大家有个概念就行了，到时候看真题吧。第二部分翻译文章，从指定参考书出的原题，所以指定的书要好好看，不管能否遇到真题，多练总是无害的。第三部分翻译古文，比如山不在高什么的，不过底下有对应的现代汉语翻译，文言文的部分就不用操心了。总体难度一般吧，略微比复试的翻译难。这个也不用多说了，多练才不会手生忘词。

总之，综合英语这块，我不提倡题海战术，也不建议花大段时间专攻，毕竟考的是

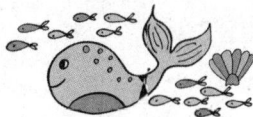

功底，不是一天两天的事。最好是早早就开始看，每天固定一些时间给它，也不用太多，而且安排不用太死，比如我改错练出感觉了，就可以多花时间看看词汇，词汇够了就多看看作文，总之要反复"激活"，持之以恒。这样到后期就可以把时间分给需要背的科目了，比如政治。

四、政治

这块我就不多说了，到处都是政治"大牛"们的经验。我是文科生，稍微有点儿基础，基本算是"裸考"吧，只在考前背了《肖秀荣考研政治命题人终极预测4套卷》，最后60分出头，也比较知足了，毕竟没怎么花时间。

最后，再次感谢"前辈"们的帮助，没有你们，就没有我今天的成绩！希望我的经验也能帮到以后的学弟学妹们，让这份温暖延续下去。

在此附上上文中提到过的书目。

1.《朱永涛〈英语国家社会与文化入门〉笔记和考研真题详解》
2.《星火英语·2013英语专业8级考试改错满分突破60篇》
3.《星火英语·2013英语专业8级考试五大题源报刊阅读100篇》

（木易，外国语言学与应用语言学）

第二节　专业英语全方位点拨

写在前面的话：如果你非常想读英语专业的研究生，东北财经大学外国语言学专业是个不错的选择。这个专业的考试题不是很活，需要死记硬背的内容比较多，只要你足够努力，方法用对，考上基本没有问题。

英语专业的专业课考试有两门：基础英语和专业英语。先说说基础英语，第一部分是词汇题，主要考查你英语词汇掌握的情况，建议你背背专八词汇，或者看看高级英语，这部分不能突击，只能依靠之前的基础知识。第二部分是完形填空，这种没有选项的完形填空比较难，我们高中、本科的时候基本不做这样的题，所以难度比较大，我当时练习使用的是我同学考二级翻译的书，基础当中有一部分这样的练习题，大概20多篇，就拿这个练手，每周做一篇，个人觉得非常管用。第三部分是改错，这个难度和专八的难度差不多，拿专八真题练习就行。接下来是阅读，有的年份阅读比较长，有的年份阅读长度和专八差不多，你就拿专八真题练习就可以了，最好找一些篇幅较长的阅读练习一下，主要是打基础。最后一部分是作文，难度和专八差不多，按专八作文要求去写就可以了。翻译部分，指定的教材是《实用翻译教程》（冯庆华主编），考试会从这本书上出一些内容，但是这本书比较厚，只能尽可能地熟悉这本书的内容，不建议花太多时间去看，建议平时多练习一下翻译。

推荐大家看一本书——《英语专业基础英语考研真题详解》（中国石化出版社），很不错的一本书。它包含各个英语专业名校的真题并附有答案，大家可以拿来做复习资料，各种题型都有。另外，专八真题一定要好好做。

专业英语——语言文化与商务英语指定的书目是《新编国际商务英语阅读教程》《英语国家社会与文化入门》《语言学教程》，这三本书都要认真看，并且要把真题仔细研究一番，看看老师容易在哪里出题，哪些作为自己复习的重点，哪些可以看看理解了就行。这一步大家一定要做，绝对不能漫无目的地去看书。先说说《新编国际商务英语阅读教程》这本书的考查重点，大概从2009年起开始改变出题模式，主要考查的是你对整本书的理解程度，尤其是对一些专业术语和书中某一部分的理解。你需要自己总结"terms"的"definitions"，然后背下来，还有根据你自己总结的出题规律去总结，背一些大题，这些都需要你自己去总结、去理解、去记忆。文化这一部分，我建议你先好好把书看一遍，然后把重点放在背课后题上，基本上所有的题都是课后题，不光要看英美国家的，其他国家如澳大利亚的都得看，一定要背准了，不能背得模棱两可，这部分的分都是白给的，一定要把分拿到手里。对于语言学基础不好的同学来说，语言学这门课程比较头疼，因为语言学比较难理解，建议大家买一本《语言学教程》中文版对照一起看，还有配套的课后答案一定要好好看，那里面有"terms"的定义，一定要把定义背熟了，大题也要背一下，很多考试题都是从课后题中出的。

总的来说，东财外国语言学专业的专业课不难，固定类型题比较多，需要记忆的内容特别多，一定要好好分析真题，然后总结，最重要的是要背准确了，不能偷懒，记不住的一定也要理解了，到时候可以自由发挥。

关于二外的复习，先说说日语，日语在三门二外中最不占优势，最难复习，分数最低，不过大家不用担心，你会发现考上东财的"孩子们"二外2/3都是日语，其实大家都是一样的，你没有吃多大亏。日语第一部分是考查你对日语单词记忆的情况，给平假名写汉字，给汉字写平假名，给外来语写意思，这部分只能痛苦地死记硬背了，实在没有什么好办法。然后就是选择题，难度是日语二级的难度，建议买一本近20年日语二级真题来做一做，有人说可能会出真题，本人买了真题对了一下，确实有，但是只有很少的一部分，建议大家好好做做二级真题。二级真题难度很大，可以先看看二级语法、词汇，一点一点积累。复习二外的重点是指定书目中标准日语中级那本书，一定要把课文和单词都背下来，而且还得会写，不能写错了。过程非常痛苦，一定要坚持，只有坚持到最后才能成功。还有，一定要把真题弄懂了，有可能会出现重复出真题的现象。

俄语复习首先是看课本，把参考书目看透了。其中的单词、语法、课文、课后习题都要认真看一遍，单词要背得滚瓜烂熟，这样才能很好应对考试中的阅读理解部分。两本书中的任何一部分都有可能出题，我觉得以第二本书为主，当然考试题不一定全从书中出，每年题型也会有小变动，但基本知识点大部分是书上的（我考的这年是这样的）。除了指定的教材还可以找一本系统的语法书和一本俄语词典，把语法知识系统地掌握。自己找相应难度的习题做，这主要看自己的复习程度，循序渐进。之后就是要做历年真题，从2003年到最近一年的真题，网上可以买到，并且把真题里的每道题都弄

明白，考的知识点是什么。做真题你会受益无穷，这也是复习中关键的一步。另外，详细地记笔记反复复习，不会的单词可以查词典，要经常看，即使当时看懂了时间久了不看也会忘，也会出错。

对照试卷中的题型看看自己哪里薄弱就可以各个击破，以教材和历年真题为本。如果真正掌握了也就够了，我当时复习到最后能把每篇课文都背下来，怎么翻译都没问题。语法题牢牢掌握，这样就万变不离其宗了。总之，充分的准备是必需的，这样你在考场上就游刃有余了。

再说说法语复习，当时考法语的时候，其实没有花太多时间去准备，基本上还是靠以前学的知识。但是自知基本功不是很牢，所以还是很认真地看了两遍指定教材。

原来学法语时，我们学校用的教材是《大学法语》（新时代那本）。自己感觉语法分类很清晰，内容不是很多，所以比较适合起步阶段。由于这本书本身就是针对二外学法语的人，所以难度不大，知识点也不是很多。马晓红编写的那本法语书是东财考研二外的指定教材。书的内容自然不必多说，是经典中的经典。但是个人认为知识点比较杂，需要有很强的梳理能力和理解力。这么说，并不是说这本书不需要看。相反，在打好基础后，这本书才是看的重点。多看几遍教材，对二外的复习是非常有用的。

再一次强调真题的重要性。在我做历年真题的时候，法语很多题都是以往的真题，或许只是答案变个形式。虽然不知道现在的法语题还会不会出很多真题，但是有些东西无论题怎么变，都是考试的重点，比如法语的各个时态的动词变位，这个几乎每年都会考。再一个就是短语搭配，如"depender sur"等。

同学们，考研是一个非常辛苦的过程，尤其是东财的外国语言学专业，虽然不难考，但是真的非常折磨人，要背的东西很多，之前一定要合理安排时间，基础英语的东西要坚持每周都练习练习，要不该手生了。最后祝大家好运。

（程洋，外国语言学与应用语言学）

第二十四章 政治学类

第一节　上班以后再考研

　　对于一个往届生，还是一个正在工作的人来说，为了在考研中能增加"中奖"概率，我选择了东财一个比较好考的专业——思想政治教育。没有高数，专业课也是和政治有关——马克思主义哲学原理，当然对于文科不太好的人来说，这也算是一个不小的挑战。在年初我就开始准备，我白天的时间都是在单位度过，平时比较悠闲，但每逢节假日就要工作到晚上十点。在对自己的英语还抱有自信的基础上，也就无聊时看看英语文章，我的大部分时间都是花在政治和专业课上。我基本是选择在单位上班的闲暇时间看书，晚上有时间时也会看点书。从我自己的经验来看就是早准备，反复看，相信这对任何一种考试都是有用的死方法。

　　下面我就来简单说说自己从准备到初试的经历，给大家作为参考。

　　首先，我明确了考研的目的是什么。确认目标，这样才有动力。为了搞研究，为了找一个更好的工作，还是什么其他的考虑？我的动力，就是对现状的极度不满，对工作环境的不满，以及为考公务员打下基础。大家都知道公务员一直是毕业生们关注的热点，对于往届生来说，即使是本省的公务员，在报考上也会有很多的地域限制，但对于研究生或者更高学历者就没有这方面的限制。考研的目的简单概括就是四个字——改变现状。

　　其次，我在专业选择上做了细致的权衡。对于一个往届生，而且还是一个正在工作的人来说，考研是个辛苦而艰难的过程，为了增加"中奖"的概率，我们必须纵观全局。

　　第一，先确定考什么专业。专业的选择很重要，虽然很多人都建议选择一个利于将来就业的专业，但我觉得选择一个适合自己的专业很重要，需要广泛搜集资料，锁定目标。对于我来说，最好不考数学，专业课和政治相关，这样在复习时能在很大程度上减轻负担，竞争不激烈，基本上进入复试就能百分之百被录取，因此我选择了一个自己感兴趣，也和自己本科所学专业搭上边的专业。

　　第二，专业确定完毕后，就是学校的选择，个人认为学校所在的地区一定是个人特

别向往和喜欢的地方，这样才能增加考研的动力，再在地区内筛选学校锁定目标，学校一定要强过本科时的学校。

这些前期工作应该早早做到心中有数。

然后就是找复习资料，包括英语、政治、两门专业课。很多同学提前两三年就开始准备，但是我觉得那样好累。考虑到本人选择的专业，和我当时的状态，我提前一年进行了复习。但还是建议同学们早准备，反复看书背书。

很抱歉在英语的学习方面，我不能提供太多的经验。因为我本身就没有像很多人说的背很多英语单词，做很多英语题目。我只是靠着稍微扎实一点的英语基础，再加上平时那么一点点积累，看了一点英文的文章，比如《经济学人》，考试时再凭借一点基础和运气，就顺利过关了。因为我的目标就是英语能过线就行。当然大家也不能太过寄希望于运气，毕竟运气也是建立在坚实的基础之上的。

对于自己的薄弱环节，事实上我认为自己已经做得很不错了，自己从来没背过这么多的文字，事实证明反复看书还是比较有利的。其实本人主要背诵的还是《马克思主义哲学研究》，这样还连带着专业课一起准备了，如果对政治的要求不高、只要60分左右的话，只要主攻政治的一个或两个方向就足够用了。要有框架，而且框架上必须有"肉"，这个百度里有很多别人总结整理的实用的资料，可能是本人看书的时间也不太充足，政治公共课和马克思主义理论这门专业课就花去了我大部分的复习时间。因为不只看一遍，而是看了有三四遍，反复看、反复背。另一门专业课政治学，只是稀里糊涂就看完了。

我的经验比较适合那种有工作、压力不大、随遇而安的人，一年考不上，可以继续工作第二年再来。我的复习也不是很全面，没有很到位，从头到尾只是抱着不强求的态度去考，希望能给大家带来一点点的借鉴吧，谢谢大家能看完我的文字。

（王海燕，思想政治教育）

第二节　希望，永远在前方

我从准备考研到复试成功，专业从会计学到政治学理论，很多同学的情况可能跟我一样，都是跨专业考试，还有就是冲着没有数学来的。虽然没有数学，但是掉以轻心的话也会成为牺牲品的，周围不乏这样的例子。讲讲自己的复习情况，与大家一起共进。

一、英语

考研难就难在英语，很多人都是因为英语这道坎而被"灭"的。就整个英语复习来说，有单词关、阅读关、写作关要过。

单词关，首先要选一本适合自己的单词书，单词书适合自己就好，不一定非得哪本圣书，圣书到自己手里不背也是废纸，我选的是《星火考研英语词汇》。然后在4—6月踏踏实实地背了两遍，并不断重复增强记忆。在这里啰唆一句，千万别用手机软件背单词，有的人自我控制力强，但我觉得大多数人和我一样，背着背着看不下去就想上下QQ等，时间很快就浪费掉了，所以切记没那个控制力的话就老老实实地背纸质的吧。

阅读关，以历年真题为主进行复习。对于真题的研究，研究越深，回报越大。大家把张剑的英语真题分析称为"黄宝书"，可见真题的重要性，真题研究明白、研究透了，英语没有过不了关的。

写作关，10月份左右开始一定要摸透作文的格式，背诵大量的优秀范文和好句子，总结出自己的模板，没有模板在考场上会无从下手，自然作文的质量就没法保证，难以得到高分。

二、政治

决定要考研，政治这个难关必须得攻克。思政和马克思主义方向的同学可以把政治里的马克思主义基本原理和我们的专业书结合起来看，专业书上可能更详细，这样也能顺便把专业课复习一遍。建议政治可以报个辅导班，这样不用自己浪费时间总结时事政策等，跟着辅导班的节奏来，可以把大部分时间留给英语和专业课，"红宝书"一定要仔细看3遍以上，习题任汝芬系列可以平时背单词累了做一做，临近考试时肖秀荣的四套题还有海天20题等可以看看，历年的大题基本上都猜中了，所以还是值得一看的。政治一般都在60～70分，不会差很多。

三、专业课

政治学初试参考书是王浦劬等著《政治学基础》（北京大学出版社2014年第3版），这本书有许多学校的行管也考。马克思主义理论初试参考书是陈先达的《马克思主义哲学原理》（中国人民大学出版社2010年第3版）。大家可以去网上找学习笔记下载下来打印成纸质版，然后对照书进行复习，这样可以省去自我总结的时间，不过有的笔记可能会有出入，这就需要我们对照书自己改。第一遍的时候先看书的目录，对照笔记的要点看书上的详细解释，这个一定要细，可以多付出点时间，把笔记上不对的也改一下，这样就成了自己的笔记。第二遍对照笔记的要点，尽量不看书回想概念等，不会的再看书背下来。第三遍要看着笔记的要点背，因为一般答题首先要答的就是要点，这个必须记下来。总之，结合笔记和书要把政治学看五六遍，这样考试时即使记忆"空白"也能用自己的话写出答案来。

答题的时候，一定要一二三把自己的原理要点写出来，然后再阐述，老师一般看着要点就会给分，这个一定要记住。

大家要记住考研复习要踏实，每一滴汗水不会白流，没有人一下子可以教你考到多少分，没有人可以代替你去努力，不努力是肯定不会有收获的，最关键的一点还是自己踏踏实实地把每一个小知识点都学好，以不变应万变。用考研的时候很喜欢的一句话与大家共勉："在没有战火的年代，考研算是我们年轻一代新的青春史诗，一场战争，走到最后的总是坚持的人，这场战争中，要学会忍受孤独、寂寞、坚守、等待，即使死也要死在战场上。"

（姬磊，政治学理论）

第二十五章　电子商务

电商突围战

近年来，我国电子商务急剧发展。互联网用户正以每年100%的速度递增，绝大多数企业陆续步入电子商务行列，采用传统经济与网络经济相结合的方式进行生产经营。同时，国家政策大力支持电子商务的发展，商务部对电子商务给予极大重视。据统计，我国登记在册的电子商务企业已达到1 000多万家，其中大中型企业就有10万多家，由此估算未来我国对电子商务人才的需求高达每年20万人，而我国目前包括高校和各类培训机构每年输出的人才数量不到10万人。也就是说，我国现阶段电子商务人才是严重短缺的，这甚至已成为制约我国电子商务发展的瓶颈。

可是，在中国的大学里，本科的电子商务专业是个比较特别的存在，概括起来，主要有以下几点：第一，在大多数大学里，本科阶段学的课程往往庞杂而不精：计算机、市场营销、经济学、管理学、广告学、物流学、平面设计等都要学一点，但又都是泛泛而谈，浅尝辄止，水过鸭背，局限于书本经验。第二，定位模糊，这个专业在各大学里所在的院系让人眼花缭乱：有的归属计算机学院，有的归属管理学院，有的归属经济学院，有的归属商学院，还有的算到信息学院去了，授予的学位也是五花八门：理学学士、工学学士、经济学学士和管理学学士，高校对电子商务专业就像早晨的林中鸟——各唱各的调，听得多了，发现其实都有些不太着调。第三，从全球范围来说电子商务都是一个极其快速发展的新兴领域，快速和新兴到连中国的互联网大佬们都承认他们自己也没搞明白电子商务究竟是个什么东东，现在的市场一片未知，大家都在摸索，更何况未来的发展了，但学校的课本还都是两三年前流行的东西，滞后性很明显，所以电商专业学习的内容和实际工作的内容脱节很严重。

凡此种种，就造成这个专业的学生好像什么都会，但什么又都只会一点皮毛，而且是过时的、不实用的皮毛，因此本科毕业生并没有搭上我国电子商务高速发展的东风，就业反而一直很尴尬。在2014年教育部公布的本科15个难就业专业中，电子商务专业赫然名列其中。其实电商企业最需要的是分别精通IT、营销、销售、设计、财务、支付、法务、采购、物流、运营、公关等各方面的专业人才，对"杂家"需求有限。有网友说得好："电商说穿了就是互联网营销，拆开来就是互联网加营销。建网站是计算机专业，卖东西是营销专业，推广是广告专业，电商的学生会发现自己拥有40%的计算机技能、40%的营销技能、20%的推广技能，但别人拥有的技能包都是100%的。一个10人的电商团队，老板会招4个计算机专业的建网站、4个营销专业的卖东西、2个广告专业的做推广，各司其职。但不会招10个电商专业的，坐在一起面面相觑。"

于是，很多电子商务专业的本科生想到了考研，而东财成为很多同学心目中的首选，原因有二：第一，东财的电子商务专业实力强劲，有多位全国知名的教授，学科排名经常跻身全国前十，在商业模式的创新上不够发达的东北地区更是无人能出其右。第二，考研复试线低，这么多年来始终都是国家线，而且专业课考试难度一直较小。

需要说明的是，东财的电子商务专业所在的学院是管理科学与工程学院，其前身是东北财经大学电子商务学院，是东财为适应培养电子商务人才的需要，于2001年4月建立的一所新的学院，是经国家教育部正式批准的电子商务本科教育的试点单位之一，也是我国最早成立的进行电子商务专业教育的学院之一，由此可见学校对这个专业的重视程度。而且，东财的电子商务专业是授予管理学学位（大家读研毕业后授予管理学硕士，注意不是经济学硕士），这在国内来说属于最主流的，所以2014年之前，考研专业课科目都是以考管理学为主的，2015年才开始改成专门考电子商务（科目名称叫电子商务，指定的两本参考书目则都叫《电子商务概论》，一本是杨兴凯主编，另一本是李洪心主编，都由东北财经大学出版社出版）。因为这一改革，往年的考试真题和重点都完全没有了参考价值，让很多同学复习失去方向，打起了退堂鼓。

其实纵观东财改革后的专业课考试，我发现难度仍然不大，而且从不"压分"，考高分很容易，这一点和东财的经济学、会计学、管理学等以"给分低"著称的专业课颇为不同。考试题型也是很常规地分为概念题、简答题和论述题，说白了，就是以"背"为主，考题的标准答案都是教材上现成的，而灵活运用所学知识解决现实问题的开放性、综合性题目很少出现。所以，大家只需要根据自己"身经百战"的考试经验来推断出两本教材中的重点并整理成一份笔记，或者直接买一份东财的专业课考研资料，然后根据笔记或资料把所有考点熟记于心，做到倒背如流，那么专业课考130分以上毫无压力。

其实话说到这里，很多聪明的同学已经明白电子商务专业课的重要性了。考研中数学和英语的难度众所周知，而电子商务专业课只需要花比数学和英语少得多的时间就能拿到超过130分的分数，在总分过国家线即可的情况下，把专业课学好拿高分无疑是考上的最大法宝。

虽说电子商务专业课考得简单，但是还要提醒大家注意三点：

第一，高效地利用好两本教材。教材有两本，乍一看好像要学的东西很多，其实这两本书内容大同小异。因此，建议大家一本为主、一本为辅，不要在两本教材上平均用

力。当你"啃"下一本后就有了底子，另外一本完全能够很快"过"完。如果平均用力，第一，这是在浪费时间；第二，对两本书表述不尽一致的地方，你必然无所适从、无法取舍，对记忆造成干扰。还有同学问不看教材直接背考点是否可行，我也不推荐，因为教材是基础，脱离了有血有肉的教材，干巴巴、孤零零的知识点就成了无源之水、无本之木，而且一本为主、一本为辅的话，看书的时间绝对够。那以哪本为主呢？个人建议是杨兴凯那本，因为他是近几年的主考老师。而且考试答题的时候，如果题目涉及的内容在两本书里表述有差异，也一定要以杨兴凯那本为主。甚至如果考前复习时间紧张，来不及两本书都背，也可以只背杨兴凯那本。还有的同学准备把整本书从头到尾都背下来，这我也不赞成，毕竟书上很多文字是不会考的，这样利用教材的代价太大，而且也很难坚持下来。最后说一下，个人认为电子商务安全这一章按重要程度可以列为"五星级"，每年必考，而且是大题；其次是电子商务的框架与模式、电子支付与网络银行这两章，出题频率较高，可以列为"四星级"；再次是电子商务概述、电子商务技术、电子商务物流管理、电子商务供应链管理这几章，时而出现考题，可以列为"三星级"；其余章节考得不多，但也完全有可能会出题，所以作一般了解。

第二，聪明地把握好"理解"的度。大家都知道在理解的基础上背诵是最有效的、最能获得"真才实学"的学习方法，但是具体到电子商务专业课，如果专注于对整本书都透彻、深入、全面地理解，由于考试内容较为死板，不出"活题"，这往往是做了无用功，白白浪费了很多时间；如果一点也不去理解，一上来就死记硬背，又无法记得牢固，无法在头脑中建立知识框架和体系。所以，在复习的过程中，要以"用最少的时间记牢最多的知识点"为根本原则，适时地打出"理解"这张王牌。建议大家先把教材通读一遍，核心考点和易懂的内容争取通过只看教材或者借助各种课程、资料的资源都理解了，个别晦涩而且不是很重要的考点如果实在看不明白可以放弃理解。在看完教材并适当理解以后，再细细地把所有考点反复背诵，并在考试前几天重点关照一下那些自己感觉背得还不够牢固的考点（特别是没能理解的）。

第三，科学地制订好学习计划。我觉得背诵这件事就好比举重这项运动，看起来似乎只需要尽可能多地使蛮力就可以了，其实绝非如此，技巧更关键。缺少计划、漫无目的地背，到头来只会事倍功半。要想背的效果好，反复与持续很重要，而且背得太早或者背得太晚都不可取。由于专业课考得简单，大家从9月份开始背考点完全来得及。给大家拟一个计划，仅供参考（可以根据自己的实际情况任意调整）。比如可以利用一个暑假先把两本教材看完。等到9月份开学，用两个月的时间，每天背5个考点，背到什么程度算什么程度，没背下来也不用管，第二天继续按计划背接下来的5个考点，以保证进度，这样到10月末就能够把所有考点至少背1遍。从11月开始就要加大强度了，每天背10个或者更多的考点（因为有了之前至少背过1遍的底子，不难完成），并且要求自己把所有考点都反复背至少3～4遍。然后开始给自己出题考考自己，看一下背的效果，没背下来的考点做好标记，以后重点背。考前可以把考点的顺序打乱来背，而不按照章节背诵，因为考试的时候题目顺序可不是按照章节来的。等你自己看到一个题，答案就能脱口而出，那么专业课就稳操胜券了。

最后我们再回到电子商务这个专业本身。大家肯定有疑虑：电子商务专业的本科生就业不好，研究生就业就能好了？如你所愿，答案是肯定的。因为本科阶段和硕士阶段最大的不同，就是本科生不分研究方向，只要是电子商务课表里的课，不管哪个领域的，你都要去学，而且每门课只能蜻蜓点水，别无选择；而研究生可以选择在自己大学里接触到的领域之中挑一个自己感兴趣的，作为自己读研期间的研究方向深入下去，毕业求职季必然会拥有安身立命的一技之长。

学电商，接触到的内容多多益善似乎无可指摘，但也绝非女士穿旗袍——开衩越大越好。你需要一个钻研的中心，这可以给你自己打造出一个核心的竞争力，一个步入社会的切入点，一个职业发展的支点。等你研究生毕业从事电商行业后，先利用自己重点学习的知识技能和学历优势在企业混上管理层；而等到你进入管理层的时候，你会发现本科学的杂七杂八的各种电子商务知识就展现出优势来了。其实，电子商务专业如果真能学好，那绝对具备了当高管的基本条件了——什么都懂一点，但又什么都不精通，不当老板当什么呢？

第二十六章　旅游管理

让旅管之梦盛开在最烂漫的樱花里

"世界那么大，我想去看看。"这封"史上最有情怀辞职信"2015年在中国人的朋友圈里被广泛刷屏，不知道打动了多少人的心，也很能反映人们对旅游的巨大需求。随着社会物质水平的提高，精神文化生活越来越受到重视，再加上交通工具的愈加便利，出行费用的愈加低廉，更有国家政策的大力扶持和鼓励，国内旅游市场持续火爆。根据国家旅游局的最新数据，近年来旅游市场的旅游人次和旅游收入一直保持着高速的"双增长"态势，在经济不景气的大环境下成为一道亮丽的风景线。而这无疑使国内旅游业对高层次专业管理人才的需求与日俱增。此刻选择报考旅游管理专业的研究生，一定会是个非常明智的决定。

既然旅游管理的研究生就业前景看好，那如何选择报考的学校呢？

东财肯定是个不错的选择。东财的旅游管理专业素来以基础理论和旅游体验著称，而东财的旅游与酒店管理学院院长谢彦君教授是全国知名的专家学者。东财的旅游管理实力之强在其光辉历程中可见一斑（篇幅所限，只摘录部分，以供大家参考）：东财的旅游管理专业所在的旅游与酒店管理学院（原名渤海酒店管理学院）成立于1995年。目前东财已经成为拥有博士研究生教育、硕士研究生教育和学士本科生教育三个完整层次学历教育的国内著名高校。1998年，东财获得东北地区唯一的旅游管理专业硕士学位授予权。2000年，与中山大学、复旦大学、厦门大学一起成为全国首批4所能够授予旅游管理专业博士学位的大学之一。2002年，承办了首次在中国内地召开的亚太旅游协会（APTA）第八届年会。2003年，在全国旅游院校专业排名中，位列全国旅游管理专业50强第4位。2006年，在武汉大学中国科学评价研究中心的专业排名中，位列全国355所普通本科旅游高校第2名；同年，与辽宁省旅游局、大连市旅游局分别签署协议，成立"辽宁旅游业发展研究中心"和"大连旅游业发展研究所"。2010年，成为全国首批取得旅游管理硕士（MTA）专业学位授予权的高等院校之一；获批教育部国家级高等学校特色专业建设点资格；加入"中国旅游名校TOP10联盟"。2014年，成为辽宁省旅游管理类教学指导委员会主任委员单位。2015年，辽宁省教育厅发布"辽宁省本科专业综合评价"结果，东财位列全省旅游管理专业第一名；成为国家旅游局"中国旅游改革发展咨询委员会"咨询委员单位……怎么样？足够"高大上"吧。

你可能会想，这个专业实力这么强，会不会很难考呀？其实东财的旅游管理无论是学硕还是专硕，这么多年来复试线基本一直是国家线，是不是普大喜奔呀？

说到这里，提醒大家一点，东财的旅游管理专业的硕士分为学硕和专硕两种，都叫旅游管理，这在东财恐怕是独一份（比如东财的会计专业，学硕叫会计学，专硕叫会计硕士，叫法明显有区别），很容易引起混淆。推荐大家报考学硕，会学到更多的东西，再说东财的旅游管理专硕在报考时对工作经验有硬性要求（大学本科毕业要有3年以上工作经验，大专5年，硕士、博士2年），大部分考生都不符合条件。

我是东北财经大学旅游与酒店管理学院旅游管理专业的2016级学术型硕士，应孙老师的邀请，很高兴在这里谈谈我的考研心得。对于公共课我就不多说了，因为大家可以从各种考研机构的老师那里得到许多信息。在这里我主要谈一下专业课。

东财从2015年开始初试科目指定教材是谢彦君老师的《基础旅游学》，这本书与我们本科阶段（如果你本科也是旅游管理专业）学的专业基础课"旅游学"所用的其他教材有很大差别。下面我给大家介绍一下我的专业课复习规划：

一、零基础复习阶段

以我的经验，如果你是跨专业考生，这个阶段就是要系统掌握专业理论知识，对课程有个系统性的了解，弄清整本书的章节分布情况、内在逻辑结构、重点章节所在，但不要求记住。这一阶段只求把课本读"通"，把不懂的或者自己认为重要的做上记号。

二、基础复习阶段

我基本上是从这个阶段开始专业课复习的，结合网上以及身边师兄师姐的经验，我给自己定的阶段任务是："吃"透课本内容，做到准确定位，对涉及的各类知识点进行地毯式复习，掌握基本概念和模型，夯实基础。这一阶段是要做笔记的，按照自己对课本知识的理解，整理框架，把重点标出来记在笔记上。

三、强化提高阶段

这个阶段主要是进行深入复习，加强知识点的前后联系，建立整体框架结构，分清重难点，要做到基本掌握重难点。因为东财旅游管理专业刚换指定书目，因此没有与指定书目对应的真题。鉴于考试经验，每一章后面的案例分析等一定要看。

四、冲刺阶段

总结所有重要知识点，包括重点概念、理论和模型等，查漏补缺，回归教材。温习专业课笔记和历年真题，做专业课模拟试题。此阶段一定要调整心态、保持状态、积极应考。

大家在复习的时候一定不要浮躁，东财旅游管理的专业课还是比较重基础的，很少有特别偏的题。只要大家把课本读懂、理清思路，就一定没问题！

　　对了，东财的旅游与酒店管理学院官网主页就有各位导师的介绍，选导师的时候大家可以直接去查阅作为参考。

　　在最后以这几句话收尾，并预祝大家在2018年的考研中旗开得胜，马到成功！

　　1.一定要端正心态，充满信心。不要过多地去想结果，要真正地融入学习之中享受学习的过程。

　　2.耐得住寂寞，抗得住诱惑，坐得了冷板凳，下得了硬功夫。

　　3."蓬生麻中，不扶自直；白沙在涅，与之俱黑。"一定要找一个良好的环境备考，最好是形成一个考研团体，在集体中获益。

　　4.我们一定要记住，考研是我们为数不多的改变自己命运的选择，好好准备，用心投入，无怨无悔。

（李惠，旅游管理，专业排名第1）

第二十七章　社会学

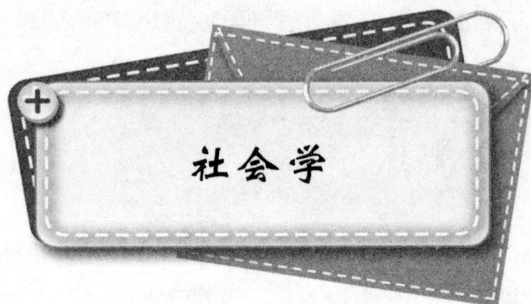

主编"旁观"社会学

社会学属于较为典型的文科类专业，如果要报考东财的社会学，考试科目除了英语和政治外，就剩下了两门专业课：社会学原理和社会学研究方法。最新的招生简章上推荐的专业课参考教材一共有四本：徐祥运、刘杰的《社会学概论》（第4版），贾春增的《外国社会学史》（简明版），风笑天的《社会学研究方法》（第4版），袁方的《社会学研究方法教程》（重排本）。这和很多在社会学专业名气很大的高校动辄十几本的参考教材（或表面上不指定参考书目但考生实际要看很多书）相比，算是颇为轻松了。

报考东财社会学的同学，除少数是热爱这个专业想提升自身学术能力和科研水平以外，大部分人的选择还是基于比较容易考上这一现实问题。毕竟社会学这个专业初试科目中没有数学，而且虽然以前专业课的真题中出现过一部分统计的计算，但总体上难度较小，更何况近几年社会统计学连考都不考了。同时，东财的社会学复试线年年都是国家线，而且复试只要及格都会被录取。另外，社会学属于法学的二级学科，和经济学、管理学、文学、教育学等学科门类相比较，法学的历年国家线也是明显偏低的。

准备社会学专业课，主要还是应该多看几遍教材，理解了以后把书上全部的知识点多背几遍，因为和经济学等其他东财热门专业有时会考到参考书目中没有的知识点不同，社会学的专业课试卷中所有知识点都会出自课本。

在这一过程中，只是一遍一遍地看书也许会机械得让人无法坚持，因此做笔记成为很多高分考生采用的办法，效果很好。至于是整理成摘要式的，还是逻辑框架图式的，或是其他类型的，则要因人而异，选择适合自己的记笔记的方式就好。

当然，在复习的过程中，东财的历年真题也要研究一下，做到知己知彼。真题非常宝贵，因为东财社会学可以获取的考研资料十分有限，除了教材，基本上也只有真题可以用来指导复习。

下面分科目来和大家探讨一下如何备考吧。

先说说社会学原理。

这门课东财推荐的参考书目是两本，由原来两本概论性的社会学教材变为一本《社会学概论》、一本《外国社会学史》。其中对于《社会学概论》来说，我建议大家把2015年的两本都看一下，以《社会学概论》为主，《社会学教程》作为补充，因为去掉的课本的内容还可能考。但不能在两本书上平均用力，这样会浪费大量的时间，而且各类社会学流派和观点的纷繁复杂就已经使人头晕目眩了，再加上两种教材版本上的差异，这样复习也很容易使自己陷入无所适从的境地。

这门课复习的要点也算是老生常谈了，即应该把基本的概念和各个理论流派的思想记熟，细致对比各个理论流派观点上的异同，千万注意别记混了。社会学各个流派的思想并没有绝对的对错之分，也都有各自的优缺点，甚至很多地方存在着悬而未决的争议，记忆这种尚无定论的信息比背下来理工科"真相只有一个"的公式要难得多，但是没有办法，只能下苦功夫。

说到这里，有一点不得不提：学习社会学理论的最终目的不在于记下每个概念或者每个人的思想，而在于修炼自己深层次的社会学思维和表层次的社会学语言。也许你仅靠死记硬背也可以勉强应付通过东财的考试，但是却没有领会社会学的精髓。考上研究生，不也是为了继续做学问吗？社会科学的东西很多是要靠理解甚至是领悟的，鹦鹉学舌式的方法无疑是效率低下的。也许只有在理解了的基础上背诵，才是最好的复习手段。明白了这个道理，在复习的时候你会少一些功利心，多一些从容。

社会学的知识固然是需要理解的，但对于那些确实无法理解的，比如后现代的东西，该怎么应对呢？我的建议是，那就要多看几遍甚至几十遍吧。都说读书百遍，其义自见，看多了，也许就茅塞顿开了。当然，如果复习的时间有限，对于实在无法理解的知识不问缘由地先背下来再说，从应试的角度来看也是一个经济的选择。

把理解和记忆做好了，再去找一些结合理论分析社会现实的习题尝试着做一下，就肯定没问题了。

在这里还想给大家推荐另外一本教材——我国著名社会学家、人大教授郑航生的《社会学概论新编》。这本书字数不多，而且比较好读，关键是体系非常健全，知识点罗列得很详细，很适合初学者使用。没有接触过社会学的同学读这本书很容易入门，如果你是本专业的，细读这本书仍然会有很大收获。

下面再谈谈社会学研究方法。

社会学研究方法属于比较灵活的科目，这就要求考生对各个基本概念、研究理论、方法和流程等都要滚瓜烂熟，如此才能在解题时运用自如。建议大家多看看教材中对于具体问题的分析。

东财的参考书目之一——著名学者风笑天主编的《社会学研究方法》（第4版），在全国是最流行的，被很多院校指定为参考教材。这本书比较厚，为了能够减少一部分内容，建议大家可以配合网络上的课程笔记来阅读，进行一下取舍。对于没有学过社会学研究方法的同学，建议一定要仔细阅读。学过这门课的同学，也不能懈怠，对这本书要进行仔细研读，特别是前面部分的内容。要在整体把握全书几大块内容的基础之上，做到清晰回忆起每一章讲的内容，以及这些内容具体的概念、依据以及操作方式等。

至于袁方的《社会学研究方法教程》，可以作为补充，但也切忌"大意失荆州"。

同时，复习这门课的时候还要注意比较不同内容之间的差异，小的内容方面要比较，大的内容方面也要比较。比如，比较配额抽样和分层抽样的异同，问卷法和访谈法之间的优缺点，等等，争取做到复习时既要总揽全局，又要细致入微。

最后，提醒大家答题时要注意理论联系实际，不能把题目对应的考点罗列上去就完事了，而应该用所学过的知识来分析、解决题目中涉及的实际问题。

第六篇

专业课之专硕

东财专业硕士中，会计、审计、工商管理、公共管理、旅游管理、工程管理的专业课为管理类联考综合能力，法律硕士则考两门专业课：法硕联考专业基础和法硕联考综合（法律硕士分为法学和非法学，专业课也相应有此区分）。其他各专硕均为东财自主命题。

东财专硕中自主命题的专业课，在考试特点和复习方法上基本与东财学硕的专业课一致，大家可以直接参考第十六章的内容。只有一点需要说明，就是一般来说，东财专硕的专业课考试从难度上看明显要比学硕简单一些，阅卷也相对宽松。这就使得很多报专硕的同学在专业课上没有花费很多精力就可以得到130分以上的成绩，东财的学硕则不可同日而语。因此，大家不宜直接拿东财有对应关系的学硕和专硕（比如学硕中的金融学和专硕中的金融硕士）的复试分数线来比较报考的难易，而应综合考量更多的因素。

第二十八章 管理类联考综合能力

管理类联考综合能力

第一节　管理类联考权威解读

还记得东财公布研究生录取名单的那天，我一遍又一遍地刷着已经瘫痪的网页，直到远在家乡的小伙伴发来带有我名字的那一页录取名单截图，我还不忘戏谑他："今天是愚人节，你没骗我吧？"本以为自己会因一路走来的艰辛而放肆大笑或者喜极而泣，却平静得异乎寻常。备考，不仅仅是复习，更重要的是对于心态的磨炼。

翻开书页的你们，是一群敢于追求梦想、不安于现状的"热血青年"，我愿以一己之力，为可能仍在迷茫中的你们指引方向。

会计硕士、审计硕士等很多专硕初试考的都是管理类联考综合能力，所以我的这些分析对这些专业都是适用的（我本人的专业是会计硕士（MPAcc））。

一、心态

在正式探讨考试题型、规划之前，我想探讨的是心态问题。

众所周知，咱们的初试不涉及专业课，仅是管理类联考综合能力+英语（二），在考试难度上大大低于学术型硕士。因此，有很多同学放松了警惕，太不看重它，结果大意失荆州，被拒之校门之外。我想强调的是，对于初试，既要自信，又要重视。

之所以要自信，是因为与学术型硕士初试相比，考试科目确实不难，不涉及专业课和政治，在准备时间上远远少于学硕。因此，要自信，但不是盲目的自信。

之所以要重视，是因为尽管初试"不难"，但由于题量大、报考人数多、报录比低，这也决定了它一定程度上的"难度"。因此，要重视，不可以嬉笑怒骂的态度对待之。

鉴于初试的"不难"与"难度"，大家既要自信，也要重视。

二、初试大体介绍

初试考试科目为两科：管理类联考综合能力、英语（二）。

管理类联考综合能力可以分为三个方面的知识：初等数学、逻辑、写作。表28-1对考试题型、题量、分值、总分都有描述，更为详细的内容，大家可以自行查阅相关资料。

表28-1　　　　　　　　　　　　　　　　初试科目

科目	题型		题量	分值	总分
管理类联考综合能力	初等数学	问题求解	15	25×3分=75分	200分
		条件充分性判断	10		
	逻辑	逻辑推理	30	30×2分=60分	
	写作	论证有效性分析（要求600字）	1	30分	
		论述文（要求700字）	1	35分	
英语（二）	完形填空		20	20×0.5分=10分	100分
	阅读（传统型）		20	20×2分=40分	
	阅读（新题型）		5	5×2分=10分	
	翻译（英译汉）		1	1×15分=15分	
	小作文		1	1×10分=10分	
	大作文		1	1×15分=15分	

三、初试复习策略

辅导界中一位比较有名望的老师有这样的观点：管理类联考选拔的是管理类人才，因为，初试实质上是对"逻辑"的考核。数学有逻辑，逻辑更是逻辑，写作也有逻辑，就连英语（二）考的也是逻辑。

我是赞同上述观点的。下面分别就考试的"逻辑"特点与每种题型，简单地向大家介绍一下我自己的复习策略。

1.管理类联考——数学

这里的数学是"初等数学"，远远达不到高数、线代那种难度，最难的题恐怕就是高中时候学过的数列了。大部分题的难度，类似于小学、初中的奥赛数学题。当然以大家现阶段的智力水平肯定是能"hold"住的。

下面附上考试大纲（见表28-2）。

但是，还是要强调，心态，自信，重视！

虽然在难度上不难，但由于题量大、时间紧，完全没有检查的时间，这就要求在做题时"快""准""狠"。首先，计算要准确；其次，要有题感，知道从何处下手、"题眼"是什么；最后，本质上考查的是逻辑，有些题目的解题也许根本不需要多么繁琐的步骤，思维上找对逻辑点，步骤大大简化，时间也就可以节约了。

数学部分对应用题的考查居多，在复习时，可以把应用题归类，分为工程效率类、路程时间类、溶液浓度类等，每个类型都有自己的解题思路。

表 28-2

考试大纲

一、算术	1.整数	（1）整数及其运算
		（2）整数、公倍数、公约数
		（3）奇数、偶数
		（4）质数、合数
	2.分数、小数、百分数	
	3.比与比例	
	4.数轴与绝对值	
二、代数	1.整式	（1）整式及其运算
		（2）整式的因式与因式分解
	2.分式及其运算	
	3.函数	（1）集合
		（2）一元二次函数及其图像
		（3）指数函数、对数函数
	4.代数方程	（1）一元一次方程
		（2）一元二次方程
		（3）二元一次方程组
	5.不等式	（1）不等式的性质
		（2）均值不等式
		（3）不等式求解
	6.数列、等差数列、等比数列	
三、几何	1.平面图形	（1）三角形
		（2）四边形（矩形、平行四边形、梯形）
		（3）圆与扇形
	2.空间几何体	（1）长方体
		（2）柱体
		（3）球体
	3.平面解析几何	（1）平面直角坐标系
		（2）直线方程与圆的方程
		（3）两点间距离公式与点到直线的距离公式
四、数据分析	1.计数原理	（1）加法原理、乘法原理
		（2）排列与排列数
		（3）组合与组合数
	2.数据描述	（1）平均值
		（2）方差与标准差
		（3）数据的图表表示
	3.概率	（1）事件及其简单运算
		（2）加法公式
		（3）乘法公式
		（4）古典概型
		（5）伯努利概型

例如：

甲乙两人同时从 A 点出发，沿 400 米跑道同向均匀行走，25 分钟后乙比甲少走一圈，若乙行走一圈需要 8 分钟，甲的速度是（　　）米/分钟。

A.62　　　　　B.65　　　　　C.66　　　　　D.67　　　　　E.69

这就是典型的"路程时间类"，方程的建立基于甲乙二人的关系上，"25 分钟后乙比甲少走一圈"，即在 25 分钟的时间内乙比甲少走 400 米，这就是"题眼"。

我复习数学时，看的是太奇教育的数学基础班视频。复习用书是太奇教育的《MBA、MPA、MPAcc 联考综合能力数学高分指南》（陈剑主编），这本书几乎是人手一本的。

2.管理类联考——逻辑

由于大家都没怎么接触过逻辑，所以一上来就自己做题，恐怕会云里雾里。我复习时是先通过视频学习了理论知识，然后再做题巩固。建议大家掌握了理论知识之后再去做题。逻辑所要考的知识点很少，但是后期的咀嚼、消化是要耗费大量时间的。

逻辑的考试大纲见表 28-3。

表 28-3 　　　　　　　　　　　　**逻辑考试大纲**

一、概念	1.概念的种类	
	2.概念之间的关系	
	3.定义	
	4.划分	
二、判断	1.判断的种类	
	2.判断之间的关系	
三、推理	1.演绎推理	
	2.归纳推理	
	3.类比推理	
	4.综合推理	
四、论证	1.论证方式分析	
	2.论证评价	（1）加强
		（2）削弱
		（3）解释
		（4）其他
	3.谬误识别	（1）混淆概念
		（2）转移论题
		（3）自相矛盾
		（4）模棱两可
		（5）不当类比
		（6）以偏概全
		（7）其他谬误

逻辑可以大致分为两类：形式逻辑与论证逻辑。

表28-3中前三部分，被称为"形式逻辑"，掌握了固定的套路，甚至将其公式化后，很容易拿分。需要注意的是：第三部分"推理"，这个建立在前两部分的基础之上，其实就是形式逻辑的"综合加强版"，在掌握了知识点的基础上，可以通过画图、排除等各种灵活的方法得出正确答案。

最后一部分"论证"，即"论证逻辑"，稍微有些难度，把握不好思路容易跑偏。建议大家在备考时多看看答案中的解释，看看正确答案的思路。论证逻辑的关键还是对于思维的培养。

关于逻辑复习用书，每个人的感觉都不一样，不要盲目听从各种建议，适合自己思维方式的就是最好的。因为我的逻辑基础打得牢，所以后期买了本京虎教育的《MBA、MPA、MPAcc管理类联考与经济类联考逻辑800题》（鄢玉飞编著）。这本书最大的特点就是，将传统的解题思路"公式化"，如果基础打得好，看这本书就会有一种"恍然大悟"的感觉，如果基础打得不好，恐怕会"不知所云"。

3.管理类联考——写作

大纲中对写作部分的要求见表28-4。

表28-4　　　　　　　　　**大纲中对写作部分的要求**

综合能力考试中的写作部分主要考查考生的分析论证能力和文字表达能力，通过论证有效性分析和论说文两种形式来测试

1.论证有效性分析
论证有效性分析试题的题干为一段有缺陷的论证，要求考生分析其中存在的问题，选择若干要点，评论该论证的有效性。
本类试题的分析要点是：论证中的概念是否明确，判断是否准确，推理是否严密，论证是否充分等。
文章要求分析得当，理由充分，结构严谨，语言得体

2.论说文
论说文的考试形式有两种：命题作文、基于文字材料的自由命题作文。每次考试为其中一种形式。
要求考生在准确、全面地理解题意的基础上，对命题或材料所给观点进行分析，表明自己的观点并加以论证。
文章要求思想健康，观点明确，论据充足，论证严密，结构合理，语言流畅

接下来，我用比较"接地气"的语言为大家解读一下。

（1）论证有效性分析。

给出一段小短文，这段小短文中通过各种论证得出了某个结论（如图28-1所示），考生要做的就是，在这篇短文中找出逻辑错误。

论证有效性分析既不是对论据的否定，也不是对结论的否定，而是对论证过程提出质疑。

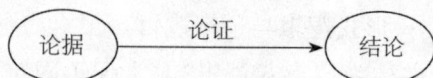

图28-1　论据、论证和结论的关系

这类作文容易得分，600字完全可以总结出自己的模板，如果平时练得熟练，真正写作时，就像签合同那样简单。

建议大家先看视频课程入门，然后平时隔上三五天练一篇。平时注意积累一些固定句式、固定词汇，比如"值得商榷""有待加强"等。

视频课程推荐大家看赵鑫全的，将复杂的问题简单化，还不错。

（2）论说文。

论说文类似于高中时写的议论文。近年的考题一般都是给出一小段文字，让考生从文字中提炼出结论，然后加以证明。

但论说文又与高中时写的议论文有很大的不同。首先，它看重的是论证方法、论证过程，不追求过多的文采，不必像议论文那样长篇累牍地"秀"文采。其次，毕竟是"管理类联考"中的论说文，确立的主题、用到的人物事例基本都是与管理有关的。例如，主题可能为"创新""节俭""用人"。建议大家在平时多积累一些管理界的精英的例子，比如张瑞敏、柳传志、马云等。

提示：首段和尾段可以稍带文采，中间的论述部分更看重论证方法。举例论证时，不可以像议论文那样对某个人物长篇大论，最好同时将多个人物放在一起举例说明。

4.英语（二）

对于英语（二）的复习，我是全程跟着老蒋（蒋军虎）的思路走的，具体的一些经验，已在公共课的章节中跟大家做了分享。

以上就是我对管理类联考综合能力的解读，个人观点，仅供参考。

奋斗路漫漫，与君共勉之。

（马霄雪，会计硕士）

第二节　　三跨考生，下一站状元

一、背景

本人是纯粹的三跨考生，本科专业是理工设计类，6月份本科毕业，7月末有考研的打算，8—9月和朋友天天逛街吃饭，基本荒废。在"十一"假期时，考研和考过研的朋友提醒我还有不到100天的时间，我才开始正式复习，进入有序的考研生活。

二、初试成绩

管理类联考：162分；英语：85分；总分：247分。在东财排名第1。

三、考研准备日程

第一个30天：夯实基础，专项练习，各个击破。

第二个30天：对于强势专项，轻松应对；对于弱势专项，加强专攻。

第三个30天：模拟题战术，一天一套题，按照考试时间，上午管理类联考，下午英语。最后几天按顺序做真题，给自己评分，做好心理准备。

最后两天：不做题，看错题集（我有一个本子，专门记做错的题），背一些论证有效性分析的词语句子。从头到尾复习一遍英语单词。

四、管理类联考

1.数学

该部分总分75分。里边的题都是初高中的题，我本来数学底子就比较好，所以只做了两个专题题库。其实数学部分题型很少，而且不会超出考纲。其中，第一部分是最"原始"的选择题，只要基础知识扎实，加以练习，熟悉题型，能够快速理清思路，就能够得到理想的分数。第二部分是充分必要条件的判断，并不是很难，只是前期要养成两个做题习惯：一是到底"谁"是"谁"的充分条件；二是ABCDE代表的都是什么。这两个习惯必须像饭前要洗手一样深深地刻在脑子里，否则，即使数学底子再好也会有遗憾失分的可能。

总而言之，数学部分多做些题，是有利于得分的。虽然有的时候会碰到较难的数学题，但是大部分情况下都是初高中数学的基础例题，只要带着平和的心态，就可以得到满意的分数。

2.逻辑

其实逻辑题不需要什么基础，大多数人都能很快上手，考过公务员的考生优势比较大。逻辑题只有几种类型，随便买一本主流参考书，按照书上列出的分类，自己做好归纳，熟记于心。我的经验就是逻辑要大量做题。因为逻辑题有的时候会非常令人尴尬，我做模拟题的时候就有60分的逻辑题只得40分甚至38分的经历。但是做真题的时候，我发现，一般不会出现特别难处理的逻辑题。

逻辑部分还有一个需要注意的就是时间，所以我觉得考过公务员的考生优势比较大，因为公务员考试题量大、时间紧，锻炼了考生快速审题、快速思维的能力。我觉得在平时的训练中就要尽量提高自己做题的速度，一般情况下，我能做到30道逻辑题30分钟完成，最多40分钟。

因为大部分人对于逻辑都是零基础，所以我觉得我的方法可能会适合大部分人，就多说两句。逻辑题有的时候有它自己的定式和答案，跟咱们自己"硬"想的答案会不一样，但是不会所有的题都是这样的。像我这种有强迫症的，就会找很多很多题来做。逻辑题有的时候真的很拉分，随随便便错10道题，20分就拜拜了。

3.论证有效性分析

我习惯称之为小作文，这部分30分。其实看似分数很多，语文不好的我开始很紧张，怎么会有两篇作文？但是后期我发现，这个30分的小作文其实没有那么吓人。我看的参考书说，这30分分为两部分：15分是分析的分数，15分是写作的分数。所以，即使语文不好的同学，也有可能在这部分得很高的分数。而且，书上说，有效性分析不必把分析出来的每一点都写出来，这就给我们提供了一个"空子"，即使有的时候没有发现原文的逻辑纰漏，也不会扣很多的分数。

15分的分析理论上应该向着满分努力。因为历年的逻辑错误都很好找到，而错误分析类型就只有那么几种，参考书上都罗列出来了。我是在进入考场之前熟悉了一下，然后做题的时候一边读一边挑错，读完之后，把每一个错误加以定义，例如，这个是偷换概念，那个是错误地使用了逻辑关系。最后按顺序总结写到答题纸上就可以了。

至于剩下15分写作，我也觉得分数不会扣很多。我本来就是语文不好的人，最开始我只会用"这段论述是存在漏洞的"这样的话。但是，随便买一本参考书，我就发现书上有很多例句，它们会用很多"高端"词语，比如"有待商榷"等。不用多，背四五句或者说四五个词语就可以了。因为字数限制，即使你挑出八个错误，你也最多能写五六个。所以，相对而言，有效性分析还是比较容易的。

我是有强迫症的，学到的东西都要进行练习，但是我又比较懒，就只做了一本练习题。我觉得一本就够了，因为有效性分析比较简单，学会了模式，就能得到高分。

4.论说文

这个部分给我的感觉就是高考的议论文。虽然我也遇到过把这部分的题目出得跟专业简答题一样的模拟题，但是通过历年的真题来看，这部分写成有积极意义的议论文比较合理。

高中的时候，我背过很多有关苏轼的励志故事，但是到了考场上一个都用不上。这个真的是需要平时积累的。我的语文能力比较差，所以在考场上完全靠发挥了。

至于这部分的专项练习，我比较懒，所以没有做太多练习，只是在进入后期的模拟考试时才写了一篇作文。

五、综述

这是我的经验之谈，也是上学时老师经常告诉我们的方法：遇到不会的、解不出的题，千万不要纠结，果断搁置，等做完其他题之后再回过头来做。搁置的时候画好标记。这个方法真的很科学，也得到了广大考生的认可，但是实践起来很困难。很多考生依旧舍不得那两三分。我所在的考场上就有好几个同学，因为逻辑题耽误了太多时间，因此没来得及填涂答题卡，或者放弃了有效性分析。

六、英语

1.单词

MPAcc考的是英语（二），相对比较简单。可是由于我的复习时间不到100天，加上自从过了四级之后我就再也没碰过英语，因此我对英语还是比较紧张的。

考英语的时候，我最讨厌的就是不认识单词，单词不认识，题都读不明白，就更别说得分了。所以，我面对英语的第一步是狂背单词。可能有人说我复习时间短还能考出好成绩，跟智力、方法什么的有关，但是我想说，自身的努力也是必不可少的。对于单

词，我觉得我属于努力型选手，任何聪明的方法都逃不过背单词。我在此推荐一款软件——新东方背单词5。面对绿皮的大厚书，一页一页地翻特别痛苦；但是，在软件的辅助下，先筛一遍自己会的或者熟悉的单词，再将不熟悉、不会的单词重点记忆，能为自己省下很多时间和精力。而且，软件的测试功能便于时刻检测自己。

另外就是每天背多少单词的问题。背得多，忘得多，做过逻辑题的同学都知道。背得多，虽然忘得多，但记住的也多。由于我的复习时间少，因此每天逼迫自己背350个左右的单词。听起来感觉很多，但是除去之前就会的一些单词（考四级时背的单词基本都忘光了，会的都是初高中的基础单词），真的没有多少。而且我也是凡人，就算第一天记住了，过几天会忘记很多。但是不能气馁，要一遍一遍地轮着背。我大概反复背了四遍半，考纲里依然有我不认识的单词。但是考试的时候我没有碰到不认识的单词，至少没有碰到对我造成障碍的单词。

2.完形填空

我在考试之后没有对答案，所以，我不知道我各项得分大概是多少。我只是介绍一下我的经验。通过做题，我觉得完形填空题有一定的模式，ABCD四个选项的分布比较均匀。在做题过程中，分布均匀对我在选择的时候有一定的影响，而且我个人觉得这一影响是有利影响（我这种做法，有点投机的倾向，请同学们结合自身条件选择为之）。我记得我看过一句话，大意是，完形填空的成败在于能不能读懂文章，而想读懂文章就一定要读懂第一段或者第一句。哪怕花5分钟来读懂第一句，对于在完形填空上多得几分也是有益处的。

至于练习，我在专项突破的时候每天做五套题，中期过渡的时候每天做两套题，后期模拟就只是做模拟题里的一套题了。

3.阅读

因为英语阅读的分值很大，占的比例也大，所以我比较重视阅读部分。我前后做了大概4本书的练习题，能有三四百篇阅读。但是我觉得有效果的只有200篇左右。我后来才意识到，做阅读部分的题时，要把每一句、每一个题目、每一个选项都分析明白，否则就达不到功效。

我做英语阅读题的技巧，或者说习惯，是从高中就有的，就是先看题目，然后看文章，而且，题目一般都是按着文章顺序来的，将题目还原回文章后，还可以知道没能还原回文章的题目在哪个区域内，从而在那个区域内找到答案。

对于阅读题，通过读题目往往就能知道文章的主旨是什么，这对阅读文章和做选择都有很大的帮助。所以，在做阅读题的时候，我比较倾向于通过题目揣测文章主旨。

4.翻译

英语（二）的翻译没有英语（一）那么难，我之前还不太懂，买了英语（一）的长难句的书，把自己"虐"得死去活来。底子较好，或者觉得自己做的翻译题太简单、心里没底的同学，可以做一做英语（一）的翻译，对熟悉语法、语句结构都有很大帮助，有利于分析英语（二）的句子。

5.作文

很多人介绍经验都说背范文、背例句什么的，我没有背过。其实我一直觉得，只要作文写够字数，语法拼写没有错误，分数是不会低的。

我在初中的时候养成了这样一个习惯，就是喜欢写比较"得瑟"的长难句，最常用的是定语从句。定语从句相对简单，不会出语法错误。而且，长难句会给作文添彩，会让评卷人觉得写作水平较高，从而为自己加分。我个人是这样认为的，因为我从初中开始，作文部分分数都挺高的。

6.综述

对于英语，我觉得最重要的就是单词和语感。我个人觉得无论什么方法都逃脱不了背单词，背单词的同时就能锻炼人的语感。这对答英语题很重要。其实我的英语复习只涵盖了两部分，就是背单词和题海战术。我从初中就开始的题海战术对于英语考试屡试不爽。

七、总结

由于英语（二）真的很简单，在提前半个小时可以交卷的时候，我们考场走了一半考生，到打铃时，考场只剩下7个人。但是我觉得，我在半个小时的时间里改了三四道题的答案，不敢说全都改正确了，但是大概挣回了三四分。在网上看到晒分情况，三四分值得珍惜啊！

我感觉管理类联考就是要总结题型、熟悉题型，这样可以事半功倍。英语就是要背单词，多做题，练语感，持之以恒。

我的方法不一定适合所有人，毕竟每个人的情况不同，但是大家都是在摸爬滚打中找适合自己的方式，希望我的经验能够对学弟学妹们有所帮助。

（赵蕊，会计硕士，总分247分，专业排名第1）

第三节　从东财到财政部科研所

刚卸下东财期末考试的盔甲，又要披上跨校考研的战袍。我便是从这时起踏上了考研的征程。经6个月的磨刀霍霍，我取得了还算不错的成绩，综合156分，英语75分，总分231分，成功考上了财政部财政科学研究所的MPAcc。研究生考试的英语试题难度仅比六级稍高一些，我的英语成绩并不高，也没什么复习心得，所以这里就主要给大家介绍一下综合科目的准备过程。

先说数学。联考数学重在对知识掌握的深度和灵活度。所谓万变不离其宗，在数学学习上，我个人并不赞成题海战术，但一定量的练习以加深对知识点的理解与运用还是有必要的。在基础知识的复习阶段，我认真学习了陈剑的《MBA、MPA、MPAcc联考综合能力数学高分指南》。在书中的知识点讲解部分，我采用不同符号对基本知识点和

快捷的解题技巧加以标记；在习题部分，尽量保证通过自己的努力解出每一道题答案，而不是稍遇困难便急于参照参考答案。我的记忆力不太好，经实践得出，自己把题解出来更容易掌握类似题型的思考角度和解题方法，在下一次遇到演变题时解出来的概率很大。而看了参考答案方才恍然大悟的题型，脑子里不容易形成记忆"回路"，下次遇到可能还是不会。绞尽脑汁的滋味可能不好，但攻克难题那一刻的酸爽必定会鼓励你向着下一道难题挺进。相信我，那感觉并不比征服了世界差。在解出题目对照参考答案的同时，也不能只是简单地核对选项，答案的解法中有许多可圈可点之处，要注意学习借鉴。

同时，我建议大家标记出自己解答起来比较吃力的题目和做错的题。打下了扎实的基础后，我通过《MBA、MPA、MPAcc联考数学精点》来熟习之前学习的知识并进一步提升自身的解题能力。具体操作方式参照基础阶段。经过基础和提高两个阶段的练习后，大家对自己的数学解题能力应该有了底气，此时切记勿骄勿躁，要趁热打铁，回过头来把之前标出的难度较大的题和做错的题再做一遍。我的实践结论是，之前不会的题大部分还是做不出来，倒霉的时候还可能遇到之前虽然觉得有些难但最终解出来的题现在又不会了的情况。有挫败感是肯定的，但作为意志坚定的考研人当然不会为这点芝麻大的事儿驻足的，是吧？我的解决对策是上网搜集自己尚未掌握的类型题进行专题训练。可能会有一些超纲的部分，喜欢像我一样钻牛角尖且有余力的同学不妨试一下，有助于对考研知识点的理解。查缺补漏后，大家可以买一本陈剑的《MBA、MPA、MPAcc联考综合能力数学考前冲刺》对知识点进一步加以巩固，同时这本书中有许多解题技巧，大家可以多加记忆来提高自身解题速度。因为综合考试时间紧，选择题才"不在意"你草稿纸上的演算过程有多复杂。不管你用啥法术，能逮到耗子就是好猫。

再说逻辑。刚刚接触逻辑知识时正常人都会比较烦躁，原本简单的世界经逻辑语言表达就变得复杂百变。如果你觉得得心应手，恭喜你！对于"凡人"来讲，还是老老实实从赵鑫全的《MBA、MPA、MPAcc联考逻辑精点》入手，觉得有些绕的地方就多看几遍，硬着头皮把这本书看下来，你就达到了联考逻辑的入门水平。我说要硬着头皮看，就是要把这本书一字不漏地看下来，对于基本的知识点和答案解析都要标注出来，经常复习翻看。其实你会发现逻辑的知识点很凝练，重要的是其应用。所以，我建议大家针对逻辑可以采取题海战术，练的就是感觉。你的见识越多，便越驾轻就熟。

至于写作，大家只需在考前一个月内每天都练习一篇，同时利用碎片时间看一些写作素材和范文就没问题了。在英语方面，学姐真的是个学渣，只是买了蒋军虎的真题和模拟题来做，具体的学习建议大家可以借鉴各路"大神"的复习建议。要提醒大家的是：一定要掐时间练习套卷！真题只做一遍太奢侈浪费！

接下来是学姐个人觉得很重要的部分。

1.备考是个体力活。

大家要保证睡眠时间。学姐在复习期间基本保证了在晚上11点前睡觉的优质睡眠。睡觉有助于放松身心、休息大脑，这样第二天才能精力充沛、脑子灵光！

2.备考是心理战。

保持良好的心态，适当缓解压力十分重要。过大的压力会使自己心烦意乱，降低复习效率。面对压力，学姐建议大家先停下来释放一下压力，具体方式因人而异，比如逛街、运动等都很不错。压力有所缓解后就该立刻投身到学习中，只有行动才能从根源上解决压力过大的问题。

其实考研的日子很充实，能够心无旁骛地学习更是件愉悦身心的事。白天高速运转大脑更能提高睡眠质量。每天吃得饱、睡得香，这样的生活你值得拥有！

最后送上初中班主任老师在中考时为我们题的豪言壮志：他日，蟾宫折桂其中有我，攻城略地舍我其谁！

（李静月，本科：东财会计实验班，硕士：财政部财政科学研究所会计硕士）

第二十九章　金融硕士

第一节　　　　　　　辞职考"金砖"

从申请辞职开始备考到拿到东财的调档函，刚好一年的时间，心情没有当初想象的那么激动。看到付出的努力得到回报，我非常感谢过去一年以来支持鼓励我的亲人和朋友们，没有你们我走不到最后。

先报一下初试成绩：政治67分，英语74分，数学141分，专业课140分，总分422分，专业排名第2。说实话，当初查到成绩时有点震惊，没想过会考这么高。这里特别要感谢很多"前辈们"的帮助，使我少走了很多弯路。

简单介绍下我的基本情况，也好让有共同处境的同学们根据自身情况有个比较和衡量。我本科院校是一个"211"院校，我学的是工科专业，和金融毫无联系。大四时我也准备考研，不过由于自身定力和信心不足，在当年11月份签了工作协议而放弃了考研。我工作后对现状并不满意，于是辞职回家备考一年，备考时就买过《梦想成真——东北财经大学考研直通车》，收获颇丰，当时我就想如果我也考上的话，一定也要用同样的方式回馈大家。现在受到了孙老师的诚挚邀请，这个愿望也算实现了。

先说说各科的复习备考，主要谈一谈数学和专业课这两个分值最大的科目，同时也是决定整个考研走向的科目。

一、数学

（1）难度和备考。总体来说，数学（三）难度不大，容易取得高分。数学（三）主要侧重的是计算方面，尤其是微积分的计算，在复习中是重中之重！没有良好的微积分计算的基础，高分是无法保证的。而且，数学（三）对于复杂晦涩的证明题的考查也不像数学（一）和数学（二）那样，整体难度不高。当然，说这些不是让你松懈、不努力复习，而是增加信心，不要把数学（三）想得特别困难。复习时要端正这样一个态度，任何的高分都是认真复习的结果。不论数学（三）多么简单，都需要对每个知识点理解透彻。

（2）是否报班。我以亲身经历告诉大家，数学报班的意义不大。当年备考时也比较单纯盲目，报了一个面授的辅导班。结果浪费钱不说，上课的强度很大，基本上一天都是一种课，从早听到晚的效果就是基本上到了下午很多内容都听不进去了，到了暑假更是如此。换句话说就是：心好累，感觉不会再爱了。当然，这都是我个人的感受，上课时也有很多人从头到尾都很认真，这还是因人而异的。但是不报班不意味着老师讲得不好，也不是说一定要自学。可以到网上或者淘宝免费下载或者用少量钱购买一些名师的视频看看听听，有的老师讲得还是很好的。这样做的目的一是省钱，二是节约时间，而且不懂的地方可以反复观看。

用一句话总结就是：可以不用报班，但视频课程很有用。

（3）学习进度和计划。学习过程中如果有小伙伴一起复习最好，有不会的可以探讨研究，但最好不要相互攀比学习进度，每个人理解问题的方式和速度都不太一样，所以比较速度快慢没有什么意义。但是，自己在复习过程中要制订学习计划。每天的、每周的计划都要有，这样可以随时掌握自己的复习速度。前面说不与别人比速度，但是一定要清楚自己的进度。

（4）学习方法。我认为复习数学的三大步骤是：前期视频+中期《考研数学复习全书》+后期真题解析。

这是最主要的三个时期的复习重点，大家根据自身情况适当调整。

前期看视频的话，我首推张宇老师的。他讲课轻松幽默，而且重点突出，很多内容都形成了系统化思维。我觉得看完他的视频效果很好，一边听一边记笔记。看完视频一定要抽出一些时间消化课程的内容，认真分析笔记。千万不要只听课不复习，这样就会造成一种假象：课听懂了，老师讲的题也听懂了，但自己做题还是不会。同时不要忘记教材的重要性，基础阶段最好从教材开始。如果有精力的话，最好是自己先看一遍教材并做一遍书后习题，知道自己知识点的薄弱部分，然后再结合视频，这样可以在看视频的时候更有针对性。

中期的重点就是《考研数学复习全书》了。我用的是"二李"的，很不错，非常经典。全书的题我大概做了4遍，是做，而不是看！第一遍进度很慢，但一定要有耐心，每道题都认真仔细地做，不会的标记好。每一遍都是这样，到最后我只做有标记的题，会的题基本不怎么看了。但是要保证每次做有标记的题都要从根本上搞清楚自己不会的原因和不会的知识点，并且进一步加强巩固。但即使这样，有的知识点还是需要看几遍之后才能形成比较深刻的印象。此外，对于线性代数可以专门使用李永乐的辅导讲义并配合他的视频消化理解。这个阶段的目标是巩固提高，一定要有耐心，千万不要盲目贪图速度，追求速度反而会得不偿失。拿我作比较的话，前期和中期时我看书的速度不是很快，但是知识点熟练掌握了以后，后期的效果还是很明显的，对于很多复杂的问题可以很快反应过来，不必再花大量时间思考。看我说得很轻松，其实落到做题、消化、改错的时候是个很漫长的过程，一定要有耐心，不要急躁。再总结一句：前期和中期的过

程比较缓慢，不过只要一步一个脚印，等到后期，效果会让你惊讶。

后期最重要的就是真题，前两个时期结束后，这个阶段有种检验自己复习成果的意味。如果之前基础打得好，这时候做真题就会有一种似曾相识的感觉，毕竟全书中的一些习题和视频中老师讲解的很多题都是真题的改编版。这时候可以适当模拟一下考试的状况，按照考试的时间来做题，但最重要的还是检验自己的知识点是否有遗漏，最后的分数并不重要，也没有太大参考价值。记住，复习的时候最重要的是你真正掌握了什么。最后阶段通过真题查缺补漏，效果是比较好的，不要心存侥幸，以为考过的知识点不会再考，全面复习才是王道。也许这时候你不会的知识点恰恰是考试时大题里最关键的一步，到时候恐怕为时已晚。当时考完数学给我一种很多题都做过的感觉，除了两道小题没有思路以外，没有特别棘手的问题。我认为是基础强化阶段认真复习的功劳。

（5）时间线。

前期：3—6月，主要是教材配合视频（看不看视频都行）。

中期：6—10月，主要是《考研数学复习全书》（3～4遍）并配合强化课视频（最好仔细看一遍强化课视频并做好笔记）。

后期：10—12月，主要是真题，并回顾以往做错的题。

12月一直到考试前一周，我做了一些模拟题，依然是查缺补漏。

最后一周，回顾各种做借的题和自己比较生疏的知识点，保持做题的感觉。

（6）用书：教材、《考研数学复习全书》、《数学历年真题权威解析》、《数学全真模拟经典400题》。

个人觉得这基本就够了，再多买可能会浪费时间和精力，不过充当心理安慰罢了。这么说是因为我也买了一些其他的书，感觉作用都不大，无非是一些宣传的噱头，最经典的无非以上几本。不过模拟题的选择可以随意，选择和真题难度相当或者稍稍难一点的就可以。那些宣传往年押中多少分值的就笑一笑得了，别太当真。

（7）其他。最后强调一下计算的问题。如果会做的话，计算一定要仔细，不用太快，但是一定要准确。很多时候你做错了，不是因为别的，就是计算的问题。如果不会做，在平时复习的时候就要多作总结，分析自己这类题为什么总不会做，比如有的大题总是卡在关键的几个步骤上，这时就要多加强这方面的练习。想起高中老师说过的一句话：会做的题一定要做对！如果认真复习，大部分的知识点你都已经掌握了，那么这时候如果你能保证会做的题目都拿到分，你的分数肯定不会低！就怕明明会做还因为各种各样的马虎失误而失分。至于拔高的难题，不必投入太多精力和时间，分值也不大，不能因小失大。

二、专业课

作为跨专业考生，专业课是最让人担心的，也应该是重中之重！

先总结一下专业课431金融学综合的复习吧，那就是：重复、重复、再重复！

（1）过程。我从备考一开始就着手复习专业课了。由于我是跨专业考生，本科学电气专业，可以说离财经类专业有十万八千里，所以专业课早早下手准备，到后期才能相对轻松一些。跨考的同学也不要妄自菲薄，基础不好一样可以得高分，不要无端地怀疑自己的能力，一定要有信心！认真看书，这些都不是问题。

我大概在3月中旬买了教材，然后开始慢慢"啃"。第一遍三本书大概看了两个月，一开始当然是很多地方不懂，这是跨专业考生的劣势，但千万不要灰心。不明白的术语可以上百度查查怎么回事，还不懂就先放下也没事，看了几遍之后，很多东西自然就理解了。刚开始确实很难，进度也很慢，不过这很正常，一定不要因此而失去耐心和信心。一遍结束之后再来一遍。算下来，专业课三本书我看了大概9遍。专业课知识点比较多，有的东西还很琐碎，不太容易记忆，很多时候比较苦恼，但是没办法，只能一遍一遍地看。

复习的时候，我从孙老师那儿得到一些资料，感觉很有用，节省了很多时间。当然，从头到尾自学的高分选手也非常多，适合自己的方法才是最好的！

8月份之后我开始结合历年真题记忆，真题非常重要，它可以让你了解东财出题的方向和重点，也可以更好、更有针对性地复习。总体来讲，东财专业课考得都很基础，没有很偏、很怪的题，题型也很固定，大家只要基础打好，后期认真记忆，应该都没什么问题。

一直到考试前，我都是结合历年真题不断地重复阅读、记忆教材的知识点。重复的遍数太多，实在记不清了。还是那句话：不断加深记忆，不断重复。没有太多的技巧，重复是最简单的事情，也是最难的，后期最关键的时候一定要咬牙坚持住，绝对不可以懈怠！

（2）所谓的方法。很多学弟学妹问我复习专业课有什么好的方法，我个人觉得没什么诀窍，就是重复。当时我也是这么过来的，总希望可以有更好的方法，好像武林秘籍一样简单易懂还"秒杀"所有人。其实没有，打开书本仔细理解记忆是最根本的。不过，重复不是机械地重复，前几遍属于理解性的，打好基础，每个知识点都不要放过。之后就要开始认真记忆了，看书的时候心里要经常假设如果考试考到这个知识点，我该怎么回答。这样给自己制造一种考试的临场感，有助于考试时的回答，从而避免形成只是简单地看懂书而考试时答不到点子上的情况。

我本科是学工科的，本来就不善于记忆，很多时候刚背完一遍转身就会忘掉，非常苦恼。这时候千万不要灰心，再背一遍是唯一的方法，否则你更记不住。走到考场上你会发现，重复的遍数不会辜负你的。

（3）专业课辅导书。除了淘宝上的资料，其他辅导书我没有买过，也觉得没有必要，掌握好书上的内容才是王道。另外，考试还会有时事分析的题型，这类题说到底都是基于教材的，基本不会超纲，但是需要我们在后期多关注金融界的一些政策变动，比如央行降息降准的政策背景和意图都是什么之类的。到网上也能找到很多相关分析，自己选一些分析质量高的下载打印出来，虽然很多都是套话，但是一定要会说，然后结合

教材的相应知识点回答就没问题了。

（4）答题技巧。复习没有太多技巧，可是答题有技巧。第一，一定要多写。考场上答题不要吝啬自己的语言和墨水，结合题目的问题尽可能多地回答。但是不要跑题，驴唇不对马嘴的回答没有意义。第二，如果遇到不熟悉或者不会的知识点，要尽可能联想其他的相关知识点，千万不要空着不写。这就考验平时复习的基本功了，根据题目的问题尽可能联想相关的知识点，平时基础扎实的话，这个应该不是问题。

（5）笔记。对于具体的知识点，我个人采取的办法是如果有必要记笔记就写在书上的留白处，这样方便每次翻阅时都可以看到，并没有单独整理出一个本子。这纯属个人习惯。但是，对于知识体系的归纳整理，我觉得很有必要单独记录。专业课复习如果说有技巧，我觉得这是仅有的一个。知识体系对于三本书的理解非常有帮助，看书时除仔细记忆每章每节的内容以外，还要把章与章之间的联系总结归纳出来，这样就把知识点串联起来，形成更深层次的记忆，这非常重要。回到上一段的第二个技巧这个问题，答不上来问题怎么办？知识体系，依靠知识体系联系前后章节的知识点。

（6）竞争趋势。金融专硕越来越火，从前几年招不满接受调剂，超过国家线就可以上，到这几年复试分数线高出国家线，竞争会越来越激烈，这一点大家有目共睹。曾经"过线就能上"的美好时光一去不返了。相应地，在考试内容上，很多重点内容都已经考过了，虽然说不是没有再考的可能，但总体来讲考试内容肯定会更细，曾经的"次重点"可能会是今后复习中考生们需要多加关注的地方。同时需要我们复习时理解得更加透彻才行，不要任性地放过重要的知识点。

（7）总结。专业课非常重要，复习时没什么技巧，不像数学的方法基本已经形成系统。最后再强调一下，如果是跨专业的考生，重复加深记忆是必需的，一定不要嫌麻烦。反复记忆可能伴随着懊恼和失望，但是千万别放弃，坚持到最后，你会发现一切都没自己想象的那么难。这是我的亲身体会。

三、英语和政治

余下两科我的分数一般，也基本符合预期，也对得起自己的付出。

我英语基础还可以，四六级500+，每天分给英语的时间也就1个小时。开始的时候每天就背单词，前后背了七八遍。由于有四六级的基础，感觉考研单词并不陌生，所以这个过程也是比较轻松的，每天只利用闲暇时间背背单词。但是基础不好的同学一定要重视单词，我已经找不到词语来强调单词的重要性了！

8月份之后就是阅读真题，主要是掌握真题的思路，投入的精力也不是很多，没什么发言权，最后的74分也比较理想。英语基础不是很好的同学一定要多加重视，不要懈怠。如果需要强调，我觉得英语最重要的就是单词和阅读。单词是基础，阅读是得分的关键。具体方法我就不误人子弟了，很多"前辈"都总结了非常好的经验。

政治也是如此，"红宝书"我没买，太厚了，看着心烦。估计大部分买了的同学也是求个心理安慰吧。政治就不总结了，本书中很多政治"大神"的经验等待你的浏览。

四、总结

考研四科，最重要的就是数学和专业课，是因为：第一，分值大；第二，冲击高分并不难。如果这两科分数比较理想，基本就会奠定你的整体优势。所以，个人觉得复习的重点也是这两科。至于英语和政治，分值相对较低并且很难冲击高分，可以适当减少投入，保证超过平均分数就可以。

总结下来，我的经验就是两个字：重复！这也是我在备考时看到的我们"金砖元老"王继峰"大神"总结的经验：在有限的时间内，重复最多的遍数。很多时候你没掌握可能就是重复得不够，当然一定要避免机械重复，那样没有意义。每一遍重复都要有目的性，善于总结归纳，知道自己的不足后有针对性地去看下一遍，然后再来一遍。

五、心理状态

最后说说备考时的心理状态。个人觉得这是很重要的一点，很值得单独说一说。经历整个考研过程之后，我个人感觉考研本身并不难，难的是这个过程中的心态。作为辞职在家备考的选手，心理压力比较大，这很正常。好好的工作辞掉了回家一心考研，一旦失败代价非常大。而且在整个过程中，总是不断地否定自己，感觉看不到希望，其实这些都很正常。这些心态不只是我这种辞职备考的选手会有，大部分考研的"战友"都会遇到。如果说备考时不去想这些东西肯定不太可能，我建议大家可以多听听一些励志演讲之类的。作为老罗的"铁粉"，我在整个考研过程中经常听老罗的励志演讲，确实很受鼓舞。在坚持不住的时候，一句鼓励的话可能就是你成功的关键。从另一个角度说，考试成绩主要取决于三个因素：发挥、运气、知识。前两者你根本无法把控，所以再怎么担忧也没有意义，专注知识就好。如果心情烦躁，可以暂时把复习放在一边，用自己的方式轻松一下，这样回过头来效率更高，也更有效果。但是不要把放松常态化，回到宿舍玩起游戏什么都不管可不行，毕竟紧张的、有纪律的复习才是我们的当务之急。

关于日常作息，我安排得不是很紧张，本身我就坐不住板凳，连续看书一个小时就是极限了，必须站起来溜达溜达，放松放松心情，比较有利于"可持续发展"。当然这要因人而异，有的人就喜欢一天都不动而且效率还很高，真是非常羡慕！每周我会安排一天的休息，什么书都不看，自己出去转转，看看电影。学习之余，每天晚上我都会刷刷微博，看看"小马甲"和"妞妞"又有什么好玩的事，也挺开心的！总之，要保持一个持续向上的乐观心态！

六、结束语

说了这么多，感觉也没什么逻辑，想起什么就说什么，一些方法借鉴了"前辈们"的经验，也有一些是自己摸索出来的，并不适合所有人。希望自己的经验可以对以后的学弟学妹们有帮助。最后送给大家一句老罗在一次演讲中引用的话：失败只有一种，就是半途而废！我把这句话写在书桌旁时刻提醒自己不要放弃。

希望大家坚持到最后，明年我们东财见！

（戴岩，金融硕士，总分 422 分，专业排名第 2）

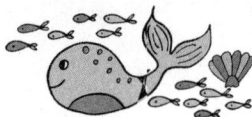

第二节　东财"金砖"漫谈

作为东财金融专硕的学长，我很愿意跟大家分享自己在东财的两年是怎么度过的。很多东西只是个人见解和想法，说得不对的地方，还请看官们多多包涵，不要"喷"我。

说说学习。东财的MF学制两年，管理上还是比较宽松的，只有研一是和学校有亲密关系的，研一的暑假之后，学校就不再严管你了，爱去哪就去哪了。研一的两个学期，每个学期大概安排了六七门课程，考试还是比较容易通过的。我觉得，如果你真想学东西，就不能单单指望老师，最主要的还是靠自己，所以如果你想在学习上有什么作为，那就不用太关注老师怎么样、课程怎么样。

说说同学。我们班级都在固定的属于我们的教室上课，所以同学之间关系都很亲密，相处得十分和谐，尤其是我们这些男生，每两周就要出去喝一次酒，美其名曰"金融硕士高端学术研讨会"，从红火老菜馆到"饿人鼓"，从芝兰饭店到蜀香馆，大家在酒桌上展开激烈的讨论，造就了一大批能喝能喷的"金融高端人才"。有老师曾说过：我们培养出来的金融硕士，不是搞理论研究的，不是搞模型设计的，我们培养出来的应该是会喝酒、会办事、会做人、会管理的综合性金融人才！

说说工作。这个话题太重要了，绝大多数考研的人包括我在内，都是希望通过读研取得一个更高的平台，以期在毕业之后能找到一份有前途的高薪工作。很多人在报考金融硕士时，最关心的、问得最多的也许就是这个问题了。那时候，我们这一届学生都还没有找工作，虽然我心里对我们金融硕士很有底，可是没有事实依据的言论总是显得苍白无力。因此，对于那些担心金融硕士找工作会受歧视而放弃报考的人，我是从来不挽留的，毕竟这件事情太重要了。先说实习吧，由于考勤查得不是很严，期末考试又很容易通过，所以研一就有同学不上课而出去实习了。我是在研一结束的暑假开始实习的，那个暑假没有回家，因为要为下学期找工作做些准备，于是在招商银行站了两个月的大堂，这段实习经历给了我很大的帮助，学到了不少东西，也为我以后找工作提供了一些参考。

研二刚开学，实习刚结束，校园招聘就开始了，让人显得有些措手不及，有种蒙圈的感觉。而且大家都不知道头顶上"金砖"的帽子是不是会受歧视，是不是不值钱。陆陆续续到现在，全班同学基本都签了工作协议，特别是男同学都没问题了。工作单位分布在国有银行、股份制银行、城商行、邮储行、证券公司、期货公司、会计师事务所、机关等，总体来说都还不错，这更让后来的学弟学妹们、让更多的将要报考东财"金砖"的同学倍受鼓舞！当你知道金融硕士这个学历不会有问题、东财的牌子不会有问题的时候，其他问题都是你自己的问题了，而自己的问题是可以通过自己的努力去改变的，还有什么可担心的呢？

我在实习刚结束时就参加了第一场招聘会——浦发银行大连分行校园宣讲会,经过简历筛选—初面—笔试—群面—行长终面—体检—性格测试,最终得以录用,也算为自己十多年的求学生涯画上了一个圆满的句号。和我一起被录用的还有我班另外一位女同学,还有一位是保险硕士(MI)的男同学。我们是比较早拿到offer的同学,这证明金融硕士的牌子是没有问题的,而后捷报不断传来,这最终也证明东财"金砖"没有问题!

接下来还是说说考研。具体的复习方法我就不再说了,不碰课本已经很长时间了,这里只解答常识性的问题。

关于学费、学制、奖学金。金融硕士学制2年,学费2年3万元,也就是每年1.5万元(现在已经涨到2年5万元)。现在东财已经为专硕的同学们提供国家奖学金、国家助学金、学业奖学金等,而且数目不小,具体多少你就别太纠结了。学费这点钱就别看在眼里了,以后你们都是年薪10万元以上的人,这笔投资很值了。

关于师资。专硕和学硕的师资是一样的,都是金融学院那些老师,那些导师同时带学硕的学生和专硕的学生。有些导师是基本不和学生联系的,2年下来估计见不了几次面;有的导师喜欢和学生在一起聚聚;有的导师喜欢给学生布置论文。大家在选导师的时候可以向"前辈们"打听一下。

关于校外导师。专硕的特色之一在于校外导师。本来学费是1年1.1万元,2年就是2.2万元,而我们的学费是3万元,多出来的8 000元就是用来聘校外导师的(实际上这些校外导师不是看钱来的)。校外导师是在研二的上学期才安排的,本来校外导师是负责安排实习和毕业论文指导的,可是研二开始大家都要找工作了,没时间去实习,所以校外导师最主要的作用是论文写作的指导。

关于真题。金融硕士的真题是从2011年开始的。但是大家要注意,东财金融学研究生是从2009年才开始统考西方经济学的,而在2008年及以前还是考金融学的专业课知识,所以1997—2008年的金融学真题以及和指定的三门科目有关的试题还是很有参考价值的。对于以前的真题,不要过分较真,能找到答案的、会的就做,不会的就拉倒。

关于专业课资料。东财金融硕士的专业课相对来说比较简单,复习所需要的全部资料分为三部分:三本教材、历年真题、金融时事新闻。所以跨专业的同学也不要怕,也不需要其他复习资料,不需要买什么辅助参考书,而且也不要去网上求什么"大神"要什么课后习题的答案。答案不都在书里面吗?书里面找不到答案的不要看了,肯定不考!东财"金砖"的考试题,说实话,很简单、很基础,只要课本掌握了,120分以上是没问题的。另外,三本指定的参考教材每年也都很固定,变动也只是版本的变动。比如孙刚、王月溪的《国际金融学》最新指定的版本是第二版,往年都是第一版。

关于分数线。2011—2014年,东财MF的录取线都是国家线。2011年,报考30多人,上线5人;2012年,报考估计超过100人,上线16人;2013年,报考估计近200

人，上线人数居然和2012年差不多。但是近几年东财MF上线人数大增，2014年复试分数线虽然仍然是国家线，但是过线的人数第一次超过了计划招生人数，2015年复试分数线更是一跃达到了352分，这在前几年简直是不可想象的。但是总体来说，东财MF的性价比还是很高的，毕竟专业课出题和判卷都比较"水"，想拿高分的话比东财经济学类学硕专业容易得多。报考东财MF单科没有过线的同学，大部分是数学单科不过线，还有就是英语单科不过线，政治和专业课是不会有问题的。

关于辅导班。考上研究生的"前辈"很多都没有报辅导班，所以你在犹豫要不要报的时候，是可以不报的。

关于东财是否歧视外校生。东财的研究生大部分本科出身都不好，都是一些很一般的二本院校，而且跨专业的也多得是，所以学校不好、跨专业考过来很正常，不要有任何压力。

关于复试。东财"金砖"复试的三本书就是初试时的三本书，你按部就班参加考试就行了。但是只要复试成绩及格就能拿到调档函的日子已经一去不复返了，这几年有不少进入复试但最终因总成绩排名靠后而未被录取或被调剂到保险硕士的同学。所以，今后大家对复试再也不能掉以轻心了。

看到很多同学没考上，才觉得考研真的没那么简单，现实太残酷了，既然决定考了，就全力以赴吧，不然总觉得辛辛苦苦一年却没得到自己想要的。同学们，加油！我们在大连等待你们的到来！

（王继峰，金融硕士）

第三节　金融学综合复习计划

一、专业课复习全年规划

1.基础复习阶段（8月1日—9月30日）

本阶段主要学习指定的三本参考书，20天一本书，2个月把三本书看一遍。要求吃透参考书内容，做到准确定位，事无巨细地对涉及的各类知识点进行地毯式的复习，夯实基础，训练金融思维，掌握一些基本概念和基本理论。要知道书中每一个专业术语、每一个理论的含义。在12月份之前，专业课都是不需要背诵的，一定要理解，多看几遍之后，最后一个月集中记忆，效率会很高。在第一遍看书过程中，遇到不会的、有疑问的知识点要做好标记，通过上网查资料、问老师搞清楚，而且方便下一阶段和最后冲刺时进行重点复习。

2.强化提高阶段（10月1日—10月底11月初）

本阶段重点还是看书，10多天一本书，要对指定参考书进行深入复习，加强知识点的前后联系，建立整体框架结构，分清重难点，对重难点基本掌握。前面第一遍是地毯式，第二遍就要有重点了，比较详细的解释可以很快地扫过去，因为第一遍已经看过

了。基本概念、基本理论、基本公式、基本模型要重点看，最基本的就是最重要的，是经常考的。在这一遍看书的时候，要把课后习题的题目标注到书中，课后习题的答案大部分都在书里面，书里面找不到直接答案的要自己思考用书中的哪一部分理论来解释。跟书里的内容不太沾边的题目一般不考。

我不建议做笔记，因为课本是最重要的，但是可以尝试写一些框架性的东西，比如商业银行的业务，分为资产、负债、中间业务，每一点下面又有许多小点，可以记在本子上，看起来脉络更清晰，更有宏观意识。

3.真题阶段（11月）

学习课本最后还是要落到做题上来，通过做真题，可以更有针对性地看书。要重点看近两年的真题，2008年以前的金融学真题也要认真看，只看与三本参考书相关的内容。真题的命题知识点和题目类型对我们都是很有启发的，要把真题考过的知识点在书中相对应的地方详细地标记出来，在后面背的时候要重点记忆。

在做题的过程中一定要翻书，边翻书边做题，因为做真题不是为了检测自己的学习，而是为了应付考试。做真题要有专用的本子，把简答题、论述题、名词解释记下来，具体写不写答案，或者答案的详细程度根据时间而定，因为最主要的还是离不开书本。在做真题的过程中，相当于结合真题把三本专业课的书又看了一遍。

4.冲刺背诵阶段（12月）

最后一个月左右，专业课进入背诵阶段。第一遍背诵五六天一本，第二遍背诵两三天一本，考前的两天，再把三本书翻一遍。前面已经把书看了两遍了，加上结合真题看一遍，已经是三遍了。在深入理解的基础上，背起来还是比较容易的。这时候再背两遍，书上的知识点基本就没问题了。时事材料里面整理的内容，是不用去死记硬背的，只要理解了就行。在答题的时候，围绕正确的大方向展开来写。

二、个人专业课考研总结

我从9月18日开始，每天晚上3个小时复习专业课，三本书前前后后看了四遍，没做过题，只看了2008年前的金融学真题（因为自2009年起，东财经济学大门类下的考研专业课全部改成西方经济学了）。还是那句话：有限的时间内看最多的遍数。这点不会错的。专业课看起来还是很纠结的，专业术语多，内容杂，要有耐心。最可恨的是，我背了将近300个名词解释，结果考试没出名词解释。但不是说名词解释没用，在回答简答题、论述题和面试的时候还是有用的。

东财的题目类型变化比较大，不一定出哪种，一般会有一个大题与时事结合。只要是经济热点话题，东财一般会考，注意上网搜集资料，看看专家们对这些问题发表的观点，考试时想起来的都往上写就行了。

专业课答题绝对是多多益善，能写出来东西，才说明你肚里真有货，不要嫌自己啰唆，能想到的都往上写，答题纸绝对够，放心用吧。3个小时一定不要歇息一分钟，专业课考试是最累人的，考完试手疼得不行了。注意字迹要工整。遇到不会答、没有背过

的题目，就多写一些和题目内容相关的知识点，至少说明你对这个问题不是一窍不通。

其实，我觉得复习方法真的没什么好讲的，最重要的是：有限的时间里看最多的遍数，知识点理解透。第一轮是地毯式地熟悉知识点，标点符号都没落下，有困难的地方也要弄明白，不能拖到第二轮，因为我很懒，第一遍不逼自己估计后面很难看下去。看的过程中我用笔画得很清楚，把课后习题的答案都找了出来，把问题标在上面。注意：东财国际金融学的大题一般都是课后原题，因此国际金融学课后习题每个都要会。第二轮就比较快了，每本书一周左右，根据自己第一遍画的重点来看，解释性的内容比较啰唆，一扫而过。反正是一轮比一轮快，自己看着看着就能知道哪些是重点内容了。东财出题目一般还是很注重基本理论的，比较贴近书本，主要看你对书本是否理解透彻。我一共看了四遍专业课的书，没有看其他参考书目。我还看了1997—2008年的金融学、保险学、金融工程的相关题目，我花了十多天的时间总结了其中的名词解释、简答题、论述题，总结在了一个笔记本上，写得都很详细，简答题也都是按照论述题写的。真题的重复率不高，所以原题不会很多，即使有分值也不会很大，但真题还是很重要的，感受一下东财的出题风格和经常考的知识点很有必要。

东财金融专硕的考题还是比较好预测的，因为有些内容是常考的。国际金融学中的外汇和汇率，货币银行学中的货币政策、货币供给和货币需求、利率、存款准备金率等是必考而且常考的话。另外，央行有举动的话，东财一般会出一个以央行货币政策为背景的题目，比如央行今年加了几次息，上调了几次法定存款准备金率，人民币汇率制度是如何改革的，这些都可以用来作为出题背景，以此分析当前的经济形势、政策工具的作用和意义。那么如何关注时事新闻呢？我是这样做的：经常浏览腾讯首页的新闻，有关央行货币政策的新闻一般都会报道。一旦发现有加息、调存的新闻出来时，就到图书馆的电子阅览室上网，在一些财经版面找到专题报道，会看到很多机构的很多专家，包括许多经济学家和央行的官员出来发表评论，而且会对近一段时间的宏观经济形势和金融形势作出分析，看完以后对当前的经济形势就能有个大致了解了。把这些专家的分析和评论复制到文档里，打印出来，多看几遍，考前再看看，考场上答时事分析题时，把经济背景描述一下，把这些专家的分析观点写上去，差不多15分就到手了。

三、坚持才是取得考研胜利的法宝

我这里的坚持不是混日子，而是真正每天都在努力学习，每天都在朝着既定的目标一步一步地迈进！

要心无杂念、心如止水，聚精会神搞学习、一心一意谋考研。你想要的东西，考上研之后都会有的。一时的痛苦，一生的幸福！

复习的后期，尤其是很多同学找到工作了，对考研的同学会产生不小影响，心里开始着急了，我觉得没必要着急，千万不要动摇，自控能力不强的同学不要为自己找后路，我有些同学找了个差不多的工作后就发现自己真的不愿意再学习了，找不到学习的动力和那种学习的感觉了，结果自然是失败了。另外，不要去想失败的事情，我当时不是不去想，而是不敢想，不敢想失败的事情，我刚想到我考不上就一无所有时，就不敢再想了，立马转移注意力，埋头开始看书。因为我觉得，既然路已经选好了，而且走了这么久，就不要再去想其他的，因为想那些不好的东西对实现自己的梦想一点促进作用都没有，反而是自己吓唬自己，与其在那里抱怨、担心，倒不如多看几个知识点来得实在。我那时一直抱定一个信念，只要我一直这样努力，一直这样坚持下去，就不会出现什么意外，只有成功！

（王继峰，金融硕士）

第四节　我们的征途是星辰大海

东财的金融专硕考研专业课科目是金融学综合，具体考三门：货币银行学、证券投资学、国际金融学，参考书目是招生简章指定的东财出版社最新出版的三本教材，个人建议同时还要看2012—2017年的考研真题（回忆版的也行）。如果经济条件允许，还可以报一个辅导班。分析东财近几年的情况，报了专业课辅导班的同学往往取得的成绩会更好一些。

对于跨考的同学，建议从暑假开始复习专业课；对于金融学专业的同学来讲，可以从9月份开始。根据我在考研辅导班担任专业课老师讲授金融学综合的经验，整个金融学综合的复习可以分为三个阶段：

第一阶段是打基础，这一阶段主要是看指定的三本参考教材，2个月左右的时间把三本书看一遍。

在看书过程中，要求吃透参考书内容，做到准确定位，事无巨细地对涉及的各类知识点进行复习，打好基础，训练金融思维，掌握一些基本概念和基本理论。要熟悉书中每一个专业术语的含义，了解每一个理论，对于书中的内容一定要先理解再背诵。在第一遍看书过程中，遇到不明白的知识点要上网查资料、问老师和同学，一定要弄明白。对于金融学专业的同学来说，可以将上面的时间压缩一半，10天左右看完一本书。

第二阶段要求有重点地看书，大约15天将一本书"过"一遍，节奏需要自己把握。

关于重点的掌握，主要参考书中课后习题和历年真题，找到出题重点。在这一遍看书的过程中要把课后习题吃透，在书中找到答案，并标记出来，方便下一阶段复习。这一遍要边看书边做笔记，或者去买一套资料来看，然后在资料的空白处写下自己的笔记。这一阶段还要重点看金融专硕的历年真题，对于专硕出现之前的学硕考研真题，时间允许的话也可以看看，只看与这三本教材相关的内容。真题的命题知识点和题目类型对我们来说都是很有启发的，要把真题考过的知识点在书中相对应的地方标记出来，以后背的时候要重点记忆。可以尝试写一些框架性的东西，构建思维导图，这样比较容易掌握整体结构，帮助理清思路。还要注意区分专业课中相似的考点，如影响股票价值的因素和影响股票发行价格的因素，如果混淆了，也许十多分就没有了。从2016年的真

题可以看出，东财的金融专硕命题趋势是越来越难、越来越活，考点越来越细，非重点也开始出现，一定要在突出重点的基础上全面复习，不要对"细枝末节"的知识点不屑一顾。

最后阶段就是把第二阶段整理出来的重点背诵下来，一定要记熟。

在上一阶段把课本看完第二遍之后，就不要还总抱着课本了，要开始背自己的笔记或者背资料，哪里不懂再回到课本中翻看。在深入理解的基础上，背起来还是比较容易的。考试题目还是比较好预测的，因为有些知识点是常考不懈的。国际金融学中的外汇和汇率是必考而且常考的，货币银行学中的货币政策、货币供给和货币需求、利率、存款准备金率等也是绕不过去的。关于时事分析，东财会根据央行的举动出一个以央行货币政策为背景的题目，比如央行今年降了几次息、下调了几次法定存款准备金率。另外，人民币加入SDR、"8·11"汇改一周年、英国脱欧等，都是2016年比较火的金融时事，这些都可以用来作为出题背景的，以此分析当前的经济形势、政策工具的作用和意义。

"仰望星空，脚踏实地。"在金融专硕考研专业课复习的"淘金"之旅中，一定要做好这一漫漫征途的规划，并持之以恒地贯彻下去，这样才不会在"星辰大海"中迷失，最终如愿抱得"金砖"归。

如果觉得自己基础不好，一定要尽早开始专业课的学习。东财专业课不是很难，很多题都能找到现成答案，需要发挥的题很少，专业课大家得分也都差不多，所以一定不要让专业课给自己拉分。

最后预祝各位2018年考生考研成功，圆梦东财！

（方昕跃，金融硕士）

第三十章　税务硕士

第一节　步步惊心之税务风云

一切已经尘埃落定，本人有幸被东财录取，在复试结束之后的十来天时间里疯狂地进行了自己的毕业旅行，然后回到家里闲来无事，不禁回想起过去一年自己所经历的日日夜夜与酸甜苦辣，心中感慨颇多。过去一年的努力已经得到应有的回报，但在夜深人静之时总是感到内心有着些许的遗憾与不足，或许是因为自己经历了太多的波折与弯路，也总是在想如果没有这些弯路也许会更好，但生活没有如果，我希望谈一下自己的经历以便学弟学妹们借鉴。

本人本科会计学专业，报考了东财的税务硕士，初试总分383分，在这里我不再班门弄斧谈各科的学习，我想说一下自己在择校选专业以及专业课学习方面的心得体会。

一、关于选学校的问题

我认为选学校总的来说要根据该校考研难度和自身实力与该校就业情况和目标区域认可度的整体契合程度来确定。困扰很多考研人的一个大问题就是如何比较不同学校的考研难度，以及东财从难度上来讲到底处于一个什么水平。直接比较考研分数的方法是相当不科学的，因为每个学校的专业课难度不一样，公共课评卷标准也不太一样。在这种情况下我认为比较科学的方法是比较各个学校的高考分数，一个学校的高考分数基本上反映了此校在一定区域内的影响力以及认可程度。我是山东考生，我以山东为例来说一下东财的档次，东财在山东的录取平均分略低于山大（山东大学），高于中国海洋大学（两校均为"985"院校），如果能够得上东财会计学的分基本上可以去山大任挑专业了。在山东，东财的生源档次与吉大、川大这样的"985"院校基本相当。至于就业情况，我认为高考分数线、考研难度与就业水平三者之间虽不成严格的正比关系，但也是正相关的。我曾经研究过几所中流"985"院校以及东财的毕业生去向，整体来说就业质量是处于一个档次的，只有央财、上财、人大这些顶级"211"与"985"院校才会形成压倒性优势。在这里我必须提醒一下，东财的影响力主要在北方，如果更进一步讲的

话是在东北与泛环渤海地区（京津除外）。

一开始考研的时候我的目标是南开大学，目标确实高了一点，后来也考虑过山大，但最终选了东财，原因如下：首先，东财比较公平。其次，东财在财经界的影响力以及校友资源比这些学校要好，从个人职业发展上来说也许更有利于今后的发展，毕竟学校里有这种财经氛围，师资力量更加强大。不过我还是认为大家不必纠结于此，学校只是给了我们一个平台，至于以后发展到什么地步完全靠自己本身，提高个人能力才是王道。

东财与其他财经院校如何选择呢？在这里央财、上财就不说了，很多人纠结于东财、中南财经、西财如何选。在我确定了要选择一个财经院校的时候，我首先想考的学校是中南财经，西财离家太远，东财因为不是"211"院校也不太倾向于它。记得3月份我都准备好了中南财经的会计学专业课资料，但一个偶然的机会让我认识了一个我们学校考东财会计学的学长，从他那里得知每年我们学校都有很多人报考东财，而且东财的校友资源主要集中在北方一些省份，而中南财经的影响力主要在中南地区与华南地区。由于这个时候我能联系到我们学校考东财的学长，所以我就转战东财会计学专业。现在看来，东财是要比西财与中南财经好考一点，但也不会好考太多，基本上一个档次，所以说这三所学校选哪一个要看你想在哪就业了。

最后我想说的是，东财由于不是"211"院校，所以"性价比"很高，比很多和它实力相当的学校分数低，但不会因为"211"的问题在就业时受到很大的限制。

二、我为何选择东财税务专业

选择税务也是由于偶然因素，我从3月份开始就备考东财会计学专业，6月份开始看专业课，9月份出招生简章的时候专业课教材由过去的四本改成了两本，这让我很崩溃，因为这时候四本书我都已经看了一遍。10月份出保研名单之后，更是让我有点打退堂鼓，因为统考生已经缩招到35人。这时换学校成本极大，因为其他学校的会计学专业大部分考管理学，已到10月份，考东财会计学的那一大批人已经来不及换学校，所以当时我就觉得恶战将临。反观我的研友，他考经济类专业，所有学校都清一色地考微观与宏观经济学，他可以任性地换学校，还可以在东财经济类专业当中根据自己实力随意挑专业，而这一切无需付出任何代价。

我个人是不喜欢承担风险的，自己一年的努力不想覆水东流，更不想"二战"了，于是我有了换专业的想法，但换什么专业很让人发愁，一次我随便翻看招生简章的时候无意之间看到了税务这个专业，看到这个专业的一瞬间我眼前一亮，特别是看到初试只考一门中国税收的时候我更是感觉自己遇到了知音！我依稀记着当时是晚上9点，在自习室看到这个专业，我立马回到住的地方去查与这个专业有关的信息，晚上12点时就决定报考这个专业，并且忍痛和自己心爱的会计学说再见，第二天一大早我便从淘宝上买了专业课教材。

从学长那里得知税务专业毕业生很多都从事会计工作，而且有的导师给学生的职业定位便是懂税务的会计师。我又看了一下东财各个专业的就业派遣名单，发现会计学在就业上并没有比其他专业好很多。总的来说，税务与会计二者之间就业上的差距远没有考试难度上的差距大，会计确实比税务就业机会更多，就业更好，但这种差距我认为是同一个档次上的好坏之分。如果你进入东财之后能够提高自己的能力，比如说考取注册会计师，税务专业上的不足完全可以弥补。

通过我选专业的经验教训，我更倾向于学弟学妹们选一个考管理学或者微宏观经济学的专业，这样后期不会那么被动了。除此之外，那种非会计专业不考的心态也对我产生了不好的影响，建议学弟学妹们在心态上要更加包容，各个学校各个专业都要仔细衡量一番，不一定选最好的，但要选一个"性价比"最高的。

三、关于东财税务专业课的情况

我先介绍一下东财税务硕士的历年招生情况，此专业从2011年开始招生，2015年之前都是接受其他专业调剂的，2011年上国家线人数2人，2012年5人，2013年14人，2014年29人，2015年69人，2016年43人，可以看出税务硕士总体趋势上是越来越火的（2017年数据暂缺），特别是现在学硕全变为自费的情况下，专硕的"性价比"凸显。税务硕士学制两年，第一年上课，第二年就开始找工作，而且现在用人单位对于专硕与学硕的认可度是一样的。就拿财政税务学院举例，税务专硕的就业可以媲美财政学税收方向的学硕，因为专硕学的内容实践性强，学习的内容都是与企业纳税报税以及税收筹划有关的业务，这些业务是平时会计工作的一个重要分支，属于税务会计的范畴。现在看来，精通税务的会计人员还是很受欢迎的。

近几年税务硕士录取分数线都是国家线，但是考虑到东财的专硕在上线人数充足的情况下，进复试的比例不是1：1.2，而是1:1.5（2015年招46人，进复试69人，2016年以及2014年以前上线人数不够），所以，对于今后的考生来说，目标应该定在350分以上。

东财税务硕士专业课只考中国税收一门，相对来说比较简单。东财考的计算题占比不大而且难度很小，与课本例题基本一致，占大头的是名词解释、简答题与论述题。从2017年开始，专业课指定的参考教材《中国税收》的版本已经换成了第六版，书非常厚，虽然有重点可循，剔除那些绝对不会考的内容后，你需要背的东西依然很多，所以说专业课说难不难，说简单也不简单，但用上功夫使劲背，120分是绝对没问题的。提醒大家注意一下第六版修订的内容：第一，最主要的改动就是"营改增"的相关内容，即营业税一章取消，相应的增值税一章内容有大幅调整。第二，各章（各税种）内容根据近三年国家财税制度改革有一些更新，细节较多。建议大家买最新的第六版教材来复习，不要为了省钱去看旧版的教材，毕竟里面有些内容已经过时。

我专业课得了135分。10月中旬后，每天我用在专业课上的时间很多，课本一共看了5遍，每天用时4个多小时。虽然我对自己的成绩比较满意，但不建议大家到10月份才看专业课，特别是那些没有专业课基础的同学，因为后期时间很紧张，专业课挤了我很多公共课的学习时间。建议没有专业课基础的同学8月份开始看，每天2个小时；有专业课基础的同学等到招生简章出来再看也不晚。我说一下自己的复习技巧，由于复习

时间特别紧张，我采取了重点知识重点背，非重点知识背框架的策略。重点章节包括税收概论、增值税、消费税、企业与个人所得税以及最后的税收管理等。这些章节差不多占据了整个试卷90%的考点，这些章节的知识点务必掌握牢固，有些不起眼的地方也有可能考到，比如说某一年考到企业所得税小型微利企业的认定条件，这一题说实话很难背，在课本不起眼的位置，虽然只有两条，但每一条都涉及三个数字要去记忆。对于像税收优惠部分，企业与个人所得税税收抵免这些不太可能考或者太难的地方，建议背下课本的知识框架和每段的第一句话，这样一旦考到，不至于没话可说。对于像征税对象、纳税人、纳税义务发生时间、税基税率、纳税地点、税额计算这些税收基本要素一定要记牢。背东西一定要先背知识结构，然后慢慢地加细节的东西，还有，每天复习之前都要拿出半个多小时的时间复习昨天看过的内容。

（王俊杰，税务硕士）

第二节　　煮酒论税务

近几年税务硕士越来越火，特别是2015年过复试线的考生达到60余人，超过了录取人数，并且2015年也是破天荒第一年开始不接受学硕调剂。2016年虽然由于一些原因过线人数有所回落，但报考税务硕士的考生越来越多已是大势所趋。对于这几年的税务硕士热，我个人认为有以下三个原因：

1.专硕认可度越来越高。前些年，税务硕士，包括保险硕士、国际商务硕士等比较好考是由于当时专业硕士刚刚"亮相"，还没被大多数人认可，随着时间的推移，专业硕士已经被越来越多的人所认可。

2.改革以后，学术硕士和专业硕士都开始实行每个月600元、每年6 000元（一年按10个月算）补助的政策，这对于家庭情况一般的学生来说是一个非常好的消息，不但可以每年拿6 000元的补助，而且如果学习成绩好每年还会有奖学金，这样便可以更好地解决读研的经济问题。但是不得不说的是，税务硕士每年的学费早就涨到了1.5万元，这对于学生而言还是一个比较大的负担，但是同东财其他专业硕士相比学费是最便宜的，所以导致近几年税务硕士热。

3.学制只有两年，我认为这是专业硕士最大的优势。第一年上课时间比较紧，第二年开始便可以出去实习、找工作、写毕业论文等，所以说真正有效的学习时间只有一年，而且会非常紧张，这样会让大家的研究生生活更加充实。

下面说说关于税务硕士的复习。

关于参考书。由于东财的税务基础考试并不是按照教育部规定的形式来考的，相比之下比较简单，所以网上其他学校的税务经验帖子没有太大的借鉴价值。比如说很多人都会使用注会的《税法》来练习计算题，我认为根本没有必要，浪费时间和精力，只需要把马国强主编的《中国税收》第六版这一本书搞定了就行。

关于重点章节。重点章节包括1—4章、7—8章、14—15章（由于"营改增"，营业税这一章已经整体删掉了）。还要提醒大家注意的是，前些年只需要看重点章节，但是随着税务专硕越来越热，考试难度也有所增加，现在所有章节都要进行复习，以上提到的章节要着重进行复习。

关于复习时间。我个人认为现在专业课复习已经不能像前些年考上的同学那样复习，如今难度加大，计算题题型也有可能会变。所以，我建议大家要早点开始着手专业课的复习，至少在9月份就要开始进行专业课的复习，而且要规划好自己的进度。

关于复习线索。书的目录把税务知识划分得已经非常清楚了，我们只需要按照教材的思路往下走就可以了。教材的前两章都是一些基础的知识点，大家一定要看透。接下来的商品税和所得税尽管已经连续考查多年，但是仍然是重中之重。对于其他税种的复习，也不能像前两年一样只是对名词解释和特点进行复习，现在对于其中的细节要进行更加深入的学习，只有这样才能取得高分。

东财的考试考得很细。2018年税务专硕已经是第八年招生了，所以难度会有所加大，大家在复习时对每一个知识点都要仔细咀嚼，特别是我说的重点章节里面的知识点。如果是零基础，有的知识点确实不太好把握，课后的一些习题是不用复习的，这就需要我们在复习初期就要拿到历年的考试真题，对照着真题复习，知道哪里是重点，老师出题的思路是什么样子的，有一些像法律一样的条文考的可能性是非常小的。

关于试卷。教育部要求的考试题型有选择题、填空题等，而东财的试卷只有四种题型——名词解释、简答题、论述题和计算题。在2018年的考试中，我个人认为题型不会改变，但是对于计算题，还是有很大可能进行改革的，毕竟已经连续考了七年，所以大家在对计算题复习的时候一定要重点看一下关于关税、土地增值税、房产税等的计算。

（董翰博，税务硕士）

第三十一章 资产评估硕士

资产评估硕士最新导学

资产评估硕士在东北财经大学不算一个热门专业，几乎每年都存在招生不满的情况。从历年报考情况来看，几乎过了国家线就可以参加复试，而参加复试的人数一般也为个位数（比如2016年仅有5人进入复试）。由于是新兴专业，而且存在招生不满的情况，对于想跨考的同学来说也是一个不错的选择。

不过，大家如果决定了2018年要报考东财的资产评估硕士，就要做好准备，毕竟资产评估硕士的报考人数在2016—2017年呈现了增多的趋势。

资产评估硕士的初试与会计专硕的初试不同，在初试中是有专业课考试的，东财的指定考试科目是资产评估专业基础，具体包括资产评估、会计学、财务管理三科，指定教材分别为《资产评估》第4版（姜楠、王景升）、《会计学》第5版（刘永泽）、《财务管理》第3版（刘淑莲）。

下面附上2016年资产评估硕士初试的一些考点，供大家参考：

单选题、多选题、判断题：这三个题型考得较细，对小知识点均有涉及。

简答题：简述留存收益及内容；以债券为例，说明风险溢价的构成；简述影响资产评估价值类型的因素。

计算题：资产负债表各项目的填列（应收账款、无形资产、固定资产、未分配利润、存货）。

会计分录题：长期股权投资（实施重大影响）。

综合题：资本资产定价模型、股票定价、加权资本成本、企业价值评估（含年金化收益）。

论述题：市场价值及条件；融资渠道及选择的原因。

接下来说一下专业课如何复习。如果你是跨考的考生，专业课的复习必须提前，根据自己跨考的跨度大小安排时间，尽量提前，专业课毕竟是重头。如果你本科学过这三门课就可以不用着急，7月底开始复习就差不多。

我个人认为会计学今后出题的差别应该不会太大，东财的资产评估学偏理论，财务管理比较活，纵观这几年的专业课考试来看，财务管理从财务计划往后的章节基本没有涉及，后面的期权、衍生工具、公司并购的章节可以略看，时间不充足也可以不看，通常初试和复试仅涉及一道选择题。

东财的指定教材《会计学》和《财务管理》都有配套的习题册，代表了东财老师的出题思路，而且东财的专业课考试的难度是不会超过习题册的，习题册在复习中的作用还是很大的。《资产评估》没有配套习题册，纵观近几年的出题，资产评估的计算题比较简单，重视理论，要多看课本。

第一遍可以先看看自己本科学到的知识与东财的教材区别大不大，如果有区别则应看一下东财的教材是如何讲的。第一遍只需略看，知道专业课要考哪些内容。三本教材是一本一本来看还是三本一起看？我个人建议是一本一本来看，当然如果你喜欢三本一起看的话也可以，以最适合自己的方式来复习。第二遍复习就要仔细详尽。会计学和财务管理看完一章的课本就要附带做相应的配套练习。这一遍的复习要做好笔记，把每一个知识点进行总结，习题册上做错的题或者不确定的题要标出来，为以后复习做好准备。资产评估学则要把课本上的每一句话读懂，也要做好笔记。10月中下旬左右差不多开始第三遍，会计学和财务管理的第三遍可以不看课本，结合自己的笔记和习题册上做错的题进行有重点的复习。资产评估学则需要把课本再"过"一遍。考试前两周应该把第三遍看完。充分利用最后两周的时间，进行第四遍的复习，针对笔记把所有的知识点在脑海里"过"一下，也可以看着目录想一下这章有哪些知识点，做到面面俱到地准备考试。

相信经过这么四遍的专业课复习，你专业课的成绩一定不会差。

友情提示，在最后两周里一定不要浮躁，切不要有马上要考试了看不看都差不多的心态，要把踏实严谨的态度一直延续到考试完。

预祝大家取得好成绩，为东财的资产评估硕士大家庭注入新鲜血液。

（曲雅楠，资产评估硕士）

第三十二章

新闻与传播硕士

踏上"闻传"新征程

    每个经历过考研的学子都有一段刻骨铭心的时光，那段经历甚至比高三还弥足珍贵。这是广大考研学子第一次真正意义上为自己而奋斗，或许是为了弥补高考的遗憾，抑或是期待更美的远方。无论如何，请你坚持。

    先来介绍一下我的个人情况：本科就读于长治学院，普通二本院校，新闻学专业。长治环境很好，各位以后有机会可以来玩。我参加了 2016 年考研，初试成绩总分403 分，政治 69 分，英语 69 分，专业课一 137 分，专业课二 128 分。

    我打算考研是在大三寒假，真正决定考东财是在 4 月中下旬。为什么考东财？第一，我喜欢大连，喜欢这里的空气，喜欢这里的大海。生活不止眼前的苟且，还有诗和远方；我曾为了这片海，不顾一切。第二，东财的口碑很好，学术气氛浓厚，东财的新闻与传播是新开设的专业，报考人数应该不会特别多。

    顺便提醒大家一句，认真选好学校之后，千万不要左右摇摆，不到万不得已坚决不换学校。考研初期复习时间一般是 4 月初—6 月底，这期间大多数同学有课，所以任务不必安排得特别重。英语可以主打单词、长难句，时间充裕的同学可以做 2004 年以前的阅读理解 Part A 部分练练手。这期间政治可以不用准备，如果你是理科生或者实在不放心，买资料简单"过"一遍即可。专业课部分，由于有课，且将重心放在英语上，因此我是从暑假开始真正复习专业课的。

一、公共课

1.政治

    大家在备考过程中要力求选择题控制在 37 分以上，才能确保有一个不错的分数。当然，考试的临场发挥也很重要，要保持一个好的答题状态。

    我在暑假期间跟着考研班将政治基础知识理顺了一遍，个人觉得挺不错的。我 9 月配合考研班资料"刷"完肖秀荣《命题人 1 000 题》第一遍，10 月将大纲"过"完一遍，"刷"《命题人 1 000 题》第二遍，11 月配合"风中劲草"将《命题人 1 000 题》

"过"第三遍，这个月肖秀荣《命题人冲刺8套卷》也上市了，可以开始练习选择题，大题重点在哲学部分，其余看看即可。最后一个月，我狂"刷"肖秀荣《命题人终极预测4套卷》、任汝芬《最后四套题》、蒋中挺《考研思想政治理论绝对考场最后五套题》等。网上有很多模拟卷，可以下载下来练习，这个月可以回顾肖秀荣《命题人1 000题》中做错的题了。对于大题部分，大家别紧张，就算是离考试只剩一星期也别自乱阵脚，因为很多人都没有背熟。肖秀荣《命题人终极预测4套卷》必须百分百地背下来，而对于《命题人冲刺8套卷》，前期就要将大题部分全部"过"一遍，有时间的话建议背诵，我考的那年"史纲"部分的"进京赶考"就是《命题人冲刺8套卷》的原题。《命题人终极预测4套卷》虽然没有压中原题，但是知识点都可以套用上去，尤其是毛概的生态保护、政经的联合国问题。

关于政治是否报班，我建议时间和经济条件允许的话可以报，毕竟自己复习起来相对乏味，跟着老师复习可以减轻很多负担，且最后的冲刺班、押题班都有不错的效果。

我非常推崇肖秀荣老师。《命题人1 000题》中的选择题要认真"过"，《命题人终极预测4套卷》《命题人冲刺8套卷》的大题建议全背，实在没时间可以只背《命题人终极预测4套卷》的大题，再认真看一看《命题人冲刺8套卷》的大题。

2.英语（二）

关于英语（二）的复习，我在前面"考研英语"里有专门论述，欢迎翻阅。

二、专业课

东财新闻与传播硕士的专业课300分，包括334新闻与传播专业综合能力、440新闻与传播专业基础。

1.专业课一

参考用书：郭庆光《传播学教程》、李彬《传播学引论》、罗杰斯《传播学史》（排名分先后）。

必备辅导资料：圣才考研的《传播学教程》笔记和课后习题（含考研真题）详解（黄皮）。

专业课一题目总体而言比较简单，考120分以上的同学挺多。在复习过程中，一切围绕《传播学教程》来即可。《传播学引论》更加通俗易懂，可以对《传播学教程》里没有的知识点或者不太详细的知识点加以补充。对于《传播学史》，直接复习往年其他高校真题考过的知识点，并将传播学四大奠基人、集大成者、芝加哥学派、帕洛阿尔托学派等比较重要的知识点摘录下来就可以了。这本书建议大家"过"一遍，如实在读不下去放弃也无妨。

关于上面提到的必备辅导资料，个人建议人手一份。这份资料非常好，每一章都有树状图对知识点加以梳理，课后习题答案也比较完备。很多同学一上来就拿着书本狂"啃"，忽视了课后习题，其实我考的那年的几道考题就是课后习题。这份辅导资料对于跨考的同学来说简直就是福利，因为郭老师的书言简意赅，如果本科没有学过，自己理解起来还是有一定困难的。

做笔记是专业课复习必不可少的一项工作，看过第一遍书之后，就可以结合辅导资料做笔记了。做笔记不是让你抄书，边做要懂得边思考，有些知识点不需要一字一句完完整整地抄下来，提纲挈领最好。

专业课一很基础，大家有时间可以去图书馆借阅传播学的相关书籍阅读，整理笔记，拓展知识面。关于背诵的重要性就不多说了，既然你选择了新闻与传播这个专业，就跟它死磕到底吧，"背多分"是有道理的。

2.专业课二

参考用书：李良荣《新闻学概论》、方汉奇《中国新闻传播史》。

必备辅导资料："传播学小王子"《新闻传播学热点专题80讲》、论文、优质考研账号。

《新闻学概论》是比较简单易懂的一本书，脉络比较清楚，好好看书并整理笔记就可以了。本书考得比较细，所以每一个知识点都不能放过，复习要全面。东财很注重考"媒介融合"这个点，初试、复试都考到了，可以关注一下。

在专业课的复习中，新闻史的复习是重中之重。因为新闻史的背诵量很大，而且要求做到记忆准确。在前期复习中，我把比较多的精力集中在新闻史的复习上：第一遍看完书，整理出提纲，知道整本书是按照什么顺序来编写的，哪一章是重点，哪个考点比较重要。第二遍看完书，做到合上书能大致勾勒出新闻历史人物生活的年代和那个年代所发生的重大事件。第三遍看完书，准确记忆每个考点的时间、地点、人物、事件。这个工作是最琐碎又容易让人生厌的，如果这一关能通过，基本没有什么可以让你放弃考研了。在新闻史的复习中关键要学会化枯燥为简单，多找点能够让你放松的方法去调节，边玩边复习，效果会更好一些。虽然我考的那年《中国新闻传播史》只考了两道名词解释，但也不能忽视。

就算复习了参考书目，也看了论文，其实还是不够的。像一些优质的公众账号也需要及时关注，如微信公号考新闻、新闻传播学研、媒介守望者、全媒派等。微博公号传媒人网、一些"大牛"老师的账号都要关注，在这里我就不一一列举了。在备考过程中，你也会逐步发现越来越多的优质账号。很多同学都是手机控，这种推送的方式很适合这类同学，过足了手瘾还能学习，何乐而不为？

专业课二说不上简单，但也没有那么困难，主要在于信息检索的繁琐，以及知识点的整理很耗费精力，整理出来之后还得思考内化为自己的东西。很多知识点大家可能都知晓一二，但关键还是在于落实成文字。专业课二考得相对灵活，有的题实在摸不着头脑，但是千万不要空着，根据自己的理解围绕题眼作答就行，只要不是太离谱，老师都会给一定的分，总比空着一分没有强。

总之，对于专业课二，建议大家在复习的过程中要基于基础知识，抓热点，多思考，多理解。

三、关于专业课的一些小妙招

（1）复习的知识点力求多，更求精。背诵要反复，早晚各背一遍效果最佳。学习的重复性十分重要。

（2）笔记建议做两遍，第一遍详细做，第二遍尽量用一张A4纸搞定一个章节。

（3）专业课的模拟训练很重要，要控制好答题时间，一般来说，名词解释30分钟，简答题60分钟，两道论述题共60分钟。

（4）字迹尽量工整，能多答就多答。

（5）心态很重要。平时的背诵过程很辛苦，背了很多遍依然会有忘记的时候，这是正常现象，必须坚持。在考场上，千万别慌，尤其是碰到没有把握的题目的时候，冷静作答就行了。

四、关于考研过程中的一些提醒

（1）孤独疲惫常有，快乐不常有。要学会放松，听歌、吃大餐、看电影、跑步，自己选择，别放纵就行。

（2）学会分享，包括考研的苦乐、学习资料，双赢才是最好的。考研会让一个人变得"孤独"，敞开心扉跟朋友说说话会放松些。

（3）平常心。心态很关键，乐观一点，别一天到晚愁眉苦脸。虽然有时候受打击，第二天照样是一条好汉。

（4）正常作息。有的同学备考中今天凌晨3点入睡，明天下午不进食。我们得承认自己不是神，作息有规律，效率才能提升。

（5）多打电话给家里。你考研，父母也跟着你"备考"，要让他们多安心。考研注定苦，怕苦你就放弃。

五、写在最后

大家都经历过高三的洗礼，相信考研过程的历练会让你变得更加成熟隐忍。任何一种选择都有被肯定的理由，无所谓对错，希望勿忘初心，方得始终。选择考研这条路，意味着你将大半年"与世隔绝"，有些同学甚至是一年的"煎熬"。既然选择了，请坚持到最后，时间不会辜负有心人。

这大半年，我迷茫过、苦恼过、悔恨过、痛心过，无论怎样还是挺过来了。在考研过程中，你心中会有两个自己：一个在不断地肯定自己，始终坚持只要努力就会成功；另一个是在学习上遇到打击时，不断地否定自己，一度认为自己怎么都考不上了，变炮灰了。这些都是考研过程中的插曲，一定要坚持。

我懂那种渴望成功的心情，也明白失败的难过。有时候英语、政治错得一塌糊涂，专业课背得乱七八糟，你又开始怀疑人生。多给自己一点积极的暗示，坚持总没错。上天会眷顾努力的人，一直记得一句话：如果不努力，落榜了你哭都哭不出来。

总而言之，考上东财并非登天那么难，做一个考研的有心人吧！每年100多万考生挤得头破血流争取有限的"通行证"，既然有勇气报考东财，就将这份勇气揣在手里，勇敢前行，等待时间的洗礼。祝福大家！

（燕鑫，新闻与传播硕士，总分403分，专业排名第3）

第三十三章

应用统计硕士

本人应用统计专业课成绩为135分，受朋友所托，给大家讲讲我的考研复习过程，谈不上什么宝贵经验，希望能给大家带来一定帮助。

首先，按照考研经验文章的模板，大致讲一下我的不太端正的考研动机。虽然我生理年龄也老大不小了，但我一直觉得我的心理年龄还是个少年，让我一毕业就步入职场跟那些"老家伙们"斗智斗勇，恐怕只有当炮灰的命运。再者受家庭环境的影响，同辈的哥哥姐姐们都是名校毕业，我普通一本实在有点丢人，所以在众人的撺掇下，考研吧！在我兴致勃勃地买了几本数学书，翻了几页之后，学校告诉我，我可以去保研，心里一乐，能不考试多好，那就保研吧！从此之后命运就发生了翻天覆地的变化，由于信息搜集不够，不太了解保研的门道，前前后后忙了好久，身心疲惫，直到国庆节也没能有个什么好结果，原本考虑的学校从"985"变成"211"，最后一个学校也没要我，这时原来的学校向我抛出了橄榄枝，但我拒绝了！虽然时间所剩不多，但我心态比较好，依然觉得自己还是能考上一个学校的，综合考虑各种因素，最后选择了东财，不要问我为什么，只是当时觉得这个学校一定很好考，而且小的时候在家里的书柜里看到过这个学校出版社的书，所以印象不错。

定好学校之后，我就开始全方位地复习了。由于之前保研的时候看了很多书，所以专业课复习起来也就驾轻就熟，效率很高。

东财专业课指定复习用书有两本，我称之为"小黄书"和"小蓝书"，其实内容大同小异，但我更钟爱"小黄书"，觉得它内容更加系统和精简一点。我觉得应该重视东财版教材，因为不同的版本表述方法不同。我认为东财的老师会喜欢看到你们使用他们的表述方法，至少可以表示出你对东财出的这本书的重视。在东财那本书中，数理统计和经济统计同等重要甚至更偏重经济统计，在之前考过的"统计方法的构成"这种题中，要考虑到核算统计，这是人大版等教材中所没有的。再者，东财每年的试卷还是会考一些东财版书中特有的知识，比如理想指数。所以，大家还是要看一下东财版教材的。另外，值得玩味的是，东财版教材如此突出经济统计，那么在人大版概率和统计量那两章出大题的可能性就不大了。

还有就是真题，我从淘宝上花5块钱买了几年真题的电子版，然后在学姐推荐下买了圣才教育的应用统计专业课的真题（也就是各个学校的真题），3本书加几套真题，我就开始驰骋沙场了。

说说我的复习技巧，不知道是不是从小养成的习惯，我在看书之前会把整本书大致的框架建立起来，然后往里面填我觉得比较重要的点。熟悉统计学的同学都知道，统计学其实内容很少，也就是描述统计和推断统计。描述统计里面有很多的名词、方法，基本不涉及计算，看看背背就行；推断统计里面涉及的东西就稍微多点，难度也有所提升，如参数估计、假设检验、方差分析、相关和回归分析、时间序列、统计指数等，仔细一看，内容也不多，但几乎都是计算题的考点。构建完框架后，我开始仔细把书看一遍。把书第一遍仔细看完之后，原本的框架被塞得满满的，我心想，哪能有这么多考点啊，我又开始删内容，结合东财历年真题和其他学校的真题，自己判断哪些内容是不可能考的，哪些内容是常考的重点，就这样边看书边做题边删内容，又把书看了一遍。现在想想我这么做还是有点好处的，那就是很多人两本书都看，而我则是结合两本书的优缺点，自己整理出了适合自己的一套专业课资料，节省下不少时间来复习不拿手的数学。很多人都说自己看了多少遍专业课的书，其实我根本就不记得我看了多少遍，也就是看完了接着看，背完了接着背，严格按照每天安排的时间表执行，后来我感觉都可以自己出本教材了。到了后期，我给自己安排了真题模拟，按照考试标准，自己打印了几份真题（有东财的，也有其他学校的），安排了几次专业课考试，考完之后给我的小伙伴批卷，结果都还不错，给了我一定的信心。关于真题，我想强调的是：真题真的很重要！历年真题对你的复习起到提纲挈领的作用，再加上诸如东财这样的学校，每年都有重复的题目出现，而且都是论述题或简答题，碰见了而且恰好你又准备了，那你就走运了。

最后，讲讲考试经验，诚如很多考研培训机构的老师所说，就是写到手酸说明写得差不多了。计算题老老实实计算，没有其他的方法，但简答题和论述题则要把自己记得的与此相关的全写上，碰上没见过的题目也别慌，要有理有据、一本正经地"胡说八道"，东财的答题纸就是几张大白纸，也没有答题区域，所以最后我真是洋洋洒洒写了好多页，答完感觉胳膊都抬不起来了。

总而言之，考研不难，难的是一如既往的坚持，看过很多同学受不了日复一日枯燥的复习而放弃，禁不住工作的诱惑而止步。如果你选择了这条路，那你就得保持愉悦的心情走下去，对自己要有信心。考研成功的一般有两种，努力型和天分型，没人敢拍着胸脯肯定自己是后者，所以还是老老实实、勤勤恳恳、心无杂念地复习吧！

（陈婷，应用统计硕士）

第二节　　　　总有另一扇窗户为你开着

近日，孙老师找到我，让我写一篇我们专业的经验分享，以供大家借鉴。回想起当年为考研奋斗的情景，我竟有些五味陈杂，一时难以释怀。然而对于写稿子我是乐此不疲的，我觉得我所写的哪怕对于学弟学妹们有一丁点儿帮助，便足以令我慰藉。

一、抉择：梦想起航的时刻

我相信每位大三的学生都会经历一段迷茫期，因为他们需要对未来进行抉择，这个抉择将会影响到未来的生活。通常来说无非三个选择：考研、就业和考公务员。起初，我并没有考研的意向。因为家境的缘故，我本意是想早点工作，积累工作经验，为父母减轻负担。但这种想法在大三这一关键时刻彻底改变。原因很多，一方面，受周围同学考研热潮的影响，许多同学起早贪黑去图书馆、教室自习，整天忙忙碌碌；另一方面，由于学院研究生报考比例历年较低，因此学院领导很重视，经常鼓励大家考研，并大谈考研的裨益。除此之外，听说工作不容易，我个人还是比较贪恋校园的美好时光，想拖延两年再进入社会。当然，最重要的原因是受当时女友的鼓动。她父母执意让她考研，也执意未来女婿最低硕士研究生文凭，在这种情况下，我选择了考研。对于报考院校——东财的确定，也是在她确定考取辽宁师范大学之后的事。一开始得知东财既不属于"985"院校也不属于"211"院校，觉得应该比较好考。后来一查财经院校排行榜，东财的名气竟十分响，当时便有些望而却步，毕竟我所在的二本院校的"前辈们"考上浙江工商大学已经算很了不起了，就在犹豫不决时得知本学院一位学长考取了东财，顿时给予我莫大的力量，在我茫然不知所措时为我指明了方向。既然已作出抉择，那便为梦想奋力起航吧！

二、坚持：追寻梦想的执着

通常来说，每位同学都是从大三下学期开始准备考研的，我也不例外。这时候由于大家课程比较多，或者实习的缘故，并不能全身心地投入到学习中。其实这期间只要利用好课余和晚上的时间，把数学课本（《高等数学》上下、《线性代数》、《概率论与数理统计》）"过"一遍，做做课后习题，掌握好书中的重要概念和公式，同时把考研英语词汇背一背就行了。对，这学期就这么多任务，但也不算少。等到炎炎夏日来临，在那个并不算轻松的暑假，才是所有考生备战的关键时期。能否利用好这两个月的时间，将在很大程度上决定着考研成绩的好坏。这期间大家也不必急着看专业课，说实话，东财应用统计硕士的专业课很简单，具体后面我再详谈。在这里，我还是希望每位同学能够留校备考，学习氛围要比在家强很多。除了暑假比较煎熬之外，备考中期9—10月份，以及临考前都会有很多人坚持不下来，最终放弃。我身有体会，有时候看书看得有些烦躁，想着多看一天、少看一天对于考研成绩或许并没有影响。话虽如此，但如果你多看一天再多看一天，日积月累，持之以恒，你的成绩将会有质的飞越。当然，在学习学得十分烦躁时，我建议还是要放松放松，毕竟这时候再闷头看书也没什么效率。我会给自己放半天假，出去看场电影、吃顿大餐或者去附近公园散散步，再回来看书效率会高很多。考研之路确实很艰辛，特别是临考前，天寒地冻。我清晰记得当时早上6点多起床，天还蒙蒙亮。外面气温很低，我骑着电动车从出租屋赶往学校，寒风彻骨，冻得手发麻。中午在食堂匆匆扒口饭，便回到教室继续学习，困了就趴在桌上休息会。晚上一般都会坚持到教室熄灯，上床休息最早也是晚上12点了。即便在如此艰辛的环境下，我也不觉得苦，更没有一丝放弃的念头。因为有坚持的理由，凭借这份信念，才能在考研之路上策马奔腾。

三、方法：迈向梦想的捷径

虽说考研是一个人的旅程，但如果能汲取"前人"的经验和教训，就能少走许多弯路。我考研时一位学长对于我的专业课给予了很大帮助。专业课的参考教材就像许多经济类书籍一样，内容庞杂，需要记忆。而这位学长帮我划了范围，厚厚的书瞬间薄了很多，于是我节约出大量的宝贵时间，最终也证明考试内容就在范围之内。应用统计专硕的专业课参考书分别是人大版的《统计学》和东财版的《统计学》，两本书的内容差不多，相对而言人大版的要更加全面透彻，我建议大家备考时以人大版为主、东财版为辅，但两本书都必须有。

即便考研之前已经准备得很充分，但走进考场仍然可能出现"状况"。希望大家留意，因为考场的12小时将最终决定你大半年的付出能否取得回报。答题时一定要沉着冷静、不慌不忙，题目一定要看清楚。我在这方面吃了大亏，做政治选择题的时候一味求速度，细节没看清，结果好几道题很明显的错误都没发现。做英语的顺序基本上是先作文，再阅读，再新题型，再完形填空和翻译。我的一个同学从头往后做，一开始感觉挺顺的，到了阅读卡住了，结果到了作文时间不够用，就写了几行。后来恰恰是英语差了几分，很可惜但也无济于事。对于数学同样是采取先易后难的答题顺序，在保证准确度的情况下尽量做快点，这一科的时间还是比较紧张的。专业课方面即便遇到不会的题目也要写，千万别留空白。东财阅卷的老师都很"仁慈"，只要你写了就可能给你分。

四、不殆：梦想近在咫尺

焦急地等待着考研成绩，焦急地等待着国家线，又焦急地等待着复试线。在这里我透露些内部消息，从2011年应用统计硕士招生以来，每年的复试线就是国家线。而且长年达线人数不足，通常会从学硕那边进行调剂。所以，一般达到国家线的考生都会被录取，也就是复试一般不"刷"人。然而大家也不能懈怠，从近几年的趋势来看，应用统计硕士越来越热，报考人数也逐年增多，2015年达线人数60余人，已经超过计划招生数。不排除今后因为达线人数过多而"刷"人，所以复试还是需要认真准备的。复试的考试科目分别是听力、面试和专业课。听力是统考，这里我就着重讲一下面试和专业课。不同学院的面试方式有所不同，当年统计学院的面试是以抽题的方式进行的。题目很简短，并且是英文，大概都是一些关于经济名词之类的问题，让你准备三分钟后以英

语回答，时间也是三分钟。当时所有人都没想到这种方式，一时傻眼了。我当时问题都没看懂，更不用说我那蹩脚的英语口语了。不过我态度比较诚恳，先背出那几句客套话再随便扯几句，最后老师竟给了我87分。专业课没啥可说的，六道大题，还是初试的参考书目，临考前看看书、背背重要公式即可。但东财版的《统计学》还是需要稍加留意的，我当时只用了人大版的《统计学》做准备，而恰恰考到了只在东财版的书中有的内容，我由于闻所未闻当然就不会做。同时，可能同一系数在两本书中的称谓会有所不同。我想提醒大家不要把时间浪费在那些复杂的公式记忆上，要坚信一点，东财不会考难题。像那些两个总体参数的检验就不要管它了。关于东财的统计专硕和学硕的就业问题，曾经有学长做过调查，就业差别不大。有一点需要提醒，希望大家重视选导师的事，尽量在复试完之后就联系心仪的导师。有的导师认真负责，对学生悉心指导；有的导师对学生不管不问，自由放养。最后预祝大家取得优异成绩，东财在等着你们！

（许阳，应用统计硕士）

第三十四章 国际商务硕士

品味"国商"

东北财经大学国际商务硕士专业是一个新兴的专业，因此可以参考的专业课真题相比较其他专业而言并不多，甚至少得可怜。但比较幸运的是，专业课的难度并不算大，尤其要重视书本基础知识。

可以说，想取得高分，并不是困难的事情。如何复习，这里只提供个人观点，同学们一定要找到适合自己的学习方法。奇迹和努力，其实是同义词。获得成功的不二法门就是坚持下去。

专业课由两门课程组成，就是国际贸易、国际贸易实务（教材都是由东北财经大学出版社出版的）。首先说一说国际贸易。可以说，这门课是很重要的，而且里面很多知识点还很复杂，但请同学们不必过于担心，根据以往的经验，东财的考试题一般不会太难，考的内容也基本上是书上的。所以，书后习题一定要会。而且，本门课不像西方经济学，可变化的内容不多。比如名词解释，问你什么是关税配额，这个没什么疑问，书上怎么说的，你就怎么写。

想取得高分，最基本也是最重要的就是要脚踏实地地用心看书，把书看全、看透，那些知识点你要是都掌握了，那还有什么可担心的呢？书上的任何一个知识点，都不可以轻易放过。可以这样说，没有绝对的重点，只有相对的重点，这是因为，有时候考试题往往是你想不到的"犄角旮旯"的地方出的。所以说，把书看全很重要。还有一点需要提醒的是，太难的题一般不会考，根据自身情况进行拿捏。如果考试题中出现一些题目是跟图形有关的，那么记得最好画个图，图一出来，答案也自然出来了。

接下来说一说国际贸易实务。这门课的知识点非常多，尤其是各种名词解释。比如说提单、信用证都有很多种类，这都是需要我们去记忆的。需要说明的一点是，跟单信用证统一惯例发生了改变，贸易术语也有变化，对于删减的贸易术语，就不用看了，新增的适当看看，要了解。

考试有四种题型——名词解释、简答题、论述题，还有案例分析。对于名词解释，

除了用心去记没有其他办法，除了中文的，也要记英文的。就难度来说，并不算难，只是有点杂而已。但这也是表面的，其实各章都是有关联的。对于简答题和论述题，只要把书上的内容都看全，问题也不大。需要强调的一点就是，贸易术语一定要熟悉。还有，在制定条款、进行相关操作时所要注意的问题，也要引起重视。对于案例分析，要熟悉相关的惯例、公约等。比如转运、逾期接受、检验、贸易术语责任和义务等，都必须熟悉、掌握。

同学们一定要熟悉历年真题，并从中找到规律。最好能够做到每个知识点都会、每个环节都熟悉。难吗？不难。很多知识点都是固定的，在理解的基础上熟记就可以了。专业课上一定要多拿分，相对来讲，要比英语和数学简单得多。

接下来说一说需要注意的事情。

1.名词解释。这种题目并无太多技巧而言，但还是有一些需要注意的地方：

（1）概念答完整，字迹要清晰；

（2）对于英文，首先要翻译成中文；

（3）适当扩展，也可画图（视情况而定，一般不需要）。

2.简答题。逐条回答，字迹清晰，回答简练准确。

（1）如遇比较 A 和 B 的区别，那么最好首先简单解释概念，再作比较；

（2）遇到概念，需要先解释概念，再作答；

（3）知识点按照参考书上给的答就可以，不要过多发挥想象。

3.论述题。与简答题相似。注意一点，与西方经济学不同，这里不需要太多自己的观点，但要求内容准确、逻辑清晰。字数可以多写一些，保证既表达完整，又准确无误。

4.案例分析。依据有两个：一个是 UCP 600；另一个是《国际货物销售合同公约》。案例的问题主要是让你做出判断，然后写出依据。比如说先给个材料说某两个公司发生纠纷，一方受损失要求对方赔偿。问：它的赔偿要求是否合理?依据是什么?关于答题方法，需要特别强调的是，对于第一问，一定不要在开头就表明立场，而是要放在最后一句！假如你第一句就明确回答合理或不合理（通常都是不合理），万一你答错的话，判卷老师上来看见了，这道题立刻零分，后面都不看了（情有可原，判卷也很累的）。所以你先说依据是什么，最后再总结一句，说出你的观点，然后结论是：合理或不合理。还有就是应该怎么做，这个看题目的要求。关于依据，就是我上面说的两个。假如材料中说的主要内容是信用证，那么依据就是 UCP600。假如是运输、销售的问题，依据就是《国际货物销售合同公约》。最后需要提醒的是：字迹清晰，逐条回答，逻辑严谨，内容准确。

同学们，合上书本，当你看到知识点的时候，你应该立马就能知道它是什么，怎么回答。如果你还不熟悉的话，那么请你翻开书本，仔细看看，同时，也可以了解自己对哪些知识点还不熟悉。一定要多看几遍，才能加强记忆。另外，根据自己的实际情况安排好复习时间及进度。

最后就与大家共勉十六个字吧：谦虚谨慎，戒骄戒躁，中正平和，宠辱不惊。加油，同学们，成功的路上没有鲜花和掌声，只要你肯坚持，胜利就是你的，天道酬勤！考研的冬天是冷的，但是你们渴望成功的心是热的，明年的春天，花会开得格外美丽动人。

（赵洋波，国际商务硕士）

第三十五章 保险硕士

直通保险硕士

虽然没有什么好的经验，复习时间也比较短，但是作为我考研那年唯一一个报考保险硕士进入复试的我来说，觉得有必要给学弟学妹们留下点经验。

准确地说，我是从9月中旬开始看书的，5月至8月学校组织去北京中国人寿实习了三个月，回来后不能马上进入学习状态，一直在不断地调整自己。我刚开始看书的时候，别人《考研数学复习全书》已经至少"过"了一遍，所以当时心理压力比较大，动力也就有了。我给自己每天制订计划，数学一天看多少，英语一天做几篇阅读、背多少单词。我于9月下旬在网上买了专业课教材，"十一"期间一直在背政治、单词，看数学和英语，"十一"过后才真正开始看专业课。我当时每天给自己安排的时间是上午背单词和政治，刚开始大概背到10点半，后来是整个上午，然后上午剩下的时间和下午做数学题。接着看专业课，因为是三本书，所以每天给自己规定看50~60页（切记，一定要看细），晚上剩下的时间做英语阅读。每天根据自己的实际完成情况灵活调整。

保险专硕的三本书我都学过，虽然作者不同，但看时不难理解，核心意思都是一样的。

看第一遍的时候，要在书上重点内容处做标记，课后习题、每章最前面的提示、近几年的真题和复试题都是重点。最好做一下笔记，总结一下知识点，这样理解得更深，记得也比较牢。我当时没有做笔记，所以最后的时刻，我还是看着课本一页页翻着背。我是比较擅长背诵的，如果只看不背的话，我是记不牢的。所以，专业课课本看完一遍后，我就开始背了，根据自己确定的重点，每天也是规定背的量，不是重点或者没有标记的也会多读几遍，有个印象。背完一遍后，我紧接着又开始背第二遍，虽然是第二遍，但是依然背得很慢。背完第二遍后，根据近几年的真题和复试题，我又针对性地把可能出的大题背了一下，因为往年出过的可能还会出。这一遍过后，时间剩得也不太多了，我当时暂时放下了专业课，狂背政治和作文。考试前几天，我又背了一遍专业课内容。考试的时候也没多大感觉，我就根据自己背的和理解的写。后来成绩出来了，126

分，有点意外。

整个准备的过程基本上就是这样。其实主要还是看课本，把课本看透了，就能考试了。货币银行学有时事分析题，可以搜集近两年我国采取的主要政策（主要是货币政策），分析一下实施的原因。

最后附上2016年初试题目，供大家参考。其实每年保险专硕和金融专硕的初试在货币银行学、证券投资学这两科上题目是一模一样的，所以这里就列一下保险学概论部分的考题（三道简答题、一道论述题、一道案例分析）。

简答题：

1.保险合同有哪些主要特征？（6分）

2.保险监管的意义是什么？为什么要进行保险监管？（6分）

3.保险的基本职能是什么？（8分）

论述题：保险公司会破产倒闭吗？说一说保险公司倒闭对被保险人的影响。（15分）

案例分析：一个人投保终身寿险，已经提交投保单并预交首期保费，保险公司发出体检通知书，代理人带被保险人体检，在医院体检时突然发病住院，住院期间死亡，死因有心脏病等几种病，被保险人家属提出索赔申请。请问保险公司应如何处理。（15分）

好了，基本上就是这样，希望学弟学妹们能够学到点儿什么，只要是好的。

（轩妍妍，保险硕士，专业排名第1）

第三十六章　法律硕士

在考研确定专业的时候，有好多同学搞不清楚法学类各种硕士的区别，所以在此先给大家普及一下常识。

法学类的硕士按照国家硕士生分类标准，分为两大类——学术型硕士和专业硕士。学术型硕士就是我们平时说的法学硕士；专业硕士就是我们常讲的法律硕士，简称法硕。

法律硕士在招生时，起初要求报考该专业的同学本科学的是除法学以外的其他专业，但是近年来，国家也允许本科是法学专业的同学报考法硕。基于这一政策的调整，法硕又细分为了法律硕士（法学）和法律硕士（非法学），前者又简称为法硕（法学）或法本法硕，后者又简称为法硕（非法学）或非法本法硕。

大家在硕士毕业的时候，法本法硕同学毕业证的专业一栏写的是法律硕士（法学），意即本科为法学的法律硕士专业；非法本法硕同学毕业证的专业一栏写的是法律硕士（非法学），意即本科为非法学的法律硕士专业。

与大部分考研专业的专业课命题方式为所报考院校自主命题不同，法硕是全国统一命题，其真题和考研公共课类似，是完全公开的，所以现在市面上可以看到许多真题汇编类图书，建议同学们选择一本自己用着顺手的来复习。

不论你考研考的是东财的法硕（法学）还是法硕（非法学），想考上其实都不难。近几年这两个专业在东财的复试线都是国家线，只要你付出足够的努力，并找到适合自己的方法，就一定能梦想成真。

第二节　　　　法律硕士（法学）指路

下面我们先来探讨一下法硕（法学）如何备考。

考研中法硕（法学）的专业课设置为两门：专业课一（专业基础课，含刑法、民法）和专业课二（综合课，含法理学、中国宪法、中国法制史）。

专业基础课满分150分，刑法学和民法学各占75分，考试时间180分钟。通过考生考后反映，时间是比较充裕的，可以比较从容完成答卷。

综合课满分150分，考试时间180分钟，法理学约60分，中国宪法约50分，中国法制史约40分。

下面再来介绍下题型，专业基础课和综合课都有选择题，分别包括20道单选（每道1分），10道多选（每道2分），各40分，然后剩下的都是主观题，专业基础课有4道简答题、2道论述题（民法和刑法各1道）和2道案例分析（民法和刑法各1道），综合课有3道简答题、2道论述题（法理学和中国宪法各1道）和3道案例分析（每科各1道）。

备考法硕（法学）的专业课，高效的方法是押题与背诵相结合。推荐的资料有：

1.法硕（法学）大纲：可以用来对知识点进行回顾。

2.法硕（非法学）分析：虽然是非法学的，但对法学的也大有裨益。这个在复习起步阶段就可以使用，把知识要点用体系的方式记录下来，整体记忆和理解。

3.人大出版的相关资料：比如人大绿皮法硕（法学）指南，可以用来对分析中缺少的内容进行补充，而人大出版的配套练习和标准化题库也都是很有价值的。

4.司法考试的相关资料：作为辅助，对考研也是很有帮助的。

5.真题：通过看真题可以了解考试的题型和出题方式，不过需要注意的是，重复命题的可能性不大，倒也可以利用这一考试规律来排除不需要重点复习的知识点。

法硕内容庞杂，专业课加起来就有五门，因此"复习工程"相当大。对于这五门专业课的复习，应该根据不同科目的特点来安排具体的复习应对方法。

民法的复习重在理解，只有完全理解了才能从容应对民法的考题。民法的指南写得有点乱，建议大家读一下《民法纵论》。这本书条理清楚，可以帮助大家更深入地掌握民法的知识。

刑法的脉络比较清晰，大家复习的时候比较容易形成体系。总则和分则同样重要，每年各占试卷分值的50%。刑法想考得好最好的办法就是明确重点。刑法的重点内容都有容易识别的特征，所以大家在看书的时候要留意。具体来说，有明显的大写的一、二、三，大写的标题下标有小标题的数字如①、②、③，小写的1、2、3下多涉及法律方面重要的概念。这些方面一定要尽可能地理解并且记下来。先并后减、先减后并不是重点，搞不懂的话可以放弃。分则当中各种罪里会有很细的需要解释的地方，这些都要搞清楚。此外，根据考试大纲，在刑法分则所确定的413个具体罪名中，需要考生作为重点掌握的有170个，实际上大家可以不用记那么多，每章最重要的几个罪名都是前几个罪名。还有一点需要注意，刑法除了要看刑法法条以外，《最高人民法院关于审理交通肇事刑事案件具体应用法律若干问题的解释》和其他几个司法解释大家也应该看看。

法理学属于专业课里较难理解的一门。建议大家不要按指南中每门课的先后顺序来

看，而是要先看刑法。因为刑法条理非常清楚，容易理解，看完了刑法接着再看法理学，理解起来就轻松多了。

中国宪法在考研中的要求不算太高，复习起来也比较容易。不过里面那些琐碎的知识点很容易搞混，因此建议大家备考时把宪法法条随身携带，复习的时候还可以对一些知识点进行比较分析。最后要说的是，《中华人民共和国香港特别行政区基本法》也属于较为重要的内容，大家也应该找来好好看看。

中国法制史复习的最大障碍，可能就是晦涩的文言文了，可是每年的考研都不以此为重点，所以复习时大家可以不必纠结于文言文，跳过去就行了。中国法制史每年的重点基本不变，主要集中在秦、隋唐、明、清、民国还有新中国成立初期等年代的法制思想。对于刑法法律制度、重要的法典等内容，自己整理出个表格也许是最有效率的记忆手段。大家可以按照年代顺序把重点内容罗列出来并进行比较。每个朝代的民事经济法律制度并不是重点，不过其中一些比较重要的名词要记住。

法硕（法学）的专业课对记忆力要求尤其苛刻，最好一字不差地把原话背下来，"复制"到试卷上。但是人的记忆力是有限的，所以结合热点押题也很重要。

第三节　　法律硕士（非法学）点津

我们再来看看法硕（非法学）的情况。

法硕（非法学）的考研专业课分为专业基础课和综合课两门。其中，专业基础课包括民法和刑法，综合课包括中国宪法、法理学、中国法制史。这和法硕（法学）的情况很相似。

对于法律硕士（非法学）的专业课，先来推荐一下复习用书。第一轮复习推荐考试指南、大纲配套练习、考试分析和重要法条解释；第二轮复习推荐考试分析、相关小讲义和历年真题；考前复习推荐考试分析、历年真题和背诵材料。

建议大家复习时按照先看专业基础课，再看综合课的顺序进行。

刑法是需要投入足够的时间来学习的。特别是因为报考法律硕士（非法学）的同学们都是跨专业的，入门阶段对一些概念难以理解是再正常不过了。建议复习时间比较充裕的同学可以先听讲课的音频，再结合指南来学习。第一轮学习能够做到理解基础概念，知道刑法的重点和高频考点就可以了。如果自我感觉对知识点已经掌握得不错，可以适当做点题目。刑法的复习是比较耗时间的，特别是刑法分则部分，也就是各种罪名部分，一些小的知识点很琐碎，大家要静下心来，老老实实学完。

民法相对于刑法而言，复杂一点，因为民法的知识点比较繁多。但是当你在复习中把一些重要概念记下来了，就会知道民法想学好并不困难。这些年来民法部分的考研真题永远围绕以前考过的部分来展开。

关于综合课的学习，建议大家先看考试分析，然后做配套的题目。看书的顺序可以选择从简单的开始看起，即先看中国宪法，再看法理学，最后看中国法制史。这三门科目以考试分析为主就好，也可以看一些辅导班的讲义。中国宪法相对来说比较轻松。法理学部分在看书的时候一定要细致入微，因为选择题的特点就是咬文嚼字，分类、特点这样的知识点都要掌握。进行到中国法制史，你会发现知识点纷繁杂乱，真题考查的内容也可以用无孔不入来形容。需要大篇幅背诵的东西集中在第5、6两章，前面的都是选择题，比较容易得分。纵观历年真题，可以发现占了一大半分值的题目考的都是考试分析上原封不动的东西，所以把书背好是重中之重。考研的大题部分，3道简答题可以说是送分的，你背到了就拿分，没有背到就只能拿一半的分数或者没分。3道案例分析，能够结合案例把背下来的知识点答上去，大半的分数就能拿到手了。而最后一道论述题，对大家背诵的功底是一次检阅。

第七篇

复试

第三十七章　东财复试大揭秘

第一节　复试概览

如果你进入到了东财的复试，那么恭喜你，你的一只脚已经迈进了东财的大门。

但是我还是想提醒你，不要对复试掉以轻心。这主要是因为以下两点：

第一，如果想被东财最终录取，你的复试成绩必须及格（即复试的英语听力、笔试、面试等各项相加后的总分折算成百分制后要达到60分以上），否则即使你初试加复试的总成绩排名在招生人数之内，也会遗憾地落榜的。

每年都有很多同学因为对复试不够重视而大意失荆州。最近几年，会计学、企业管理、保险学、劳动经济学、国民经济学、会计硕士、金融硕士、审计硕士、税务硕士、应用统计硕士等专业都有考生因为复试成绩不及格而功亏一篑。比如2016年的会计硕士（澳洲注册会计师），其复试成绩不及格者竟然达到10人之多，为此东财不惜白白浪费掉一个招生名额也没有网开一面。所以，大家一定不要抱着侥幸的心理，觉得东财的老师们会因为大家都是在备战初试时付出了巨大的努力才进入复试的而手下留情。

第二，复试成绩对总排名有举足轻重的影响。在总成绩的构成中，表面上看初试占70%，复试占30%，细究起来到底是怎样呢？

我来给大家算一笔账：初试的时候满分是500分，在折算时先折算成百分制，再乘以70%，如此来看，在最后的总成绩中，初试的1分其实只相当于0.14分。而复试的1分是不是比初试的1分"值钱"呢？以复试的笔试为例，满分为100分，折算时先乘以55%，再乘以30%，所以在最后的总成绩中，其1分相当于0.165分，超过了初试。更何况复试时，不论是听力、笔试还是面试，由于一般来说复试的题量会明显少于初试，所以相同题型的一道题在复试中所占的分值要比初试中高。特别是面试，往往就会让你随机抽取那么一两道题作答来决定你的分数，这大大增加了最终排名的偶然性。

每年同一专业进入复试的同学们，彼此初试的分数都相差不大，热门专业更是"咬"得很紧，有时候1分就差好几个名次，所以即使你的初试专业排名靠前也千万不

可懈怠。相反，如果你擦线进入复试也不要轻言放弃，逆袭的机会也是有的。纵观历年东财考研，每个专业在复试结束后的最终排名和初试后的排名相比都发生了巨大的变化，有的同学初试排在前几名，复试后却未被录取；有的同学初试排在倒数几名，复试后不仅拿到了调档函还获得了一等奖学金。所以，大家不要因为复试占30%的比重就觉得复试不重要。

第三，东财越来越重视复试，复试的难度也在逐步加大。这从2016年以后东财很多专业复试指定的参考书目数量上的明显增加也可以直观看出来。最突出的是公共管理学院下设的各学硕专业（国民经济学（国民经济管理）、区域经济学、社会学、行政管理、教育经济与管理、社会保障、土地资源管理），2016年、2017年复试的参考书目全部达到了四本之多，且均不与初试参考书目重复；而2015年及以前社会学的复试参考书目和初试参考书目完全相同，其余几个专业的复试参考书目都只有一本。而且大家普遍反映复试中笔试考的题目一年比一年难，面试问的问题也越来越灵活多变、出其不意，注重考查同学们的综合能力和对知识掌握的全面、深入的程度。

关于复试的重要性，就说这么多吧。下面我给大家详细介绍一下关于东财考研复试的相关重要信息。

第二节　重要信息

一、细说成绩

（1）非外语类专业复试成绩 = 专业课复试成绩 $\times 0.55$ + 外语听力水平测试成绩 $\times 0.2$ + 综合情况面试成绩 $\times 0.25$

（2）外国语言学及应用语言学专业复试成绩 = 专业课复试成绩 $\times 0.5$ + 二外口语测试成绩 $\times 0.1$ + 二外听力测试成绩 $\times 0.2$ + 综合情况面试成绩 $\times 0.2$

（3）一志愿考生总成绩 = 初试总成绩（折成百分制）$\times 70\%$ + 复试成绩 $\times 30\%$

（4）调剂考生总成绩 = 初试总成绩（折成百分制）$\times 50\%$ + 复试成绩 $\times 50\%$

二、复试分数线与复试名单的确定

1.复试分数线的确定。根据教育部划定的研究生初试分数线，以及教育部和辽宁省教育主管部门规定的复试基本要求和录取原则，结合东财考生初试成绩及各专业招生规模等情况，由校研究生招生工作领导小组确定各专业复试分数线。

2.复试名单的确定。学校研究生招生工作领导小组根据各专业招生规模和差额复试比例，按初试总分由高到低的顺序确定复试名单，将复试的有关信息在学校网站上公开发布，并通知各学院及考生本人。

三、大话排名

依据官方文件，东财实行差额复试，差额比例按教育部及辽宁省教育主管部门的规定，根据东财的总体情况及各专业的具体情况加以确定。每年东财的大部分专业都是按

照初试排名由高到低，以招生计划人数的大约120%的比例确定复试名单。不过也有例外，比如会计硕士（MPAcc）和审计硕士（Maud）这几年就是按照大约140%的比例来的（会计硕士2014年129%，2015年138%，2016年142%；审计硕士2014年137%，2015年144%，2016年133%），税务硕士2015年的比例更是高达150%（招46人，复试名单上有69人），而且近年来越来越多的热门专业有比例要超过120%的趋势。此外，东财每年都有一些专业实际录取的人数明显多于招生计划人数，还有一些初试过线却放弃了来东财复试的同学，再加上有的专业因为初试上线人数不够通知了很多校内外调剂的同学来复试，这都使得复试比例实际到底是多少变成了一笔"糊涂账"。

根据东财官方发布的通知，复试结束后，研究生院按一志愿考生和调剂考生的总成绩分别排序，确定拟录取名单。所以大家不要听信谣传，一志愿考生一定是会受到学校"保护"的。毕竟把那么多分数超高的调剂的（主要是校外调剂的）和一志愿的一起排名，无疑会"刷"下大批一志愿的，必然激起众怒不说，今后也没人愿意一志愿还报东财了。

既然说到最终排名了，我顺便提一下，这个最终排名可谓用途广泛、影响深远。首先，它决定了你是否会无缘东财，是否要调剂到别的专业，第一学年会拿几等奖学金等。其次，由于对同学们的具体情况都不了解，排名也是在入学后在和导师们进行双向选择时，导师评价你的学术潜力和决定是否收你为徒的一个重要参考。最后，排名象征着你在东财的一种身份标识，伴随你整个的读研生涯：按照东财的传统，学号是按照排名确定的，学号从小到大，对应排名由高到低；寝室是按照排名分配的，和你排名挨着的同学会成为你今后的室友；招生人数较多的专业会分为两个班级，排名靠前的划为一个班，排名靠后的则要划为另一个班或者和其他专业的同学拼凑成一个班。所以大家也不要抱着"能考上就行"的态度，而应争取在复试中提高自己的排名。

四、复试流程

东财的复试时间一般定在3月下旬，个别年份则会在4月上中旬进行。下面我以2016年东财复试为例，带大家了解一下具体流程：3月25日到各学院报到，把要求的材料一并交给现场的工作人员，交体检费，领取体检表，下午到校园里进行收音机的试音。3月26日上午到博学楼（研究生院教学楼），8：30考听力（记得带齐2B铅笔、收音机、准考证和身份证），大约半个小时，之后会有20分钟的休息时间。9：20开始专业课笔试，时间为2个小时。下午13：30开始进行面试，平均一个人10分钟。具体的流程因报考专业和所在学院而异，但大体如下：进到教室先抽签，是一到两个专业课的题目，坐下后老师可能会让你先作一下中文自我介绍，完了之后回答你所抽到的专业课题目，之后老师会根据你抽中的题目、回答时的表现，并结合你的自我介绍和个人资料等随机进行一些提问。一般来说，面试考官都比较和蔼，像在跟考生聊天一样。所以大家不要紧张，尽量展现出自己最好的一面就可以了。有的专业的面试可能会有不一样的地方，特别是英语口语环节。

3月27—28日到校医院体检，体检的项目也都是简单常见的，大约半个小时就结束了，不过排队要排上挺长时间。记得有一年体检那天天降大雨，很多苦苦等待体检的同学被淋成了落汤鸡，被录取的喜悦心情瞬间变得不再美好。每个专业的体检时间不一样，要看具体通知。虽说体检不合格不予录取，但是基本上没有考生会在这个环节上出问题。

3月29日13：30之后在各学院领取拟录取考生调档函。有些专业复试成绩合格但没被录取的同学有机会调剂到别的专业，需要在3月29日15时准时至博学楼314教室参加剩余名额调剂，然后领取调档函。

五、复试报到需携带的材料

往届生要携带准考证、教育部学历证书电子注册备案表，以及第二代身份证、毕业证的原件和复印件，审核原件后留存复印件。

应届毕业生要携带准考证、教育部学籍在线验证报告，以及第二代身份证、学生证（必须完成全部四学年的在校注册）原件和复印件，加盖教务处或所在院系公章的应届毕业生证明及政审公函（无固定格式），审核原件后留存复印件。

学信网上查不到学历的考生必须携带教育部中国高等教育学历认证报告；持有国外学历的考生或中外合作办学只获得国外学历的考生，必须携带教育部留学服务中心国外学历学位认证书。

所有留存的复印件上均需写明考生姓名、报考学院专业（方向）、考生编号。

应届生认证学籍，http：//xjxl.chsi.com.cn/index.action；

往届生认证学历，http：//www.chsi.com.cn/xlcx/；

网上查不到学历的往届生申请认证报告，http：//www.chsi.com.cn/xlrz/；

国外学历学位认证，网址http：//renzheng.cscse.edu.cn/。

六、破格、加分复试

1.破格。

对初试公共科目成绩略低于国家线，但专业科目成绩特别优异或在科研创新方面具有突出表现的考生，可允许其破格参加一志愿专业的复试。

破格复试优先考虑基础学科、艰苦专业以及国家急需但生源相对不足的学科、专业。对一志愿合格生源不足的专业，要积极做好调剂工作，不得单纯为完成招生计划或保护一志愿生源而降低标准进行破格复试。合格生源（含调剂生源）充足的招生专业一般不再进行破格复试。破格复试考生不得调剂。

破格复试在东财近几年可以说是难得一见的。下面以2014年为例，探寻一下破格复试的情况（2015年、2016年均无破格复试）。2014年东财有4个参加破格复试的考生，官方公布的理由都是：外语比国家线低1（或5）分，总分在本专业排名第1，专业课成绩优秀，本专业上线生源（含调剂生源）不足。由此可见，2014年出现的破格复试是比较极端的情况。

2.加分。

参加"大学生志愿服务西部计划""三支一扶计划""农村义务教育阶段学校教师特设岗位计划""赴外汉语教师志愿者"等项目服务期满、考核合格的考生和普通高等学校应届毕业生应征入伍服义务兵役退役后的考生，3年内参加全国硕士研究生招生考试的，初试总分加10分，同等条件下优先录取。

参加"选聘高校毕业生到村任职"项目服务期满、考核称职以上的考生，3年内参加全国硕士研究生招生考试的，初试总分加10分，同等条件下优先录取，其中报考人文社科类专业研究生的，初试总分加15分。

以近几年的东财考研来看，加分参加复试的同学主要集中在了公共管理硕士（MPA）这一专业，其他专业的考生基本都不会受到竞争对手获得加分带来的影响。

最后非常自豪地跟大家说一点，就是咱们东财的复试每年都非常公平，不论你是本校生，或者本科是"985"，或者是三本、专升本出身，或者是跨专业，或者是往届生……东财对所有进入复试的同学都一视同仁，因为复试的评判标准只有一个——你的专业知识与能力，所以大家都放心地复习吧！

第三十八章

史上最全东财
复试宝典

看了上一章，想必大家都对东财复试有了一个较为清晰的印象。下面我就在此基础上为大家奉上关于东财复试的最全面的备考攻略，希望这会成为大家金榜题名的"神助攻"。

第一节　复试准备

在这里要提醒大家，东财每年最新的复试通知一定要认真阅读，不要遗漏任何细节，尤其是要求携带的材料以及时间安排。

来大连时，要记得携带2B铅笔、收音机、准考证、身份证和其他复试通知要求准备的材料，订到大连的机票、车票、船票要趁早等都属于老生常谈，这里略去不表。再就是专业课笔试的分值最高，大家最晚在初试出分后估计自己能进复试就要开始复习专业课了，如果等复试线出来再开始就来不及了，因为东财的复试往往会在复试通知（其中包括复试线）公布十几天后就进行了。另外，东财2014年在国家线公布3天后即发布复试通知，2015年在国家线公布2天后即发布复试通知，2016年在国家线公布1天后即发布复试通知，所以国家线出来后大家就要开始关注东财复试通知的新鲜出炉了，以免贻误战机。

在本节我最想重点说一下来大连复试时住宿怎么解决，因为这个问题真的很重要。

每年复试的时候东财附近的宾馆都非常火爆，特别是像汉庭这类比较知名的宾馆更是在复试之前就早早地被预订一空了，其他环境较好、离东财较近、性价比较高的旅馆在复试前几天也订不到了。这些旅馆主要分布在东财东门外面的各个山坡上。校园内的东财宾馆，虽然价格较高，条件什么的也一般，但是因为紧挨着复试的考点——博学楼，对考生来说极为便利，每到复试季也特别抢手。所以，大家要么在网上预订，要么找在东财或者大连相识的学长或者同学、朋友帮忙挑选宾馆并预订，总之下手一定要早，而且要充分了解宾馆的基本情况，毕竟你要在这里住上好几天，在这些天里你是否能够安心备考，晚上是否能够很好地休息，往返学校、吃饭是否方便等都是要考虑的重要因素。

这方面是有过不少惨痛教训的。比如我认识的一个东财研究生当年复试的时候来大连现找宾馆，好的宾馆都满了，只好选了一个比较差的旅店。他住的房间不仅费用不便宜，而且是地下室，没有窗户，比较潮湿，最糟糕的是隔音效果很差，外面一有点响动都听得一清二楚，更曾遇到过不止一次大晚上有小情侣在隔壁开房这样的尴尬事，严重影响了睡眠。还有一个同学也是因为没提前预订，只能在离东财有两站公交车路程的莱州街找了个旅店住下，想去一次校园都十分不便，附近吃饭的地方也很贵。

如果你在东财有熟人，他又能在学生宿舍内帮你找到一个空床位住上几天，也是一个上佳的选择。不仅不用花钱，去考试什么的都方便，而且吃饭也一并解决了。你可以用他的校园一卡通去东财食堂，也可以去梁园的美食城，跟学校外面的饭店比起来，真的是物美价廉。

还需要提醒大家的是，不仅预订宾馆要赶早，来大连也要提前几天来。你可以充分利用复试前这几天的时间到博学楼看看，在东财校园内转转，熟悉一下周边环境，在房间或者去博学楼自习教室看看书，找之前在网上结识的学长学姐见面聊一聊，去课堂或者办公室拜访有过联系的心仪的导师等等，都是不错的选择。

另外，我和几位热心的东财老师、学长学姐在有的年份，会在复试前借用博学楼的教室为大家举办一场东财复试讲座。所以，如果我们在今后发布了关于讲座的信息，也请大家一定要提前来东财，赶上这场讲座。我们每次的讲座不仅座无虚席，而且很多来得晚的同学都站在教室后面认真聆听（见图38-1）。大家的反馈，也是都对我们的讲座赞不绝口。

图38-1 本书主编举办的东财考研复试讲座现场（地点：博学楼208）

总之，你做了这些，就会大大减少对东财和复试的陌生感与紧张感，并获得很多有益的信息，从而大幅增加胜算。每年很多在复试中发挥出色的考生都是这样的有心人。我甚至认识一位复试前一个星期就来到东财的男生，不过个人看法是对大多数同学来说来得这么早没有太大必要。

一、笔试复习

东财专业课复试采取笔试，时间为2小时，由各学院复试工作委员会自行命制试题并组织考试和阅卷。

东财复试的专业课笔试考的内容都比较基础，难度大的题目很少出，一般来说都比东财专业课初试容易应对，你只要参照专业课初试的复习方法，按部就班来学就没有问题。当然，专业课笔试考的不仅是你的专业课知识，更是在考你的心态和为人。在初试结束后到复试的这段时间里，你怎么度过的，就决定了你笔试的分数。有的同学专业基础不好或者跨专业考研，但还是初试一考完就彻底放开了玩儿，到复试线下来了才如梦方醒，突击准备；有的同学则在初试分数公布时甚至初试刚结束时，估计自己进复试的可能性比较大以后就开始着手复习了。这两类同学在复试中的表现无疑会是云泥之别。你只有耐得住寂寞，克服拖延症，平复浮躁和焦虑的情绪，踏踏实实地准备复试的笔试，才会取得理想的成绩。

二、面试着装

注意，许多同学把考研的面试与招工的面试混为一谈，这两者之间是有着极大的不同的，因为招工是从几十个人里选几个人出来，而考研复试是从十几个人里选一两个出去。所以，招工面试可以出奇制胜，而如果你想在这里也来个出奇制胜，那么往往是会"出奇制败"的。

面试的衣着也是很重要的。有的同学平时潜心学术，不修边幅，在面试时仍然"本色出镜"，给东财的老师们留下了不好的印象，影响到了分数。所以，我们不妨看看下面的小贴士。

男生：

和求职时的面试不同，参加考研面试的男生不是必须要穿西装的，只要穿得正式一些，让面试官们觉得受到了应有的尊重就可以了。

不由地想起了自己的经历。当年考研面试时，我一身正装，还打上了领带。到了面试教室门口才发现，同一考场的同学们或者穿休闲装，或者穿羽绒服，我一个不小心瞬间成为众人眼中的"焦点"。当时，候场区的空气中弥漫着焦虑的情绪，后来成为我的同窗的众人的关注也让我平添了一丝紧张。所以，如果你的心理素质不足以支撑你"hold"住全场，还是在穿着上"随大流"吧。有意思的是，我的很多同学正是因此而记住了我这个"那天穿着西服来的小伙"，这件事也在我后来两年半的读研生涯中屡屡被各位同学拿来调侃，成为大家考研路上温馨的记忆，但是考研面试时的效果真的很好。当我推开门进入考场的时候，三位老师随即投来了欣喜而笑意盈盈的目光。也许老师们在考研上也信奉"非诚勿扰"吧，我的诚意得到了他们的肯定，让我相信自己接下来的面试一定会进行得很顺利，结果也不出所料。谁愿意为难这么诚恳的孩子呢？

好了，言归正传，如果你选西装，那么你就要注意以下几点：

1.袖口的商标一定要剪掉（不要问为什么，剪去没错）。

2.穿西装要注意"三色原理"，什么是三色原理？就是说你身上的色不过三，也就是说你身上所有的色彩加起来不能超过三种。领带最好用好一些的，因为那是你的第二张脸，花纹要几何图形的。如果你的鞋是黑色的，那么你的皮带也要一样的色。

3.不能穿白袜子，因为在正规场合，这是禁忌，在国外别人把这样的人说成是驴，那么你的脚就自然是驴脚了。

4.不要夹领带夹，因为领带夹只有VIP与公安等机关事业单位的工作人员用，一般的人就不用夹。

至于你选休闲装，就省事多了，别太出格就好，面试的老师也不会与你计较这些。

女生：

1.建议选休闲装，因为女人的衣着不是一般人能搞定的（着装的讲究太多了）。

2.如果你留着长发，那么面试时一定要扎起来，不能披发。可能有的女生觉得自己披发很好看，可是这里不需要这般好看。

3.如果你有体味，可以弄点香水，但要用淡的，也不要用多种香水，最好用一种或同一系列的香水。

4.可以适当化些淡妆，因为化妆也是对他人的尊敬，注意是淡妆，可别浓妆艳抹。

5.一般不建议擦口红，如要擦，应注意：口红的色要与你的衬衣色一致，另外指甲油的颜色也要一致，不过还是不涂最好。

6.不能穿带皮的裤子（皮裙）（因为在国外，只有不良妇女才这样装扮），也尽量不要穿黑色丝袜，不管你觉得有多好看。

三、面试实战

东财综合情况面试的目的是更加全面地了解考生总体情况，考查其综合素质，各学院自行确定面试方案，现场评定分数。

有一个过来人的经验不得不作为重中之重告诉大家。东财的复试，一般都是把考生们几个人到二三十人分为一组，每一组在同一间教室进行面试，大家按照初试名次由前到后在门外排队，一个一个地或者两三人一组地进入教室面试。所以，你要在候场或者更早的时候，跟排在你前面、比你先进行面试的同学提前搞好关系、混个脸熟，等他们面试结束走出教室的时候，不要傻呵呵地还站在一边捧着专业课教材背得天昏地暗，而应迅速走上前去拦住他们离开的脚步，尽可能多地向他们打听刚才面试的流程、内容和一切重要的细节，然后尽量在自己进入考场之前的这段时间里做好相应的准备。你问的人越多，胜算就越大。虽然现在大家彼此是竞争对手，但是9月份入学的时候很可能就是同班同学了，所以一般来说就算顾及情面和名声他们也不会不告诉你的。每年的面试可能都会跟前一年相比发生一点变化，但是有什么变化在面试之前没有人知道，就算问上一届的学长学姐也不起作用，所以向刚刚经历过面试的人取经无疑是最好的办法。而

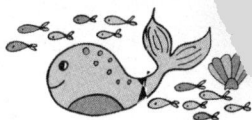

且东财有些专业的面试，前面的同学回答过的题目后面的同学也会重复抽到（或者抽到相似度很高的题目）。所以试想一下：如果轮到你面试时，你发现抽中的题目正好是之前面试的同学告诉过你于是你临时抱佛脚准备过了的，那种兴奋肯定不亚于中了大奖。我班的一个同学在面试的时候抽到的题本来是他从之前面试完的同学那里问到过的，虽然这道题他不会，但是他以为抽到过的题不会再碰到反而根本没有准备，结果面试后下降了好多个名次，肠子都悔青了。

好了，下面来谈谈轮到你面试的时候应该怎么办。坐在中间的那个老师自然是一把手（组长）了，你进门的时候，最好能向他问个好，不要硬邦邦地一屁股坐在椅子上，等他示意后你再坐，并先对他说谢谢，礼多人不怪。

一般来说，面试时考官们的"座次"是很有讲究的：中间的老师是"老大"，你右边的老师是"老二"，你左边的老师是"老三"，依此类推。靠门边坐着的那一位则是秘书，经常由东财在读的硕士研究生学姐来担任（见图38-2）。

图38-2　面试现场

中间"老大"问你问题时，你不要只看着他，也要"照顾"一下"老三"和"老二"，也许这能让他们几位多给你加些分。如果你很怕直面老师，教你一个小诀窍：你可以把自己的目光投到老师身后去，这样你其实没看老师，老师却以为你是一直看着他们的。回答时，头要动动，从中间向右转，再转到左边，当然幅度不要太大，只要让那些老师都觉得你也很重视他们的存在就好。

四、英语听力

东财的复试，专业课笔试和面试都是各学院自行组织的，我们会在后面几节分专业进行更具体的分析，而非外语专业考生英语听力水平测试由研究生院统一组织，全校考的都一样，所以这里再给大家简单介绍一下听力的情况。

复试英语听力一般在上午8：30至8：50进行，满分为100分，乘以20%计入复试总分。听力具体分为三个部分，共20题，每题5分，3个选项。近几年主要采取两种模式：

第一种（比如2015年所考）：第一部分是8个短对话，读两遍；第二部分是2个长对话，每个长对话有3道题，读两遍；第三部分是1篇短文，有6道题，读一遍。

第二种（比如2016年所考）：第一部分是10个短对话，读两遍；第二部分是1篇短文，有4道题，读两遍；第三部分是1篇长文，有6道题，读一遍。

总体来说，每年东财听力考得都不算难，难度和六级考试相当或者介于四级和六级之间，不过2016年复试有同学反映听力比四级还要简单。建议大家拿六级的听力题来练习就可以。还有一点值得一提，最近三年的短文部分考的都是雅思真题，所以大家不妨找来听一听。另外需要注意的是，和四六级考试不同，东财的听力考试不会读题型介绍，一上来就开始播放对话，所以大家要做好心理准备，不要从一开始就乱了阵脚。

五、英语口语

最后特别说明一下东财复试的英语口语考试，因为情况比较复杂。

东财有的专业（主要是和所在学院有关）在复试的时候设置了英语口语环节，放在面试中进行并计入面试分数，而且具体的考查形式也是各具特色的，比如：

国际贸易学专业在面试时老师会给你一篇英文文章让你朗读其中的几段并翻译成汉语。

有的专业（如管理科学与工程、保险等）会让考生在专业课面试前先进行英语的自我介绍，作为英语口试的内容。有的学院（比如金融学院）会特意强调不允许说出自己的姓名、本科学校等重要信息，只能说在校的一些情况、爱好等。统计学院则要求，英语自我介绍重在交流与介绍自我，简单一点就好，不用刻意秀自己的英文，说一说家乡、毕业学校、家庭成员、外语计算机水平、性格之类的就好；流程是一个人口述英语自我介绍，另一个人翻译，最好用时两分钟，限时两分半，超时停止且扣分。

还有的专业考的是英语问答（其中部分专业还要在之前先进行英语自我介绍环节），这个最难，具体作答的题目一般通过抽签来选定。比如，2016年的西方经济学英语口试，因为要用专业英语词汇来回答问题，难度就比较大。2016年的保险专硕是将抽签选中的英语题和选项念一遍，说出你选的是什么再陈述一下理由。2016年的金融专硕（金融分析师方向）因为所属的国际商学院有外教，所以是由外教出2个口试题（考完有同学反映外教还有点口齿不清，主编也是"醉"了）。2016年的会计专硕问的题都让大家有话可说，比如How many people are there in your family? How do you think about the one child policy in China? 2015年的金融学出题比较生活化，比如有道题目是：和朋友出去吃饭，谁付账？为什么？

还有的专业比较有意思，不同的组别考的不一样。比如2015年的金融专硕都考了口语，但有的组考的是英语自我介绍，有的组考的是英语问答（例如，有道题目是：你愿意把你的孩子送到私立学校还是公立学校）。

还有一些专业在近一两年干脆直接取消了英语口语环节。当然为了以防万一，大家还是要提前简单准备一个英语的自我介绍，也花不了多少时间。

在下一章，我将会和大家唠唠选导师的那些事儿，之后再奉上各专业复试的具体分析。

第三十九章　如何选择并联系导师

　　如果在准备考研之初联系导师还有些许避嫌的想法，那么在初试成绩出来后联系导师就显得较为合情合理了。人心都是一样的，导师也希望早点了解可能成为自己学生的人是何许人也。当然，发个邮件、打个电话是最常用的联系方式，告诉他你已经通过分数线了，谈谈你对该专业的喜爱程度和对导师研究方向的了解程度等，也可以请教复试程序以及注意点。你的语气要坚定而自信，又不失谦虚、礼貌和诚恳。

　　你甚至可以询问老师是否有需要帮忙的地方，比如翻译文章、搜集资料、校对稿件等。这些看似打杂的事情，却是难得的让导师认识你、了解你的机会。要记住，这样的联系不是在走后门，而是主动地与导师加深交情。联系导师以后，便该是自己脚踏实地准备复试的时候了。

　　具体到东财的考研，有些特点大家需要了解。初试出分后你就联系东财的导师的话，如果导师能给你态度比较积极的回复，无疑是最理想的。但问题是绝大多数的东财导师在这个时候都不会明确表达他对你有无招收的意向，表态都是十分模棱两可的，有的导师是因为对你还不了解，想再观察看看，有的导师则是有其他原因，比如已经有了一些比较中意的人选（主要是认识的特别优秀的本校生或者熟人的孩子），但是还没有完全拿定主意，或者自己今年一共能带几个学生还没有确定下来。因此，初试后就能让导师决定收你为徒是可遇而不可求的，大家只能去碰一碰运气。而且东财的复试特别公平，不会因为你提前联系了导师而对你产生任何帮助，所以为了在复试中获得老师的"暗中助力"而想提前联系导师的同学，大可死了这条心。

　　东财官方每年都是在9月份正式入学后才开始进行导师和学生的双向选择。当然如果你真的到9月份再联系想投奔的热门的导师，肯定来不及，导师的招收名额肯定满了。

第二节　　　　　　　　　联系导师秘笈

相信看到这里很多同学就要问了，那到底什么时候联系导师比较好呢？

我的观点是：对于绝大部分同学来说，最好的时间点是复试完出录取名单之后。

有的同学因为家在大连，或者在大连上学，如果有机会在初试出分以后甚至初试之前就能直接去东财找心仪的导师，那我推荐你可以试一试，说不定会有意想不到的收获。

有的外地的同学会计划在来参加复试的时候提前几天来大连，然后利用这几天的时间找机会见一下导师。如果你之前通过网络或者电话等已经跟导师有过较多的交流，你可以试一下这个办法。如果之前都没怎么联系过，那就算了。因为这时候见导师，对复试的成绩也不会产生作用，跟复试后再找导师没什么差别，反而有可能会影响你准备复试的安排和心态。再说很多导师为了避嫌，在复试前是刻意谢绝考生求见的。

那为什么最好的时间点是复试完出录取名单之后呢？

首先，这个时候导师知道你肯定被录取了，不用再担心白花时间观察你最后却发现你没考上，而且通过复试（特别是面试，很多导师会向他的同事——你所在的那组的面试官老师们询问你的表现）对你各个方面都有了深入的了解，所以他也愿意在这时跟你好好聊聊。所以说，复试最重要的是什么？也许是成绩和排名，但还有一种说法耐人寻味：复试最重要的是，你在未来导师眼中的形象。

其次，这个时候你还在大连，去见导师很方便。而能跟导师见上一面，比通过发邮件、打电话、发微信等方式效果好得多，不解释大家也都能懂。

最后，这个时候导师给你的表态往往会比较明朗，不再态度暧昧地说"再了解一下看看"，对你感兴趣的话一般都会有所表示，善解人意的导师还会主动向你说明他这边的现实情况，帮你分析有多大的可能性接收你，如果导师因为某些原因确实不打算要你，在这个时候也会明确告知，让你赶紧联系其他导师（这时如果你有心眼完全可以直接请他帮你推荐几个适合你而且能选得上的导师）。

如果你觉得我的建议靠谱，打算采用，那就要做好准备工作——提前打听好这时在哪里能见到导师。最实用的办法就是想方设法结识这位导师带的在校研究生学长学姐（当然如果有认识的东财老师就更好了），他们最清楚自己导师每天的作息和动态，可以提供给独家消息——导师会在这一天的几点出现在东财校园的哪一个角落。如果能让东财老师或者学长学姐帮你跟导师提前打个招呼、做下推荐、约个见面时间，甚至亲自带你去拜访导师就更好了。做到以上几点，你想见不到导师都难了。

我就曾经在复试刚结束的时候亲自带过三个学生（其中有两位也是本书的编者）去拜见他们心仪的导师。第一次是有个男生想选一个东财国际贸易学专业特别热门的导师，我从另一位东财老师那里打探到该导师的当日行踪后，带这个男生去导师的办公室

拜访，导师人不错，跟他聊了近半个小时，不过最后还是直接坦诚相告自己的名额已满，于是他马不停蹄赶紧又去拜访了"备胎"导师，这回总算有了着落。第二次是对于有个行政管理专业的女生中意的导师，我提前打听到当天下午这位导师在某某教室授课，于是带着该女生去蹭课，下课后她跟导师聊得挺开心，最终成功拜到其门下。第三次带一个统计学专业的男生也是去他的目标导师的办公室拜访（我和这位导师相识，之前已经向她推荐过该男生），后来该男生也美梦成真。根据这些经验，采用这种策略的成功率是很高的。

如果复试完公布录取结果当天导师不在校园里，但是能确定一两天以后有机会见到他，那就再在大连住上几天吧，不要着急回去。为了考研都付出了那么多天的努力，能选上理想的导师，这几天的等待也是值得的，而且可以更加让导师看到你的诚意。

第三节 导师收徒原则

那么，导师是怎样选拔优秀学生的呢？他们更喜欢什么样的学生？

一、应届生与往届生

不同专业的导师对应届生和往届生的偏好有所不同，不过在东财，大部分导师都表示对于应届生和往届生不搞差别对待，关键看他们个人在考试中表现出来的能力和素质。

一些教授认为，具有一定的社会工作经验能够更好地理解社会中存在的一些问题，对研究社会科学是有益的。但是，一个不可忽略的前提条件是，他们应该能够静下心来投入学习，混文凭是不行的。

实践性较强的专业（比如东财各种专业硕士）的导师在两个考生旗鼓相当的情况下，也许更倾向于招工作过的考生。这主要是基于以下两点考虑：首先，作为一门实践性很强的学科，其研究也要"以中国经验为根基"，了解实践的话一点就通，而没有经验的话则往往停留在理想的状态，难以理解得很透彻。其次，从生活阅历上来看，学习态度也是有所差别的，工作过的人往往目的性更强，自觉性更高。

但是，往届生往往存在两点不足：其一，外语相对较差。在当今这个时代，语言能力意味着一种观念、一种思维方式，否则很难做到上游。其二，往届生年龄往往比较大，有的已经成家，容易面临比较大的经济压力。所以，在学习期间可能要打工，这就难以保证能全身心投入到导师布置的任务中去。

也有些教授认为本科成绩好的学生一般都会毕业就考研，所以专业基础比较扎实，连贯性也好，推免生就更好了，因为这些学生一般都是各个学校的优秀学生。

二、名牌大学和一般大学

大部分导师都认为，名牌大学和一般大学的学生来东财读研后是处于"同一起跑线"上的，所以不会偏向重点院校的学生。因为搞科研是很苦的，有的学生很聪明，但不能吃苦耐劳，不肯钻研，所以也很难出成果。

也有些导师表示，在其他方面相差无几的情况下，会优先考虑重点院校的学生，因为他们本科能上重点院校，说明其基础很棒，而且不得不承认"985""211"院校培养出来的本科生，整体来说综合素质确实相对较高。而很多名不见经传的二本、三本大学，已经沦为了"考研基地"，学生从上大一开始就以考研为唯一目标，只注重考研初试几门课的学习，而忽略了专业知识的积累和个人的全面发展，其学术潜力有限。

三、本校生和外校生

大家都知道本科就在东财念的同学都是在高考中以很高的分数考上东财的（东财的高考录取分数线一直在辽宁所有高校中数一数二），素质很高，而东财很多硕士生导师每年都会给本科生上课，彼此往往早已知根知底，甚至有些交情，所以有的导师会比较偏爱本校生是完全可以理解的。但大部分老师还是不在意你是本校生还是外校生的，他们只看重你的专业技能。而且在东财，我敢说没有一个导师是排斥外校生的。此外，东财的本科生考研还考本校的比例很小，在选导师上对外校生几乎没什么影响。

四、本专业和跨专业

在这个维度上，东财的导师们的态度往往是最微妙的。有的教授倾向于本专业的学生，考研分数高不代表就拥有深厚的专业素养，如果专业基础太差的话，很难在短期之内取得较大的突破，更谈不上参与研究了。有的导师则倾心于跨专业的学生，因为他们能从交叉的学科背景出发来思考问题，视野更开阔，容易培养成复合型的人才，特别是如果你本科是学理工科的跨考东财，往往很受青睐。比如国贸专业就有一位享有盛誉的教授在跟学生交流的时候说："在每年那么多想选我当导师的同学中，对于工学学士以及理学学士，我会优先考虑；对于经济学学士或者管理学学士等，我就一视同仁了。"再比如本科学英语的同学跨考东财经济类专业，在重视阅读英文文献和具备国际化视野的导师眼里是优势，在只关心专业基础的导师眼里则是劣势。

通过以上分析，大家应该认识到，提前了解到各位导师对这些因素的偏好并逐一评估自己是否吻合，然后再选择与哪位导师取得联系，这才是最明智的策略。

第四节　　选择导师攻略

在选择谁来当自己的导师这个问题上，一定要慎之又慎，因为你的导师在很大程度上决定了你会怎么度过在东财的这段研究生生涯。

选导师时，当然要细致用心地挑选，大胆努力地尝试，但是说实话，选导师这件事跟考研不同：考研只要掌握适当的方法并付出足够的努力，肯定能够金榜题名；但是选导师的话真不是只要用尽全力就可以想选谁就能选上的，只能尽人事，听天命，要讲究天时地利人和等诸多无法掌控的因素。在我认识的东财各专业考研总成绩第一名的考生中，就有几位在选导师的过程中并不受待见，报志愿时填的几位导师无一肯收，让他们

很是郁闷和受伤；而我认识的几个排名靠后的学生却成功逆袭选上大热导师，主要原因都是因为在他们身上拥有某种导师赏识的特质：有的同学是因为深谙为人处事之道，有的同学是因为本科阶段就在较为知名的学术期刊上发表过论文，有的同学是因为有一项特长（比如全国数学建模大赛获奖、英语口语流利而直接能与老外对话、精通计算机技术、当过学生会主席甚至围棋比赛得过名次等），有的同学被选上的理由则可以说得上是匪夷所思、堪称奇葩（不过这些看似很主观的东西都是导师们真实意愿的表达，他们自有自己的道理，而不是表面的说辞，更不存在所谓的黑幕）。所以，在东财研究生中流行一句话：导师选得好不好，一靠缘分，二靠实力，三靠眼光。

再随便举两个例子。

我认识的一位东财会计学的女研究生，只是因为在复试面试的时候让主考官老师（女博导，每年也带硕士）觉得她很有灵性和阅历，面试结束后老师就主动表示愿意收她为徒。需要说明的是，这位老师在东财是一位非常知名的教授、博导，出版过多部教材和专著，每年想选她的同学特别多，而这位同学在考研中排名靠后，还是跨专业的。更有意思的是，这位有故事的女同学直接谢绝了老师的美意，因为她对专心于学术研究没有丝毫兴趣，读研就是为了找个好工作，还是想在东财有更多时间做自己喜欢的事情，生怕研究生生活被查资料、弄报表、写论文和做课题所占据，更怕被导师逼着读博。她这一"任性"的举动也让很多同系同学开玩笑地表示了对她的"羡慕嫉妒恨"。

我认识的另一个女生，她的导师是东财的一位副校长，各方面都没得说。说实话这个女生并没有什么过人之处，本科学校、考研排名等还处于劣势，之前也没跟导师联系过，能选上副校长完全是因为那一年绝大多数同学都认为选他的人太多，自己选的话肯定选不上，在填报选导师的志愿时纷纷知难而退，而这位女生压根没想这么多就在第一志愿直接填上了副校长的名字，白白捡到了"宝贝"（那一年第一志愿选副校长的同学都选上了）。所以说，人生的际遇有的时候真的很奇妙，不是吗？

说了这么多，也该回归正题了。那么，在东财我们究竟应该选什么样的导师呢？

这真的是一个见仁见智的问题，不管是选一个和自己同性的还是异性的、年轻的还是年老的、严厉的还是和蔼的、校内行政职务高的还是校外社会兼职多的……其实都各有利弊，难作孰优孰劣之分。下面我谨从较为科学的角度将东财所有的导师们大体划为四类，希望大家阅读后认真思考自己适合选择哪种类型的导师（以下内容均为主编本人归纳总结，受阅历、水平所限，如有不当之处，还请各位斧正、海涵）。

一、家长型：生活学习一肩挑

这类导师会把徒弟们都当作自己的孩子一样对待，不管是学习上还是生活上，只要能帮上徒弟忙的，都会主动大包大揽，让人感觉很温暖。

这类导师还会定期组织同门的聚会，并邀请学生们到自己家里来做客，或者带大家外出游玩，通过这些活动将自己带的在校各级的研究生都聚集到一起交流、谈心，同时认真聆听大家在这段时间各方面的近况，并给出有针对性的建议，让每个学生都能学到很多东西。

这类导师还会给学生们"赠送"很多超值服务：帮单身的学生介绍对象、自己休息时间特意赶到学校为学生解答学术问题或者修改论文、给学生联系有锻炼价值的实习岗位、毕业季帮忙找工作等。身陷这种360°无死角的爱的包围中，你真的会感叹自己在东财的研究生岁月没有白过。所以，这类导师往往在东财是最受追捧的。

二、学究型：论文课题天天忙

这类导师很多都是东财在学术领域的大牛级人物，出版了很多专著，发表了很多核心期刊论文，承担了很多各级课题项目，如果你致力于读研期间能在学术上有所建树，选择此类导师无疑是明智之举。

不过这类导师对学生平日在学习上的用功程度也是要求最严的，选择了他们就要做好吃苦的准备，也许大部分业余时间从此就要在东财的图书馆或者博学楼自习室里度过了，定期交文献综述、不停地发表论文、为导师的课题项目跑前跑后都是学生们日常生活的"标配"。如果想偷懒的话，导师很生气，后果很严重。

坊间流传学术狂人往往性格乖张，脾气怪异，难以相处。东财的导师们不存在这一问题，大家大可放心。有的导师的"家规"倒是比较任性，比如有位经济类专业的导师要求自己的学生每周都要背诵两篇指定书目上的英语短文，每周四去老师办公室接受检查。

当然，导师的高标准严要求也给学生们带来了实实在在的丰硕成果：很多学生因为老师的提携和指导能够在国内外核心期刊上发表和导师联合署名甚至是自己独立署名的学术论文，或者在导师承担的课题项目中成为核心成员，抑或有机会随导师出席国内外多场知名学术会议，并因此在研究生国家奖学金评选、申请东财硕博连读、去名校攻读博士、应聘科研院所等方面都增加了重重的筹码。

不过，未来的就业去向，让不少这类导师门下的同学们有些困惑。有个男生就跟我说过："我不想去科研机构，不想考博，也不想留校，就想去企业。很多同学都在好几家公司实习过了，我现在连一次实习都没有，因为实在没时间，老是跟着导师做这些科研项目或者自己闷头写论文，到底会对自己就业带来什么帮助呢？我也说不上来。"

三、实践型：鼓励学生走出去

这类导师思想开明，社会阅历丰富，深知研究生们毕业后找到好工作比钻研学术更重要，所以只要对学生就业有利的事情，他们都会支持和鼓励，特别是去校外实习等社会实践活动。

学术型导师往往担心学生读研期间在外面实习耽误课程和科研，但实践型导师则看得很开。他们常讲，学生最终是要进入社会的，有一身本领才能生存下来，光会写论文是没用的，实践能力和综合素质更重要，而且还要在读研期间广泛结交各类朋友为毕业后做准备。何况每年那么多的学生考东财研究生，绝大部分都是为了更好地就业，醉心于学术研究的凤毛麟角，只有尊重学生本人的意愿，才能让他们有更好的发展。

所以，他们总是主动为学生考虑很多现实问题，特别鼓励甚至强制要求学生们都去不同的单位和岗位实习，以明确自己未来的职业发展方向，并将理论和实际相结合，锻炼自己的工作能力。很多此类导师因为在校外有过多年的工作经历，或者在企业担任多项兼职，社会上人脉很广，可以为学生找到理想的实习甚至工作提供很多帮助。研究生能参加的校内外各类比赛和活动，不管是学术类的、文体类的、实践类的、联谊类的还是创业类的，他们都鼓励有足够精力的学生去参与和尝试，甚至会亲自上阵或者提供指导，与自己的"小伙伴们"并肩作战，同时乐在其中。很多对财经类毕业生找工作有帮助的证书，比如专八、CPA、CFP、AFP、各类从业资格证（会计、证券、保险、银行、教师、司法、基金、期货等），他们都鼓励学生们考取，而且认为即使没有通过考试，也能在备考过程中学到很多工作后用得上的知识。

四、放养型：神龙见首不见尾

此类导师平时跟学生们很少主动联系，对于学生学习、生活等情况也不怎么过问，除了学位论文开题和答辩的时候会出现，其他时候很少约学生们见面交流。如果你在读研期间不愿被人管，想自由支配自己的时间，那么你可以考虑选择此类导师。

东财这类导师所占比例较小，而且在研究生中往往争议较大。其实很多同学对他们产生了误会，他们并不是对学生不负责任，之所以形成这一风格主要分为两种：一种导师认为学生都是二十多岁的成年人了，可以完全为自己的各类事情做主了，而且作为研究生本来就应该有自我管理、自主学习的能力；另一种导师则完全是因为被自己行政任职、科研任务、社会兼职或者家庭琐事等占据了太多的时间和精力，分身乏术，无法对所有学生进行更多的指导和关怀，这时哪个学生表现得主动、好学，他就重点栽培那个学生。

如果你遭遇了这种"放养型"的培育模式，又想在读研期间有所作为，那么你只要主动而频繁地联系自己的导师就好了。导师虽然不主动联系你，但是不管你在读研期间哪方面感到迷茫都还是可以经常向导师请教的，导师一定会热心解答的。而跟同门的师哥师姐多多交流，也更有助于摸清导师的秉性和想法，从而通过有针对性的行动跟导师加深感情。此外，你还可以留心自己的同学都接受了各自导师布置的哪些任务，对于其中你感兴趣或者觉得能够锻炼自己的部分，可以跟他们一起完成和切磋。

关于选择导师要说的还有很多，篇幅所限，就到此为止吧。最后，我在这里提前祝大家好运！希望大家都能选上自己心仪的导师！

第四十章

东财学硕复试

由于专业很多，限于篇幅，我无法把每一个专业的复试解读详细列出，这里仅以几个有代表性的专业为例，供大家参考。其他专业的复试信息我会在随书附赠的增值服务中不断更新，请大家留意下载。

第一节 经济学类复试

一、数量经济学复试

关于复试的流程，其他好心的同学也都介绍得挺多的了，我就专门说说数量经济学的复试吧。

1.听力

听力一共有20道题，听力读的内容不难，刚开始很慢，后来会渐渐加快速度，但是题目挺难的，得好好想想，否则不一定做得对，我感觉有点像考研阅读。

2.笔试

数量经济学复试的教材现在只考一本：古扎拉蒂的《计量经济学精要》。条件期望的知识点是每年复试必出的考点，《计量经济学精要》后面的高级专题一般不会考。

下面附上2015年数量经济学一志愿考生笔试题，供大家参考：

1.（15分）计量经济学与统计学、数学、理论经济学的关系。

2.（15分）OLS参数估计量在什么前提下有最小方差性？

3.（15分）双变量模型中OLS估计量b2具有的性质，并证明。

4.（20分）三变量模型：（1）如何评价模型对样本数据的拟合情况？（2）F检验的目的、步骤。（3）t检验的目的、步骤。

5.（20分）什么是自相关？自相关的原因是什么？说明一种检验自相关存在的方法。

6.（15分）三变量模型，$cov(x1, x2) = p$，讨论估计量b1的估计精度。

数量经济学调剂考生笔试题前四题与一志愿考生相同，在此基础上又加了概率论部

分试题。概率论部分有些题较基础，比如求最大似然估计量等问题；有些题有难度，比如求解四维随机变量的联合概率密度分布及边缘分布等。

3.综合面试

我们当年的面试挺有意思，包括英语面试和综合面试，在两个教室进行。英语面试是按照从前往后的顺序进行的，综合面试是按照从后往前的顺序来的，两个面试同时进行，英语面试一次进一个人，综合面试一次进四个人，进去后都是坐着的。

（1）英语面试。

我们当时没有自我介绍，倒是专业课面试刚开始的时候需要进行自我介绍。进去就是抽题，然后老师会让你给他念一遍题目，可以准备一会儿，老师会跟你互动着说，有时候可能说着说着都跑题了。不过没有关系，老师只是想看一下你的表达能力，不会很在乎你说的是什么。我抽到的题是"中国女性现在的地位"，刚开始又紧张又觉得不简单，非常手足无措。但是老师还挺和蔼的，渐渐的也就好了，在老师的引导下回答得还行。可能涉及的问题包括：你最喜欢的体育明星是谁，你最喜欢的体育运动是什么，对你来说最重要的人是谁，对你来说最重要的事是什么，对公务员考试热你有何看法，等等。

（2）专业课面试。

四个人一起进去，然后一个一个接受提问。先是进行自我介绍，然后老师会根据你的自我介绍来问你一些问题，有的人会被问到专业课的问题，但有的人不会，我们四个是都被问到了。比如，矩估计法、极大似然估计法、误差项为什么假设服从正态分布。不会太难，老师是根据你的介绍来提的，比如说你说你学过随机过程，老师就会问强平稳随机过程是什么。老师都很和蔼，不要紧张。

（周婉群，数量经济学）

二、国际贸易学复试

在得知初试成绩后有些许激动，所以对复试有点放松，导致成绩还降了几名，所以复试不要大意啊！

下面我就来说说复试的情况吧。

1.复试教材

东财国际贸易学复试考两本书：《国际贸易实务》和《国际经济学》。先把这两本书仔细看看，然后在考研论坛上找到近几年的复试题目，找出相应的重点。《国际贸易实务》里的各种贸易术语的买方义务、卖方义务还有信用证都是重难点，得好好背。《国际经济学》要比《国际贸易实务》好记，大多是需要理解的，可以自己表述出来。

2015年和2016年的国际贸易学专业课笔试，难度还可以，不过有两个开放题，是没有标准答案的。

具体题目如下：

2015年笔试：

一、名词解释

1.指示提单

2.议付信用证

3.反倾销税

4.马歇尔-勒纳条件

二、简答

1.简述 FOB 与 FCA 贸易术语的区别。

2.提单的性质与作用是什么？

3.简要分析 WTO 谈判进展缓慢的主要原因。

4.简要分析古典国际分工理论的发展。

5.简要分析国际收支长期持续顺差的负面效果。

三、论述案例

1.WTO 谈判进展缓慢，美国另辟蹊径继续主导国际经济秩序。请分析美国主导国际经济领域的多边谈判及对中国对外经济合作可能产生的影响。

2.CFR 青岛条件，有关提赔、仲裁的案例分析。

2016年笔试：

一、名词解释

1.promissory note

2.particular average

3.技术性贸易壁垒

4.贬值和法定贬值

二、简答

1.简述开放条件下的经济调控手段。

2.简述关税同盟的静态效应。

3.简述 UCP600 对信用证修改的规定。

4.简述产业内贸易理论的含义及测度。

5.汇票的抬头是什么？抬头有哪些种类？

三、论述案例

1.对外贸易对经济增长的作用。

2.CIF 下船方工作人员操作失误导致触礁，有关责任及费用划分、代位追偿权的案例分析。

2.复试流程

当时是早上先考英语听力，然后再考专业课笔试。一定要记得去租借听力耳机，当时我租的是收音机，效果不是特别好，导致有些题都没听到。专业课笔试一定要写满，就算不会也可以写相关的，这样才有机会拿平均分。

下午综合面试，国贸专业有英语口语和专业课面试，没有英语自我介绍。

国贸的口语考试很有特点，具体流程是让你抽一篇文章，读一下，一般读两三段老师就喊停了，然后让你翻译，最后老师可能问你一下某个单词的意思。接下来老师就开始问专业课的问题。

专业课面试，问的问题一般都是该专业的热点问题。有的人抽到的题目是人民币相对于欧元升值对我国经济的影响，还有比较优势理论等，考生都比较有话可说。老师问我的问题是美国对中国的贸易倾销有什么影响，还有关于贸易壁垒的问题。虽然我答得不是很好，但是老师还是会非常热心地提示，所以大家不用担心，老师都挺和蔼的！国贸的面试，很多同学的感受是老师更侧重考察你分析问题的能力和临场反应的敏捷性。老师会问很多和经济时事有关的问题，其实并非要听到标准答案，而是要你能用所学知识进行分析，并得出自己独到的观点。

面试完了就体检，然后等成绩拿调档函了，当时领到调档函那个激动，觉得为了这一刻我的付出都是值得的！

（何弋，国际贸易学，总分393分，专业排名第5）

三、金融学复试

因为和金融专硕同属东财金融学院，且复试的参考书目完全相同，所以每年这两个专业的复试内容都是一样的，笔试题目是一模一样的，面试问的问题也没什么区别。考金融学的同学可以直接参考后面"金融硕士复试"一节的内容。这里着重分享一下东财应用金融研究中心下设的金融学（量化金融）这个专业方向的复试信息。

2017年的量化金融复试，考生们普遍反映考得很简单，毕竟这个方向是东财第一年招生。

在专业课笔试中，没有什么数学模型的推导、定理的证明，仅仅是一些基础概念的理解，很简单，但预计今后复试难度会有所增加。

面试的话，主考官老师都很和蔼，大家不必紧张。考生进面试现场后，要先用英文进行自我介绍，然后抽签回答英语问题。这些问题都是很常规的英语口语问题，没有专业方面的英语问题。接下来是专业课的提问环节，也没有问具体的专业问题。老师们只是问了考生各自本科的课程以及学习情况，还有就是唠家常了，感觉很轻松。

最后附上2016复试考题：

一、名词解释（4×5分）

1.MM定理

2.久期

3.夏普指标

4.证券市场线（SML）

二、简答（5×10分）

1.期货和期权的区别。

2.行为金融学和传统金融学的区别。

3.CAPM 和 APT 的区别。

4.股票市场一般流动性怎么衡量？

5.股利贴现模型的公式并解释。

三、论述（2×15分）

1.谈谈你对量化投资的理解。

2.谈谈你的科研规划和职业规划。

第二节　　会计学复试

初试成绩我正好考在一个中间的位置，学姐们都说很安全，叫我不用紧张。我果真也没那么紧张，一个春天待在家里吃吃喝喝、看看书，顺便长成了一个胖子。转眼就要复试了，自己带着期冀、揣着不安，踏上烟台发往大连的客轮。

整个大学期间我的听力都不是很好，复习的时候听了几天VOA，每次都以睡着告终。转而看美剧，两个月把十季的"friends"看完了，看到最后也能睡觉，真佩服自己。好在复试的英语并没有那么"变态"，简单的部分至少也占到60%～70%。考完听力我开始有点安心，这个复试好像的确没有那么恐怖。

我始终以为专业课是我的强项，嘻嘻哈哈地开始考试。其实历年会计学的笔试难度不算太大，只要你认认真真复习，是容易拿高分的。我在考场上的时候，每道题目都有些似曾相识，却又透着些许陌生。其实我并没慌，我认为我不会的，别人应该也不会，包括简答题都连猜带蒙絮絮叨叨写了一堆，还貌似有条有理，其实我知道好些都是我试探性的回答而已。

再就是面试。在上一个同学作答前，可以抽一道题目，在前一个同学作答的时候在教室后面准备。我一直觉得自己心理素质还算不错，可是在教室外面等待的时候，竟然紧张到大脑一片空白。印象中主考官都是异常严肃的，进去才知道原来真是如"前辈"所说的亲切和蔼。没有什么为难或歧视，甚至并不会问你的背景和来历，最多对你自我介绍里感兴趣的内容拉家常般多聊几句。后来发现，那些知识已经印在你的脑海里，即便某刻想不起来，只要提示一下，就会泉涌而出。

开始时，要准备一个自我介绍，长短都行，自然些就可以，老师如果感兴趣会问一下的，接下来回答自己抽的题目。如果顺序靠后，要多问问前面出来的人，因为有机会抽到重复的题。面试不太难，只要你正常发挥，注意礼貌，一般面试是拉不开分数的。

还有体检。只记得7点半过去的时候已经排起了巨长的队伍。我只能提供这样一个教训，希望大家要么早点去，要么晚点去，反正别按点去，太"恐怖"。另外，晕血的同学最好能搭伴，并准备点带糖分的饮料食品，以防万一。

考研这一年，我认识了很多人，见证了希望、努力、紧张、恐惧、失望、破釜沉

舟……不一而足。我们都曾沉浸在这种五味交杂的心境里，与自己暗自较劲。但是我们知道我们一定都会挺过去，就像是回首中考、高考那样，云淡风轻地看待这一切，不再以其为唯一目标，告别这沉重的负担，去烦恼新的烦恼，新的其实微不足道的烦恼。

很多孤独而美好的时光，伴着考研学子的希望，悄悄地溜走。青春之所以美好，并不是因为年轻和单纯——我们知道，我们想得一点都不比长辈少，甚至更加敏感和细微——而是因为我们有无穷的勇气和斗志，有不会熄灭的热忱之火，在艰苦的奋斗中，体会着收获的快乐。

我们都是这样过来的，你们也会这样过来。此刻一定有许多人在怀疑自己，担心接下来的表现会不会让人失望，或让自己失望。你信不信我在考场外崩溃得给闺蜜打电话差点大哭？信不信我却在下一分钟坐在考场里侃侃而谈？人都是这样，大多无法正确评估自己，更擅长的是自我贬低。

还剩下最后几天的时候，抱佛脚这件事，可能有人适合，有人不适合，但我觉得，巩固一下那些需要记忆和理解的东西，加强一下语感是很重要的，无论是专业课还是英语。在口试的过程中，与考官们的交流，不需要去背诵书本，当然用上恰当的词汇会显得比较专业。顺便说一下，实际上我以为自己最拿手的专业课，其实考得并不好，问题在于，新加的两本书我复习得并不扎实。我最大的希望就是学弟学妹们不要重蹈我的覆辙，把基础打牢，把该记忆的东西记住，规规矩矩答题，不要学我胡编乱造。

不得不说大连的温度有时候很具有欺骗性，建议大家还是带厚点的衣服，尤其是怕冷的女生们，风有时候确实很大。此外，真的不必计较穿什么，干干净净、清清爽爽的学生气最好，无论男生还是女生，都适合。

下面具体谈一谈复试的备考吧。通过了初试，稍作休息一下，便可以开始复试的准备了，开始准备复试的时间建议最迟是在初试成绩公布后。也许这个时候你心里特别没底，能不能进入复试都不敢说，但你还是应该早做准备，万一过了呢？复习总是越充分越好，别人可能成绩出来之后才开始复习，如果你提前开始了，那就比别人多了一个月的复习时间，这样复试那一天你的把握就大大增加了。

专业课的笔试是复试中所占比重最大的，在很大程度上会影响到复试的进退，因而在准备的过程中需要格外用心。跟初试不同的是，复试可能无法找到真题。不过审计和成本会计在2014年及以前都是东财会计学初试必考的科目，大家可以研究一下这两部分在初试考过的真题。另外建议可以在网上找找每年的复试经验，其中都会涉及复试的考试内容，作为参考来进行课本的复习便可。东财的考试还是以考查对知识点的理解与运用为主，所以把教材吃透永远都不会错。

下面针对一位学妹提供给我的2015年复试题目作一下简要的解析（2016年的复试真题没见到）。

　　会计学笔试的参考书目是《高级财务会计》《审计》《成本会计》。在这三本书中，《高级财务会计》所占比重最大，而且难度也最大。复试跟初试不一样，因为大家复习时间都不多，出的题会有重点。

　　《高级财务会计》重点是前四章和股份支付的内容，其中最重要是前四章，主要业务题基本都会出在前四章，后面的章节一般不会出大题，因而复习的时候可以稍微有所侧重。没有学过高财的同学，可以参考CPA的教材去掌握和理解，下载一些课件和视频辅助学习也很有帮助。不得不说高财其实难度很大，尤其对于原本没有接触过的同学，往往看来看去都觉得看不懂，这时候耐心就很重要了，沉下心来多看几遍，多思考其中的勾稽关系，理解了原理便不难了。另外，大家要多注意一下合并财务报表，这是重点也是难点，而且肯定会考，2015年就出了一道业务题，但并不是让你做分录，而是给一个表格，母公司和子公司的个别数据都给你，让你直接填写合并财务报表的数据，所以大家一定要理解原理才能做对。2015年还有一道业务题是外币业务中的借款业务，先计算汇兑损益，然后再写分录，这个难度不大。简答有一道题是租赁业务的内容，关于折现率的选择，这个很简单。

　　《审计》的重点是前两篇，其中第二篇是重中之重，可谓审计的核心内容。《审计》看起来是比较费劲的，都是文字，所以在复习时要多理解，看多了你会发现其实是有思路和规律的。我建议大家对重点要适当地背一下，因为审计是有专业性的语言的，在考试时基本上也都是回答文字性的东西。2015年论述题考的就是审计的动因，业务题考的是一些具体情况应该怎么处理。前两篇要是能熟练掌握的话，题目真的不算难。后两篇如果有时间简单翻翻就更好了，会考几道小题。

　　"成本会计"是最简单的一门，它主要考的是计算，重点在生产费用要素的核算、产品成本计算方法、标准成本制度等知识点，容易考的是辅助生产成本分配（5种方法）、制造费用分配、在产品和产成品成本分配、品种法、分批法、分步法、定额法、成本差异分析等，大题小题都有可能，但是难度都不大，只要你认真看一遍书基本上都会做。2015年出了一道简答题是关于分批法的含义和特点的，业务题出了两道，一道是辅助生产费用直接分配法（包括会计分录），还有一道是标准成本那章的成本差异分析（价格差异和数量差异）。其他章节会出一些小题。总体来说，成本会计的题目都比较简单。

　　我们在大连等待你们，加油！

（战相颖，会计学）

第三节　　管理学类复试

一、企业管理复试

　　本人初试排名第14，复试排名第10，有幸来给大家谈一谈企管的复试经验。

企业管理在东财是个招生人数比较多的专业，近两年分数都是压国家线，所以进入企业管理复试并不是很难的事情。但是这并不意味着进入复试就万事大吉了。既然初试我们已经赢了，就要努力打好复试这场战役，给自己的考研生涯一个完美的交代。

下面讲一下复试的流程及经验。东财每年都是拿出一整天的时间进行复试，上午是英语听力和专业课笔试，下午是综合面试。

复试那天，我7点多出发，到博学楼，蹭蹭地跑到六楼才发现大家都已经来了，安静地看书等待考试。因为自己听力一直都不怎么好，练了一个月的六级，状态并不是特别稳定，所以有点小小的心虚。试音的时候因为太紧张把收音机天线还弄断了，还好没有影响考试。听力有的年份会读两遍，有的年份则只读一遍，所以，还是提示以后的同学一定要严格要求自己，按放一遍来练。

上午的专业课笔试还是考管理学，题目不难，但是很灵活。一共是五道题，两道简答题，一道论述题，一道案例分析，以及一道综合发挥性的题目，考试时间2小时。两道简答题分别考查了卡曼的领导生命周期理论和贾尼斯的决策冲突应付模式，每题15分；论述题为组织结构类型的内容，这个题20分；案例分析提到了淘宝对小微企业发展的推动，问题是为什么小微企业难以与大型企业竞争抗衡，该题25分；最后一道题是结合管理学知识分析中国梦，这是我见过的最灵活的题了，乍一看还以为是政治题，也是25分。每人三页大答题纸，大家一直都在奋笔疾书。对于复试的管理学，大家不要因为初试考过了就不看了，因为它在复试甚至总成绩中都占有相当大的比重，所以一定要认真对待，常拿出来背一背，有时间多看看新闻和管理的小案例，拓宽一下自己的知识面。

下午1点钟开始面试。我们按单双名次分成了两个小组，每组由五个老师进行面试工作，两个英语口语老师和三个综合面试老师。我是第五个进去的。我进门说句老师好，然后老师说请坐，我就开始一两分钟的自我介绍。我们那年自我介绍是中文的，我提前准备了，而且说得非常"文艺"和"煽情"，以至于在我介绍完了之后老师问我是不是来做演讲的。一定要注意自我介绍要介绍自己最熟悉、最擅长的地方，不要给自己挖坑，不然被老师问到相关问题却答不上来会是很窘迫的。老师都是很和蔼、很轻松的，所以不要紧张，要对自己有自信。关于英语口语，可以准备几个常见的问题，如果问到不熟悉的也不要害怕，会什么就说什么，要么礼貌地告诉老师不会就可以了，老师也不会太为难人的。

复试的情况大概就是这样。结果还不错，我前进了4名，也有好几个同学从30多名前进到10来名的，所以大家一定要好好准备复试，给自己的考研之路一个完美的收官。

最后，送给大家一首我喜欢的诗，与大家共勉：

溪水清清下石沟，

千弯百折不回头。

兼容并蓄终宽阔，

若谷虚怀鱼自游。

心寂寂，念休休，

沉沙无意却成洲。

一生治学当如此，

只计耕耘莫问收。

祝大家梦圆东财！

（王雅茹，企业管理）

二、财务管理复试

考研是一场持久战，在这场"战役"中，特别需要耐心、恒心、坚持。尤其是坚持，这两字看似简单，当你们一路过关斩将，从初试中杀出重围，进入到复试的最后冲刺阶段时，你才会体会到坚持的意义。在考研中，我认为以下几点会助你一臂之力：

第一，兴趣。如果把专业课的学习当作一种快乐的话，就需要对它有浓厚的兴趣。我一直坚持"兴趣是最好的老师"，只有这样，学习的过程才是轻松而愉悦的。有些考生会问，自己选择的报考专业不一定是自己喜欢的，那怎么办？我会告诉你，兴趣是可以培养的，兴趣源自你每做对一道题、每读懂一篇阅读、每背会一道论述题的成就感，成就感的堆积会自然形成对这个学科的兴趣。

第二，志同道合的研友。尤其在准备复试时，研友之间可以互相交流信息，大大提高获取信息的效率。研友还会在你懈怠时，时不时提醒你。研友会在你因背题目而心烦意乱时安慰你、鼓励你。在我的备考过程中，我的研友对我影响很大，大家一起努力、一起坚持，互相分享做题方法，互相借鉴，学习效率就会提高。

第三，计划。每天根据自己的复习进度列出复习计划，不能养成拖拉的坏习惯，坚持"今日事，今日毕"。最重要的是，计划要根据自己的实际情况制订，并且不能一成不变，要制订使自己学习效率提高的计划。我上午看书容易犯困，所以我决定上午站着背专业课，下午做题。但是到冲刺阶段，还是得按照考试的时间来安排相应科目的复习。

第四，合理的作息时间。每个人的身体承受能力不同，有的人花时间长一点效率比较高，不过最重要的一点是一定要在学习时保持头脑清醒，所以时间不一定跟结果成正比。如果觉得累了或者身体不舒服，千万不要硬撑着学习，那样一点效率都没有，应该去休息，劳逸结合最重要。

下面详细说说财务管理的复试。

首先考听力。听力考试不难，除了最后一段长（短）文只读一遍、语速稍快一点外，其他题目都读两遍，语速很慢。但是不能以为简单就在考前不做练习。因为每年的听力规则都在变，难易也在变，所以大家考前以练习六级听力为主。

接着是笔试。整个复试最关键也是占比重最大的是专业课笔试，包括财务管理、财务分析、中级财务会计，参考教材版本以招生简章公布的为准。试卷的题型是：单选题10个，共10分；多选题10个，共10分；判断题10个，共10分；简答题3个，共15分；业务题题6个，共55分。简答题中，财务管理考了一道，和风险溢价有关；财务分析考了一道，是综合指数评分法注意事项；中级财务会计考了一道，是变更设备折旧年限怎么处理。业务题每科目各两道题。财务分析，一道是净资产收益率的因素分析，另一道是资产负债表垂直分析、资产权益结构分析；财务管理，一道是加权平均资本成本，另一道和股价有关，比较冷门；中级财务会计，一道是关于递延所得税的，另一道是关于长期股权投资的。专业课考试题量大，2个小时基本做不完，而且题目有难度，只能抓住重点，尽力而为。按题目来看，这三科大家都要全面复习，没有所谓的哪科比重大，哪科比重小。

最后是面试。财务管理的面试只有中文自我介绍和两个专业课问题，没考口语。让考生一个一个进考场面试，进去后先抽两道题目，再进行中文自我介绍，然后对所抽题目立即作出回答，没有提前准备的时间，接下来面试老师会对你进行提问，这些提问类似于聊天，一般不会涉及专业课问题。面试时要自信，不要过于紧张。具体的题目大部分都是往年考过的，大家可以提前到网上搜一下。还有，在复习课本的过程中，要总结出可考的简答题，这个能够用于专业课面试的。最后举几个考过的题目：什么是资本增长率？用杜邦分析说明净资产收益率的影响因素有哪些。流动资产中哪个越多越好，哪个越少越好，零存货能否实现？

复试准备阶段或许跟初试不太一样，好多人失去了初试的那种热情，寒假已经使他们懈怠了，但是每年复试后名次变动是很大的，所以准备复试时要心无旁骛，好好复习。

（任佳乐，财务管理）

三、管理科学与工程复试

今年复试，管理科学与工程的笔试一共涉及三门课的内容：管理学、管理信息系统和运筹学。考试内容变动很大，以后还会怎么改都不好说，所以学弟学妹们可以在复试前拨通招生简章上公布的学院负责老师的电话咨询一下。

先说说笔试。今年管理学是笔试必考的，占40分，每小题20分。其他两科各60分，每小题20分，每位考生只选一科的题目作答。

管理学今年考的内容有：差别化战略的优势和风险；期望理论的主要观点和带给我们的启示。

管理信息系统今年考的内容有：信息系统总体规划不同方法间的差异；信息系统的应用对组织的影响；MRP的原理。

运筹学考的内容有：线性规划建模；供销不平衡运输问题求解；目标规划求解。

笔试每门课考得都不难，之前好好复习的同学都能获得比较满意的分数。

下面再说说面试。

官方给出的安排是每组的考生在一个教室面试，在另一个教室准备，但是大部分同学都在面试教室的门口等着。每个同学面试持续的时间7~15分钟不等。老师们对每个同学提问的数量都不一样。有的同学面试时，老师们都没有什么问题可问，互相之间推让；有的同学面试时，老师们遇到了感兴趣的点，就轮流来提问，甚至会就考生的回答继续进行追问。

和东财大部分专业不同，管科的综合面试仍然保留了口语环节。面试一进去就先是英语自我介绍，只要流利一些就没大问题。之后就没有任何与英语相关的问题了。

然后就是专业课的提问时间。当然问题大部分都是围绕你的专业、介绍时提到的经历来问的，还有未来想在管科的哪个方向发展等问题。管科对数学要求还是比较高的，有的同学因为初试数学分数低而被重点提问了。

另外提一下，不到最后都不要放弃，来参加一下复试，给自己一个机会，也许就成功了。比如，2015年管科的调剂名额有13个，通知了77人来参加复试，但最终有很多同学没来。

第四节　　其他学硕复试

一、统计学复试

2016年东财统计学的复试情况整理如下：

上午8：30到8：50，英语听力。

上午9:10到11:10，专业课笔试。

笔试一共5道大题（每题20分），题目如下：

1. A、B、AB、O型血各占比例已知，夫妻血型独立，问妻子A型血时丈夫是A型或O型血的概率；两人至少有一个是O型血的概率。

2. $X \sim E(1/5)$，求$P(X>10)$。

$Y \sim B(5, 1/e^2)$，$Y=k$（$k=0$，1，2，3，4，5），Y的分布律，$P(Y \geq 1)$。

3. 一个池塘共有N条鱼，一次捞出n条，标记后放回，再从池塘中取出s条，其中有x条被标记（N未知，n、s、x已知），怎么估计N？

4. 在假设检验中，什么是犯第一类错误的概率？

X服从正态分布，方差已知，试推导当原假设$U=U_0$时的拒绝域。

5. 简述大数定律的定义。

大数定律在统计学中的意义。

下午1：00到2：45，英语口语和综合面试。

东财的统计学院比较有意思，至少从2010年开始至今，复试面试都是只有英语口语而没有专业课面试，而且整个过程其他同学还可以旁听，今年也不例外。

不过，英语口语有两种模式，不同的年份、不同的考场模式随机：一种是自我介绍

与翻译；另一种是抽题回答。

第一种模式具体来说就是一个人进行英文自我介绍，另一个人翻译成中文。2016年就是采用这种模式。需要指出的是，有的年份是考生两两一组，搭档固定；有的年份是像2016年这种，搭档不固定，一般是第一名说英语，倒数第一名翻译，倒数第一名说英语，第二名翻译，并不是两个人互相翻译，有点打乱顺序。

2016年院长专门说了对英语口语的要求是：英语自我介绍重在交流与介绍自我，简单一点就好，不用刻意秀自己的英文，说一说家乡、毕业学校、家庭成员、外语计算机水平、性格之类的就好。

这种模式还要求最好用时两分钟，限时两分半，超时停止且扣分。这就让大家寄希望于两个小伙伴配合得好一点，队友的表现很重要，很多人因为队友翻译慢而没有说完。表达尽量大方一点，有的同学紧张得只说了几句，影响了分数。

第二种模式即抽题回答，当然也有必要说一说。具体流程是，按名次就坐后，每个同学抽两道题目，两道题都要回答，当然题目是用英文写的。第一个同学先去抽两道题目，老师给三分钟左右的时间准备，然后先念题目后回答，在这个同学回答的时候下一个同学去抽题，然后回到座位作准备，第一个同学回答完后第二个同学回答，依此类推。

有热心的同学整理出了近年来常考的题目如下：

1. 你和室友相处得如何？

2. 你对酒驾的看法。

3. 你大学期间是否获得过奖学金？

4. 你对社会上存在的不道德行为的看法。

5. 你大学里印象最深的事。

6. 你认为的好老师是怎样的？

7. 你亲密的朋友是怎样的？

8. 你本科所学专业，是否喜欢？

9. 友谊对你是否很重要？

10. 谁支付你的学费？父母是否支持你读研？

11. 你的毕业论文。

12. 你的个性。

13. 你最尊敬的一个人。

14. 你是否养宠物？

15. 你为什么选择东财？

16. 你认为为什么越来越多的人参加研究生考试。

17. 你觉得在大学生中普遍存在哪些问题。

二、外国语类复试

参加复试第一步是报到。先去博学楼研究生院报到，然后去劝学楼国际商务外语学院报到并领取流程表，具体流程会和研究生院的安排有些出入，主要是我们没有专门的听力考试，相应的分数分配给二外。建议早点去，提前一天准备好需要的证件及其复印件，免得排了半天排到自己才被告知证件不足，每年有不少这样的例子。我考的那年交费210元，150元复试费，60元体检费，提前准备些零钱。复试那天上午笔试，下午面试。第二天上午体检，要么早早去，要么晚点儿去，我是10点才出门故意晚去的，人还是不少。再过两天的下午去劝学楼领取调档函。

1.笔试

题型是这样的：语言学10分，英美文化10分，翻译20分，单选20分，剩下40分是阅读。语言学考的是phonetics和phonology，每个5分；英美文化考的是简评撒切尔的政策，300字；翻译考的是伤仲永的一小段，注意，没有现代汉语的翻译；单选就是考词汇量，选合适的词填到空里，每个1分，一共20个；阅读共两篇，每篇10道题，都是判断对错，每个2分。考虑到时间比较充裕，所以难度不大。

再次强调，东财语言学喜欢变换题型，今年改成这样，也许明年又改回去了，所以往年的题型也要注意。根据以往学长学姐们的经验，语言学除了名词解释，还考过单选。英美文化考过判断、选择，大题则几乎每年必考。其他还考过完形填空、作文、传统选项的阅读。所以说，往年考过的题型都要准备。

还有一点，往年考过的题不代表就不会考了，初试复试都一样，而且以往学长学姐们的经验中也提到过这点，所以大家不要抱着侥幸心理，一定要全面复习。

2.面试

在指定时间指定地点排队，名次是按初试二外成绩排的。法语的同学先面试法语，再进行综合面试，日语的同学反之。

（1）法语面试。

法语面试也没有专门的听力考试，就看你能不能听懂老师的问题。老师只有一个，语速比较快，但很平易近人，答不出来也不催你。先让你做自我介绍，然后问你为什么选这个学校，介绍一下自己的家庭，毕业之后打算干什么，还有就是根据你的自我介绍提问，比如我家比较远，她就问了我放假如何回家，要多长时间之类的。所以，不仅要准备自我介绍，更要多想想老师能提什么样的问题，提前做好准备。

（2）综合面试。

进去首先是让做自我介绍，然后问了本科毕业于什么学校，毕业后打算干什么之类的，闲聊完之后让翻译一个句子——活动开场致辞。没问我专业课，但有些人被问到了，比如英国House of Lords的作用，所以面试挺随机的，但翻译句子貌似人人都会碰到，英译汉、汉译英都有。气氛真的很能让人放松，主持的女老师很和蔼，我这个严重怯场的人都没太紧张。

（木易，外国语言学与应用语言学）

第四十一章  东财专硕复试

很高兴能在这里跟大家分享一下东财会计硕士、审计硕士的复试策略（这两个专业复试考试科目相同，而且是同一张试卷）。

先看一下东财初试、复试的综合分数计算比例：

总成绩=初试总成绩（折成百分制）×70%+复试成绩×30%

复试成绩=英语听力×20%+专业课笔试×55%+专业课面试×25%

如果初试成绩不太理想，也不要放弃，因为复试翻盘的概率是很大的。下面就英语听力、专业课笔试、专业课面试、政治考试分别加以介绍。

一、英语听力

20个题，百分制。难度不大，基本是英语四级的水平，最后几道题语速较快，据说是雅思的题。适当准备就可以，没必要投入过多的精力。

二、专业课笔试

这是复试中的重中之重，分为三科——中级财务会计、财务管理、审计，三科出在一张试卷上，差不多各占1/3。

专业课用书就是东财出版社出版的课本，配套的练习册和复试专业课的资料一定要买、要看，考试题的难度基本和练习册的题差不多。练习册题量很大，难度大的题目可以放弃。资料上的内容都是最新的考试重点，所以要认真对待。鉴于很多考生是跨专业，所以专业课的考试范围虽然广，但是难度中等。

这三科从宏观上讲，中财是整本书都需要看，不过最后两章从2016年的笔试来看几乎没有涉及；财务管理最后三章一般来说可以不用看；审计课本厚，难复习，但复试主要考基础原理部分，各种"循环"业务几乎不考。

大家还要关注一下近年来会计和财税制度变化的地方，比如"营改增"、长期股权投资的后续计量、公允价值的定义，很有可能在专业课笔试中考到，也有可能在面试中被问到。

三、专业课面试

考生被分为多个小组，每个小组一个教室，一个教室中大概有4名老师，其中1名是主考官，其他的老师负责补充提问、记录之类的工作。

考生单独进入考场之后，抽取题目，基本上是抽2个题目，个别有抽1个题目的。这些题目涉及中财、财管、审计三科，难度不一。有简单的，比如：期间费用有哪些？会计信息质量要求是什么？简单描述一下杜邦分析体系。难一点的有：审计风险模型是怎样的？计算净现值时需要考虑哪些因素？

下面列一下2016年以及2015年MPAcc面试考过的问题：收入确认的条件、资本资产定价模型系数代表什么风险、应收账款的代价、自我评价影响独立性、资本公积、被审计单位的管理层应该承担什么责任、内部收益率与资本成本的区别、MM理论、CAPM模型、投资性房地产计量模式、非流动负债的内容、审计报告的意见、中国会计师事务所的分类、认定层次的进一步程序、强式效率市场等。

老师们都很和蔼，你进去之后不用怕，如果问题回答不出来，可以试着请老师换道题，实在答不出，老师可能会引导你。答得好的，老师还会和你唠唠家常。

记住，面试时一定要落落大方、举止得体，老师们希望看到的是一个有一定专业知识、谦虚好学且自信的学生。

东财的复试是很公平的，不存在什么"学校歧视""地域歧视"（我就是二本学校考过来的），想想东财MPAcc的报名人数、排名的紧密度，能来学校复试就已经是胜利了，一定要对自己有信心。

四、政治考试

研究生院网站会公布政治考试范围，开卷，可带相关资料进去，但是不允许交头接耳。成绩在60分以上即可，分数不计入成绩。估计也就是走个流程，可能都不会认真判卷吧。

五、澳洲注册会计师方向复试

最近咨询MPAcc的澳洲注册会计师方向的同学越来越多，所以在这里也给大家做一下介绍。

这个方向是东财国际商学院从2016年起新增的专业方向。首先应该了解的是，其复试的专业课科目为中级财务会计、公司理财、审计。也就是说，其参考书目与会计学院的MPAcc有一本是不同的，即将财务管理替换为Fundamentals of Corporate Finance（《公司理财》）这本英文书。这样难度其实是有所下降的。因为财务管理中公式很多，本科不是财经专业的考生想在短时间内理解是比较困难的，而公司理财虽然教材和出题都是英文的，但是从2016年的情况来看，英文出题的难度还是比中文的简单不少。

还要特别注意，这三科所占的比重并不像考前大家普遍预计的那样会类似于会计学院MPAcc的各占1/3，而是中级财务会计>审计>公司理财。考虑到在招生简章的参考书目里，三本书的排序为中级财务会计、公司理财、审计，这样的比重分配还是让人有些意外的。所以，大家复习的时候要分配好在这三本书上各自投入的时间。从考题难度

来看，对于本科是会计学专业的同学来说比较容易，对于跨专业的同学来说则有一些难度。考查的都是很基础的知识点，没有超出这三本书的范围，也没有出现难题、偏题、怪题。答题时间非常充足，题型有名词解释、选择题、简答题、计算题。

至于综合面试环节，首先是英语口试，包括英语自我介绍和英语问答，都是由国际商学院的外教来主持并打分，负责专业课面试的中国老师并不参与英语口试的打分。然后中国老师组织考生抽签选题并作答，一道分数多的是基础题，一道分数少的是略微超出书本范围的开放性题目。

好了，关于东财的 MPAcc 已经介绍得差不多了。下面奉上近年东财会计学院 MPAcc 复试专业课真题（考点）（见表 41-1），供大家参考。

表 41-1　　　　　　　　　　**近年东财 MPAcc 复试专业课真题（考点）**

单选 （基本上 15 个，每个 1 分）	多选 （10~15 个，每个 2 分）	判断 （基本上 10 个，每个 1 分）
知识点基本都是练习册上的，如现金折扣、资产减值、销售退回、净现值、获利指数、固定资产折旧额等。2016 年复试考到的知识点包括应收账款坏账准备的计提、折价溢价实际利率法的变动规律、资本市场线&证券市场线、资产减值准备、应付职工薪酬、内部控制测试的方法、鉴证业务的定义、存货计价等		

	简答 （3~4 个不等，每个 5 分左右）	业务 （基本上 3 个，每科 1 个）
2012 年	1. 举例说明收入和利得的相同点和不同点。 2. 审计的目标是什么？怎样实现审计的目标？ 3. 说说股票筹资的优缺点	1. 看看下列会计处理正确与否，简述你判断的原因，包括 4 道小题，涉及的知识点包括：出租无形资产的累积摊销应该记入哪个科目；长期债券；或有事项；商誉。 2. 计算长期借款资本成本、长期债券资本成本、普通股资本成本（分股利固定增长模型和资本资产定价模型）、加权平均资本成本。 3. 相当于论述题，就 5 种情况讨论是否影响注册会计师及会计师事务所的独立性
2013 年	1. 或有事项的概念，确认预计负债要满足什么条件？ 2. 结合你熟悉的金融资产说说金融资产的特性有哪些。 3. 鉴证业务包括哪些？提供的保证类型有哪些？审阅业务提供什么保证	1. 非货币性资产交换的账务处理。 2. 给了两种投资的收益率、贝塔系数和各自在组合中的比重，以及无风险收益率和股市平均收益率。 （1）求组合的预期收益率； （2）给出两种投资的标准差和投资组合的协方差，求投资组合的标准差； （3）按原比重增加无风险投资 1 000 万元，求新投资组合的收益率和标准差。 3.（1）给出一些存货监盘的程序，判断对错并说明原因； （2）如果注册会计师因为自然灾害错过存货盘点，该怎么办

续表

	简答 （3～4个不等，每个5分左右）	业务 （基本上3个，每科1个）
2014年	1.借款费用资本化金额的确定，分一般借款和专门借款。 2.金融资产的初始确认和后续计量使用的计量属性分别是什么？ 3.现金周转期是什么？怎样确定？ 4.审计报告的其他事项，举例	1.长期股权投资的权益法的初始计量、后续计量。 2.审计报告，分别给出5种情况，假如企业不接受注册会计师的调整意见，注册会计师应发表什么意见类型的报告，并说明理由（习题册原题改编）。 3.股权资本成本、债券资本成本、加权资本成本的计算
2015年	1.债券筹资的优点。 2.注册会计师及被审计单位管理层对财务报表的责任。 3.四类金融资产的分类及后续计量属性	1.固定资产账面价值确认，直线法提折旧，可收回金额的确定，固定资产减值，出售时的处置损益。 2.项目资本成本，计算每年付现成本以及折旧、净现金流量、净现值，判断项目是否可行。 3.会计师事务所登广告招聘人员，以附加条件接受业务，给予业务介绍费是否违背准则
2016年	1.租赁融资的优点。 2.应收账款审计的目标。 3.有关审计风险模型的计算题	1.长期股权投资的范围、后续计量分类以及收益确认（有小分录）。 2.经营杠杠系数DOL、财务杠杆系数DFL和复合杠杆系数DTL的计算，每股盈余EPS与息税前利润EBIT的变动分析。 3.普通股资本成本（资本资产定价模型&与股利有关的一个模型）

　　自初试结束到出成绩，自出成绩到出复试名单，这两段时期中，大家最容易懈怠。需要提醒大家，行百里者半九十，一定要坚持到最后一刻。

　　最后，仍要向大家强调心态——自信、重视。祝大家顺利通过考试。

（马霄雪，会计硕士）

第二节　金融硕士复试

　　东财金融专硕的复试专业课笔试，考的三门课和初试完全相同，这对广大考生来说无疑是一件普大喜奔的事情。大家只要在复试前把这三门课再好好复习一下，就肯定没问题了。下面附上2016年的考题，供大家参考：

一、货币银行学

1.运用凯恩斯的相关理论，分析阻塞利率传导机制的因素。

2.叙述准备金制度的原理。

3.何为外汇占款？简述我国外汇占款减少的原因。

二、国际金融学

1. 简述金本位制的特点。

2. 短期资本流动的成因是什么？

3. 国际收支平衡表的计算题。

4. 国际资本流动的原因是什么？防止资金外逃的措施有哪些？

三、证券投资学

1. 资本市场线与证券市场线的区别是什么？

2. 投资基金的优缺点是什么？

3. 通货膨胀对证券市场的影响有哪些？

4. 融资融券的有利影响有哪些？

笔试有一点需要注意：答案直接写在卷子上，另外发的那张是草稿纸。有几个同学刚开始把答案写在草稿纸上了，幸亏老师发现了。

接下来咱们再看一看面试的情况。

一共有六位考官，邢院长和另一位主考官坐中间。邢院长作了重要讲话，他指出：面试本着公开、公平、公正的原则，可以从头至尾旁听，对本校的学生也不会有特殊照顾，因为我们手里的名单只有你们编号的后四位，而没有其他任何信息，我们也不认识你们，希望大家好好表现，祝大家都取得一个好成绩。

每个考生6分钟左右，先抽三个题签，前一个同学答完英语问题时，下一个同学开始抽题签做准备（英语、货币银行学、国际金融学各抽一个题签），不需要作自我介绍（每个专业甚至每个组情况不太一样），直接回答问题，每个英语题目下面四个选项，先说题号，再说自己选择的答案，并说明理由，然后老师针对题目的其他选项提一个问题，简单答一两句即可。货币银行学和国际金融学先回答哪一个题目都可以，但要先说题号，有时候老师会针对回答的内容提问，有时候不问就结束了。

面试专业课的题目有些还是挺难的，如果不会很可能就憋在那里了。但是邢院长说了，可以再给一次机会，允许重新抽一次题签，不然没办法给成绩。还好我抽的题目比较简单。货币银行学：什么是负利率？有什么弊端？国际金融学：什么是外汇交易风险？银行如何规避外汇交易风险？

专业课的题目大部分人回答得一般般，我当时就紧张得卡住了，老师就提示性地问了一个问题，我回答了，老师说可以了，要求还是不高的。

再来看看2015年面试考过的题目。货币银行学：现金交易方程式；证券投资学：证券上市的利弊；国际金融学：美国和英国的汇率标价方法……总体来说，考的东西没有为难大家。

再说一下体检吧。体检尽量早点去，7点之前好像就开始了，记得要空腹。我到的时候7点多，队伍已经比较长了，等我体检结束时，我才发现队伍有多"恐怖"。

等到出结果了，拿到传说中的调档函就可以回家了，考研之路也就全面结束了。

关于住的地方，如果嫌宾馆太贵或者没有订到或者没办法订不要着急，可以到东财的东门那个地方找墙上贴着或者挂着牌子的日租房电话，什么样的房子都有，价格不等，性价比挺高的，比住旅店强多了，打个电话老板就会带你去看房。大家尽量提前一两天来吧，免得为住的地方发愁。

（王继峰，金融硕士）

第三节　其他专硕复试

一、国际商务硕士复试

本人参加初试考试（国际贸易学）排名垫底，后调剂至国际商务硕士。对于复试，希望同学们提早准备，切莫大意。

复试排名变动通常情况下不是很大，但也有一部分同学排名变化极大，表现为上升或下降，一下子就改变了许多，一等奖学金变三等，学硕变专硕，或者是相反的变化，都是真实存在的。所以，初试成绩高的同学切莫大意，成绩不理想的也不要轻言放弃，机会一直在。东财的复试很公平，一切看你自己的表现了。

首先说说我的复试准备。本人系三跨考生，之前对专业课一无所知，所以说我都考上了，你们就更没有问题。复试内容共有四大块，即听力、专业课笔试、英语口语以及综合面试。其中最为重要的也是最有可能改变格局的，当属专业课笔试。我认识的一位考生，就由于专业课不及格，错失了调剂的资格。看着他离去的背影，我们都很心酸，谁都知道这一切多不容易。所以，再次提醒同学们，一定要注重专业课的复习。

· 370 ·

第一，听力。这个难度不算大，只要认真听，并且平时注意训练，及格不成问题。有的听两遍，有的只听一遍，说简单不简单，说难也不难。复试前多练习练习比较好，以免到时候不熟悉。

第二，专业课笔试。这块很重要，占的权重很大。笔试参考教材是姜文学、邓立立老师编写的《国际经济学》以及黄海东老师编写的《国际贸易实务》。建议同学们多看书，要看全、看透，认真做课后练习题。有的考题，就是书后原题。当然了，历年真题是一定要做的，尤其是近几年的，要熟悉。需要提醒大家的是，前几年，或者去年考过的，未必不会再考一次，也许换个题型，也许原封不动。至于题型，历年真题都有，我就不多说了。多看书，多做题，问题不大。附上学妹提供的2016年考题，供大家参考：

一、名词解释

1. 技术性贸易壁垒

2. 贬值与法定贬值

3. 合同

4. 无权代理

二、简答题

1. 关税同盟的静态效应。

2. 产业内贸易的概念以及测度方法。

3. 简述开放经济条件下宏观经济调控政策工具。

4. 对要约的回复增加更改条件是否构成承诺。

5. 卖方品质担保义务。

三、论述题

1. 对外贸易对经济发展的促进作用。

2. （案例分析）关于合同纠纷适用于哪国法律和合同公约，并判断卖方是否构成根本违约。

第三，英语口语。许多同学关心有没有自我介绍。我所在那个组没有，就是念一篇文章，然后翻译。文章并不太难，但是在当时那个环境下，还是会紧张，平时会的也不会了，完全懵了。如果心态能更平和一些，效果会更好。当然了，这是我遇到的情况，仅作参考，其他组的情况略有不同。

第四，综合面试。老师会问你一些问题。如果你是本专业考生，老师会问你的毕业论文写的是什么。如果你是跨专业考生，像我这样，老师会问你为什么跨专业。别以为第二个问题就简单，我答了两次才勉强过关。老师当然会问一些专业课方面的知识，有的组问题简单一些，有的组问题会难一些。比如某某贸易术语是什么意思，尤其是新增的，有必要看一看。还有一些比较宏观的经济问题，如改革开放对中国贸易的影响，这都说不准的。我被问到的问题是，CIF条件下，保险的受益者是谁？很可惜，我答错了……但是老师都很好，大家尽管放轻松点。

再多说一句，考试时带好收音机、耳机、签字笔、铅笔和橡皮。

当然，还有准考证什么的，这都是后话了，到时候自然有人会提醒大家的。考完试要体检，在校医院，人很多，早点去。然后就是等着发榜，出成绩的时候，什么表情都有。你需要淡定，再淡定。

当时就考上的同学，恭喜了，领取调档函就可以回家"嗨皮"去啦。那些成绩不理想的同学，你们也别气馁，还有校内调剂的机会。到时候会有一个日程表，告诉你每天什么时间、什么地点，都要做什么。一定要按规则办事，曾经有一位同学，因为迟到了，名额被占了，连调剂的机会都没有，多可惜。大家都挺为他难受的。所以，一定要把握好各种机会，也不要看不起调剂，有很多同学连调剂的机会都没有，白考了那么多分。机会不是时刻都有的，更不是多得数不清，一定要把握住。专硕也不错，而且专硕的同学一样都很优秀，就拿我身边的同学来说吧，他们有太多值得我学习的地方。当然了，我还是希望同学们直接上，而不是被调剂。

总之，拿到调档函，就万事大吉啦。

基本就是这样，还有一些关于复试的衣食住行、日程安排以及行车路线等问题，到时候会有相关信息的，比如旅店、饭店、药店什么的，都会有介绍。东财的老师和学哥学姐都很热情，比如咱们的孙主编，我们都得到过他的帮助，也借这个机会向他表达一下敬意，辛苦了。

说真的，东财真挺好，我相当地稀罕了。

（赵洋波，国际商务硕士）

二、税务硕士复试

很高兴在这里跟大家分享一下复试的情况。近几年东财税务硕士的复试竞争很激烈，比如2015年有多达15个同学由于复试不及格惨遭被"刷"（其中包括两个初试370+的），也有330+的逆袭录取。

先谈谈笔试。近几年的复试笔试比较难，很多人不及格，70多分算高分，我感觉学校是通过提高难度、降低及格率的方式"刷"人。特别是计算题考得比较综合，建议看一下注会的计算题。最后附上2015年和2016年的复试笔试考题。

2015年：

一、简答题

1.政府征税的目的与征税依据。

2.消费税的征税对象及选择这些对象的原因。

3.个税居民与非居民纳税人的判定标准与纳税义务。

4.税收保全与税收强制执行的区别。

二、论述题

根据增值税的属性与原理分析评价我国的"营改增"。

三、计算题

三道计算题，一道个税的，一道土地增值税的，最后一道是企业所得税的综合题，一共40分，最后一个计算题比较难，陷阱多。

2016年：

一、简答题

1.税收公平分配原则的内容。

2.小型微利企业认定标准和优惠。

3.违反税款征收的处罚标准。

二、论述题

1.根据税收的调节手段职能，分析税收在我国供给侧结构性改革中的作用。

2.如何建立健全现代税收体系？

三、计算题

两道计算题，一道是增值税、消费税、关税的综合题，一道土地增值税的。

再谈谈面试。面试也比往年难，问的问题很多是发散性的，面试上80分的也很少。我整理出了以下几个我和同学们遇到的面试问题，供大家参考：

你会计专业的为什么报税务专业，认为自己会有什么优势？

为什么报专硕？

我国实行什么类型的个人所得税？国际上一般实行什么类型？各自的优缺点又有哪些？

什么是税收筹划？有哪几种方法？

你认为在填制纳税申报表时最重要的是计算什么？

与税收有关的会计科目有哪些？

我国为什么实行个人所得税，而不是实行人头税？

购买免税农产品，为什么可以抵扣进项税额？

可抵扣进项税额的发票有哪些？

消费税与增值税在作用上有什么区别？

（王俊杰，税务硕士）

尾声

畅享考后慢时光

"喧喧车马欲朝天，人探东堂榜已悬"

亲爱的朋友，经过一年的辛劳，你的东财追梦之旅至此已经缓缓落下了帷幕。你给自己的考研大戏留下了一出华丽的谢幕，还是一个落寞的结尾？

PART 1 金榜高悬姓字真，分明折得一枝春

你的名字赫然出现在了"东北财经大学统考硕士研究生拟录取名单"之上！恭喜你啦！一年的辛勤付出终于有了回报，赶紧与你的亲朋好友分享你胜利的喜悦吧！考上了东财的研究生，意味着你在今后的人生之路上具有了十足的竞争力，前途不可限量！

录取结果出炉之际，正是东财樱花烂漫的时节。手中拿着调档函，漫步在满园春色之中，欣赏着散布在校园内各个角落的美景，暖暖的阳光慵懒地洒在你的身上，此时，你是不是也嗅到了那扑面而来的幸福的味道？

"春风得意马蹄疾，一日看尽长安花。"

当然，圆梦东财了，也不要忘了做好入学前的各项准备工作哦。"东财硕士研究生录取通知书发放通知"与"东财新生入学须知"认真看了没？怎么领取录取通知书？入学报到要做哪些准备？

还有两件重要的事情不要忘了：一是按时将第一年的学费和住宿费存入随录取通知书发放的本人银行卡中；二是按照通知的要求上网认真填写个人信息。未按时存入住宿费的新生，学校将不再安排住宿床位，而学生的个人信息将涉及入学后各项手续办理等重要问题，且信息录入完毕后一旦提交便不能更改，所以大家一定要认认真真把这两件事办好，不能掉以轻心。

还有，你的导师选好了没？师门还没有着落的同学这时也要努力啦！可不要等到9

月研究生开学以后再选呀，那时候热门导师那里都早已人满为患了。

最后说一下入学报到的事儿。报到当天一般规定是 7：00—19：00 到东财体育馆。6：00—18：00，东财校方将在大连火车站、海港码头设有新生接待站。不过和大一新生入学不同的是，考研复试的时候你已经来过东财了，所以一切早就驾轻就熟，自己坐车来或者提前报到也是可以的。报到的时候早点过来领到寝室的钥匙还是有好处的，比如很多时候先到寝室的同学可以自己挑选床位。

上述这些事情，不需要花费什么精力，你只要注意到了，别错过时间就好。现在最主要的还是充分享受大学最后一个学期（如果你是应届生），或者认真筹划读研前的这小半年怎么度过（如果你是往届生或者已参加工作）。这也是你难得的一大段闲暇的时光，好好把握吧！

你终于可以拿出大把的时间上网、追剧，陪伴在心爱的人身边，和同学、朋友出去打球、逛街、聚会。也许，你已经计划好了毕业旅行的路线；也许，你已经买到了演唱会或者球赛的门票；也许你已经物色着了靠谱的驾校；也许，你想全身心投入到自己的爱好中：弹吉他、跳街舞、下围棋、学外语、练厨艺……

你也可以去找一份实习，或者打份短工。锻炼自身能力的同时，也能攒一点读研期间的学费和生活费，为家里减轻一点负担。如果方便可以考虑在大连实习，东财周边就有很多名企的实习机会：安永、浦发银行、招商银行、民生银行、IBM、英特尔、大众、西门子、埃森哲、简伯特、惠普、固特异……总有一款适合你。

你也可以学学专业方面的知识。结合自己的研究方向和兴趣，看一些专业著作和论文，为读研做好准备。如果你是跨专业考研，选择几门在学科体系中地位重要、与自己研究方向密切相关但考研的初试、复试都没有考过的专业课来自学也是很有益的。

你也可以考几个证书。虽然有一些从业资格的证书被取消了，但还是有很多有效的证书很受用人单位的认可：注会、精算师，专八、BEC，证券、会计、期货、保险从业……读研的时候自然会忙，想多考几个证书的话，完全可以趁现在准备。

考研成功了，其实不过是你下一段精彩人生旅程的美妙开局。我也衷心祝愿你在研究生期间能够真正学有所获，而不是仅仅混到了一个文凭。读研应当是让你今后可以有更好发展的手段，而不该成为你的目的。

PART 2　天榜无名玉未焚，几飘凝泪泣青云

很遗憾，今年你与东财擦肩而过。回想起一年来的披星戴月，你是不是也有很多壮志未酬的不甘，很多名落孙山的不舍？

"知有杏园无路入，马前惆怅满枝红。"

不过，亲爱的朋友，请不要伤心。每年能够被东财录取的同学从来都是占少数的幸运儿。其实，在这一年为了梦想奋力拼搏的过程当中，你一定收获了很多，成长了很多。考研将会成为你人生长河中的一段让你获益良多的难忘经历。你忍受住了长期的寂寞，抵挡住了各种的诱惑，将枯燥繁重的考研复习坚持到了最后，在你昂首奔赴考场的

时候，你其实就已经是一位成功者了——至少你战胜了自己。而后来的考研结果，已经没有那么重要。

然而，该为自己的下一步做一下打算了。是直接去找工作？还是再战一年？抑或接下来边工作边考研？

事实上，二战甚至三战最终考上东财研究生的同学有很多，所以再考一次并不是一个很坏的决定。有了前一年的经验，再加上相比于为了学校的期末考试、课程设计、实习等忙得焦头烂额的应届生，拥有多得多的复习时间，你已占得先机，优势十分明显。

唯一需要注意的是，处理好你所面临的巨大压力。首次参加考研的时候，你一身轻松，没有包袱。但再考的时候你就难免会瞻前顾后，患得患失了，因为这几乎等于是你的背水一战——再考不上，你就白白浪费了一年的宝贵时间，而且在找工作的时候还失去了应届生身份这一筹码。

当然，你也可以去找工作。你连考研这么难以坚持下来的事情都没有畏缩，还怕找工作吗？

因为东财，我们结下了不解之缘。如今你要离开，望着你远去的背影，我真的很心疼。亲爱的朋友，无论你的选择是什么，我都衷心地祝福你，最终有一个好的归宿。

你的考研时代，到底拍成了 PART 1 的"励志片"，还是 PART 2 的"悲情片"？

其实无论以何种方式告终，你所亲历的这个时代，都将为你的人生添上浓墨重彩的一笔，并给"江湖"留下诸多往事代代相传。所以，关于它，你是不是还有什么想对考研的后来者抑或旁观者说？

"这是最好的时代，也是最坏的时代。你会忘记这个时代，但你，会永远记住我们。"

时间过得真快，弹指一挥间，新一年的考研大幕又将徐徐拉开。而我们，转眼就已经到了退居幕后的时节。愿大家都能在这一刻，在这出由我们自导自演的鸿篇巨制的最后，以一个喜剧的收尾，致我们终将逝去的考研。